U0534735

商务馆对外汉语教学专题研究书系
总主编　赵金铭
审　订　世界汉语教学学会

汉语作为第二语言的学习者习得过程研究

主　编　王建勤

商务印书馆
2012年·北京

图书在版编目(CIP)数据

汉语作为第二语言的学习者习得过程研究/王建勤主编.—北京:商务印书馆,2006
(商务馆对外汉语教学专题研究书系)
ISBN 978-7-100-04821-7

Ⅰ.汉… Ⅱ.王… Ⅲ.对外汉语教学－教学研究－文集 Ⅳ.H195

中国版本图书馆 CIP 数据核字(2005)第 146901 号

所有权利保留。
未经许可,不得以任何方式使用。

HÀNYǓ ZUÒWÉI DÌ-ÈR YǓYÁN DE XUÉXÍZHĚ XÍDÉ GUÒCHÉNG YÁNJIŪ
汉语作为第二语言的学习者习得过程研究
主编 王建勤

商 务 印 书 馆 出 版
(北京王府井大街36号 邮政编码 100710)
商 务 印 书 馆 发 行
北京瑞古冠中印刷厂印刷
ISBN 978-7-100-04821-7

2006年7月第1版　　开本 880×1230　1/32
2012年5月北京第2次印刷　印张 17¾
印数 3 000 册
定价:42.00 元

总主编 赵金铭
主　编 王建勤
编　者 王建勤　郦　帅
作　者（按音序排列）

黄月圆　江　新　柯传仁　李晓琪
寮　菲　鹿士义　梅　丽　亓　华
钱旭菁　上官雪娜　沈禾玲　施家炜
宋　刚　孙德金　孙晓明　唐承贤
王建勤　王韫佳　温晓虹　徐子亮
杨德峰　杨素英　袁博平　赵　果
周明朗　朱　川

目 录

从对外汉语教学到汉语国际推广(代序) ……………… 1

综述 …………………………………………………… 1

第一章 第二语言习得研究综述 ………………………… 1
  第一节 国外第二语言习得研究回顾 ……………… 1
  第二节 美国汉语习得研究述评 …………………… 22
  第三节 国内第二语言习得研究概述 ……………… 63
  第四节 第二语言习得研究方法 …………………… 84

第二章 语言迁移研究 …………………………………… 98
  第一节 国外第二语言习得研究中的语言迁移
       研究述评 …………………………………… 98
  第二节 对外汉语教学中的母语迁移现象
       分析 ………………………………………… 111
  第三节 语言迁移与句型结构重复现象
       研究 ………………………………………… 127
  第四节 日本学生汉语语段表达中"た"的迁移
       现象分析 …………………………………… 148

第三章 汉语语音习得过程研究 ………………………… 158
  第一节 第二语言语音习得研究的基本
       方法 ………………………………………… 158
  第二节 汉语作为第二语言的中介音类型

　　　　研究 ·· 171
　　第三节　日本学生习得汉语普通话卷舌声母的
　　　　语音变异研究 ····································· 184
　　第四节　日本学生汉语普通话送气/不送气辅音
　　　　习得研究 ··· 200

第四章　汉语词汇习得过程研究 ························· 225
　　第一节　国外第二语言词汇习得研究综述 ········ 225
　　第二节　词汇习得研究及其在教学上的意义 ····· 237
　　第三节　母语为拼音文字的外国学生汉语词汇
　　　　习得研究 ··· 246
　　第四节　外国学生汉语阅读中伴随性词汇
　　　　习得研究 ··· 264
　　第五节　投入因素对欧美学生汉语词汇习得的
　　　　影响 ··· 283

第五章　汉语语法习得过程研究 ························· 295
　　第一节　主题突出与汉语存在句习得研究 ········ 295
　　第二节　语言功能类与第二语言习得 ·············· 310
　　第三节　初级阶段美国学生"吗"字是非问句
　　　　习得研究 ··· 328
　　第四节　汉语"把"字句习得研究 ··················· 342
　　第五节　韩国学生汉语句式习得个案研究 ········ 361
　　第六节　外国学生汉语体标记"了""着""过"
　　　　习得研究 ··· 377
　　第七节　汉语"不"和"没"的习得过程研究 ······ 397
　　第八节　汉语"再""又"习得研究 ·················· 415
　　第九节　表差异比较的否定结构的习得
　　　　过程研究 ··· 435

第十节　日本留学生汉语趋向补语习得
　　　　研究 ·· 457
第十一节　以朝鲜语为母语的学生趋向补
　　　　语习得顺序研究 ······························ 480

后记 ··· 504

从对外汉语教学到汉语国际推广
（代序）

赵 金 铭

新中国的对外汉语教学在经过 55 年的发展之后，于 2005 年 7 月进入了一个新时期。以首届"世界汉语大会"的召开为契机，我国的对外汉语教学在继续深入做好来华留学生汉语教学工作的同时，开始把目光转向汉语国际推广。这在我国对外汉语教学发展史上是一个历史的转捩点，是里程碑式的转变。

语言的传播与国家的发展是相辅相成的，彼此互相推动。世界主要大国无不不遗余力地向世界推广自己的民族语言。我们大力推动汉语的传播不仅是为了满足世界各国对汉语学习的急切需求，也是我国自身发展的需要，是国家软实力建设的一个有机组成部分，是一项国家和民族的事业，其本身就应该成为国家发展的战略目标之一。

回顾历史，对外汉语教学的每一步发展，都跟国家的发展、国际风云的变幻以及我国和世界的交流与合作息息相关。

新中国对外汉语教学肇始于 1950 年 7 月，当时清华大学开始筹办"东欧交换生中国语文专修班"，时任该校教务长的著名物理学家周培源先生为班主任;9月成立外籍留学生管理委员会,前辈著名语言学家吕叔湘先生任主任;同年12月第一批东欧学生入校学习。这是新中国对外汉语教学事业的滥觞。那时,全部留学生只有33人。十几年之后,到1964年也才达到229人。1965年猛增至3 312人。这自然与当时中国的国际地位和世界局势变化密切相关。经"文革"动乱,元气大伤。1973年恢复对外汉语教学,当时的留学生也只有383人。此后数年逐年稍有增长,至1987年达到2 044人,还没有恢复到1965年的水平。①

改革开放以后,特别是近十几年来,对外汉语教学事业飞速发展。从20世纪90年代开始,来华留学生数量呈逐年上升趋势,至2003年来华留学生已达8.5万人次。据不完全统计,目前全球学习汉语的人数已达3 000万。

对外汉语教学事业的蓬勃发展,一直得到国家的高度重视和大力支持。早在1988年,国家教委、国家对外汉语教学领导小组在北京召开"全国对外汉语教学工作会议"时,时任国家对外汉语教学领导小组常务副组长、国家教委副主任的滕藤同志在工作报告中,就以政府高级官员的身份第一次提出,要推动对外汉语教学这项国家与民族的崇高事业不断发展。

会议制定了明确的发展目标,即"争取在半个多世纪的时间内做到:在教学规模上能基本满足各国人民来华学习汉语的需求;在教学理论和教学方法上,赶上并在某些方面超过把本民族语作为外语教学的世界先进水平;能根据各国的需要派遣汉语

---

① 参见张亚军《对外汉语教法学》,现代出版社1990年版。

教师、提供汉语教材和理论信息；在教学、科研、教材建设及师资培养和教师培训等方面都能很好地发挥我国作为汉语故乡的作用"。①

今天距那时不过十几年时间，对外汉语教学的局面却发生了翻天覆地的变化。对外汉语教学不再仅仅是满足来华留学生汉语学习的需要，汉语正大步走向世界。对外汉语教学的持续、快速发展，以至汉语国际推广的迅猛展开，正是势所必至，理有固然。目前，汉语国际推广正处在全新的、催人奋进的态势之中。

国家在世界范围内推广汉语教学，我们谓之"致广大"；我们在此对对外汉语教学进行全方位的研讨，我们谓之"尽精微"。二者结合，构成我们的总体认识，这里我们希望能"博综约取"，作些回首、检视和瞻念，以寻求符合和平发展时代的汉语国际推广之路。

一　汉语作为第二语言教学的理论研究

对外汉语教学，即汉语作为第二语言教学，作为一个学科，从形成到现在不过几十年，时间不算太长，学科基础还比较薄弱，理论研究也还不够深厚。但汉语作为第二语言教学作为一个学科有它持续的社会需要，有自身的研究方向、目标和学科体系，而且更重要的是它正按照自身发展的需要，不断地从其他的有关学科里吸取新的营养。诚然，要使对外汉语教学形成跨学科的边缘学科，牵涉的领域很广，理论的概括和总结实非易事。

---

① 参见晓山《中国召开全国对外汉语教学工作会议》，《世界汉语教学》1988年第4期。

综览世界上的第二语言教学,真正把语言教学(在西方,"语言教学"往往是指现代外语教学)作为一门独立学科而建立是在上一个世纪60年代中叶。

桂诗春曾引用 Mackey(1973)说过的一句意味深长的话:"(语言教学)要成为独立的学科,就必须像其他科学那样,编织自己的渔网,到人类和自然现象的海洋里捞取所需的东西,摒弃其余的废物;要能像鱼类学家阿瑟·埃丁顿那样说,'我的渔网里捞不到的东西不会是鱼'。"①

应用语言学是一门独立的交叉学科,分广义和狭义两种。狭义的应用语言学研究语言教学。广义的应用语言学指应用于实际领域的语言学,除传统的语言文字教学外,还包括语言规划、语言传播、语言矫治、辞书编纂等。我们这里取狭义的理解,即指语言教学,主要研究汉语作为第二语言教学或外语教学。所以,我们说对外汉语教学是应用语言学,或者说是应用语言学的一个分支学科。我们把对外汉语教学归属于应用语言学,或者说对外汉语教学的上位是应用语言学。

应用语言学作为一门应用型的交叉学科,它的基本特点是在学科中间起中介作用,即把各种与外语教学有关的学科应用到外语教学中去。组织外语教学的许多重要环节(如教育思想、教学管理、教学组织、教学安排、教材、教法、教具、测试、教师培训等等),既有等级的,也有平面的关系。而教学措施上升为理论之后,语言教学就出现了很大的变化。② 那么,这些具有不同

---

① 参见桂诗春《外国语言学及应用语言学研究》第一辑发刊词,首都师范大学外国语学院主办,中央编译出版社2002年版。

② 参见桂诗春《外语教学的认知基础》,《外语教学与研究》2005年第4期。

等级的或处于同一平面的各种关系是如何构筑成对外汉语教学的学科理论的呢？

李泉在总结对外汉语教学学科基本理论时，提出应由四部分组成：(1)学科语言理论，包括面向对外汉语教学的语言学及其分支学科理论，面向对外汉语教学的汉语语言学；(2)语言学习理论，包括基本理论研究、对比分析、偏误分析和中介语理论；(3)语言教学理论，包括学科性质理论、教学原则和教学法理论；(4)跨文化交际理论。①

这些理论，在某种意义上都有其自身存在的客观规律，这也是作为学科的对外汉语教学所必须遵循的。我们尤其应该强调的是对语言教学理论的应用，这个应用十分重要，事关教学质量与学习效率，这个应用包括教学设计与技巧、汉语测试的设计与实施。只有应用得当，理论才发生效用，才能在教学和学习过程中起提升与先导作用。

几十年来，我们一直把对外汉语教学作为一个学科来建设，建设中也是从理论与应用两方面来思考的。陆俭明在探讨把汉语作为第二语言教学当作一个独立的学科来建设时，提出了更高的要求，他认为这个学科应有它的哲学基础，有一定的理论支撑，有明确的学科内涵，有与本学科相关的、起辅助作用的学科。② 我们认为，所谓的哲学基础，关涉到对语言本质的认识，反映出不同的语言观。比如语言是一种交际工具，还是一种能

---

① 参见李泉《对外汉语教学的学科基本理论》，《海外华文教育》2002年第3、4期。

② 参见陆俭明《增强学科意识，发展对外汉语教学》，《世界汉语教学》2004年第1期。

力？语言是先天的，还是后得的？这都关系着语言教学的发展，特别是教学法与教学模式的确立。总之，我们应树立明确的学科意识，共同致力于对外汉语教学的学科理论建设。

二 关于学科研究领域

汉语作为第二语言教学，作为一个学科，业内是有共识的，并且希望参照世界上第二语言教学的学科建设，来完善和改进汉语作为第二语言教学的学科体系，不断推进学科建设的开展，其中什么是学科的本体研究，是首先要考虑的问题。

本体的观念是古希腊亚里士多德范畴说的核心。亚里士多德把现实世界分成本体、数量、性质、关系、地点、时间、姿态、状况、动作、遭受等十个范畴。他认为，在这十个范畴中，本体占有第一的、特殊的位置，它是指现实世界不依赖任何其他事物而独立存在的各种实体及其所代表的类。从意义特征上看，本体总是占据一定的时间，是看得见、摸得着的事物。其他范畴则是附庸于本体的，非独立的，是本体的属性，或者说是本体的现象。因此，本体是存在的中心。[①]

早在上世纪末，对外汉语教学界就有人提出对外汉语教学"本体研究"和"主体研究"的观点。"对外汉语教学学科研究的领域，概而化之，可分为两大板块：一是对汉语言本身，包括汉语语音、词汇、语法和汉字等方面的研究，可谓之学科本体研究；二是对作为第二语言教学的汉语理论与实践体系和学习与习得规

---

① 参见姚振武《论本体名词》，《语文研究》2005年第4期。

律、教学规律、途径与方法论的研究,可谓之学科的主体研究。学科本体研究是学科主体研究的前提与基础,学科主体研究是学科本体研究的目的与延伸。对这种学科本体、主体研究的辩证关系的正确认识与把握,是至关重要的,它关系着对外汉语教学学科发展的方向与前途。否则,在学科理论研究上,就容易偏颇、失衡,甚至造成喧宾夺主。"①

不难看出,这里所说的"本体研究"即为"知本",它占有第一的、特殊的位置,是存在的中心。这里所说的"主体研究"即为"知通",是附庸于本体的,本固枝荣,只有把作为第二语言的汉语研究透、研究到家,在此基础上"教"与"学"的研究才会不断提高。

我国对外汉语教学的历史毕竟不长,经验也不足,对于汉语作为第二语言教学之本体研究,也还存在不同的认识。当然,若从研究领域的角度来看,大家是有共识的。只是观察的视角与侧重考虑的方面有所不同。总的说来,对对外汉语教学的基础研究还应进一步地深入思考,以期引起有关方面的足够重视。

对此,陆俭明是这样认识的:"在这世纪之交,有必要在回顾、总结我国对外汉语教学的基础上,认真思考并加强汉语作为第二语言的本体研究,特别是对外汉语教学的基础研究。汉语作为第二语言之本体研究,按我现在的认识和体会,应包括以下五部分内容:第一部分是,根据汉语作为第二语言教学的需要而开展的服务汉语教学的语音、词汇、语法、汉字之研究。第二部分是,根据汉语作为第二语言教学需要而开展的学科建设理论

---

① 参见杨庆华《对外汉语教学研究丛书·序》,北京语言文化大学出版社1997年版。

研究。第三部分是,根据汉语作为第二语言教学需要而开展的教学模式理论研究。第四部分是,根据汉语作为第二语言教学需要而开展的各系列教材编写的理论研究。第五部分是,根据汉语作为第二语言教学需要而开展的汉语水平测试及其评估机制的研究。"①这里既包括理论研究的内容,也包括应用研究的内容,可供参酌。根据第二语言教学的三个组成部分的思想,即"教什么""怎样学""如何教",上述的观点非常正确地强调了"教什么"和"如何教"的研究,却未包括"怎样学"的研究。

陆先生认为,对外汉语教学学科的本体研究必须紧紧围绕一个总的指导思想来展开,这个总的指导思想是:"怎么让一个从未学过汉语的外国留学生在最短的时间内能最快、最好地学习好、掌握好汉语。"②正是基于这样的指导思想,才有上述五个方面的研究。

业内也有人从研究对象的角度出发,认为"教学理论是对外汉语教学的本体理论"。吕必松认为,"每一门学科都有自己特定的研究对象,这种特定的研究对象就是这门学科的本体"。那么,"对外汉语教学的研究对象是作为第二语言的汉语教学,作为第二语言的汉语教学就是对外汉语教学研究的本体"。③

我们认为,几十年来,对外汉语教学这门学科的建设取得了长足的进步与巨大的发展。它由初始阶段探讨学科的命名,学科的性

---

① 参见陆俭明《汉语作为第二语言之本体研究》,载《作为第二语言的汉语本体研究》,外语教学与研究出版社2005年版。

② 参见陆俭明《增强学科意识,发展对外汉语教学》,《世界汉语教学》2004年第1期。

③ 参见吕必松《谈谈对外汉语教学的性质与对外汉语教学的本体理论研究》,载《语言教育与对外汉语教学》,外语教学与研究出版社2005年版。

质和特点,学科的定位、定性和定向,发展到今天,概括汉语作为第二语言教学需要而开展的服务于汉语教学的汉语本体研究,与教学研究互动结合已成为学科建设的主要内容,教学理论与学习理论研究,形成有力的双翼,加之现代教育技术的应用,从而最终构架并完善了学科体系。对外汉语教学作为第二语言教学或外语教学,经业内同仁几代人的苦心孤诣、惨淡经营,目前在世界上汉语作为第二语言教学领域已占主流地位,这是值得欣慰的。

对于学科建设上的不同意见,我们主张强调共识,求大同存小异。面对欣欣向荣、蓬勃发展的"汉语国际推广"的大好局面,共同搞好汉语作为第二语言教学的学科建设,以便为"致广大"的事业尽力,是学界同仁的共同愿望。因此,我们赞赏吕必松下面的意见,并希望能切实付诸学术讨论之中:

"我国对外汉语教学界在对外汉语教学的学科性质和特点等问题上一直存在着不同的意见。因为对外汉语教学是一门年轻的学科,学科理论还不太成熟,出现分歧在所难免。就是学科理论成熟之后,也还会出现新的分歧。开展不同意见的讨论和争论,有利于学科理论的发展。"①

三 关于汉语作为第二语言研究

汉语作为第二语言研究,不少人简称为"对外汉语研究"。比如上海师范大学创办的刊物就叫《对外汉语研究》,已由商务

---

① 参见吕必松《语言教育与对外汉语教学·前言》,外语教学与研究出版社2005年版。

印书馆于 2005 年出版了第一期。

1993 年,中共中央和国务院颁布了《中国教育改革和发展纲要》,里面提到要"大力加强对外汉语工作"。此后,在我国的学科目录上"对外汉语"专业作为学科的名称出现。

汉语作为一种语言,自然没有区分为"对外"和"对内"的道理,这是尽人皆知的。我们理解所谓的"对外汉语",其实质为"作为第二语言的汉语",也即"汉语作为第二语言"。它是与汉语作为母语相对而言的。在业内,在"对外汉语"的"名"与"实"的问题上,也存在着不同意见。我们认为,随着"汉语国际推广"大局的推进,"对外汉语教学"无论从内涵还是外延看都不能满足已经变化了的形势。我们主张从实质上去理解,也还因为"名无固宜","约定俗成"。

在这个问题上,我们同意刘珣早在 2000 年就阐释清楚的观点:"近年来出现了'对外汉语'一词。起初,连本学科的不少同仁也觉得这一术语难以接受。汉语只有一个,不存在'对外'或'对内'的不同汉语。但现在'对外汉语'已逐渐为较多的人所认同,而且已成为专业目录上我们专业的名称(专业代码 050103)。这一术语的含义也许应理解为'作为第二语言教学与研究的汉语',也就是从一个新的角度来研究汉语。""对外汉语教学是汉语作为第二语言的教学,它与汉语作为母语的教学的巨大差别也体现在教学内容,即所要教的汉语上,这是从对外汉语教学事业初创阶段就为对外汉语教学界所重视的问题。"[①]

---

① 参见刘珣《近 20 年来对外汉语教育学科的理论建设》,《世界汉语教学》2000 年第 1 期。

汉语作为第二语言,这是对外汉语教学的主要内容,是要解决"教什么"的问题,故而对外汉语作为第二语言的研究就成为学科建设的极其重要的组成部分,随着国家"汉语国际推广"战略的提出,汉语作为第二语言教学,无论从学术研究上,还是从应用研究上,都会得到极大的提升,名实相副的情况,当会出现。

还有人从另一个新的角度,即世界汉语教育史的研究,阐释了作为第二语言的汉语研究之必要,张西平说:"世界汉语教育史是一个全新的研究领域。这一领域的开拓必将极大地拓宽我们汉语作为第二语言教学的研究范围,使学科有了深厚的历史根基。我们可以从汉语作为第二语言教学的悠久历史中总结、提升出真正属于汉语本身的规律。"[1]

那么,服务于对外汉语教学的汉语本体研究,或称作作为第二语言的汉语本体研究,其核心是什么呢?潘文国对此作出解释:所谓"对外汉语研究,应该是一种以对比为基础、以教学为目的、以外国人为对象的汉语本体研究"。[2]

我们认为,"对外汉语"作为一门科学,也是一门学科,首先应从本体上把握,研究它不同于其他学科的本质特点及其成系统、带规律的部分,这也就是"对外汉语研究",也就是汉语作为第二语言的研究。

这种汉语作为第二语言的研究,以及汉语作为第二语言的教学研究和汉语作为第二语言的学习研究,加之所有这些研究

---

[1] 参见张西平《简论世界汉语教育史的研究物件和方法》,载李向玉等主编《世界汉语教育史研究》,澳门理工学院2005年印制。

[2] 参见潘文国《论"对外汉语"的科学性》,《世界汉语教学》2004年第1期。

所依托的现代科技手段和现代教育技术,共同构筑了对外汉语教学研究的基本框架。这就是我们所说的本体论、方法论、认识论和工具论。①

从接受留学生最初的年月,对外汉语教学的前辈们就十分注意汉语作为第二语言的研究。这是因为"根本的问题是汉语研究问题,上课许多问题说不清,是因为基础研究不够"。也可以说"离开汉语研究,对外汉语教学就无法前进"。②

我们这里分别对作为第二语言的汉语语音、词汇、语法和汉字的研究与教学略作一番讨论,管中窥豹,明其现状,寻求改进。

(一) 作为第二语言的汉语语音

作为第二语言的汉语语音的研究与教学,近年来因诸多原因,重视不够,有滑坡现象,最明显的是语音教学阶段被缩短,以至于不复存在;但是初始阶段语音打不好基础,将会成为顽症,纠正起来难上加难。本来,对外汉语教学界曾有很好的语音教学与研究的传统,有不少至今仍可借鉴的研究成果,包括对汉语语音系统的研究和对《汉语拼音方案》的理解与应用,遗憾的是,近来的教材都对此重视不够。

比如赵元任先生那本《国语入门》,大部分是语音教学,然后慢慢地才转入其他。面对目前语音教学的局面,著名语音学家、对外汉语教学的前辈林焘先生发出了感慨:"发展到今天,语音

---

① 参见赵金铭《对外汉语研究的基本框架》,《世界汉语教学》2001年第3期。
② 参见朱德熙《在纪念〈语言教学与研究〉创刊10周年座谈会上的发言》,《语言教学与研究》1989年第3期。

已经一天一天被压缩,现在已经产生危机了。我们搞了52年,外国人说他们学语音还不如在国外。这说明我们在这方面也是太放松了,过于急于求成了,就把基础忘掉了。语音和文字是两个基础,起步我们靠这个起步;过于草率了,那么基础一没打稳,后边整个全过程都会受影响。"[1]加强语音教学是保证汉语教学质量的重要一环,无论是教材还是课堂教学,语音都不应被忽视。

(二)作为第二语言的汉语词汇

长期以来,在汉语作为第二语言教学中,比较重视语法教学,而在某种程度上却忽视了词汇教学的重要性,使得词汇研究和教学成为整个教学过程中的薄弱环节。

其实,在掌握了汉语的基本语法规则之后,还应有大量的词汇作基础,尤其应该掌握常用词的不同义项及其功能和用法,唯其如此,才能真正学会汉语,语法也才管用,这是因为词汇是语言的唯一实体,语法也只有依托词汇才得以存在。学过汉语的外国人都有这样的体会,汉语要一个词一个词地学,要掌握每一个词的用法,日积月累,最终才能掌握汉语。近年来,我们十分注意汉语词汇及其教学的研讨,尤其注重词汇的用法研究。

有两件标志性的事可资记载:

一是注重对外汉语学习词典的编纂研究。2005年在香港

---

[1] 参见林焘(2002)的座谈会发言,载《继往开来——新中国对外汉语教学52周年座谈会纪实》,北京语言大学内部资料。

城市大学召开了"对外汉语学习词典国际研讨会",其特色是强调计算语言学家和词典学家密切合作,依据语料库语言学编纂学习词典的思路,为对外汉语教学的词汇教学与学习服务,有力地推动了汉语的词汇研究与教学。

二是针对汉语词汇教学中的重点,特别是中、高级阶段,词义辨析及用法差异是教学之重点,学界努力打造一批近义词辨析词典,从释义、功能、用法方面详加讨论。例如《汉英双语常用近义词用法词典》《对外汉语常用词语对比例释》《汉语近义词词典》《1700对近义词语用法对比》。①

这些词典各有千秋,在释文、例证、用法、英译等方面各有特色,能在一定程度上满足汉语教学和学习者的需要。

(三)作为第二语言的汉语语法

作为第二语言教学的汉语语法研究与语法教学研究,如果从数量上看一直占有最大的分量,这当然与它受到重视有关。近年来,汉语语法研究范围更加广泛,内容也更加细致、深入,结合教学的程度也更加紧密,达到了前所未有的高度。

首先,理清了理论语法与教学语法之关系,为汉语作为第二语言教学语法的研究理清了思路。理论语法是教学语法的来源与依据,教学语法的体系可灵活变通,以便于教学为准。目前,

---

① 参见邓守信主编《汉英双语常用近义词用法词典》,北京语言学院出版社1996年版;卢福波编著《对外汉语常用词语对比例释》,北京语言文化大学出版社2000年版;马燕华、庄莹编著《汉语近义词词典》,北京大学出版社2002年版;王还主编《汉语近义词词典》,北京语言大学出版社2005年版;杨寄洲、贾永芬编著《1700对近义词语用法对比》,北京语言大学出版社2005年版。

教学语法虽更多地吸收传统语法的研究成果,而一切科学的语法都会对汉语作为第二语言教学语法有帮助。教学语法是在不断地吸收各种语法研究成果中迈步、发展和不断完善的。

其次,对汉语作为第二语言的教学语法进行了科学的界定,即:第二语言的教学目的决定了教学语法的特点,它主要侧重于对语言现象的描写和对规律、用法的说明,以方便教学为主,也应具有规范性。

再次,学界认为应建立一部汉语作为第二语言教学的汉语教学参考语法,无论是编写教材,还是从事课堂教学,或是备课、批改作业,都应有一部详细描写汉语语法规则和用法的教学参考语法作为依据。其中应体现汉语作为第二语言教学的自己的语法体系,应有语法条目的确定与教学顺序的排序。

最后,应针对不同母语背景的教学对象,排列出不同的语法点及其教学顺序。事实证明,很难排出适用于各种母语学习者的共同的语法要点及其顺序表。

对欧美学生来说,受事主语句、存现句、主谓谓语句,以及时间、地点状语的位置,始终是学习的难点,同时也体现汉语语法特点。而带有普遍性的语法难点,则是"把"字句、各类补语以及时态助词"了""着"等。至于我们所认为的特殊句式,其实并非学习的难点,比如连动句、兼语句、"是"字句、"有"字句以及名词谓语句、形容词谓语句。这也是从多年教学中体味出的。

(四)汉字研究与教学

汉字教学是对外汉语教学的重要组成部分。然而,与其他汉语要素相比,汉字教学从研究到教学一直处于滞后状态。为了改变这一局面,除了加强对汉字教学的各个环节的研究之外,要突破汉字教学的瓶颈,首先应澄清对汉字的误解,建立起科学的汉字观。汉字本身是一个系统,字母本身也是一个系统。字母属于字母文字阶段,汉字属于古典文字阶段,它们是一个系统的两个阶段。这个概念的改变影响很大,这是科学的新认识。①当我们把汉字作为一个科学系统进行研究与教学时,要清醒地认识到汉字是汉语作为第二语言教学与其他第二语言教学的重要区别之一。在对外汉语教学中,究竟采用笔画、笔顺教学,还是以部件教学为主,或是注重部首教学,抑或是从独体到合体的整字教学,都有待于通过教学试验,取得相应的数据,寻求理论支撑,编出适用的教材,寻求汉字教学的突破口,从而使汉语书面语教学质量大幅度提高。与汉字教学相关的还应注意"语"与"文"的关系之探讨,字与词的关系的研究,以及汉语教材与汉字教材的配套,听说与读写之关系等问题的研究。

四 关于汉语作为第二语言教学研究

我们所说的教学研究,包括以下五个部分:课程教学设计、教学方法与教学技巧、教材编写理论与实践、语言测试理论与汉语考试、跨学科研究之一——现代教育技术在教学中的应用。

(一) 关于教学模式研究

近年来,对外汉语教学界尤其注重教学模式的研究,寻求教

---

① 参见周有光《百岁老人周有光答客问》,《中华读书报》2005年1月22日。

学模式的创新。什么是教学模式？教学模式是指具有典型意义的、标准化的教学或学习范式。

具体地说，教学模式是在一定的教学理论和教学思想指导下，将教学诸要素科学地组成稳固的教学程序，运用恰当的教学策略，在特定的学习环境中，规范教学课程中的种种活动，使学习得以产生。① 更加概括简洁的说法则为：教学模式，指课程的设计方式和教学的基本方法。②

教学模式具有不同的类型。我们所说的对外汉语教学模式，就是从汉语和汉字的特点及汉语应用的特点出发，结合汉语作为第二语言的教学理论，遵循大纲的要求，提出一个全面的教学规划和实施方案，使教学得到最优化的组合，产生最好的教学效果。这是一种把汉语作为第二语言教学的特定的教学模式。

教学模式研究表现在课程设计上，业内主要围绕着"语"和"文"的分合问题而展开，由来已久，且持续至今。

早在1965年，由钟梫执笔整理成文的《十五年汉语教学总结》就对"语"与"文"的分合及汉字问题进行了讨论。③ 当时提出三个问题：

1. 有没有学生根本不必接触汉字，完全用拼音字母学汉语？即学生只学口语，不学汉字。当时普遍认为，这种学生根本不必接触汉字。

---

① 参见周淑清《初中英语教学模式研究》，北京语言大学出版社2004年版。
② 参见崔永华《基础汉语教学模式的改革》，《世界汉语教学》1999年第1期。
③ 参见钟梫(1965)《十五年汉语教学总结》，载《语言教学与研究》(试刊，第4期，1977年内部印刷)，又收入盛炎、砂砾编《对外汉语教学论文选评》，北京语言学院出版社1993年版。

2. 需要认汉字的学生是否一定要写汉字？即"认"与"写"的关系。一种意见认为不写汉字势必难以记住,"写"是必要的;另一种意见认为,"认离不开写"这一论点根本上不能成立,即不能说非动笔写而后才能认,也就是说"认"和"写"可以分离。

3. 需要认(或认、写)汉字的学生是不是可以先学"语"后学"文"呢？后人的结论是否定了"先语后文",采用了"语文并进"。而"认汉字"与"写汉字"也一直是同步进行的。

这种"语文并进""认写同步"的教学模式,从上世纪50年代起一直是占主流的教学模式,延续至今。80年代以后,大多沿用以下三种传统教学模式:"讲练—复练"模式,"讲练—复练＋小四门(说话、听力、阅读、写作)"模式,"分技能教学"模式。

目前,对外汉语教学界广泛使用的是一种分技能教学模式,以结构—功能的框架安排教学内容,采用交际法和听说法相结合的综合教学法。这种教学模式大约在80年代定型。

总的看来,对外汉语教学界所采用的教学模式略显单调,似嫌陈旧。崔永华认为:"从总体上看,这种模式反映的是60年代至70年代国际语言教学的认识水平。30年来,国内外在语言学、第二语言教学、语言心理学、语言习得研究、语言认知研究等跟语言教学相关的领域中都取得了巨大的进步,研究和实验成果不可计数。但是由于种种原因,目前的教学模式对此吸收甚少。"①

这种局面应该改变,今后,应在寻求反映汉语和汉字特点的教学模式的创新上下功夫,特别要提升汉字教学的地位,特别要

---

① 参见崔永华《基础汉语教学模式的改革》,《世界汉语教学》1999年第1期。

注意语言技能之间的平衡,大力加强书面语教学,着力编写与之相匹配、相适应的教材,进行新的教学实验,切实提高汉语的教学质量。

(二) 教学法研究

教学方法研究至关重要。"用不同的方法教外语,收效可以悬殊。"①对外汉语教学界历来十分注重教学方法的探讨。早在1965年之前,对外汉语教学界就创造了"相对的直接法"的教学方法,强调精讲多练,加强学生的实践活动。同时,通过大量的练习,画龙点睛式地归纳语法。②

但是,对外汉语教学还是一个年轻的学科,教学法的研究多借鉴国内外语教学法的研究,这也是很自然的事情。而国内外语教学法的研究,又是跟着国外英语教学法的发展亦步亦趋。有人这样描述:

"纵观20世纪国外英语教学法历史,对比当前主宰中国英语教学的各种模式,不难发现很多早被国外唾弃的做法或理念,却仍然被我们的英语老师墨守成规地紧追不放。"③

对外汉语教学界也有类似情况。在上个世纪70年代,当我们大力推广"听说法",强调对外汉语教学应"听说领先"时,这个产生于40年代末的教学法,已并非一家独尊。潮流所向,人们

---

① 参见吕叔湘《语言与语言研究》,载《语文近著》,上海教育出版社1987年版。
② 参见钟梫(1965)《十五年汉语教学总结》,载《语言教学与研究》(试刊,第4期,1977年内部印刷),又收入盛炎、砂砾编《对外汉语教学论文选评》,北京语言学院出版社1993年版。
③ 参见丁杰《英语到底如何教》,《光明日报》2005年9月14日。

已不再追求最佳教学法,而转向探讨各种有效的教学法路子。70年代至80年代,当我们在教学中引进行为主义,致力于推行"结构法"和"句型操练"之时,实际上行为主义在国际上已逐渐式微,而代之以基于认知心理学的"以学生为中心"的认知法。

在国际外语教学界,以结构为主的传统教学法与以交际为目的的功能教学法交替主宰语言教学领域之后,80年代末至90年代初,在英语教学领域"互动性综合教学法"便应运而生,盛行一时。所谓综合,偏重的是内容;所谓互动,强调的是方法。[①]

90年代末,体现这种互动关系的任务式语言教学模式在欧美逐渐兴盛起来。这种教学方法的基本理论可概括为:通过"任务"这一教学手段,让学习者在实际交际中学会表达思想,在过程中不断接触新的语言形式并发展自己的语言系统。

任务法是交际教学法中提倡学生"通过运用语言来学习语言",这一强势交际理论的体现,突出之处是"用中学",而不是以往交际法所强调的"学以致用"。

这种通过让学生完成语言任务来习得语言的模式,既符合语言习得规律,又极大地调动了学习者学习的积极性,本身也具有极强的实践操作性。因此,很受教师和学生的欢迎。以至于"20世纪末、21世纪初在应用语言学上可被称为任务时代"。[②]

在我国英语教学界,人民教育出版社于2001年遵循任务型教学理念编写并出版了初中英语新教材《新目标英语》,并在若干中学进行教学模式试验,取得了可喜的成绩。在对外汉语教

---

① 参见王晓钧《互动性教学策略及教材编写》,《世界汉语教学》2005年第3期。

② 参见周淑清《初中英语教学模式研究》,北京语言大学出版社2004年版。

学界,马箭飞基于任务式大纲从交际范畴、交际话题和任务特性三个层次对汉语交际任务项目进行分类,提出建立以汉语交际任务为教学组织单位的新教学模式的设想,并编有教材《汉语口语速成》(共五册)。①

这种交际教学理论在教学中被不断应用,影响所及,所谓"过程写作"教学即其一。"写"是重要的语言技能之一,"过程写作法"认为:写作是一个循环式的心理认知过程、思维创作过程和社会交互过程。写作者必须通过写作过程的一系列认知、交互活动来提高自己的认知能力、交互能力和书面表达能力。②

过程写作的宗旨是:任何写作学习都是一个渐进的过程。这个过程需要教师的监督指导,更需要通过学生自身在这个过程中对文章立意、结构及语言的有意学习。由过程写作引发而建立起来的过程教学法理论,也对第二语言教学的大纲设计、语法教学、篇章分析等产生了深刻的影响。③

交际语言教学理论的另一个发展,是近几年来在西方渐渐兴起的体验式教学。这种教学法的特点是把文化行为训练纳入对外汉语教学之中,而不主张单纯从语言交际角度看待外语教学。在整个教学过程中,自始至终贯穿着"角色"和"情景"的观念。2005年,我国高等教育出版社出版有陈作宏、田艳编写的《体验汉语》系列教材,是这种理念的一次尝试。

---

① 参见马箭飞《任务式大纲与汉语交际任务》,《语言教学与研究》2002年第4期。

② 参见陈玖《教学模式与写作水平的相互作用——英语写作"结果法"与"过程法"对比实验研究》,《外语教学与研究》2005年第6期。

③ 参见杨俐《过程写作的实践与理论》,《世界汉语教学》2004年第1期。

今天,在教学法研究中人们更注重过程,外语教学是个过程,汉语作为第二语言教学也是一个过程。过程是组织外语教学不可忽视的因素。桂诗春说:"在70年代之前,人们认为提高外语教学质量的关键是教学方法,后来才发现教学方法只是起局部的作用。"[①]我们已经认识到并接受了这样的观点。

现在我们可以说,汉语作为第二语言教学在教学法研究方面,我们已经同世界上同类学科的研究相同步。

(三)教材研究与创新

教材的创新已经提出多年,教材也已编出上千种,但无论是数量还是质量均不能完全满足世界上学习汉语的热切需求。今后的教材编写,依然应该遵循过去总结出来的几项原则:(1)要讲求科学性。教材应充分体现汉语和汉字的特点,突破汉字教学的瓶颈,要符合语言学习规律和语言教学规律。体系科学,体例新颖。(2)要讲求针对性。教材要适应不同国家(地区)学习者的特点,特别要注意语言与文化两方面的对应性。不同的国家(地区)有不同的文化、不同的国情与地方色彩,要特别加强教材的文化适应性。因为"语言是文化的符号,文化是语言的管轨"[②],二者相辅相成。因此,编写国别教材与地区教材,采取中外合编的方式,是今后的发展方向。(3)要讲求趣味性。我们主张教材的内容驱动的魅力,即进一步提升教材内容对学习者的驱动魅力。有吸引力的语言材料可以引起学习者浓厚的学习兴

---

① 参见桂诗春《外国语言学及应用语言学研究》第一辑发刊词,首都师范大学外国语学院主办,中央编译出版社2002年版。
② 参见邢福义《文化语言学·序》,湖北教育出版社2000年版。

趣。要靠教材语言内容的深厚内涵,使人增长知识,启迪学习;要靠教材的兴味,使人愉悦,从而乐于学下去。(4)要注重泛读教材的编写。要保证书面语教学质量的提高,必须编有大量的、适合各学习阶段的泛读教材。远在1956年以前就曾有人提出"学习任何一种外语都离不开泛读"。认为"精读给最必需的、要求掌握得比较牢固的东西,泛读则可以让学生扩大接触面,通过大量、反复阅读,也可以巩固基本熟巧"。[①] 遗憾的是,长期以来,我们忽视了泛读教材的建设。

(四)汉语测试研究

语言测试应包括语言学习能力测试、语言学习成绩测试和语言水平测试。前两种测试的研究相对薄弱。学能测试多用于分班,成绩测试多由教师自行实施。而汉语水平考试(HSK)取得了可观的成绩,让世界瞩目。HSK是一项科学化程度很高的标准化考试。评价一个考试的科学化程度,最关键的是看它的信度和效度。所谓信度,就是考试的可靠性。一个考生在一定的时段内无论参加几次HSK考试,成绩都是稳定的,这就是信度高。所谓效度,就是能有效地测出考生真实的语言能力。HSK信守每一道题都必须经过预测,然后依照区分度选取合适的题目,从而保证了试卷的科学水准。目前,国家汉办又开发研制了四项专项考试:HSK(少儿)、HSK(商务)、HSK(文秘)、HSK(旅游)。这些考试将类似国外的

[①] 参见钟梫(1965)《十五年汉语教学总结》,载《语言教学与研究》(试刊,第4期,1977年内部印刷),又收入盛炎、砂砾编《对外汉语教学论文选评》,北京语言学院出版社1993年版。

TOEIC。HSK作为主干考试,测出考生汉语水平,可作为入学考试的依据。而四个分支考试,是一种语言能力考试,它将测出外国人在特殊职业环境中运用语言的能力。主干考试与分支考试形成科学的十字结构。目前,HSK正致力于改革,在保证科学性的前提下,考虑学习者的广泛需求,鼓励更多的人参加考试,努力提高汉语学习者的兴趣,吸引更多的人学习汉语,以适应汉语国际推广的需要。与此同时,"汉语水平计算机辅助自适应考试"正在研制中。

(五)跨学科研究

近十几年来,对外汉语教学界的跨学科研究意识越来越强烈,集中表现在两个方面。一方面是与心理学、教育学等相结合进行的学习研究。另一方面便是与信息科学和现代教育技术的结合,突出体现在对外汉语计算机辅助教学的研究与开发上。

对外汉语计算机辅助教学是个大概念。我们可以从三个不同的角度来观察。

一是中文信息处理与对外汉语教学。研究重点是以计算语言学和语料库语言学为指导,研究并开发与对外汉语教学相关的语料库,如汉语中介语语料库、对外汉语多媒体素材库和资源库,以及汉语测试题库等。这些库的建成,有力地推动了教学与研究的开展。

二是计算机辅助汉语教学,包括在多媒体条件下,对学习过程和教学资源进行设计、开发、运用、管理和评估的理论与实践,比如多媒体课堂教学的理论与实践,多媒体教材的编写与制作,多媒体汉语课件的开发与运用。这一切给传统的教学与学习带来一场革命,运用得当,师生互动互利,教学效果会明显提高。目前国家对外汉语教学领导小组办公室正陆续推出的重大项目《长城汉语》,就是一种立体化的多媒体系列教材。

三是对外汉语教学网站的建立和网络教学的研究与开发。诸如远程教学课件的设计、网络教学中师生的交互作用等,都是研究的课题。中美网络语言教学项目所研制的《乘风汉语》是目前网络教材的代表作。

所有这一切都离不开对现代教育技术的依托。诸如影视技术、多媒体技术、网络技术以及虚拟现实技术等在教学与研究中都有广泛应用。

放眼未来,人们越来越认识到计算机辅助教学的作用与前景。当然,与此同时,仍然应当注重面授的优势与不可替代性。教师的素质、教师的水平、教师的指导作用仍然不容忽视,并有待不断提高。

五 关于汉语作为第二语言的学习研究

20世纪90年代,对外汉语教学学科理论研究的一个重要进展是开拓了语言习得理论的研究。① 近年来汉语习得研究更显上升趋势。

中国的对外汉语教学中的学习研究,因诸多因素,起步较晚。80年代初期,国外有关第二语言习得理论开始逐渐被引

---

① 参见李泉《对外汉语教学学科理论研究概述》,载《对外汉语教学理论思考》,教育科学出版社2005年版。

进,对外汉语教学研究的重心也逐步从重视"教"转向对"学"的研究。回顾近20年来对外汉语教学领域的第二语言习得研究,主要集中于四个方面:汉语偏误分析、汉语中介语研究、汉语作为第二语言的习得过程研究、汉语习得的认知研究。而从学习者的外部因素、内部因素以及学习者的个体差异三个侧面对学习者进行研究,还略嫌薄弱。

学习研究是逐步发展起来的,徐子亮将20年的对外汉语学习理论研究历史划分为三个阶段:1992年以前,在语言对比分析的基础上,致力于外国人学汉语的偏误分析;1992—1997年,基于中介语理论研究的偏误分析成为热点,并开始转向语言习得过程的研究;1998—2002年,在原有基础上研究深化、角度拓展,出现了学习策略和学习心理等研究成果。研究方法向多样化和科学化方向发展。①

汉语认知研究与汉语习得研究是两个并不相同的研究领域。对外汉语教学的汉语认知研究是对把汉语作为第二语言的学习者的汉语认知研究(或简称非母语的汉语认知研究)。国内此类研究始于20世纪90年代后期,20世纪90年代末和本世纪初是一个成果比较集中的时期。因其使用严格的心理实验方法,研究范围包括:学习策略的研究、认知语言学基本理论的研究、汉语隐喻现象研究、认知域的研究、认知图式的研究、语境和语言理解的研究等。② 我国心理学界做了不少母

---

① 参见徐子亮《对外汉语学习理论研究二十年》,《世界汉语教学》2004年第4期。

② 参见崔永华《二十年来对外汉语教学研究热点回顾》,《语言文字应用》2005年第1期。

语为汉语者的汉语认知研究,英语教学界也做了一些外语的认知研究,而汉语作为第二语言的学习者的汉语认知研究,还有待深入。

语言学习理论的研究方法是跨学科的。彭聃龄认为:"语言学习是一个极其复杂的过程,其自变量、因变量的关系必须通过实验法和测验法相结合来求得。实验可求得因果,测验能求得相关,两者结合才能得出可靠的结论。"①

汉语作为第二语言的习得与认知研究,以理论为导向的实验研究已初见成果。与国外同类研究相比,我们的研究领域还不够宽,研究的深度也有待提高。在研究方法上,经验式的研究还比较多,理论研究比较少;举例式研究比较多,定量统计分析少;归纳式研究多,实验研究少。总之,与国外第二语言习得与认知研究相比,我们还有许多工作要做。②

今后,对外汉语学习理论研究作为一个可持续发展的领域,还必须在下列方面进行努力:(1)突出汉语特点的语言学习理论研究;(2)加强跨学科研究;(3)研究视角的多维度、内容的丰富与深化;(4)研究方法改进与完善;(5)理论研究成果在教学实践中的应用。③

这五个方面的努力,会使学习理论研究这个很有发展前景

---

① 参见《语言学习理论座谈会纪要》,载《世界汉语教学》编辑部、《语言文字应用》编辑部、《语言教学与研究》编辑部合编《语言学习理论研究》,北京语言学院出版社1994年版。
② 参见王建勤《汉语作为第二语言的习得研究·前言》,北京语言文化大学出版社1997年版。
③ 参见徐子亮《对外汉语学习理论研究二十年》,《世界汉语教学》2004年第4期。

的领域,为进一步丰富学科基础理论发挥重要作用。

六 回首·检视·瞻念

(一) 回首

回首近十几年来,正是对外汉语教学如火如荼蓬勃发展的时期,学科建设取得了令人瞩目的成绩。赅括言之如下:

1. 明确了对外汉语教学的学科定位,对外汉语教学在国内是汉语作为第二语言教学,在国外(境外)是汉语作为外语教学。目前,汉语国际推广的大旗已经揭起,作为国家战略发展的软实力建设之一,随着国际汉语学习需求的激增,原有的对外汉语教学的理念、教材、教法以及师资队伍等,都将面临新的挑战,自然也是难得之机遇。我们经过几十年的努力所建立起的汉语作为第二语言教学学科的覆盖面会更宽,对学科理论体系的研究更加自觉,学科意识更加强烈。

2. 对外汉语教学开辟了新的研究领域。重要的进展就是开拓了语言习得与认知理论的研究,确立了对外汉语研究的基本框架,即:作为第二语言教学的汉语本体研究(本体论)、作为第二语言的汉语认知与习得研究(认识论)、作为第二语言教学的教学理论和教学法研究(方法论)、现代科技手段与现代教育技术在教学与研究中的应用(工具论),在此基础上规划了学科建设的基本任务。

3. 更加清醒地认识到要不断更新教学理念,特别是教材编写、教学法以及汉语测试要有新的突破。要深化汉语作为第二语言教学的教学模式与教学方法的探索,加强教学实验,以满足世界上广泛、多样的学习需求。更加强教材的国别(地区)性、适应性与可接受性研究,不断创新,以适应汉语国际推广的各种模式。要加强语言测试研究,结合世界上汉语学习的多元化需求,努力开发目的明确、针对性强、适合考生心理、设计原理和方法科学、符合现代语言教学和语言测试发展趋势的多类型、多层次的考试。

4. 跨学科意识明显加强,汉语作为第二语言教学与相关学科的结合更加密切,不同类型语言教育的对比与综合研究开始引起注意,在共性研究中发展个性研究。跨学科研究特别表现在现代教育技术与多媒体技术在教学中的广泛应用,以及心理学研究与汉语作为第二语言教学研究的联手,共同研究汉语作为第二语言的认知与习得过程、习得顺序、习得规律。

5. 不断吸收世界第二语言教学的研究成果,与国外第二语言教学理论的结合更加密切,"新世纪对外汉语教学——海内外的互动与互补"学术演讲讨论会的召开即是标志[①],"互动互补"既非一方"接轨"于另一方,亦非一方"适应"另一方,而是互相借鉴、相互启发,但各有特色,各自"适应"。就国内汉语教学来说,今后还应不断借鉴国内外语言教学与研究的先进成果,充分结合汉语的特点,为我所用。

(二) 检视

在充分肯定汉语作为第二语言学科建设突出发展的同时,

[①] 北京语言大学科研处《"新世纪对外汉语教学——海内外的互动与互补"学术演讲讨论会举行》,《世界汉语教学》2005年第1期。

检视学科建设之不足,我们发现在学科理论、学科建设、教材建设、课堂教学与师资队伍建设上均存在尚待解决的问题。从目前汉语国际推广的迅猛态势出发,教学问题与师资问题是为当务之急。

1. 关于教学。

目前,汉语作为第二语言的课堂教学依然是以面授为主,绝大多数学习者还是通过课堂学会汉语。检视多年来的课堂教学,总体看来,教学方法过于陈旧,以传统教法为主,多倾向于以教师为主,缺乏灵活多变的教学路数与教学技巧。我们虽不乏优秀的对外汉语教师以及堪称范式的课堂教学,但值得改进的地方依然不少。李泉在经过详细地调查后发现的问题,值得我们深思。他归结为四点:(1)教学方式上普遍存在"以讲解为主"的现象;(2)教学原则上对"精讲多练"有片面理解现象;(3)课程设置上存在"重视精读,轻视泛读"现象;(4)教学内容上仍存在"以文学作品为主"现象。①

改进之方法,归结为一点,就是加强"教学意识"。我们赞成这样的观点:

"对外汉语是门跨文化的学科,不同专业的教师只要提高教学意识,包括学科意识、学习和研究意识、自尊自重的意识,就一定能把课上好。"②

2. 关于师资。

---

① 参见李泉《对外汉语教学理论和实践的若干问题》,载赵金铭主编《对外汉语教学研究的跨学科探索》,北京语言大学出版社 2003 年版。

② 参见陆俭明《汉语作为第二语言之本体研究》,载《作为第二语言的汉语本体研究》,外语教学与研究出版社 2005 年版。

对外汉语教学事业发展至今,已形成跨学科、多层次、多类型的教学活动,因之要求对外汉语教师也应该是多面手,在研究领域和研究内容上也应该是宽阔而深入的。

据国家汉办统计,目前中国获得对外汉语教师资格证书的共3 690人,国内从事对外汉语教学的专职、兼职教师共计约6 000人。其中不少人未经严格训练,仓促上阵者不在少数。以至外界这样认为:"很多高校留学生部的教师都是非专业的,没有受过专业训练,更没有搞过语言教学,其教学效果可想而知。"[1]而在国际上,情况更为不堪,简直是汉语教师奇缺,于是人们感叹,汉语教学落后于"汉语热"的发展,全球中文热引起了"中文教师荒",成为汉语国际推广的瓶颈。

据调查,我们认为,在教学实践中带有普遍性的问题,还是教师没能充分了解并掌握汉语作为第二语言教学的特点和规律,或缺乏作为一名语言教师的基本素质,没有掌握汉语作为第二语言教学的方法与技巧。其具体表现正如李泉在作了充分的观察与了解之后所描述的现象,诸如:忽视学习者的主体地位,忽视对学习者的了解,忽视教学语言的可接受性,忽视教学活动的可预知性,缺乏平等观念和包容意识。[2]

什么是合格的对外汉语教师,已经有很多讨论。国外也同样注重语言教师的素质问题,如,2002 年美国国会通过了 No Child Left Behind(《没有一个孩子掉队》)的新联邦法。于是,

---

[1] 参见许光华《"汉语热"的冷思考——兼谈对外汉语教学》,《学术界》2005年第 4 期。

[2] 参见李泉《对外汉语教学理论和实践的若干问题》,载赵金铭主编《对外汉语教学研究的跨学科探索》,北京语言大学出版社 2003 年版。

各州都以此制定教师培训计划,举国上下都讨论什么样的教师是合格、称职的教师。①

我们可以说,教好汉语,不让一个学习汉语的学生掉队,这是对教师的最高要求。

(三) 瞻念

当今訇訇盛世,汉语国际推广的前景已经显露出曙光,我们充满信心,也深感历史责任的重大。汉语国际推广作为国家和民族的一项事业,是国家的战略决策,是国家的大政方针。而汉语作为第二语言教学,或汉语作为外语教学,则是一门学科。作为学科,它是一门科学,它是一项复杂的系统工程,要进行跨学科的、全方位的研究。在不断引进国外先进的教学理念的同时,努力挖掘汉语和汉字的特点,创新我们自己的汉语作为第二语言的教学模式和教学法。我们要以自己的研究,向世人显示出汉语作为世界上使用人口最多的一种古老的语言,像世界上任何一种语言一样,可以教好,可以学好,汉语并不难学。我们认为,要达此目的,重要的是要转变观念,善于换位思考,让不同的思维方式互相渗透和交融,共同建设好学科,做好推广。

1. 开阔视野,放眼世界学习汉语的广大人群。

多年来,我们的对外汉语教学是面向来华留学生的。今后,随着国家汉语国际推广的展开,在做好来华留学生汉语教学的同时,我们要放眼全球,更加关注世界各地的3 000万汉语学习者,要真正地走出去,走到世界上要求学习汉语的人们中去,带

---

① 参见丁杰《英语到底如何教》,《光明日报》2005年9月14日。

着他们认同的教材,以适应他们的教学法,去满足他们多样化的学习需求。这是一种观念的转变。

与此同时,我们应建立一种"大华语"的概念。比如我国台湾地区人们所说的国语,新加坡的官方语言之一华语,以及世界各地华人社区所说的带有方言味道的汉语,统统归入大华语的范畴。这样做的好处首先在于有助于增强世界华人的凝聚力和认同感;其次更有助于推进世界范围的汉语教学。我们的研究范围大为拓展,不仅是国内的汉语作为第二语言教学,还包括世界各地的汉语作为外语教学。

2. 关注学习对象的更迭。

对外汉语教学的对象是来华留学生,他们是心智成熟、有文化、母语非汉语的成年人。当汉语走向世界,面向世界各地的汉语学习者,他们的构成成分可能十分繁杂。其中可能有心智正处于发育之中的青少年,可能有文化程度不甚高的市民,也可能有家庭主妇,当然更不乏各种希望了解中国或谋求职业的学习者。我们不仅面向大学,更要面向中、小学,甚至是学龄前的儿童。从学习目的上看,未来的汉语学习者中,为研究目的而学习汉语的应该是少数,绝大多数的汉语学习者都抱有实用的目的。

3. 注意学习环境的变化。

外国人在中国学习汉语,是处在一个目的语的环境之中,耳濡目染,朝夕相处,具有良好的交际环境。世界各地的汉语学习者在自己的国家学习汉语是母语环境,需要设置场景,才能贯彻"学以致用"或"用中学"。学习环境对一个人的语言学习会产生重大影响,比如关涉到口语的水平、词汇量的多寡、所见语言现象的丰富与否、学习兴趣的激发与保持等。特别是不同的学习环境会在文化距离、民族心理、传统习惯等方面显示更大的差距,这又会对学习者的心理产生巨大的影响。于是,这就涉及教材内容的针对性问题。我们所主张的编写国别(地区)教材,可能某些教材使用的人数不一定多,但作为一个泱泱大国,向世界推广自己的民族语言时,应关注各种不同国家(地区)的汉语学习者的心态。

4. 教学理念的更新与教学法的适应性。

对国内来华留学生的汉语教学,囿于国内的语言环境及所受传统语言教学法的影响,课堂上常以教师为主,过多地依赖教材,课堂教学模式僵化,教学方法放不开,不够灵活多变。在国外,外语教学历史较长,理论纷呈,教学法流派众多,教学中多以学生为主,不十分拘泥教材,强调师生互动,教师要能随机应变。

一般说来,在东方的一些汉字文化圈国家如东北亚的日、韩等国,以及海外华人社区或以华人为主的教学单位,我们的教学理念与教学方法基本上可以适应,变化不甚明显。在西方,在欧美,特别是在北美地区,因语言和文化传统差异较大,我们在国内采用的教学方法在那里很难适应,必须做相应的改变,入乡随俗,以适应那里的汉语教学。

5. 汉语国际推广:普及为主兼及提高。

新中国的对外汉语教学已经走过 55 个春秋。多年来,我们一直竭力致力于汉语作为第二语言教学的学科建设,重视学科基础理论的扎实稳妥,扩大、拓宽学科的研究领域,搭建对外汉语教学的基本框架,探讨教学理论和学习理论,这一切都在改变社会上认为对外汉语教学"凡会说汉语都能教"以及对外汉语教学是"小儿科"等错误看法。而今,汉语作为第二语言教学已经成为一门新兴的、边缘性的、跨学科的科学,研究日益精深,已成"显学"。今天,我们已经可以与国际上第二语言教学界的同行对话,在世界上成为汉语作为第二语言教学的主流。目前,随着国家发展战略目标的建设,汉语正加速走向世界,我们要面向世界各地的3000万汉语学习者。这将不仅仅是从事国内对外汉语教学的几千名教师的责任与义务,更是全民的事业,是民族的大业,故而需要千军万马,官民并举,千方百计,全力推进。面对这种局面,首先是普及性的教学,也就是首先需要的是"下里巴人",而不是"阳春白雪"。我们要在过去反复强调并身体力行地注重对外汉语教学的科学性、系统性、完整性的同时,更加注重世界各地汉语教学的大众化、普及性与可接受性。因此,无论是教材、教学大纲还是汉语考试大纲,首先要考虑的是普及,是面向大众,因为事实上,目前我们仍然是汉语教学市场的培育阶段,要想尽办法让世界上更多的人接触汉语、学习汉语,在此基础上,才能培养出更多的高水平的国际汉语人才,也只有在此基础上才能"尽精微",加深研究,不断提高。

七 关于研究书系

恰是香港回归祖国那一年,当时的北京语言文化大学编辑、出版了一套《对外汉语教学研究丛书》,凡九册。总结、归纳了该校对外汉语教师在这块难以垦殖的处女地上,几十年风风雨雨,辛勤耕耘所取得的成果。这是一定范围内一个历史阶段的成果,不是结论,更不是终结。至今,八易春秋,世界发生了巨大的变化,祖国更加繁荣、富强,对外汉语教学,正向汉语国际推广转变,这项国家和民族的事业获得了空前的大发展,也面临着重大的机遇与挑战。

目前,多元文化架构下的"大华语"教学的新格局正逐渐形成,汉语国际推广正全面铺开。欣逢其时,具有百年历史的商务印书馆以其远见卓识,组织编纂"对外汉语教学专题研究书系",计七个系列,22种书,涵盖对外汉语教学研究的方方面面。所涉研究成果虽以近十年来为主,亦不排斥前此有代表性的、具有影响的论文。该书系可谓对外汉语教学成果50年来的大检阅。从中不难看出,对外汉语教学作为一个学科,内涵更加丰富,体系更加完备,视野更加开阔,范围更加广泛,研究理念更加先进,研究成果更加丰厚。汉语作为第二语言教学作为一门科学,已跻身于世界第二语言教学之林,或曰已取得与世界第二语言教学同行对话的话语权。

"对外汉语教学专题研究书系"的七个系列及其主编如下:
1. 对外汉语教学学科理论研究
　　主编:中国人民大学　李泉
　　《对外汉语教学学科理论研究》
　　《对外汉语教学理论研究》
　　《对外汉语教材研究》
　　《对外汉语课程、大纲与教学模式研究》
2. 对外汉语课程教学研究
　　主编:北京大学　李晓琪
　　《对外汉语听力教学研究》
　　《对外汉语口语教学研究》
　　《对外汉语阅读与写作教学研究》

《对外汉语综合课教学研究》

《对外汉语文化教学研究》

3. 对外汉语语言要素及其教学研究

  主编：北京语言大学 孙德金

《对外汉语语音及语音教学研究》

《对外汉语词汇及词汇教学研究》

《对外汉语语法及语法教学研究》

《对外汉字教学研究》

4. 汉语作为第二语言的学习者习得与认知研究

  主编：北京语言大学 王建勤

《汉语作为第二语言的学习者语言系统研究》

《汉语作为第二语言的学习者习得过程研究》

《汉语作为第二语言的学习者与汉语认知研究》

5. 语言测试理论及汉语测试研究

  主编：北京语言大学 张凯

《汉语水平考试（HSK）研究》

《语言测试理论及汉语测试研究》

6. 对外汉语教师素质与教学技能研究

  主编：北京师范大学 张和生

《对外汉语教师素质与教师培训研究》

《对外汉语课堂教学技巧研究》

7. 对外汉语计算机辅助教学研究

  主编：北京语言大学 郑艳群

《对外汉语计算机辅助教学的理论研究》

《对外汉语计算机辅助教学的实践研究》

这套研究书系由北京语言大学、北京大学、北京师范大学和中国人民大学的对外汉语教师共同协作完成,赵金铭任总主编。各系列的主编都是我国对外汉语教学界的教授,他们春秋鼎盛,既有丰富的教学经验,又有个人的独特的研究成果。他们几乎是穷尽性地搜集各自研究系列的研究成果,涉于繁,出以简,中正筛选,认真梳理,以成系统。可以说从传统的研究,到改进后的研究,再到创新性的研究,一路走来,约略窥测出本领域的研究脉络。从研究理念,到研究方法,再到研究手段,层层展开,如剥春笋。诸位主编殚精竭虑,革故鼎新,无非想"囊括大典,网罗众家",把最好的研究成果遴选出来,奉献给读者。为了出好这套书系,世界汉语教学学会陆俭明会长负责审订了全书。在此,向他们谨致谢忱。

我们要特别感谢商务印书馆对这套书系的大力支持,从总经理杨德炎先生到总经理助理周洪波先生,对书系给予了极大的关怀和帮助。诸位责编更是日夜操劳,付出了极大的辛苦,我们全体编者向他们致以深深的谢意。

书中自有取舍失当或疏漏、错误之处,敬请读者不吝指正。

2005 年 12 月 20 日

综 述

王 建 勤

近 10 年来,汉语作为第二语言的习得研究飞速发展。各研究领域在已有研究的基础上取得了一些新进展。为了客观地反映这些新进展,本书汇集了近 10 年来学者们在"汉语习得过程"研究领域发表的新成果。这些新成果主要包括 3 个部分:第一部分是第二语言习得研究的回顾与评价。这一部分从 3 个方面系统地回顾了第二语言习得研究的发展过程,即国外第二语言习得研究的发展过程;国内外(主要是美国)汉语作为第二语言的习得研究发展与现状,以及第二语言习得研究方法的探讨。这 3 个方面的评述,可以使读者对国内外第二语言习得研究,特别是汉语作为第二语言的习得研究有一个概括的了解。第二部分是关于汉语作为第二语言的内在过程研究,主要涉及语言迁移的研究。为使读者全面了解这一领域的研究,这部分收集的文章既包括国外关于语言迁移理论研究的系统评述,也包括国内关于汉语学习者具体语言迁移现象的研究。第三部分是本书的主体部分,包括近 10 年来汉语语音、词汇、语法各层面的习得过程研究。这一部分是最能体现汉语习得特点的研究。

基于上述 3 部分内容,我们试图对近 10 年来国内汉语习得过程研究取得的新进展进行简要的评述。

一 汉语习得过程研究的新进展

"习得过程"研究在国外第二语言习得研究中并没有作为一个独立的研究领域。汉语习得研究之所以将其作为一个相对独立的研究领域,是因为习得过程研究是"以过程为导向"的研究(process oriented),有别于"以结果为导向"的研究(product oriented)。汉语习得过程研究,按照我们的理解,既包括第二语言学习者汉语习得的内在过程研究,如语言迁移心理过程、参数重设过程等研究,也包括汉语习得的外在过程的研究,如第二语言学习者语言各层面(语音、词汇、语法、语篇等)习得过程的描写与分析。本书的第二章属于汉语习得内在过程的研究;第三章至第五章为外在过程研究。

1. 关于语言迁移的研究

近10年来,国内在汉语习得内在过程研究方面,学者们对语言迁移研究关注比较多。这与上世纪80年代国外学者重新关注语言迁移研究有关。六七十年代,语言迁移研究由于对比分析遭到激烈的批评而受到冷落。80年代国外许多学者认为,语言迁移不是一个"或有或无"的现象。语言迁移是客观存在的,但决不限于母语迁移现象,研究者需要以再为开阔的视野重新认识和分析语言迁移现象。唐承贤(2003)关于国外语言迁移研究的评述反映了80年代后国外学者对语言迁移过程以及影响语言迁移的因素等理论问题的重新思考。[①] 在这种背景下,国内学者对语言迁移现象的认识也不断深化。寮非(1998)通过

[①] 参见本书98页。

实验研究发现,母语与目的语之间的差异不足以作为母语迁移的主要依据。① 语言的共性和标记性为母语迁移现象提供了更为合理的解释。这种认识表明,学者们已经摆脱了行为主义学习理论关于母语迁移观点的影响。周明朗(1997)针对美国学生在汉语表达过程中出现的"结构重复现象",试图通过实验研究阐明这种现象和语言迁移现象的关系。② 实验结果表明,在对外汉语教学中观察到的语言迁移现象比我们想象的要复杂得多。有必要从语言、行为、认知等多方面进行研究。从上述研究可以看出,学者们对汉语学习者的语言迁移现象的认识比以前的研究要深刻得多。

与汉语学习者内在习得过程研究相比,近10年关于汉语学习者外在习得过程的研究是成果更为丰富的研究领域。

2. 汉语语音习得研究

在第二语言习得研究领域,第二语言学习者语音习得研究,无论在国内还是国外,相对于其他语言层面的习得研究,都是一个比较薄弱或滞后的研究领域。但近十几年来,汉语学习者语音习得研究取得了一些新进展。这些新进展表现在 3 个方面:一是注重实验语音学研究,二是注重学习者语音系统的中介音类型研究;三是注重以理论为导向的实证研究。

在实验语音学研究方面,王韫佳(1995)通过实验语音学的方法考察了美国学生习得汉语声调的错误类型。③ 研究发现,

---

① 参见本书 111 页。
② 参见本书 126 页。
③ 参见王韫佳《也谈美国人学习汉语声调》,《语言教学与研究》1995 年第 3 期。

美国学生习得汉语阴平和去声的主要错误是调型错误,习得阳平和上声声调时,既存在调型错误也存在调域错误。实验语音学研究方法的引入,改变了以往经验式研究的局面,使外国学生汉语语音习得研究的方法更加科学、严谨,结论更加可靠。

近些年来,中介语理论对汉语语音习得研究也产生较大的影响。朱川(1997)通过语图、音高实验和精确度、清晰度、可懂度实验,分别考察了欧美、日本、韩国、新加坡等不同母语背景的汉语学习者习得汉语语音的难点以及出现的中介音类型。[①] 这是迄今为止通过语音实验手段对不同母语背景的外国学生习得汉语语音的中介音类型作得最为详尽的分析。这对我们了解外国学生习得汉语语音的中介音类型和难点分析具有重要的参考价值。

在汉语语音习得研究方面取得的另一个新进展,是关于学习者习得汉语过程中的语音变异研究。梅丽(2005)以第二语言习得研究领域中的语言变异理论为框架,通过实验研究检验了日本学生习得普通话卷舌声母产生系统变异的语境效应和情境效应,以及非系统变异现象。[②] 该实验研究发现日本学生习得卷舌声母在一定程度上受到语言语境和情境语境的影响,但卷舌声母 ch 习得难度大,没有受到情境语境的影响。此外,作者还发现,学习者的中介音系统不仅受到中介音的目标形式的渗透而且还受到非目标形式(变体)的渗透。前者向"严谨体"(careful style)方向渗透,后者向"随便体"(vernacular style)方

---

① 参见本书 169 页。
② 参见本书 182 页。

向渗透。

总的说来,汉语语音习得研究虽然起步比较晚,但研究的起点比较高。大部分研究都是基于某种理论的实证研究。

3. 汉语词汇习得研究

与汉语语音习得研究相比,汉语词汇习得研究也是一个起步相对滞后的研究领域。不过,近几年汉语词汇习得研究也有一些新起色。有关这方面的研究主要集中在词汇知识与学习者语言能力的关系研究、词汇习得的策略和方法的研究,以及词汇习得与词汇教学的关系研究。

上世纪80年代以前,词汇习得研究是一个被忽视的研究领域。80年代后,学者们越来越认识到词汇习得研究的重要性。有学者认为,词汇习得是一个终生认知的过程,习得足够多的词汇是语言问题的核心。从而引发了许多关于第二语言学习者词汇知识的研究。国内虽然在这个领域起步比较晚,但国内学者直接借鉴国外的理论研究汉语学习者汉语词汇知识的习得过程,在很大程度上弥补了我们的差距。鹿士义(2001)在这方面作出了有益的探索。[①] 他通过实验探讨了汉语学习者掌握认知词汇与活用词汇,以及由于汉语正字法造成二者之间的距离与学习者综合语言能力的相互关系。他的研究表明,随着学习时间的增加,学习者的活用词汇与语言技能的相关也在增加。认知词汇与活用词汇的距离越大,学习者的语言技能就越差,随着时间的增加,二者之间的距离会逐渐缩小。由此可知,正字法距离是影响语言技能发展的重要因素。但这种距离是可以改变

---

① 参见本书244页。

的。

在汉语词汇习得研究中,词汇习得的策略和方法是国内学者更为关注的研究领域。钱旭菁(2004)借鉴国外"伴随性学习"(incidental learning)理论,通过实验研究考察了日本学生以阅读为目标的伴随性词汇学习过程,探讨了影响学习者伴随性词汇习得的因素。[①] 研究结果表明,词汇量多少与伴随性词汇学习存在着显著的相关关系,即学习者词汇量越大,通过阅读附带学会的词语越多;研究结果还表明,接触词汇的频次较少对词语学习没有显著的影响,语境的有无对伴随性词汇学习也没有产生影响。显然,词汇重现率并非是影响词汇习得的唯一因素。孙晓明(2005)认为,词汇重现率固然是影响词汇习得的重要因素,但从教材编写的角度来看,词汇重现率是有限的,低重现率又达不到词汇习得的效果。因此,她借鉴"投入量假说"[②](the involvement load hypothesis),通过实验研究探讨了词汇加工深度与词汇习得效果的关系。实验结果表明,学习者在实验任务中投入水平越高,词汇掌握得越好。换句话说,词汇加工的高投入可以带来更好的词汇记忆效果,而词汇重现率仅仅是影响词汇习得效果的因素之一。

汉语词汇习得研究虽然已经取得了一些新进展,但目前这个领域的研究还相当薄弱。我们期待更多学者关注词汇习得研究,取得更多的研究成果。

4. 汉语语法习得研究

---

① 参见本书 262 页。
② 作者原文译为"投入负担假说"。参见本书 281 页。

在汉语作为第二语言的习得研究领域,汉语语法习得研究是成果相对丰厚的研究领域。这主要是因为,语法习得研究,无论国内还是国外,在第二语言习得研究领域都占据着中心地位。近十几年来,汉语语法习得研究越来越显示出汉语本身固有的特点。关于汉语语法习得研究大致可以分为两类:一类是关于汉语句式,特别是特殊句式的习得研究;另一类是关于汉语句法成分的习得过程研究。这些研究都是具有汉语特色的习得研究。

在汉语句式习得研究中,既有纵向的句式习得过程研究,也有横向的句式习得研究。温晓虹(1995)通过美国汉语学习者和中国英语学习者两组被试,从两个方向考察了主述题结构的普遍性问题。① 研究结果表明,美国学生在习得汉语存现句时,基本不受其母语主语突出特点的影响,在初级阶段就能够掌握主题突出的汉语存现句。黄月圆、杨素英(2004)从情状类型的角度考察了母语背景为英语的学习者习得"把"字句过程。② 研究发现,学习者对"把"字句的终结性和完成性的关键语义有明显的意识。这种意识与语言习得中的"情状假设"普遍倾向一致。

上述研究的共同点,都是从汉语本身的特点出发探讨学习者在习得过程中存在的问题。这些研究的价值在于,他们的研究结论改变了我们以往基于经验的观点和假设。有人认为,汉语是主题突出,英语是主语突出。因此推论,母语为英语的学习者在习得汉语主题突出特征时会遇到困难。但温的结论表明,

---

① 参见本书 293 页。
② 参见本书 339 页。

无论学习者的母语是主题突出还是主语突出,其中介语都呈现主题突出特征。这一特征成为第二语言学习者语言习得的一个普遍阶段。"把"字句一向被认为是学习者的一个难点,但黄和杨的研究表明,学习者对"把"字句的关键语义有明确的意识,而并非是一无所知。

除了上述汉语句式习得研究,在汉语语法习得研究领域,关于汉语句法成分的习得研究也显得有声有色。这方面的研究不仅涉及功能词的习得研究,而且还涉及了特定句法结构的习得研究。此外,这些研究大都是针对学习者汉语句法习得过程中出现的难点。比如,汉语体标记的习得、汉语补语结构的习得等。孙德金(2000)从汉语动词情状和句子结构两个角度考察了外国学生习得汉语体标记"了"、"着"、"过"的过程。[①] 研究发现,外国学生在习得体标记的过程中,存在着将时体意义与动词语义特性自然联系起来的心理机制;句子结构也是影响体标记习得的重要因素。与体标记意义一致的结构先习得,其他的后习得。孙的研究拓宽了汉语时体研究的视野。以往的研究仅仅局限于体标记本身的研究,难以理清动词特性与体标记的关系。孙的结论说明,体标记不可能是独立习得的,因为体标记的习得与句子结构与动词情状类型密切相关。

在汉语语法习得中,特定句法结构的习得对学习者来说也是一大难点。许多学者对这些结构进行了系统的研究。杨德峰(2004)系统考察了初中高 3 个阶段的日本学生习得汉语趋向补

---

① 参见本书 374 页。

语的过程。① 研究发现，不管是初级阶段还是中高级阶段，都存在着宾语的类推和泛化问题。此外，不仅日本学生出现这种问题，母语为英语和朝鲜语的学生也出现同样的问题。杨的研究发现的这种带有普遍性的泛化现象，对语法教学具有重要的启示。

汉语语法习得研究是汉语习得研究中最有特色的研究领域。这个领域的研究显然不能简单套用国外的理论，必须从汉语语法的特点和实际出发，发现外国学生语法习得的规律。汉语语法习得研究应该在这个领域为第二语言习得研究作出自己的贡献。

二　汉语习得过程研究的新特点

纵观十几年来汉语习得过程研究的进程，我们认为，这个领域的研究与十年前的研究相比，呈现出一些新的特点。这些特点主要表现在以下几个方面：

1. 东西合流，汉语习得研究形成合力

近10年来，汉语习得研究的一个突出特点是，一大批海外学者加入到汉语作为第二语言的习得研究的阵容中来。这些研究者的加盟促进了海内外理论研究的融合。这种融合主要表现在，海内外从事汉语习得研究的学者关注共同的研究领域，关注汉语习得研究中共同的难题。根据柯传仁、沈禾玲(2003)关于美国汉语习得研究的评述，我们看到，海外学者与国内学者在汉语习得研究方面关注的研究领域基本相同，涉及到汉语习得过

---

① 参见本书451页。

程研究的各个层面;双方关注的话题也基本相同。① 比如,汉语语音习得过程研究方面,国内学者关注比较多的是外国学生的声调错误类型研究(赵金铭,1988;② 王韫佳,1995;沈晓楠,1989;③蔡整莹、曹文,2002④)。海外学者在这方面也作了大量的研究(Miracle,1989;Shen,1989;McGinnis,1996;Kiriloff,1996;Chen,1997);⑤在汉语语法习得研究方面,国内学者对外国学生习得汉语体标记作了比较深入的研究(杨树英、黄月圆、孙德金,1999;孙德金2000等),⑥海外学者同样作了比较深入的研究(Wen,1995,1997;⑦Teng,1999等⑧)。仅上述两个方面便能够说明,海内外汉语习得研究正在形成合力。

2. 关注理论建树,关注学科发展

本书的编选有一个明显的特点,即本书在章节安排上,注重理论评述。这反映出,近10年来,汉语作为第二语言的习得研究开始关注学科的理论建树和发展。第一章收集了国内和国外(美国)两篇汉语习得研究的综述文章。(柯传仁、沈禾玲,2003;

---

① 参见本书22页。
② 参见赵金铭《从一些声调语言的声调说到汉语声调》,《第一届国际汉语教学讨论会论文选》,北京语言学院出版社1988年版。
③ 参见沈晓楠《关于美国人学习汉语声调》,《世界汉语教学》1989年第3期。
④ 参见蔡整莹、曹文《泰国学生汉语语音偏误分析》,《世界汉语教学》2002年第2期。
⑤ 参见本书23页柯传仁所引文献出处。
⑥ 参见本书373页、374页。
⑦ 参见 Wen Xiaohong (1997) Acquisition of Chinese aspect: an analysis of the interlanguage of learners of Chinese as a foreign language. *Review of Applied Linguistics*.
⑧ 参见 Teng The acquisition of "了·le" in L2 Chinese.《世界汉语教学》1999年第1期。

徐子亮,2004)这两篇文章系统地总结了国内、国外汉语习得研究的理论发展和研究成果,并对汉语习得研究存在的问题进行了客观的反思,体现了作者对学科发展的前瞻意识。这种对学科自身发展的理性关照,表明汉语习得研究作为一个独立学科,其学科意识渐趋成熟。

3. 注重实验研究,促进方法革新

桂诗春、宁春岩(1997)曾对1993年至1995年国内四种外语期刊发表的文章进行分类统计发现,仅有3%的文章是实验性研究。① 江新(1999)统计了国内四种汉语核心期刊,实验研究只占3.6%。② 这些数据说明的都是10年前的情况。但近些年来,汉语习得研究领域这种状况已经有所改进。本书共收集27篇文章,有数据、有统计的实验研究占60%。这个数字虽然不能说明整个汉语习得研究的现状,但至少表明,汉语习得研究越来越重视实验研究。这是由这个学科的性质所决定的。此外,近些年,汉语习得研究受国外研究的影响,越来越关注研究方法的改进和革新。"工欲善必先利其器",这是不言而喻的。

三 汉语习得过程研究有待改进的问题

汉语习得研究,近10年来的确得到了长足的发展。但认真总结这些年来汉语习得研究,特别是汉语习得过程的研究,我们发现,有些方面的问题还值得进一步改进。

1. 理论视野有待进一步拓宽

---

① 参见桂诗春、宁春岩《语言学研究方法》,《外语教学与研究》1997年第3期。

② 参见本书84页。

随着经济、政治、文化的全球化发展,任何一个学科的理论引进和借鉴都越发重要。我们以往的研究不太注重理论的借鉴,对国外的理论发展关注不够,理论引进落后,这将大大地限制我们的视野。强调国外理论引进,并非主张理论研究"言必国外"。汉语作为第二语言的习得研究要想走向世界,在第二语言习得研究领域享有话语权,就必须汲取全人类先进的科学知识和研究成果。这对拓宽汉语习得研究理论视野是有益无害的。目前,国内汉语习得研究的领域还不够宽,其中一个重要的原因就是对国外的理论发展了解的比较少,现有的理论大都比较陈旧。就汉语习得过程研究而言,大部分研究还停留在国外70年代的理论研究阶段。这将大大影响汉语习得研究的理论发展。

2. 对第二语言习得研究学科的认识还有待于深化

第二语言习得研究的研究对象是学习者和学习者的语言系统及其习得过程。这一点有些研究者似乎并不十分清楚。在收集整理国内发表的近400篇汉语习得研究的相关文章中,我们发现,目前在各种期刊发表的文章,有相当一部分是直接移植语言本体研究的方法来研究学习者的汉语习得过程,给人一种隔靴搔痒之感。一方面,学习者的语言系统不同于其目的语系统,学习者的语言系统有其自身的特点和规律。从语言本体的角度来观察学习者的语言系统,虽然能够发现学习者习得目的语过程中存在的一些问题,但对习得过程的解释力非常有限。另一方面,学习者的习得过程研究涉及的不仅仅是语言本身的问题,还要涉及语言的习得和认知问题。因此,套用目的语规则来解释习得过程,常常显得力不从心。按照James(1980)的话来说,我们的研究目的属于心理学,但研究工具却来自语言科学。这实际上是套用语言学方法来解决心理学问题。①

3. 研究方法还有待于改进和完善

总的说来,汉语习得研究在研究方法上已经有所改观。学者们越来越认识到研究方法的改进对提高汉语习得研究质量的重要性。但目前的研究方法仍然问题多多。一是有的研究有数据,无统计,有的简单罗列百分比,缺少推理统计;二是被试选择无控制,要么被试太少,要么被试母语背景混杂;三是材料来源不清,统计方法选择不当。这在很大程度上影响了研究结论的可靠性和科学性,影响了研究质量的提高。柯传仁认为(2003),汉语习得研究要在研究设计上下功夫。② 柯氏之言,深中肯綮。

四 汉语习得过程研究的展望

展望汉语习得研究特别是汉语习得过程研究,未来发展已经呈现一些趋势:一是多学科融合。汉语习得过程研究涉及语言学、心理学、认知科学多种领域,这些领域从各自的角度来研究第二语言的习得过程。比如,近年来,OT 理论迅速崛起,这一理论融合了普遍语法和认知领域的联结主义理论,对第二语言习得研究领域产生了巨大的影响。当我们接受这种新理论时,第二语言习得研究已不再是传统意义上的学习者语言系统的描写,而是在多种理论背景下对第二语言习得过程和习得机制作出更为深刻的解释。二是宽领域、多视角、全方位发展。汉语习得研究近十几年的发展表明,这个领域的研究范围越来越

---

① 参见 James (1980) *Contrastive Analysis*. London:Longman.
② 参见本书 22 页。

宽,语言层面涉及语音、词汇、语法、篇章;此外还包括言语行为、跨文化、学习策略、学习者个体差异等各方面;研究的视角涉及语言学、心理学、认知科学等多个领域。第二语言习得研究不再是孤军奋战。三是东西合流。海外学者的加盟大大地推进了汉语习得研究的发展进程。海内外的学者在汉语习得研究领域,在共同的理论框架下,共同探讨汉语习得研究亟待解决的理论问题。这已经是我们看得见的大趋势了。我们相信,在全球化背景下的汉语习得研究将汇聚众多学科和领域的学者,在众多学者的共同努力下真正走向世界。

2006 年 1 月 27 日

第一章
第二语言习得研究综述

第一节 国外第二语言习得研究回顾[①]

虽然第二语言习得研究只有三四十年的历史,但其发展速度是十分迅速的。特别是 70 年代以来,各种研究理论不断更新,研究队伍日益扩大,研究手段正朝科学化迈进。综观第二语言习得研究的发展,可以看到以下几个特点:第一是早期的研究主要是通过研究建立起某种理论。而现在第二语言习得研究的理论基础已相对比较雄厚,目前除了那些世界著名学者仍在通过研究创造自己的理论外,多数研究人员都是在现有的理论基础上进行研究,并对现有的理论进行检验、补充和发展。第二是从以教学经验和学生学习过程中出现的某些现象进行推论,转向用科学的实验数据进行验证。从目前统计学在第二语言习得研究中的广泛使用,我们可以清楚地看到这一点。第三是第二语言习得研究与其他研究领域相互渗透,相互影响。目前第二语言习得的研究与语言学、认知科学、心理学、社会学等领域的研究有着密切的联系。另一个比较重要的特点,就是第二语言习得研究已从描述型转移到了解释型。也就是说研究人员已不

[①] 本文原标题为"第二语言习得研究的回顾与展望",作者袁博平,原载《世界汉语教学》1995 年第 4 期。

再满足于对第二语言习得的描述。人们要问的是,为什么某一语言点学生能较快地掌握,而另一个语言点学生却掌握得较晚,或者总是无法掌握。人们想要弄清楚这些语言现象是怎样成为学生头脑中的语言知识的。

第二语言习得现已成为一个很大的研究领域,人们正在从不同的角度对其进行研究。大体上可以把第二语言习得研究分为两条主线:一条主线是对语言学习者的研究,这包括学生的年龄、学习动机、个性、认知特点、学习方法等等。人们要搞清楚这些因素对第二语言习得的影响。另一条主线是对语言学习本身的研究,这包括:第一语言对第二语言习得的影响,第二语言的输入、处理和输出,语言的习得过程,语言知识的构成。本节将从第二条主线来回顾一下西方学者对第二语言习得的研究,并对目前第二语言习得研究的发展趋势作一展望。

一　50年代末的对比分析法

对比分析法(Contrastive Analysis)是由 Lado(1957)提出来的。[①] 他的主要目的是帮助外语教学,解决第一语言转移(First Language Transfer)的问题。他提倡的方法是对第一语言和第二语言在语音、语法等方面一步一步地进行比较。他认为在第二语言学习中,学生们最难学的方面就是与他们母语最不同的地方,相同的方面或类似的方面则是学生容易掌握的方

[①] Lado, R. (1957) *Linguistics Across Culture*. University of Michigan Press, Ann Arbor, Mich.

面。所以 Lado 认为第一语言迁移对第二语言习得既有不好的一面,也有好的一面。不好的一面就是我们常说的"负迁移"(Negative Transfer)。好的一面是"正迁移"(Positive Transfer)。然而,对比分析法的一个严重缺陷是它不是以学生为出发点,通过分析学生对第二语言的实际使用来预测第二语言学习中的难易,而是抛开学生,单纯从对两种语言本身的比较来预测学习中的难易。这就不可避免地造成预测的不准确,有些真正的难点,对比分析并没有预测到。许多研究已经证明第一语言与第二语言不同之处并不总是给学生造成很大困难,而两种语言近似之处则有时却是学生掌握的难点。

Lado 的对比分析法以及他的外语学习理论对 60 年代的西方外语教学产生过很大的影响。他以早期行为主义的观点(Bloomfield 1933)为基础,[1]提出了一种语言学习理论,他认为语言的学习是一种习惯的形成过程,要掌握一套语法结构,就要反复不断地进行机械练习,形成一套完整的语言习惯。当学生处于某一语言情景时,就会出现条件反射,所形成的语言习惯会在不需要任何思维的情况下自动地产出。按照这一理论,语言的习得是一种语言习惯积累的过程:$1+1=2+1=3+1=4$。这一理论在语言教学中的具体体现便是 60 年代风靡一时的句型替换练习(Pattern Drills)。应该指出的是,句型替换练习在教学的某一环节中,作为一种教学手段尚可接受,但是如果将其看作是教学目的,帮助学生形成语言习惯,这在理论上是很难让人信服的。这一理论忽视了人的能动性和人类头脑的创造力。人

---

[1] Bloomfield, L. (1933) *Language*. Holt, New York.

的大脑对语言信息的吸收不仅仅是积累的过程,而且是通过对其分析进行再创造的过程。也就是说大脑对语言信息处理的公式不是简单的 $1+1=2$,而是 $1+1>2$。

二 近似体系、中介语和偏误分析

由于对比分析法对第二语言习得不论是在实际预测中,还是在理论上,都过于简单化,人们便开始探索新的理论。到了 70 年代,不少学者开始意识到,对第二语言习得的研究不能只注重第一语言与第二语言之间的关系(即它们之间的异同)。他们认为在学习过程中的某一个特定阶段,学生使用的实际上是一套独立的语言体系。这套体系既不是学生母语的语言体系,也不是第二语言的体系,而是学生自己的一套语言体系。因此,这些学者便开始把学生自己产生的语言作为研究重点,而不是像对比分析法那样只注重第一语言和第二语言的比较。这些学者认为,只有把研究重点放在学生自己产生的语言上,我们才能真正理解第二语言习得的过程。70 年代初期,Nemser(1971)提出了一个叫做"近似体系"(Approximative System)的理论。[①]他指出学生自己产生的语言是一套具有结构特性的语言体系。这套体系中的一些特性是无法在学生的母语和第二语言中找到的。我们可以举一个英国学生学习汉语的例子:"他把那个电影看了",英语中没有"把"字句,而汉语语法也不允许这种句子。Nemser 认为学生所使用的这套"近似体系"会逐渐向第二语言体系靠拢,但

[①] Nemser, W. (1971) Approximative systems of foreign language learners. *International Review of Applied Linguistics* 9. pp 115—123.

极少达到重叠合并的状态,因为学生的"近似体系"在向第二语言体系靠拢的过程中常常会出现停滞不前的现象。

Selinker(1972)也提出了一套类似的理论,叫做"中介语"(Interlanguage)。① 这一术语后来在第二语言习得研究中十分流行。在这一理论中,Selinker不仅强调在第二语言习得中"中介语"的存在,同时还阐述了"中介语"的来源。Selinker认为"中介语"是通过以下五个方面产生的:1.语言迁移:"中介语"中的一些语言规则、语言现象等等是从学生的第一语言迁移过来的;2.对第二语言规则的过度概括化:比如"他把那个电影看了"这个句子可以看作是过度概括化的结果;3.语言训练的迁移:有些"中介语"的成分是产生于教师的训练方式,比如,许多初学英语的中国人,当他们用英语跟外国人打招呼时,常常说:"How are you?"外国人回答说:"I'm all right, but quite busy."中国人好像没有听到外国人的答话,而是接着说:"I'm fine too. Thank you."这可以看作是教学中反复进行机械训练的结果;4.学习第二语言的策略:这些策略指的是学生积累语言规则的一些方法和为了能运用自如所采取的一些手段,例如:简化法,当初学英语的学生学到"That's very kind of you"和"Thank you"时,他们往往只设法学那种他们认为容易记、容易用的一种,也就是说后一种;5.交际的策略:为了达到交际的目的,学生只使用那些较为容易使用并起主要交际作用的实词等,而省略虚词,如有的学汉语的外国学生会说:"我去看他,他抽烟,看电视。"(意思是:我去看他时,他在抽着烟看电视。)

---

① Selinker, L. (1972)Interlanguage. *IRAL* 10:3.

同 Nemser 一样，Selinker 也注意到第一语言习得和第二语言习得的一个明显区别，即：第二语言习得很少能够 100% 的成功。大部分学习第二语言的人好像在完全掌握第二语言之前就开始止步不前。Selinker 称这一现象为"僵化现象"。

Selinker 的"中介语"理论给人们的启发并不仅仅是他阐述了"中介语"的来源，以及僵化现象的存在，而且他还坚持，第二语言习得的研究应对人类大脑的某些特点和机制给予解释。我们可以这样认为，他所提出的"中介语"并不仅仅是一套独立的语法体制，同时也是一个创造和使用这一语法体制的心理机构。应当指出的是，虽然 Selinker 强调应对人类大脑的语言特点进行研究，然而他并没有说明"中介语"来源的五个方面是否都代表大脑语言的特点。也就是说，他没有对语言能力和语言行为加以区别。拿以上所说的交际策略为例，这一现象严格地说应属于语言行为，而不能完全反映语言能力。

Selinker 在研究"中介语"中所采取的方法是对第二语言学习者所产生的语言进行描述。这一方法实际上与 Pit Corder 提出的"偏误分析"法（Error Analysis）大同小异。Pit Corder 认为，学生的语言偏误为第二语言习得研究提供了一个"窗口"来观察"中介语"在学生头脑中的运作情况。[①] 学生的语言偏误可以反映"中介语"所处的状态。Pit Corder 对第二语言习得研究的一个重要贡献就是他使人们改变了对学生语言偏误的态度。人们不再以消极的态度来看待学生的语言偏误，而是将其

---

① Corder, P. (1978) Language-learner language. In. J. C. Richard (ed). *Understanding Second and Foreign Language Learning: Issues and Approaches*. Newbury House, Rowley, Mass.

摆到了正面、积极的位置。70年代,在第二语言习得研究中,"偏误分析"法曾风靡一时,但是由于其某些明显的缺陷,现在"偏误分析"法已失去了它当年的魅力。其中一个主要原因就是它只重视学生产生的语言偏误,而忽视了学生正确的方面,也就是说,只看到了学生不能做的方面,而没有看到学生能够做的方面。因此,通过"偏误分析"法对第二语言习得的描述往往是不完整的。"偏误分析"法的另一个不足之处是,它把研究注意力集中在学生产生的语言偏误上,这是极为不可靠的。大家都知道,当遇到较难或者没有把握的语言点时,学生常常采取回避的策略,如果出现这种情况,就会极大地影响了"偏误分析"法的有效性和可靠性。

除了"偏误分析"法以外,Pit Corder 对第二语言习得也提出了自己的理论。他认为学生获得第二语言知识的过程是,先对第二语言的结构做出一系列假设,然后在语言应用中对这些假设进行验证。学生出的语言偏误就是用来验证他们对第二语言结构的假设。因此,Corder 认为学生的语言偏误对学生学习第二语言是至关重要的。学生是通过对语言偏误的反馈来不断修改他们的假设,使学生的"中介语"日益接近第二语言。在外语教学中,验证假设这一理论对当年交际法(Communicative Teaching Method)的兴起提供了一定的理论基础。交际法中常用的两人一组和多人一组的课堂活动在理论上就是要为学生提供机会验证他们对所学语言结构的假设。

Corder 的"偏误分析"法无论是作为一种研究手段还是作为一种理论都对第二语言习得的研究起了很大的推动作用。但我们同时也看到,他的理论与其研究手段并不相吻合:在理论上他强调第二语言习得研究的目的就是要对学生的语言知识,也就是说对学生的语言能力进行研究,而在实际的研究手段上他却强调要分析学生所产生的语言偏误,而这些语言偏误实际上是属于语言行为的范畴。

三 语素习得研究

在70年代,另外一个较有影响的研究是Dulay和Burt等人对语素(morpheme)习得的研究。他们提出的问题是,在英语第二语言习得中,对某些语言结构的习得是否存在某种共同的顺序。他们首先调查了151个西班牙儿童对某些英语语素习得的情况。这些语素包括:英语复数的-s,进行时的-ing,系动词be,助动词be,冠词the/a,动词过去时的不规则形式,动词现在时第三人称单数-s,所有格's。这151个西班牙儿童分别在三个不同的地方学习英语。Dulay和Burt的调查结果显示,在三个不同地方学习英语的西班牙儿童,在习得以上这些英语语素方面,都显示出一种共同的顺序。他们(1980)称这一发现是70年代第二语言习得研究中最令人激动、最显著的一个成果。Dulay和Burt (1974)接着又对60个母语是西班牙语和55个母语是汉语的儿童进行了调查。[①] 他们发现这两组儿童在习得某些英语语素方面并没有受到其第一语言的影响。在习得这些英语语素方面,中国儿童和西班牙儿童的习得顺序是相同的。Dulay和Burt认为,由于第二语言习得中存在着某些共同的习得顺序,学习第二语言的人

---

① Dulay, H. C. & Burt, M. K. (1974) Natural sequences in child second language strategies. *Language Learning*. 24, pp. 37—53.

所产生的语言应该作为一种独立的"中介语言"来研究,而不应该从第一语言和第二语言之间关系的角度来研究。

后来 Krashen 等人(1976)又对 66 个说不同母语的成年人进行了调查,他们发现在习得英语语素方面,说不同母语的成年人和说不同母语的儿童,习得顺序并没有什么显著的区别。① 在这期间还有许多其他学者也在这方面做了大量的调查,其结果基本上是类似的,即:在对英语语素习得方面,所有学习英语的人,不管其母语是什么,都有着共同的习得顺序,而这一顺序是不受母语、年龄等因素影响的。

类似这种研究进入 80 年代以后,人们便开始逐渐失去了对它们的青睐。其中一个明显原因就是,这种研究都集中在英语第二语言习得上,它无法推广到汉语等其他语言上,因为汉语并没有像英语那样的形态变化,如-ing,复数-s 等。因此这类研究从广义上讲是没有代表性的。另外,这类研究孤立地看待语素,而忽视了语法的特性:语法是一套结构性体制,其中的每一个成分都与其他成分有着某种联系,因此对语素习得的研究不能只孤立地看语素,而应将其作为习得语法结构的一部分来对待。同时不少学者也指出,如果在习得英语语素中确实存在着不受母语影响的共同习得顺序,这并不意味着在学习较为复杂的语言结构中,也会有不受母语影响的共同顺序。因此第一语言对第二语言的影响是不可忽视的。英语语素习得中存在有共同的顺序,这的确是一个很有趣的发现,但仅仅对语素习得的排列顺

---

① Krashen, S. et al. (1976) Adult performance on the SLOPE test: more evidence for a natural sequence in adult second language acquisition. *Language Learning*. 26:1 pp. 145—151.

序进行描述是远远不够的,还应该进一步说明为什么有这种顺序。也就是说,对第二语言习得的研究不但要有描述,而且要对发现的现象进行解释。

四 Krashen 的输入假设理论

70 年代末,Krashen 发表了一系列文章和著作,对第二语言习得过程进行了解释性描述。1985 年,他提出了"输入假设理论"(the Input Hypothesis Model)。① 这个理论由五个相互连接的"假设"组成:1.输入假设(input hypothesis),2.习得/学习假设(acquisition/learning hypothesis),3.监控假设(monitor hypothesis),4.自然顺序假设(natural order hypothesis),5.情感过滤假设(affective filter hypothesis)。

输入假设:Krashen 认为,人类只通过一种方式获得语言,那就是对信息的理解,通过吸收可理解的输入信息(comprehensible input)来获取语言知识。只要学习者听到有意义的语言信息并设法对其进行理解,就会产生语言习得的效果。如果语言信息是那些课堂教学中常出现的语言形式,并没有什么意义与内容,或者由于某些心理障碍,有意义的语言信息无法进入学习者的头脑,那么就不会产生任何语言习得效果。Krashen 认为听力活动是对语言习得至关重要的。语言知识不是通过说来获得的,说常常是没有必要的,有时甚至是有害的。Krashen 只强调听,不强调对语言的使用,这显然是与"交际法"教学理论

---

① Krashen, S. (1985) *The Input Hypothesis: Issues and Implications*. Longman, London.

背道而驰的。他主张输入的语言信息既不能过难,也不能过易。他用 i+1 的公式来代表他的主张。i 代表学习者目前所处的语言水平,i+1 是学习者下一步应达到的水平。为了使学习者有所进步,向他输入的语言信息只能是稍微超出他目前所处的水平。Krashen 所说的可理解的输入语言信息,是指像母亲或大人对幼儿说的话(motherese),或者人们对学说自己母语的外国人的说话方式(foreigner talk),这些话往往很短,语法相对简单,人们往往将自己的话语调整到外国人的水平。

习得与学习假设:Krashen 认为在第二语言习得中,成年人用两种不同的方式来发展其第二语言能力。一种是通过习得的方式,另一种是通过学习的方式。习得在这里指的是使用语言进行自然交际,以便获得潜意识的语言知识;而学习指的是在课堂教学环境中对语言规则进行有意识的学习。Krashen 声称通过学习获得的语言无法转换成潜意识的习得语言,也不能用来自然表达想要表达的意思。

监控假设:通过学习获得的语言知识在头脑中起监控语言的作用。监控就是指说话者对自己所说的语言进行检查和控制,也就是说,用所学的有意识的语言规则、知识等对所说的语言进行质量检查。这种检查可以在话说出之前,也可以在话说出的同时,或者之后(也就是我们常见的自我改正)。一个人使用监控的程度取决于多种因素,这包括他在用语言做什么事情。如果是在做语法填空练习,那么监控的使用程度是会很高的。一个人的性格也会影响使用监控的程度。有的性格促使人过多使用监控,有的性格鼓励人少使用监控。另外,语言使用者所受的时间限制也会影响监控的使用,在激烈辩论中和在写作中所使用监控的程度会相差很大。

自然顺序假设:Krashen 认为对语言规则的习得,有一个可以预测的共同顺序。他的这一假设实际上与 Dulay 和 Burt 的英语语素习得顺序是一致的。

情感过滤假设:Krashen 注意到,输入的语言信息并不总是被吸收,即便是极容易的语言信息也是如此。Krashen 断言,在人类头脑中会出现对语言的堵塞现象,使学习者常常无法理解所接受的语言输入信息。Krashen 称这种堵塞为"情感过滤"。当一个学习者没有学习的动力或积极性,没有信心,非常焦虑,精神和身体状况不佳等等,都会启动情感过滤,使语言信息无法通过,达不到获得语言知识的效果。如果情感过滤关闭,学习者就能够充分利用所输入的语言信息。Krashen 推测,在人体发育的青春期前后,情感过滤的作用力会有巨大的增长,成年人会有更多的情感变化和自我意识。在第二语言习得中这也是区别成年人与儿童的重要因素之一。

Krashen 用以下图表来显示以上五个假设之间的相互关系:[①]

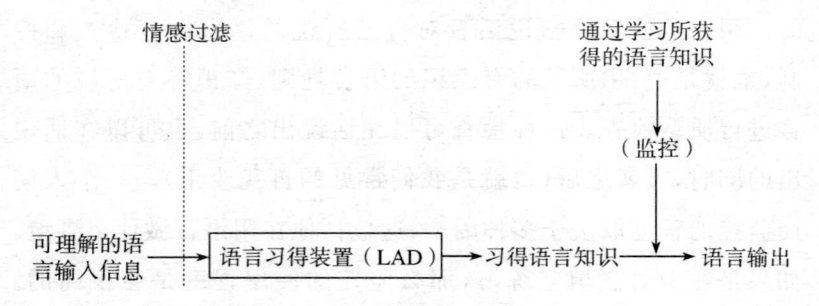

```
           情感过滤                      通过学习所获
              │                         得的语言知识
              │                              │
              │                              ↓
              │                            (监控)
              ↓                              │
              │                              ↓
可理解的语 ──→ 语言习得装置(LAD) ──→ 习得语言知识 ──→ 语言输出
言输入信息
```

[①] Krashen, S. (1982) *Principles and Practice in Second Language Acquisition*. Pergamon, Oxford.

我们可以看出，语言习得装置（LAD）在 Krashen 的理论中占有重要的地位。Krashen 认为该装置是由人类头脑中学习自然语言的各种能力组成。在学习第一语言时，人们可以对其进行充分利用，而在第二语言习得中，语言习得装置的作用取决于情感对语言信息过滤的程度和输入语言信息的可理解性。当输入的语言信息被吸收到语言习得装置，语言习得装置就可以对这些信息进行处理。在这个基础上学习者构成自己为第二语言所构思的一套语法。Krashen 认为第一语言对第二语言的影响并不是一种必然的现象，在第二语言习得中出现第一语言迁移的现象是由于学习者缺乏足够的第二语言知识来表达思想的结果。由于用来表达思想的语言和所要表达的思想存在着差距，因此第二语言学习者常常不得不借助于第一语言。出现第一语言迁移的原因往往正是由于在某些课堂练习活动中，或者在某些场合，第二语言学习者被迫过早地使用第二语言来表达他们的思想。Krashen 还认为在第二语言习得初期总是有一段"无语期"（Silent period），在"无语期"内，学习者保持静默状态，极少用所学语言讲话，他们只是通过听和读来理解向他们输入的语言信息，用这种办法来不断建立自己的语言能力。

Krashen 有关第二语言习得的理论给了人们很多的启发，同时也引起很多的争论。Krashen 主张向学习者输入的语言必须是能够被其理解的语言，不能过难也不能过易。他这一观点是不言而喻的，无法理解的语言信息，当然是无助于语言学习的。但 Krashen 的问题在于他并没有说明怎样来给"可以理解的语言输入信息"下定义，也就是说，他并没有具体地说明 i＋1 究竟是怎样在第二语言习得中体现的。

Krashen 对学习和习得的区分，实际上反映了他对人类头脑有不同分工的主张。通过学习而获得的语言知识和通过习得所获得的语言知识在人类头脑中起着不同的作用。这一主张支持了目前较为流行的一种观点，即：人类大脑的各个不同部分是有不同分工的，有的负责数字，有的负责推理，有的负责语言等等。但是把通过学习获得的语言知识和通过习得获得的语言知识看成是毫无联系的两种知识是难以找到事实根据的。到目前为止，还没有任何人通过实验证明，语言习得与语言学习是截然分开。目前许多中国留学生能讲一口流利的英语，但是他们当中很少有人会认为当年他们通过学习所获得的英语知识对后来的英语习得及使用毫无用处。关于 Krashen 提出的第二语言习得初期的"无语期"，这的确是比较常见的现象，但是在多大程度上能够归为第二语言习得的独特现象呢？当我刚开始在剑桥大学工作时，或多或少也有过一段"无语期"，但这并不是因为我的英语知识不够，也不是因为我缺少 i+1 这一类的输入语言信息，这主要反映了一种心理状态，而并非第二语言学习的独特现象。大多数人在刚开始做一样新工作时，或学习一种新东西时，都会较为沉默，但这并不反映这些人的语言能力，而是反映了这些人的信心。因此鼓励学习者大胆说第二语言，为他们设计和创造使用第二语言的活动和环境，不但会增强他们使用第二语言的信心，同时也会缩短所谓的"无语期"。

Krashen 提出的"语言习得装置"在其理论中是一个重要的组成部分，但是遗憾的是，他对这个装置的内部结构却没做任何说明，他只说明这个语言习得装置是人类大脑中天生固有的，语言信息进入大脑之后，由语言习得装置进行加工处理，从而产生人们对这种语言的语法知识。但是语言习得装置究竟是怎样对进入头脑的语言信息进行加工处理的呢？人们对语言的语法知识究竟是怎样产生的呢？对于这些问题 Krashen 没有为我们提供什么答案，也就是说 Krashen 找到了飞机的"黑匣子"，但是却没有向人们解释"黑匣子"里的具体内容。因此这个黑匣子里的内容对我们来说仍然是一个谜。

五　普遍语法理论

由于对第二语言习得的一般性描述已不再是研究的最终目标，人们便开始朝向解释性研究发展。越来越多的人开始对所谓的"语言习得装置"的内容发生兴趣。80 年代语言学理论和第一语言习得理论出现了一些重大突破，这对第二语言习得研究产生了巨大影响。同时认知科学也开始渗透到第二语言习得的研究中。

80 年代，Chomsky 首先提出了普遍语法理论，这一理论很快就引起了人们的广泛兴趣。人们除了对 Chomsky 理论的主导思想表现出很大兴趣以外，同时也对他提出的一些具体的理论提出了挑战，并对其进行了修改和完善。概括地说，普遍语法理论不仅仅是一个语法理论，同时也是一个语言习得理论。普遍语法理论认为世界上所有的语言都有着某些共同的语言原则（Principles），而这些共同的语言原则同时也是婴儿在开始学习第一语言之前所处的"最初语言状态"，这些原则是天生的，人的头脑中固有的。除了这些恒定不变的语言原则以外，婴儿的"最初语言状态"还包含一些语言参数（Parameters），而这些参数的值一般是处于待定状态的。大多数参数只有两个值（Value），个别的有两个以上的值。各种语言之间核心部分的变化主要体现在参数值的变化上。头脑中语言参数的值是通过人们对语言的接触来确定的。一个成年人的母语语言知识包括各种语言共有的语言原则以及各种语言不同的参数值。

1. 普遍语法作为语言习得理论

Krashen 的第二语言习得理论包含了一个叫做"语言习得装置"的东西,然而他却没有对这一装置的内部结构作任何解释。而普遍语法理论的长处恰恰是对这个"黑匣子"的内容作了具体的解释。普遍语法是一个语法理论,同时也是一个语言习得理论,它对向大脑输入的语言信息、大脑中的语言习得装置以及由语言习得装置处理输入语言后在大脑中所产生的语法都作了解释。普遍语法最突出的特点就是用普遍的语言原则以及参数,而不是用具体的规则来解释语言习得(严格地说,是对第一语言习得进行解释,而不是对第二语言习得进行解释)。

"语言原则参数"理论并不是要对人类语言的各个方面都作出解释,这一理论的重点是要对人类语言共有的核心部分(Core Grammar)进行研究和解释。各种语言都有自己的特性,这些特性 Chomsky 称之为"外围部分"(peripheral)。这些外围部分与核心部分的语言原则和参数并无直接联系。像 X-bar 那样的许许多多语言原则构成了人类大脑语言体系的重要核心部分,这些语言原则是人类头脑中固有的,天生的。人类语言之间核心部分的相互不同只局限在参数允许的范围之内。以名词短语中 X-bar 原则为例,任何一种人类语言,要么采用"中心词在首",要么采用"中心词在尾"的值。

那么人是怎样学习第一语言的呢?普遍语法理论认为,人的大脑天生就有一定的语言知识,这些语言知识就是人类语言共有的语言原则和尚未定值的语言参数,这也是婴儿出生后所处的"最初语言状态"。人类要学习的只是各种语言参数的不同值和具体语言的外围部分,以及具体语言的词汇。当然,婴儿最初的语言并不会直接反映出其头脑中固有的语言原则,这是因为婴儿刚开始讲话时,由于受某些生理等方面的限制,一句话只有一个词或几个词。婴儿学习语言的一个任务是为其头脑中固有的语言参数定值(parameter setting)。婴儿要对输入到他头脑中的语言信息做出判断,判断他所要学的这种语言的参数采用什么值。比如,他要判断在他父母的讲话中,中心词是在首位,还是在尾部?也就是说,一个参数的"闸"是向左扳还是向右扳是由输入的语言信息决定的。婴儿头脑中的"最初语言状态"适用于人类任何语言,不论将一个婴儿放在哪种语言环境中,他都能够掌握那种语言。

人类大脑中有天生的语言知识,人们常用以下几个现象来支持这一观点。1)虽然每种语言的语法都是一套复杂的规则体系,但是每一个正常儿童最终都能掌握。而儿童最终掌握的这套复杂的语法体系并非都是从他所接触的语言材料中得来的。细心的母亲常常会惊奇地说,"瞧,这孩子从哪儿学来的这句话!"这说明,儿童的语言知识与其输入的语言信息之间的差额便是人类头脑中固有的。2)一些语言实验证明,虽然儿童在学习第一语言时有时会犯语言错误,但是这些错误都是普遍语法所允许的,只不过这些错误不符合所学语言的参数罢了。我们可以举一个汉语的例子来说明这个问题。如果一个幼儿想要表达"大黑狗是宝宝的",他也许会这样说:"大黑狗的,是宝宝的",

但是他却不会犯如下这样的错误,说成"是狗大黑宝宝的"。那么是什么在控制着儿童语言错误的范围呢?是什么在保证儿童不使用所谓的"野语法"呢?Chomsky 认为这个问题的答案便是人们头脑中固有的普遍语法。3)几乎所有的成年人就其母语来讲都具备基本相同的语能。几乎所有正常的儿童都能在非常接近的时间内掌握其第一语言。是什么促使人们有如此一致的语言能力?是什么使分散在不同地方的儿童能在如此接近的时间里掌握其第一语言呢?Chomsky 提供的答案还是人们头脑中固有的普遍语法。

以上我们对普遍语法作为语法理论和语言习得理论分别进行了讨论。应当指出的是,目前的普遍语法理论,或者"语言原则参数"理论,并非十分完善,它在很大程度上是以西方语言为基础的,因此,在解释东方语言时常常碰壁。近几年来,越来越多的东方语言学家在东方语言的基础上对这一理论做了大量的研究,使其不断完善。这些东方语言学家包括黄正德先生和徐烈炯先生。他们的研究受到了世界各国语言学家的广泛重视。另外,台湾的一些学者,近几年在汉语第一语言习得方面也做了不少研究并发表了一些较有影响的文章。

2. 普遍语法与第二语言习得

自 80 年代中期以来,普遍语法理论对第二语言习得研究起了很大的推动作用。以普遍语法理论为基础,对第二语言习得进行研究,已成为第二语言习得研究的一个重要发展趋势。第二语言习得研究的著名学者 Vivian Cook 在评论目前第二语言习得研究发展趋势时说,以语言原则参数理论为基础的第二语言习得研究已成为近几年来第二语言习得研究的主流。另一位著名学者 Rod Ellis 认为,用普遍语法作第二语言习得研究的框架,是一个重大的发展,多少年来它第一次将语言学研究和第二语言习得研究真正地结合起来。在过去的近 10 年里,第二语言习得研究学者以普遍语法为基础,围绕着一些问题进行了研究和探讨,而研究的焦点大多集中在以下这些问题上,即:成年人在掌握了第一语言之后,如果再学习第二语言,普遍语法是否仍然会起作用? 在第一语言习得中已经确定了的参数值,在学习第二语言中能否根据第二语言进行参数值再确定? 就这些问题,人们利用不同的语言参数对不同的第二语言学习者进行了大量的实验和研究。有的学者对处于不同学习阶段和水平的第二语言学习者分别进行实验调查,利用统计学分析对第二语言习得中参数值的再确定作出推断。有的学者对固定的第二语言学习者进行长时间的跟踪调查,找出其第二语言的发展规律。还有的学者对第一语言学习者和第二语言学习者同时研究,找出其语言发展的异同。

这些研究结果向人们提供的答案是不一致的。有的实验表明第二语言学习者能够根据所接触的第二语言对语言参数值进行再确定,而有的实验结果则否定了这一观点;还有的实验显示,某些语言参数值的再确定取决于其他参数值的再确定,也就是说,只有在某些参数值根据第二语言再确定之后,其他一些参数值才可以重新确定;有的实验还表明某些参数值是永远无法在第二语言习得中重新确定的。

那些对"重新定值"持否定态度的人,除了用实验数据来支持他们的观点以外,还利用以下现象来表明第一语言习得与第二语言习得之间的区别:

A. 正常儿童都能成功地掌握其第一语言，而成年人学习第二语言，成功率极低。完全成功的人几乎不存在。有实验表明，即便那些能够非常自如地使用第二语言的人，他对第二语言的语感（intuition）仍然与操母语者不同。

B. 第二语言学习者中，不成功者是普遍的，而在第一语言学习者中，成功者则是普遍的。

C. 在第二语言学习者中，成年人会受到情感等因素的影响，而儿童学习第一语言则不受这些因素的影响。

D. 成年人学习第二语言，即使年龄、学习时间、环境等都是相同的，学习者在进步程度上会有很大的差距。而儿童学习第一语言时，即使他们所处的环境不同，他们之间的进步也相差不大。

为什么同一个人能掌握第一语言，而不能掌握第二语言呢？一些学者认为，人类大脑中支配第一语言习得和支配第二语言习得的功能体系是完全不同的。儿童第一语言习得靠的是大脑中的语言功能体系，也就是普遍语法体系。因此，儿童能够本能地、毫不费力地、轻松地学习第一语言。人过了青春发育期之后，大脑中的左脑与右脑产生了具体的分工，人的大脑中负责推理、思维的功能体系有了很大的发展。当成年人学习第二语言时，在他们的大脑中起作用的不再是语言功能体系，而是大脑中的推理、思维功能体系，也就是说，成年人像解数学题，或者像解决一般生活问题那样来学习第二语言。因此，这种学习是有意识的，是需要努力和思维的。

虽然一些学者认为参数值在第二语言习得中无法再确定，但仍有不少学者认为，在第二语言习得中，普遍语法仍然在起作

用,参数值的再确定是可能的。除了引用一些实验结果以外,这些学者还列举了以下这些现象来支持他们的观点:

A. 如同第一语言习得一样,虽然第二语言学习者常常犯各种各样的语言错误,但这些错误都是在普遍语法所允许的范围之内。没有实验表明,究竟是什么使得第二语言学习者使用"野语法"? 答案是普遍语法。

B. 另外,许多实验显示,学习者的第二语言知识并非全部来自他们所听到和看到的语言材料,有些知识也不可能从所接触的语言材料中获得。那么这些知识是从哪儿来的呢? 答案还是普遍语法。

六 结语

以普遍语法理论为基础的第二语言习得研究和理论语言学以及第一语言习得研究的关系已变得日趋紧密,越来越多的学者意识到,没有对语言本身的理论研究,要建立一套完整的第二语言习得理论是不可能的。这就要求从事第二语言习得研究的学者们在研究第二语言习得的同时,必须密切关注理论语言学的研究发展。最近,语言学领域又出现了一个叫做"最小程序"(Minimalist Programme)的新论点。① 这一论点将各种语言之间的不同归结为其虚词成分(functional elements)和词汇方面的差异。可以预言,理论语言学研究中的这一新发展必将会对语言习得研究产生一定的影响。

---

① Chomsky, N. (1995) Bare phrase structure. In G. Webelhuth (ed). *Government and Binding Theory and the Minimalist Program*. Blackwell, Oxford.

在结束本文之前有必要指出,以普遍语法理论为基础的第二语言习得研究正在变得日益广泛深入。但是,第二语言习得是一个相当复杂的过程,只从一个角度进行研究是远远不够的。目前不少学者同时也从认知科学等其他角度对第二语言习得进行研究。的确,对于第二语言习得中的某些现象,除了要分析学习者的大脑语言机制以外,同时也要分析大脑中的认知、信息处理等其他机制。这些方面的研究也是不可忽视的。

第二节　美国汉语习得研究述评[①]

美国汉语教学研究虽然始于20世纪20年代,但是真正的发展和走向繁荣还是近二十年来的事。本节对近二十年来美国的汉语教学研究成果作一回顾,在此基础上对今后研究的方法、策略以及方向提出建设性的意见。

一　汉语语音习得研究

在汉语语音教学中,准确地辨听汉语声调并能正确地发音对于许多汉语作为外语的学习者来说是首当其冲的难关。因此,汉语声调习得也成为语音习得研究的焦点。声调习得的困难主要是由于英语和汉语这两种语言的声调特点的显著差异造成的。英语中声调的主要变化是重音与非重音这两个范畴。同

[①] 本文原标题为"回顾与展望:美国汉语教学理论研究述评",作者柯传仁、沈禾玲,原载《语言教学与研究》2003年第3期。

一个词,由于重音的不同,它的语法和语义功能也可能有所不同。而在现代汉语中,声调的状况则比较复杂,每个音节从理论上说可以读成四种基本声调,它们之间的区别主要在于不同的音高变化,即调型的不同。另外,汉语声调音域中的"高"和"低"并不是绝对的调值,而是相对音高。在实际言语中,声调的具体调值要取决于说话者声调的音域(Ke 1992),简称为调域。[1]

Miracle(1989)分析了汉语学习者对汉语声调的辨听及发音。[2] 研究方法是要求被试朗读 48 个用汉语拼音写成的句子,最后将句中的 24 个关键词语抽出来进行分析。与早期(Chen 1974)研究不同的是,该研究发现,从整体上看,被试朗读汉语时的调域接近于汉语本族人。而 Chen(1974)则认为美国汉语学习者的调域均比汉语本族人窄。[3] 另外,该研究还根据每一被试自身的调域对其声调发音的调型及调值进行了分析。结果发现,在总共 408 个声调的发音中,被试在 175 个声调发音上存在偏误,占总数的 42.9%。这些偏误平均分布于汉语的四个基本声调中,而在每个声调中,调型偏误与调值偏误的数量也几乎相等。

Shen(1989)主要考察了美国汉语学习者在声调上的发音偏误。[4] 研究中要求被试朗读课本中他们比较熟悉的一段课

---

[1] Ke, C. (1992) Dichotic Listening with Chinese and English Tasks, *Journal of Psycholinguistic Research*, 21, 463—471.

[2] Miracle, W. C. (1989) Tone Production of American Students of Chinese: A Preliminary Acoustic Study, *Journal of the Chinese Language Teachers Association*, 25(3), 49—66.

[3] Chen, G. (1974) Pitch Range of English and Chinese Speakers, *Journal of Chinese Linguistics* 2(2), 159—171.

[4] Shen, S. X. (1989) Toward a Register Approach in Teaching Mandarin Tones, *Journal of the Chinese Language Teachers Association*, 25(3), 27—48.

文。其研究结果与 Miracle(1989)得出的结论不大相同。第一,该研究指出,被试的声调发音偏误主要是在调值上而不是在调型上。例如,在总共 360 个发音偏误中,其中 320 个都属于调值偏误。第二,该研究认为,按照被试的声调发音能力强弱,可以把他们区分为两组。在能力较强的一组学生当中,发音偏误在汉语四个声调中分布比较均匀。而在能力较弱的一组当中,偏误则大部分集中于一声及四声,其中一声的偏误率占 17%,四声占 56%,二声、三声及轻声的偏误都只各占 9%。该研究也指出,所有一声及四声的偏误均属于调值偏误,而所有三声的偏误均为调型偏误,二声的偏误则大部分属于调值偏误。作者认为以上种种偏误主要是受被试的母语,即英语中重音的负迁移所致。

McGinnis(1996)主要调查了学生在汉语声调上的辨听偏误。[①] 研究者对单音节、双音节以及三音节组合中的声调偏误进行了考察。结果显示,学生最容易混淆二声与四声和一声与二声。作者对这种状况进行了解释。根据 Gandour(1978)的看法,英语语音的音高比较平均,有轻重音节之分,但不太注重声调升降曲折的变化方向,这一语音特点使得母语为英语的汉语学习者常常忽略汉语一声、二声及四声之间的差别。[②] 另外,作者还指出,学习者对汉语声调的辨听大致要经过两个阶段。

[①] McGinnis, S. (1996) Tonal Distinction Errors by Beginning Chinese Language Students: A Comparative Study of American English and Japanese Native Speakers, In S. McGinnis (Ed.) *Chinese Pedagogy: Am Emerging Field* (pp. 81—91), Columbus, Ohio: The Ohio State University Foreign Language Publications.

[②] Gandour, J. (1978) The Perception of Tone, In V. Fromkin (Ed), *Tone: A Linguistic Survey*, (pp. 41—76), New York: Academic Press.

在第一阶段,声调辨听上的问题从某种程度上说往往是受其母语的干扰所致。在第二个阶段,学习者的辨听偏误则主要是由某些汉语声调具有部分相同的调值或调型而学习者无法对其不同点进行分辨所造成。在其他的一些研究中也有类似发现。例如,Kiriloff(1996)的研究也证实,学生比较容易混淆一声和四声以及二声和三声。① 依据 McGinnis(1996)的观点,这可能是因为一声和四声具有部分相似的调值,即它们的发音起点均为调域的最上限,而造成二声和三声之间的混淆则可能是因为两者具有部分相似的调型,即都有调值升高这一音高变化过程。

Chen(1997)则同时研究了学生对汉语声调的辨听及发音。在声调辨听的测试中,作者发现,被试最易于混淆二声和三声,以及一声和四声。② 这一结论证实了 Kiriloff(1996)研究中的有关结论。另外,作者还与另一位研究者一起分析了被试自然会话语段中的声调发音。结果表明,被试共有35个声调发音偏误。作者认为,在这35个偏误当中,其中只有12个可以认为是被误发成了其他声调,而其余的偏误则属于变幅中等的平调音,这种调在汉语语音中事实上并不存在。作者又进一步按意群将这些语段划分为词组,每个词组含有4到5个音节。在对这些词组中的声调模式进行了分析之后,作者认为,被试发出的变幅中等的平调音可能是受到其母语即英语中的短语语调的影响。该研究最后指出,尽管汉语学习者在一定程度上能够达

---

① Kiriloff, C. (1996) On the Auditory Perception of Tones in Mandarin, *Phonetica*, 20, 63—67.

② Chen, Q. (1997) Toward a Sequential Approach for Tonal Error Analysis, *Journal of the Chinese Language Teachers Association*, 32(1), 21—39.

到汉语声调调域中的最上限和最下限，然而由于受其母语即英语语调的影响，他们往往难以在汉语声调音域的五个音高之间自如地高低升降或曲折变化。不过需要指出的是，该项研究对声调辨听的正确性主要是依靠人耳来判断，若能使用声调测量仪器，将会有益于提高研究的客观性。

以上关于汉语声调习得的各项研究都表明了汉语声调学习的难度及复杂性。要达到准确掌握汉语声调的目的，汉语学习者不仅需要掌握好调型及调值，还需要掌握好声调的变调以及在各种音节组合中的变异。但这些研究都侧重在对偏误的分析上，没有进一步指出在教学实践上如何有效地纠正这些偏误。我们认为今后的研究还应该致力于探索如何用更有效的办法来帮助学生提高对声调的辨听能力，获取对调型及调值的准确印象，从而掌握汉语声调的特征。尤其是应该探索如何运用现代科技手段来判断学习者对声调的辨听能力及发音能力，比如，如何用电脑提供标准的声调发音供学生模仿并记录学生模仿的发音，使之与标准发音进行比较，让学生体会二者的差异，以及用电脑绘制标准声调发音与学生声调发音的直观调值与调型图，并解释学生的发音与标准发音间还存在的差距。这些研究将直接促进学生对汉语语音的习得。

二　汉字、词习得研究

作为一种独特的文字系统，汉字给那些母语以字母系统为主的学习者带来了很大的困难。为了加深对汉语学习者学习汉字这一过程的了解，研究者们在汉字识别与书写等方面开展了多项研究。具体来说，早期的研究侧重于汉语学习者如何发展基本的汉字识别技能(Hayes 1987,1988,1900;Sergent & Everson 1992),①以及汉字学习策略和词汇识别的研究。近年来美国的汉字学习研究还开始注重探索汉字学习中几个重要方面之间的关系,比如汉字部首知识与汉字学习的关系(Shen 2000),②汉字识别与汉字书写的关系(Ke 1996),③掌握词语读音与识别词语意义的关系(Everson 1998),汉字学习策略与汉字学习成效的关系(Ke 1998b),以及学生的家庭汉语背景(父母说汉语)对学生获得汉字识别及书写能力的关系(Ke 1998b)等。以下简要介绍有关这些方面的研究,并对其在教学理论及实践上的贡献进行探讨。

1. 部首知识与汉字学习关系研究

Shen(2000a)对汉字部首知识与汉字形声字的掌握的关

---

① Hayes, E. (1987) The Relationship between Chinese Character Complexity and Character Recognition, *Journal of Chinese Language Teachers Association*, 22(2), 45—57.

Hayes, E. (1988) Encoding Strategies Used by Native and Non-native Readers of Chinese Mandarin, *Modern Language Journal*, 72, 188—195.

Hayes, E. (1990) The Relationship between 'Word Length' and Memorability among L2 Readers of Chinese Mandarin, *Journal of the Chinese Language Teachers Association*, 25(3), 31—41.

Sergent, W., & Everson, M. E. (1992) The Effects of Frequency and Density on Character Recognition Speed and Accuracy by Elementary and Advanced L2 Readers of Chinese, *Journal of the Chinese Language Teachers Association*, 27(2), 29—44.

② Shen, H. H. (2000) The Interconnections of Reading Text Based Writing and Reading Comprehension among College Intermediate Learners of Chinese as a Foreign Language, *Journal of the Chinese Language Teachers Association*, 35, 29—48.

③ Ke, C. (1996) An Empirical Study on the Relationship between Chinese Character Recognition and Production, *Modern Language Journal*, 80(3), 340—350.

系进行了调查。根据部首知识测试的成绩,每一年级的被试被分成了两组——好组和差组。研究过程主要包括两项"依据部首知识推测汉字"的测试。在第一项测试中,研究者提供了 40 个汉字形声字。40 个形声字均为生字,不过这些字中包含的形旁被试均已学过。在这 40 个形声字当中,其中 20 个字的字义与其形旁之间联系紧密。而另外 20 个形声字的字义与形旁之间缺乏直接关联。在这项测试中,要求被试根据他们掌握的形旁知识对这些生字的字义进行推测。在第二项测试中,研究者提供给被试不熟悉的缺少形旁的汉字及字义,要求他们按照这些字义给所提供的字形不完整的汉字加上适当的形旁而使它们成为完整的形声字。结果表明,好组学生在对那些字义与形旁联系紧密的形声字进行字义推测时,其成绩要优于差组。这种差别在第二项根据字义补形旁的测试中表现得更为突出。这一结果表明,部首知识对于学生的汉字学习确有显著影响。学生所掌握的部首知识越丰富,他们也往往能够更快地掌握和吸收新的形声字。

这一研究证明了汉字部首知识对于汉字学习的重要性,但是该项研究只对形旁知识对汉字学习的影响进行了调查,还没有分析声旁知识对于汉字学习的影响。而在汉字合体字中,声旁的数量远比形旁要多,而且汉字声旁与汉字读音之间的关系也远远没有汉字形旁与汉字字义之间的关系那样有规律可循。因此,今后适当展开有关汉字声旁知识对于汉字字音掌握的影响方面的研究是很有必要的。

2. 汉字学习策略研究

McGinnis(1999)主要考察了汉语初学者使用了哪些汉字

学习策略。① 他对一个为期九星期的初级汉语强化班进行了调查。资料的搜集主要是通过让学生对自己所使用的汉字学习策略按周进行自我汇报。调查的结果表明，学生们主要采用了以下几种策略：强记法、联想记忆法（比如依据汉字的字形、字音编故事来辅助记忆）、部件记忆法（比如将汉字分解为形旁、声旁等部件以达到记忆目的）。值得注意的是，所搜集的数据反映出我们通常所提倡的部件学习法并未引起学习者的高度重视，相反，强记以及创造联想记忆手段则是初学者最为普遍运用的策略。

Ke（1998）的研究则主要侧重于分析学生对汉字学习策略所持的态度与他们汉字掌握情况之间的关系。② 具体来说，该研究调查了学生对几种常用汉字学习策略的态度及看法，以及这些态度及看法与学习者对汉字成就测验的成绩之间的相关性。此外，该研究还比较了华裔与非华裔学生对于各种汉字学习策略的态度及看法。结果表明，尽管很多被试都认同部件法是学习汉字的一种有效策略，但他们更倾向于将每一汉字作为一个整体来记忆，而不是将其分解为形旁、声旁等部件。但同时，该研究数据也表明，那些认为部件法最为有效的被试的汉字识别与书写测验的成绩往往显著高于其他被

---

① McGinnis, S. (1999) Student Goals and Approaches, In M. Chu (Ed.), *Mapping the Course of the Chinese Language Field*, 151—175 (Chinese Language Teachers Association Monograph Series, Volume III), Kalamazoo, MI: Chinese Language Teachers Association.

② Ke, C. (1998) Effects of Strategies on the Learning of Chinese Characters among Foreign Language Students, *Journal of the Chinese Language Teachers Association*, 33(2): 93—112.

试。该研究还发现华裔与非华裔被试在对各种汉字学习策略的认识上并无明显差异。该研究的另一主要发现是,相当多的被试认为将汉字放在语境中练习要比孤立的练习有效得多,持这一看法的被试的汉字识别测验成绩优于其他被试。

以上两项研究得出了一个共同结论:在汉语初学期,部件学习策略并未引起足够的重视,而研究同时也证明部件学习法的确是一种行之有效的汉字学习策略。Ke(1998)对这种看起来似乎矛盾的研究结果提出了一种可能的解释。[①] 他指出,就汉语初学者而言,使用部件法这一汉字学习策略需要一段积累的过程,这主要是因为初学者所掌握的汉字数量还非常有限,因而缺乏足够的汉字知识来建立和发展对汉字形旁、声旁部件的感性和理性认识。只有当他们积累了足够数量的汉字之后,他们才有可能在对这些汉字进行解析、归类的基础上逐渐发展和巩固对汉字部件的认识。该结论给予教学实践的启示是,汉语教师应有意识地培养学习者对汉字部件,比如形旁、声旁的认识能力,帮助他们按照形旁、声旁对所学汉字进行归类整理。这些教学实践将能促进学习者尽早领会汉字的部件结构,从而使他们在日后的汉字学习中长期受益。

3. 汉字识别与书写关系研究

Ke(1996)的研究着重分析了汉字识别与汉字书写之间的关系以及不同的学习者在汉字识别与汉字书写这两项测验中的表现。结果表明,被试汉字识别测验的成绩要高于汉字

---

① Ke, C. (1998) Effects of Language Background on the Learning of Chinese Characters among Foreign Language Students, *Foreign Language Annals*, 31 (1): 91—100.

书写测验成绩。就两者关系而言,数据表明,汉字书写成绩好的被试在汉字识别测验中成绩普遍良好,反过来,一些在汉字识别任务中成绩较好的被试却在汉字书写中表现不佳。对此,该作者给予了解释:在汉字识别任务中,一旦学习者获得了某些关于字形的不完全的信息,足以唤起他们记忆中储存的关于某个汉字的完整的信息,他们就可能成功地进行解码从而识别汉字。而在汉字书写任务中,学习者则需要确切掌握汉字字形的完整的特征以达到准确地书写。Ke(1998a)的另一个研究是关于华裔学生所具有的基本汉语听说能力对汉字习得的影响。结果表明,作为汉语初学者,华裔学生所具有的基本的听说能力对汉字识别与书写能力并无明显影响。此外,该研究还发现,无论是华裔还是非华裔汉语被试,他们的汉字识别测验成绩都要高于其汉字书写的成绩。这一结论再次验证了 Ke(1996)所得出的结论。

以上的研究结论对教学法及课堂实践的启示有二。其一,汉字的识别易于汉字的书写。因此我们应在学习者的不同学习阶段提出不同程度的要求。在汉语学习的初级阶段,我们应避免在汉字书写方面对学生提出过高的要求而导致由于占用学习者太多的学习时间而造成过高的学习压力,最终影响他们的学习自信心与积极性。其二,Ke(1998a)的研究指出,华裔汉语初学者在汉字识别与书写能力上与非华裔学习者比较并不存在明显的优势。一般而言,华裔学习者往往因为他们具有听说方面的语言优势而在汉字学习上也常常被寄予比一般学生更高的期望。他们的教材中也常常包含更大的汉字学习量。但是在某些情况下这一期望并不一定是合理的。因此在课堂教学中,我们应根据实际情况考虑到华裔学习者在学习汉字中存在的各种困难和他们的实际接受能力,给予合理的汉字学习量。

4. 汉语词汇再认研究

Everson(1998)的研究是关于词音与词义掌握之间的关系。① 在研究中,研究者提供了一定数量的被试已学过的汉语双音节词,要求他们读出这些词,并提供其英文意义。该研究主要有两个发现。第一,就汉语初学者而言,在缺乏上下文的情境下让他们再认字词是有一定的难度。第二,该研究指出,掌握字词的音与掌握其义之间存在着紧密的联系。一般来说,当被试掌握了某一词语的意义时,在90%的情况下他们往往也能够正确地读出该词。而当被试不知道某一词语的读音时,他们往往也不能正确辨别该词的意义。由此作者推断汉语学习者在一定程度上是借助读音来识别词语及掌握意义。而另一研究,Yang(2000)在沿用Everson(1998)研究方法的基础上,其结果进一步证实了Everson的关于掌握汉语词汇读音有助于掌握词义这一结论。② Everson和Yang得出的这一结论对于汉字教学实践也提出了新课题,即在汉语学习的初级阶段应当何时介绍汉字,以及应当介绍哪些汉字。不少研究者认为在介绍汉字之前,学习者应当首先具备一定的口语能力(Everson 1998;

---

① Everson, M. E. (1998) Word Recognition among Learners of Chinese as a Foreign Language: Investigating the Relationship between Naming and Knowing, *Modern Language Journal*, 82, 194—204.

② Yang, J. (2000) Orthographic Effect on Word Recognition by Learners of Chinese as a Foreign Language, *Journal of the Chinese Language Teachers Association*, 35(2), 1—17.

McGinnis 1999；Walker 1984)。①

以上所介绍的各项研究在不同层面加深了我们对汉语学习者学习汉字这一过程的认识。我们应当尽量应用现有的有关汉字学习的各种研究成果，进一步了解汉字认知发展的阶段性及其有关因素。这将不仅有助于教者和学者及时发现汉字教学中的问题并找到原因，而且也有助于学习者摆正对汉字学习的态度，提高学习积极性，对初学汉字的人来说，这一点尤为重要。另外，我们也应当有意识地教给学习者有效的汉字学习策略，让他们切实体会到汉字并不是不可以驾驭的。

三 阅读和写作教学研究

1. 阅读加工和策略的研究

对于美国学生来说，因为其母语是表音文字，因此，学习汉语书面语的其中一个难点是如何从习惯于阅读表音文字转化为习惯于阅读表意文字。在美国汉语教学中历来有两种不同的教学观点：一种是从汉语学习的初始阶段即在介绍拼音的时候就开始学习汉字，尽早摆脱学生对拼音文字的依赖性以养成良好的汉字认读的习惯。另一种认为，在汉语学习初始阶段要借助学生对拼音文字的依赖性，让学生利用拼音文字学习词汇和句子发展他们的口语词汇，而不要学什么汉字，这样就会迅速扩大口语词汇量。而口语词汇量的增加最终有利于汉字的习得。Evenson（1988）就这个问题对大学一年级

---

① Walker, G. (1984) 'Literacy' and Reading in a Chinese Program, *Journal of the Chinese Language Teachers Association*, 19(1), 67—84.

学生分别对拼音文字和汉字的阅读理解和阅读速度作了调查。作者先根据被试的期中测验的阅读成绩将他们分成好、中、差三组。然后每组随机抽取十人阅读用汉字写成的阅读材料，另十人阅读同样内容但是用拼音写成的材料。阅读以后，让被试用母语对所读材料进行书面复述。结果表明，所有被试不管阅读能力高低，他们阅读拼音材料的速度和理解度的组平均值都比阅读汉字写成的材料要高。该研究的结论是：(1)大学一年级的学生不管他们的阅读水平如何，由于受到母语表音文字的影响，在阅读中文材料时，他们更习惯于阅读拼音而不是汉字；(2)拼音文字所提供的语音线索以及意义线索有利于促进阅读的速度和理解。

该研究的价值是，它提出了学生的母语的缀字法知识会对汉语学习造成正或负迁移，而学生的汉语口语能力对汉语书面语的习得有直接影响。因此，让一年级学生进行一些拼音文字阅读以巩固或扩大口语词汇量将会有利于以后的汉字学习。而作者所提出的拼音文字的意义线索问题是值得商榷的。因为拼音纯粹是表音的，它不像英文的表音文字——每个词都是由词素组成的，因此，拼音本身并不为它所代表的词提供意义线索。如果拼音所代表的词是学生在口语中熟悉的，那么，对该词的意义的提取是借助学生的口语知识，而不是拼音本身。因此，在阅读中有可能提供意义线索的符号是汉字而不是拼音。另外，作者没有报告实验所选取的阅读材料的可读性水平。假如材料所用的词是学生在口语中所不熟悉的，在这种情况下，学生对纯拼音文字的阅读理解和对汉字的阅读理解可能就会有另外一种情况。

Evenson 和 Ke（1997）对大学中高年级的学生在阅读过程中所使用的认知加工策略进行了研究。① 该研究的理论框架是 Bernhardt（1986；1991）提出的"相互作用过程"模式（Interactive process）。② 实验的材料是报纸上的一篇包括题目在内约 180 字的新闻报道。实验方法是让被试在阅读材料的过程中，让他们用出声思维形式口头报告他们在阅读中的原始思维过程并用录音机记录被试的报告。阅读结束后要求被试用母语对所读的材料进行书面复述，然后用命题分析法（Meyer 1985）对被试的书面复述材料进行分析和评分。③ 该研究的结论是：（1）中年级学生的主要阅读策略是采取自下而上为主的一种加工策略，而高年级则是采取自下而上和自上而下相结合的加工策略。（2）学生的缀字知识以及目的语的口语能力对阅读理解有重要的影响。该文作者认为，除了汉语本身的特点以外，汉语书面语由于不像其他表音文字——词与词之间用空间分隔，对学生在阅读中对词的判断造成很大的难度，所以，在汉语阅读中，达到字词加工的自动化将是一个比学任何表音文字都要长得多的过程。为了提高学生的阅读能力，除了发展学生的字词

---

① Evenson, M. E., & Ke, C. (1997) An Inquiry into the Reading Strategies of Intermediate and Advanced Learners of Chinese as a Foreign Language, *Journal of the Chinese Language Teachers Association*, 32, 1—22.

② Bernhardt, E. B. (1986) Cognitive Processes in L2: An Examination of Reading Behaviors. In J. Antolf, & A. Labarca, (Eds.) *Research in Second Language Acquisition in the Classroom Setting*, 33—51, Norwood, NJ: Ablex.

③ Meyer, B. J. F. (1985) Prose Analysis: Purposes, Procedures, and Problems, In B. K. Britton, & J. B. Black (Eds.), *Understanding Expository Text: A Theoretical and Practical Handbook for Analyzing Explanatory Text*, 11—64, Hillsdale, NJ: Erlbaum Publishers.

知识和缀字知识以外,发展学生的口语能力以及补充对文本理解所需的背景知识都是十分重要的。

该研究在美国是第一个对中高级学生的汉语阅读加工过程的策略进行定性分析研究,可以说它为对汉语阅读教学中阅读加工过程的科学的定性研究开创了先河。今后,该方面的实验如能注意增加被试的数量和阅读材料的数量以及控制阅读材料可读性的话,其结果则更具普遍意义。

2. 写作教学研究

读和写之间存在着一定的联系,这在中文教学研究者中也许已达成共识,但是这种关系在特定的教学形式中以什么样的量和质表现出来?这是中文教学研究者们正在关心并将继续关心的一个课题。Shen(2000)的研究课题是以阅读材料为基础的写作与阅读理解关系的研究。① 以阅读材料为基础的写作指的是写作的内容直接从阅读材料中选取或直接与阅读材料有关的写作。譬如,边读边记阅读笔记,为阅读材料写内容摘要、故事梗概、主题思想、评论、读书报告或改写扩写有关的段落,等等。实验的材料包括阅读和写作两部分。阅读部分包括四篇课外阅读材料,阅读材料的可读性控制在独立阅读水平范围内。对阅读理解的检测是读完每篇材料后回答10道是非题。写作部分是要求为每一篇阅读材料写一个摘要。写作的评分采用整体评分法和分析评分法。整体评分法是根据Miller(1995)五级评分法制定,强调文章总体的准确性和条

---

① Shen, H. H. (2000) Radical Knowledge and Character Learning among Learners of Chinese as a Foreign Language, *Proceedings of The International Conference on Chinese Pedagogy*, 85—93.

理性两项。① 分析评分法是根据 Hunt（1977）的 T 单位的理论基础上制定。② 分成五项评分指标：无错的复杂句数目；无错简单句的平均长度（按字数计算）；无错简单句的数目；复杂句的总数目（包括含错误的复杂句）；文章的总长度（按字数计算）。净相关分析表明，学生的阅读理解成绩与分析评分法五项指标的相关强度依次是：(1)文章总体长度；(2)无错简单句的数量；(3)无错复杂句的数量；(4)复杂句（包括正确的和不正确的）的总数量；(5)无错简单句的平均长度。

这个数据表明，阅读理解成绩与作文的总长度以及无写作错误的关系最为密切。基于研究的结果，该文作者提出，写作教学应该与阅读教学紧密结合起来，以阅读材料为基础的写作就是一种读写结合有效的教学途径，它不仅能减少学生害怕写作的心理，提高学生的写作能力，而且同时增进学生的阅读兴趣和能力。

四　语法习得研究

近年来，对母语为英语的汉语学习者在汉语语法习得方面的研究集中考察了汉语中那些与印欧语系有较大差异的语法现象，其中包括"话题＋叙述"结构（Jin 1994；Wen 1994）、"零代词"现象（Polio 1995）、动态助词（Wen 1995，1997；Teng 1999）、"把"字句（Jin 1992）、量词（Kuo 2000）、语气词

---

① Miller, W. H. (1995) *Alternative Assessment Techniques for Reading and Writing*, New York: The Teacher for Applied Research in Education.

② Hunt, K. W. (1977) Early Blooming and Late Blooming Syntactic Structures, In C. R. Cooper & L. Odell. (Eds.), *Evaluating Writing: Describing, Measuring, Judging*, 91—104, Urbana, IL: National Council of Teachers of English.

(Bourgerie 1996)以及词序(Li 1999)等。① 这些研究有的着重探讨学习者的母语对汉语习得的影响(Jin 1994；Polio 1995；Wen 1995)，有的着重调查学习者为掌握某一汉语语法现象所使用的学习策略(Kuo 2000)，还有的探讨了语法习得方面的研究成果对汉语教学法的指导意义(Teng 1999)。

---

① Jin, H. G. (1994) Topic-prominence and Subject-prominence in L2 Acquisition: Evidence of English-to-Chinese Typological Transfer, *Language Learning*, 44(1), 101—122.

Wen, X. (1994) Topic Prominence in the Acquisition of Chinese Existential Sentences by English Speakers, *International Journal of Psycholinguistics*, 10, 127—145.

Polio, C. (1995) Acquiring Nothing? The Use of Zero Pronouns by Non-native Speakers of Chinese and Implications for the Acquisition of Nominal Reference, *Studies in Second Language Acquisition*, 17, 353—337.

Wen, X. (1995) Second Language Acquisition of the Chinese Particle le, *International Journal of Applied Linguistics* 5(1), 45—62.

Wen, X. (1997) Acquisition of Chinese Aspect: An Analysis of the Interlanguage of Learners of Chinese as a Foreign Language, *Review of Applied Linguistics*, 1—26.

Teng, S. H. (1999) The Acquisition of le in L2 Chinese.《世界汉语教学》,47(1), 56—64.

Jin, H. G. (1992) Pragmatization and the L2 Acquisition of Chinese BA Constructions, *Journal of the Chinese Language Teachers Association*, 3, 33—52.

Kuo, J. Y. (2000) Strategies for Learning Classifiers, In B. Swierzbin et al (Eds.), *Social and Cognitive Factors in Second Language Acquisition*, 424—442, Somerville, MA: Cascadilla Press.

Bourgerie, D. S. (1996) Acquisition of Modal Particles in Chinese Second Language Learners, In S. McGinnis. (Ed.), *Chinese Pedagogy: An Emerging Field*, 107—134, Columbus, OH: Ohio State University Foreign Language Publications.

Li, W. (1999) Second Language Acquisition of Discourse and Pragmatically-Governed Word Order in Mandarin Chinese, *Journal of the Chinese Language Teachers Association*, 34(2), 37—70.

1. 汉语"话题+叙述"结构与"零代词"的习得研究

在汉语中,话题是句子的一个基本单位,而英语中相对应的基本单位则是主语(Li and Thompson 1976,1981)。① 汉语作为一种"话题主导"语言可以省略代词和名词。即在某些情况下,主语及宾语这些语法成分允许省略,即出现所谓"零代词"现象(Huang 1989)。② 而英语作为一种"主语主导",则要求句子的完整性,代词和名词一般不能缺省。对于学习者在母语中习得的主语主导的语法特征是否会影响他们对汉语话题主导这一语法特征的习得这一问题,一般来说有两种截然不同的观点。一种观点认为,不论学习者的母语是何种类型的语言,他们在学习第二语言的初期阶段都会表现出一种共同的"话题+叙述"特征(Fuller and Gundel 1987)。③ 而另一相反观点则认为,第二语言学习者最初体现出来的"话题+叙述"的语言特征是学习者从第一语言主语主导特征逐渐向第二语言话题主导特征转化的结果(Huebner 1983；Rutherford 1983)。④

---

① Li, C. & Sandra, T. (1976) Subject and Topic: A New Typology, In C. Li (Ed.), *Subject and Topic* 457—489, New York: Academic Press.
Li, C. & Sandra, T. (1981) *Mandarin Chinese: A Functional Reference Grammar*, Berkeley: University of California Press.
② Huang, J. (1989) Pro-drop in Chinese: A Generalized Control Theory, In O. Jaeggli and K. Safir (Eds.), *The Null Subject Parameter* (pp. 185—214), Dordrecht: Kluwer Academic Publishers.
③ Fuller, J. & Gundel, K. (1987) Topic-Prominence in Interlanguage, *Language Learning*, 37, 1—18.
④ Huebner, T. (1983) *A Longitudinal Analysis of the Acquisition of English*, Ann Arbor, MI: Koronma Press.
Rutherford, W. (1983) Language Typology and Language Transfer, In S. M. Gass & L. Selinker (Eds.), *Language Transfer in Language Learning*, 358—370, Rowley, MA: Newbury House.

因此，在这一阶段，分析学习者对话题主导特征的习得中的错误，可以明显地看出是受到母语影响。

Jin（1994）对上述两种观点进行进一步验证。语料收集主要是通过口头谈话、复述故事以及自由写作这三种方式。结果发现，与汉语本族人相比，被试添加了大量的名词与代词。另外，被试的汉语程度越低，他们受英语语法结构的影响也越大，比如大量使用含指示代词的短语和含名词的短语。作者认为这些发现佐证了Rutherford（1983）的学习者母语中的主语主导特征会影响他们对汉语话题主导特征的习得的观点。

Polio（1995）的一项研究调查了汉语零代词的习得。不过与Jin（1994）不同的是，该研究的调查对象包括母语分别为英语与日语的两组学生。与汉语类似，日语也属于话题主导语言，有零代词这一语法现象。因此，通过比较母语分别为英语与日语的学生掌握汉语零代词的情况，可帮助了解学习者母语的语法特征是否会影响他们对汉语的话题主导特征的习得。数据收集的方法是先让被试看一段7分钟的无声短片，然后让他们口述片中的内容。统计结果发现，与汉语本族人相比，这两组学生对汉语零代词的使用均显不足。而被试的汉语水平越高，使用零代词的数量也趋于增加。另一方面，尽管日语也属于话题主导语言，该研究中母语为日语的一组学生并没有表现出对汉语零代词掌握得比其他学习者更好，而是像英语为母语的学生一样，误加了很多名词与代词短语。由此，作者推断，学习者母语的语言特征并不是导致他们误加名词与代词的真正原因。

Wen（1994）主要调查了英语作为母语的学习者习得汉语存现句的情况。虽然汉语的存现句与英语的存在句有相似之处，但是在结构上有明显的差异。英语存在句包含一个处于句首位置的、无实义的虚拟主语，即"there"。其基本句式为："there（那儿）+谓语+地点词"。典型的汉语存现句句式则是："地点词（话题）+叙述"（Li and Thompson 1976）。按照 Li 和 Thompson（1980）的说法，汉语句子的话题常处于句首位置。典型的汉语存现句往往以一个地点或时间词作为话题放在句首，比如，"那个图书馆有很多中文书"，句首的地点词"那个图书馆"即为句中的话题。Wen（1994）的研究目的主要是要考察母语为英语的汉语学习者如何将他们母语中主语主导的存在句转换为汉语中主题主导的存现句。研究时要求被试根据所提供的英文信息写出八个汉语存现句。结果表明，不同程度的汉语学习者，包括程度较低的学习者，均能掌握典型的汉语存现句结构，似乎在使用上并未受到被试母语即英语主语主导特征的影响。

2. 汉语动态助词"着"、"了"、"过"的习得研究

汉语助词"了"按照其语法意义及功能可大致分为两类：动词词末"了"和句尾"了"。第一，"了"用在动词后，表示动作的完成，可用在过去、现在或将来的某个时刻。第二，"了"用在句末，表示与现时有关联的某种状态或情景。一般其语法意义可包括状态的变化、新的情境的出现、纠正错误的假定、建议、警告或者结束论断等。在某些情况下，以上两种"了"在意义与功能上的区分可能不太明显。此外，在有的句子中，动词词末"了"与句尾"了"会同时出现，一般称之为双重"了"。

Wen（1995）主要调查动词词末"了"和句尾"了"的习得顺序。研究通过谈话法以及根据图片讲故事的方法来收集语料。

结果表明,学习者的母语对两种"了"的习得都有着较大的影响,而汉语程度越高的学生受其母语的影响越小。另一方面,动词词末"了"的习得要先于句尾"了"的习得,其习得难度也要低于句尾"了"。作者认为,这种习得顺序表明学习者对使用汉语动词时的条件限制较为敏感,而对使用整个句子时的条件变化却意识不够。这可能是因为单个动词所需的信息处理量要少于整个句子所需的信息处理量。Wen(1997)还将完成体助词"了"、经历体助词"过"以及持续体助词"着"这三个动态助词的习得过程结合起来进行研究。结果发现,动词词末"了"的习得要先于句尾"了"的习得,这一结论印证了作者两年前的有关研究结论。该研究还发现,完成体助词"了"与经历体助词"过"的习得要先于持续体助词"着"的习得。[①]

Teng(1999)主要调查了动词词末"了"、句尾"了"和双重"了"这三种"了"的习得顺序。该研究的语料主要来源于台湾师范大学的汉语习得中介语语料库。所有资料均为书面语言材料。分析结果显示,句尾"了"的习得要先于动词词末"了"的习得,而双重"了"则是三种"了"中习得难度最大的一种。作者进而对一份使用较广的汉语教材《实用汉语课本》中三种"了"的出现顺序进行了考察。结果发现,在该教材中,动词词末"了"的介绍要先于句尾"了"。对此,作者指出,教学顺序应与习得规律保持一致,依据该研究的结论,动词词末"了"应放在句尾"了"之后介绍,并在间隔一定的时间后,再介绍双重"了"。

---

① Wen, X. H. (1997) Motivation and Language Learning with Students of Chinese, *Foreign Language Annals*, 30, 235—251.

值得注意的是,Teng(1999)研究中关于句尾"了"的习得先于动词词末"了"的习得这一研究结论与 Wen(1995,1997)的有关结论相反。Wen(1995,1997)认为学习者先习得动词词末"了",后习得句尾"了"。这可能与三方面的因素有关。其一,从调查对象的情况来看,两者所用被试的汉语水平可能存在较大差异,进而影响到二者的可比性。因为这些研究都没有使用标准化测试来评估被试的汉语能力,因而较难确定他们的真实水平。其二,这几项研究中的语料类型也不大相同。Wen 的语料主要是被试的口头资料;而 Teng 中的语料则为学生的书面资料。其三,Teng 与 Wen 研究中所用的被试的汉语学习环境也不相同。Wen 的被试的学习环境是在美国,汉语是作为一种外语来习得的,而 Teng 的被试的学习环境是在台湾,汉语是作为第二语言来习得的。

3. 汉语"把"字句的习得

以主语主导与话题主导这两种语言学特征习得的相互关系为框架,Jin(1992)调查了三种"把"字句结构的习得顺序。这三种"把"字句结构主要是按语法、语义以及动词的处置性这三个方面的不同来划分的。在第一种"把"字句中,"把"后面的名词是受事者、直接宾语,其所包含的信息往往是特定的信息;句中的动词常常含有较强的处置性,比如"我把饭吃完了"。在第二种"把"字句中,"把"后面的名词是一种事物或属性,在语义上相当于句子的主题,其动词的处置性要弱于第一种,比如"他把橘子剥了皮"。在第三种"把"字句中,"把"后面的名词短语常常是一个地点词,在语义上相当于句子的主题或经验者,其动词的处置性在三种"把"字句中是最弱的,比如"我把屋子堆满了书"。

语料的搜集主要是通过语法判断练习、英译汉练习以及复述故事这三种形式。结果表明,第一种"把"字句最先习得,不同汉语程度的被试在对该"把"字句的使用上都表现出了较高的准确性;第三种"把"字句的习得难度最高,被试不但使用得较少,准确率也较低;对第二种"把"字句的习得,则体现出了一种线性发展模式,即被试的汉语程度越高,其掌握程度也越好。作者认为,这些结果表明,学习者对汉语"把"字句的习得受到母语即英语中主语主导特征的影响,当学习者逐渐认识到英语与汉语之间的差异后,母语的负影响会逐渐减弱。

4. 汉语量词的习得研究

汉语量词习得的研究主要有 Polio(1994)和 Kuo(2000)。Polio(1994)调查了汉语学习者使用表形量词的情况。表形量词(classifer)指的是指明事物形状的量词,比如,"一张纸"的"张"表明了纸具有扁平的物理特征。如果某些事物具有相同形状,很可能用相同的量词。我们说"一张桌子",因为桌面也具有扁平的物理特征。该研究主要有三个发现。第一,在语境中,被试对表形量词的掌握较好,很少有遗漏的现象发生。由此作者得出,在汉语学习的初期阶段,学习者可以从结构上较好地掌握汉语表形量词的使用特征。第二,在不少语境中被试有误用表形量词的情况。作者认为,这主要是因为学习者常将表形量词的使用与句中数词和名词的修饰词的使用结合起来看待,即他们认为,只要数词或名词的修饰词出现就必须使用表形量词,而实际情况往往并非如此。第三,被试较少使用比较专门的表形量词,当他们不知道该用什么表形量词时,就用常用的表形量词"个"来取代。Kuo(2000)的研究调查了学习者学习汉语表形量词的策略以及这些策略的有效性。研究方法是让被试看一组图片,要求被试说出图片中的事物名称以及数量。之后,研究者跟每一被试进行谈话,以了解他们所使用的策略。结果表明,被试主要使用了四种策略。第一,被试常将表形量词与其所修饰的事物结合起来记忆。这一策略在使用上存在着一定的局限,因为汉语本族人常常因事物形状的改变而冠以不同的表形量词。举例来说,对圆形或椭圆形的茄子,汉语本族人常用"个"来称呼;而对于长条形的茄子,他们则可能使用"条"、"根"、"只"或"个"来指称。第二,被试也根据母语即英语中对应的表形量词来学习汉语单位词。比如,他们认为汉语的"条"和英语的"loaf"比较相似,所以"a loaf of bread"就翻译成"一条面包"。不过,相当数量的汉语表形量词在英语中并没有对应词,因而这一策略只能适用于学习部分的汉语表形量词。第三,部分被试主要是依靠经常使用汉语表形量词以达到掌握的目的。第四,有些被试是根据表形量词的词义来学习,比如根据表形量词指示不同的事物的形状来区分它们。举例来说,"条"、"根"、"只"常常用来指称那些长条形的事物,"张"、"片"常常指称具有扁平形状特征的事物,而"个"、"颗"、"粒"则常常指称那些具有圆形特征的事物。可见,表形量词本身所暗示的关于事物的形状特征可作为学习部分汉语表形量词的有效提示信号。

5. 汉语词序概念的掌握研究

Li(1999)作了一项关于汉语短语在句中的次序的习得研究。该研究主要调查了11种短语次序的习得。这11种短语依据句中第一个名词短语的语义类型被划分成四大类。具体包括时间状语、地点状语、施事短语以及受事短语等。举例来说,在

"昨天我看见他了"一句中,句首的名词"昨天"为时间状语;在"村里人们盖了新房子"一句中,句首的名词短语"村里"为地点状语;而在"这本书我喜欢"一句中,句首的名词短语"这本书"为句中的受事,称之为受事短语,最后,在"我的朋友大部分在做生意"一句中,句首的名词短语"我的朋友"为句中的施事,则称之施事短语。语料的搜集主要是通过语法判断练习和英译汉练习两种方式。结果表明,对这11种短语在句中的次序的掌握有难易之分。地点与时间状语在句中的次序比较容易掌握,而施事与受事短语的次序则相对难掌握。

6. 汉语语气词的习得研究

Bourgerie(1996)主要调查了汉语4个语气词"啊/呀"、"嘛"、"吧"和"呢"的习得,并试图发现学习者是通过何种途径来掌握这些语气词的。语料的搜集主要是通过让被试把不同的语气词填入到不同的书面语境中,然后作者对这些书面语料进行分析。结果发现,学生在使用这4个语气词方面存在着较大困难。较长时间的课堂学习似乎并未对这4个语气词的习得产生明显帮助。与中级水平被试相比较,高级水平的被试的表现并没有显著的改善。该研究也发现,被试在目的语环境中学习汉语的经验也未对语气词的习得产生明显帮助。不过应当指出的是,对语气词精确的分辨与使用只有通过具体口语会话情景才能实现,而该研究所分析的语料主要为书面语言,因而在语料的搜集上可能存在一定局限。今后的研究还需要从分析口头资料、视听资料等语料的角度来进一步验证该研究中的有关结论。

上述有关汉语语法习得的各项研究揭示了某些汉语语法现象习得的规律。总的来说,这些研究表明,随着学习者汉语水平的提高,他们对汉语语法形式的运用会逐渐接近于汉语本族人。研究还表明,某些汉语语法点的习得并不与学习时间成正比。在对某些汉语语法点的习得上,有关研究得出了不同的结论。可能的原因有二:各研究采用了不同的研究方法和理论框架,如"对比分析法"、"标记理论"、"普遍语法理论"等等,可能会导致不同的研究结果。其次,各项研究中被调查对象的汉语水平可能属于不同的层次。因为在这些研究中,被调查对象的汉语水平一般是按学习时间来划分的,而事实上,学习者的汉语水平除了受学习时间的影响外,还会受到学习强度、学习态度、学习动机以及学习环境的影响,单凭学习年限不足以反映学习者的汉语水平。被试汉语水平的不等性削弱了各项研究之间的可比性,在一定程度上影响了横向比较与对照。另外,不少研究还分析比较了不同程度的学习者的汉语习得特征,以揭示习得的阶段性规律。值得一提的是,这种阶段性比较也应建立在准确评估调查对象的汉语水平的基础之上,以确保阶段划分的准确性以及阶段描述的可靠性,避免混淆各习得阶段的界限与特点。今后,为了更好地确定调查对象的汉语水平等级,可以采用目前已得到广泛认可的一些标准化语言测试手段,这些测试从各方面对学习者的语言技能进行考察,有助于比较全面地反映他们的汉语水平。

现阶段的汉语语法习得研究调查了汉语部分语法现象的习得规律,今后还应有更多的研究来全面调查汉语各语法点的习得特点。此外,除了对单个语法现象进行研究之外,还应注意将相关语法点结合起来进行研究。这是因为各语法现象之间事实上是相互联系与制约的。比如,"把"字结构常包含结果补语与助词"了"。对有关联的语法现象进行综合研究有助于揭示语法习得的层次结构,并有益于了解有关语法点间的相互作用与影响。另外,现阶段的汉语语法习得研究大都集中在句子的层次,今后还应将这一研究扩展到语段的层次。因为仅在词句层次上分析无法了解汉语学习者运用语法知识创造言语进行交流的全貌。此外,在语段层次上分析语法更有助于了解语法形式的习得与语法运用之间的关系。

五 非认知因素对汉语学习的作用和影响研究

Packard(1989)对课堂气氛与汉语学习的关系作了研究。[①] 这个研究比较了两种不同的教学方法所形成的两种不同的课堂气氛对学生学习结果的影响。第一种方法被称为"高压力方法"。这种方法的特点是教学气氛紧张,教学节奏快,强调学生课前充分准备,强调纠错,缺乏师生以及学生与学生之间的交流。另一种方法被称为"低压力方法",特点是:教学气氛轻松,教学节奏慢,不要求学生课前有很多准备,强调师生及学生之间的互相交流。被试是一年级两个班的学生,一个班采用高压力方法,而另一个班采用低压力方法。一个学期结束后,对学生的听力、语法、汉字认读和汉字书写(看英文写汉字)四个方面的考试成绩进行比较。结果表明,两种教学方法对学生的四个方面的成绩没有造成统计意义上的不同。如果该研究在实验设计上对两种教学方法的特点进行一

---

① Packard, J. L. (1989) High-versus Low-pressure Methods of Chinese Language Teaching: A Comparison of Test Results, *Journal of the Chinese Language Teachers Association*, 24(1), 1—18.

些定性和定量的测定，比如，如何衡量学生课前的准备度，课堂教学信息反馈的强度、密度及有效度，可能所得出的结论会更有说服力。除了教学气氛外，学习动机是对学习造成重要影响的另一个非认知因素。Wen（1997）调查了动机因素对来自亚洲家庭背景的大学初中级学生学中文的影响。研究的方法是问卷调查法。问卷包括两个部分：第一部分，测量学生学习的内在动机和外在动机，以及学生对自己学习方法、努力程度的自我评价；第二部分，测量学生对学习的期望、能力的自我评估。除了问卷外，还收集了学生的期中和期末测验的成绩。因素分析法表明，学生的动机结构由四种因素组成：内在动机、外在动机、对自己学习方法和努力程度的期望所引起的动机以及外在压力所引起的动机（passive toward requirements）。多元回归分析表明，对一年级的学生来说，内在动机（对所学的语言和文化感兴趣）是学习成绩的最显著的预测变量；对二年级学生来说，对自己学习方法和努力程度的期望所引起的动机则是学习成绩的最显著的预测变量。

该研究对教学的指导意义是，中文教育者应该意识到由外在压力所引起的学习动机对学习的结果没有任何正相关，应该在如何能让学生觉得所学的语言是有用的这一问题上下功夫。另外，鼓励学习者对自己的学习方法、努力程度有一个比较合理的期望也是提高学习成绩的一个要素。该研究运用了因素分析法对18个变量进行归类，使我们对动机因素的结构有一个比较清楚的认识，如果作者能收集更多的动机变量，那么因素分析法的运用就会更有效度。

另一个非认知因素是学习者和教学者由于信仰体系所形成

的对目的语的教和学的态度。学习者在学习目的语之前对所要学的语言及与该语言有关的文化的认识,对学习策略、学习该语言的重要性等所造成的对学习的态度都会影响学习者对目的语的学习。从另一方面来说,教师在长期的工作中形成的对教和学的态度也影响教学的结果(Samimy Lee 1997)。①

六 语言应用习得研究

对于外国学生来说,学会了汉语字词,掌握了汉语语法,并不一定能恰到好处地运用。在运用汉语时经常碰到的困难是,由于文化背景、风俗习惯的不同,他们觉得与中国人交流时常常在某种场合下不能恰当地表达自己,有时常常因为用语不当,语不达意,造成对方的误解。因此,语用教学也是美国汉语教学中一个重要的环节。这里介绍的是三个关于语用教学的研究。

第一个研究(Kasper 和 Zhang 1997)是介绍汉语学习者在汉语语用方面的经历或体验,并试图从这些经历中总结出一些可以供其他学习者参考的规律性的知识。② 这个研究采用非正式面谈的方法,让被试讲述自己在中国的经历。根据谈话记录,把被试语用方面的经历分成这样几大类:(1) 赞扬语和谦辞。

---

① Samimy, K. K. & Lee, Y—A. (1997) Beliefs about Language Learning: Perspectives of First-year Chinese Learners and Their Instructors, *Journal of the Chinese Language Teachers Association*, 32, 40—60.

② Kasper, G. & Zhang, Y. (1997) It's good to be a bit Chinese: Foreign Students' Experience of Chinese Pragmatics. In G. Kasper (Ed.), *Pragmatics of Chinese as Native and Target Language*, 1—22, Honolulu: University of Hawaii Press.

大部分学习者认为在别人赞扬自己或家人的时候,很不习惯用谦辞来回答。因为美国的文化没有这一传统。(2)谢绝邀请。许多学习者都认识到在中国不能直接拒绝邀请。但是他们也意识到,在中国,当对方邀请你去做什么或他人主动提供帮助时,要谢绝邀请和帮助是十分不容易的事。(3)拒绝对方的要求。大部分的学习者都知道,在中国,当别人要求你帮助的时候,你不能直接拒绝对方的要求,应该要给对方面子。(4)表示感谢。有些学习者觉得中国人不怎么表露他们对别人帮助的感谢,因此有时候,当他们帮助了对方以后,不知道对方是否满意他们的帮助。(5)提要求。学习者认识到中国人提要求有时候很直接,有时候很委婉。他们觉得要学会委婉的提要求不是一件容易的事。(6)称呼语。有些学习者认为,只要掌握一些常用的称呼语,与中国人交往就不会有什么问题,但是有些学习者对于中国人的称呼语觉得费解,比如,外婆(literally, outside grandma),似乎反映了中国文化对妇女的偏见。(7)话题。许多学习者对中国人在日常会话中经常以美国人看来是隐私的内容作为话题很不习惯。除了上述的经历外,该研究也收集了学习者对如何学习语用的策略、如何寻找这方面的学习资料、如何在课堂教学中注意语用教学问题等提出了他们的看法。作者建议,正确的语用技能的获得不应该停留在介绍一些交流的策略,像不要直接地谢绝中国人的要求和邀请等。为了让学生更好地适应中国社会,汉语教学必须和学习中国文化和历史相结合,包括对汉语史的学习,这样才能让学生对错综复杂的汉语语用习惯有整体的了解。

Hong(1997)专门对社会语用问题的其中一点"提出要求"

进行探讨,研究的方法是问卷法。① 调查卷是"中文语段完成测试卷"。目的是调查汉语学生运用何种语言形式来完成"提出要求"这一任务,这些语言形式是否符合中国人的语用习惯。对于"提出要求"这一任务的评估分成两部分:(1)是否明确地提出了要求(听者是否明白了说者的要求);(2)说者的要求是否符合中国人的语用习惯。调查结果表明,除了6%的学习者(以前没接触中文或中国文化)在不同情境中所提的要求引起误解之外,大部分的被试都能准确地表达自己的要求,但是35%以前没接触过中国文化和语言的学习者和6%的以前接触过中国文化的学习者所提的要求不符合中国人的语用习惯。作者认为,造成提要求时用语不合习惯的原因主要有:(1)受英文表达法的影响;(2)缺乏中国文化知识。

为了解决这一问题,作者提出,汉语课程设计时应考虑到以下方面的情况:学生去中国学习和旅游时会碰到哪些语境;哪些语言形式是最常见和最有用的;哪些会话内容是日常交流中常用的;哪些语法现象与练语用能力有直接的联系。

另一个语用方面的研究是比较中英文在使用邀请语上的言语活动差异(Tseng 1999)。② 作者提出,传统的研究文献指出中英文在邀请言语活动上的不同表现在:英文邀请言语活动是单层次的,而中文的邀请言语活动是三层次的。以邀请吃饭为例,对

---

① Hong, W. (1997) Sociopragmatics in Language Teaching: With Examples of Chinese Request, *Journal of the Chinese Language Teachers Association*, 32(1), 95—107.

② Tseng, M. F. (1999) Invitational Conversations in Mandarin Chinese and American English with Pedagogical Implications, *Journal of the Chinese Language Teachers Association*, 34(2), 61—89.

美国人来说,对话只需要一个层次:邀请——谢绝。对中国人来说,对话需要多种层次:邀请——谢绝,再邀请——再谢绝,再邀请——接受。该研究着眼于调查三个问题:(1)是否所有的交际场合,中国人的邀请对话都是使用三层次式的?如果不是,还存在哪些言语活动形式?在什么样的情境中发生?(2)是否所有的美国人的邀请对话都是单一层次式的?如果不是,还存在哪些言语活动形式?在什么样的情境中发生?(3)根据上述研究结果的异同,如何让美国学生学会中文邀请言语活动中的多元交流结构?研究表明,中英文在邀请对话的言语活动中根据情境的不同,有一层次、双层次以及三层次结构的对话。但是无论是中文还是英文情境对话,邀请者和被邀请者之间的熟悉程度都影响这三种结构的使用频度。该研究在教学上的应用是中文教育工作者应该帮助中文学习者认识到,从单层到三层次的邀请对话形式并不是在任何邀请场合都可以运用,但并不是无规律可寻。另外,对于不同的谢绝语的使用应遵循由简到繁的原则。

上述三个研究分别从面上和点上揭示了学习者在语用学习上的经历和看法,以及由于文化和语言不同带来的语用差别。这对学生正确地掌握中文的语用习惯有很大的帮助。但是由于语用本身是一个十分复杂的现象,并牵涉到语言学、文化学、社会学、人类学、历史学等多方面的知识,因此,在寻找语用习得策略的同时,进行宏观方面的研究特别是揭示语用习得与这些学科知识的联系将是十分必要的。

七 语言测试与评估研究

关于汉语作为外语的测试与评估,这里主要介绍两项研究

(Ke 1993；Ke 和 Reed 1995)。① 一项是关于口语能力测试，另一项是关于对学生汉语学习成绩的全面评估。因为这两项研究均与美国外语教学学会（ACTFL）制定的"口语能力测试（OPI）"有联系，因此，有必要先介绍一下 OPI。OPI 是一项综合考察口语能力的标准化测试。该测试从四个方面来检验学习者的口语能力：能掌握何种语言功能；能在何种情境中运用目的语完成哪些话题内容；能达到何种准确程度；能创造多长篇幅的语段。考试形式是主考人和受试者面对面的谈话，考试时间一般持续 10 到 30 分钟。在测试过程中，主考人试图从以上四方面中测定被试的强势（即其语言能力的最上限）和弱势（即其语言能力的最下限），然后分别定级。OPI 测试将口语能力划分为四大能力等级，即初级、中级、高级和最高级（Ke 和 Liu 1993）。② Ke（1993）的研究主要是确定被称为"口语能力模拟测试"(SOPI) 这一测验内容的效度及信度以及与 OPI 的相关度。该测试沿用了"口语能力测试（OPI）"的基本模式，不过与 OPI 不同的是，SOPI 不使用面对面的考试形式，而是给予被试书面材料，让他们根据其中的内容进行口述并录音。Ke 的基本设想是：假若 SOPI 经证实具有与 OPI 类似的信度，它便可

---

① Ke，C.（1993）An Empirical Investigation of the Relationship between a Simulated Oral Proficiency Interview and the ACTFL Oral Proficiency Interview. *SELECTA*，14，6—10.

Ke，C. & Reed，D.（1995）An Analysis of Results from the ACTFL Oral Proficiency Interview and the Chinese Proficiency Test before and after Intensive Instruction in Chinese as a Foreign Language，*Foreign Language Annals*，28，208—222.

② Ke，C. & Liu，M.《介绍一种中文口语能力考试》，《语言教学与研究》1993 年第 2 期。

以取代 OPI 在某些测试情境中运用。因为 SOPI 测试并不需要像 OPI 那样需要具有资格认证的主考人在场,学生只需将测试的录音带在测试后交由合格的评定者进行评分。另一方面,SOPI 测试也可缓解 OPI 中由于大批量测试时所受到的时间限制,因为 SOPI 不需要主考人,只是用录音,时间上就有很大的灵活性。至于 SOPI 究竟能否有效地替代 OPI,这要取决于 SOPI 的测试结果是否与 OPI 的测试结果存在高度相关。具体说来,第一,对同一受试者的口语能力水平,应用 SOPI 能否得出与 OPI 一致或接近的评分?第二,在评分方面,SOPI 能否达到类似于 OPI 这样高的评等者间的信度系数?针对上述两个问题,Ke(1993)的研究致力于找出 SOPI 这一测试是否具有较高的评等者间一致性以及这两项测试之间存在着何种程度的相关。研究结果证明,SOPI 与 OPI 一样,具有高度的评等者间信度系数。另外,学生在 SOPI 和 OPI 这两项测试中的成绩也非常接近。不过,从谈话中得知,学生对 OPI 中面对面的自然对话方式的喜爱程度高于 SOPI 的"人机对话"方式。

另一项研究是对美国一所大学的暑期汉语强化学习班的学生的汉语学习进展情况进行全面的评估(Ke 和 Reed 1995)。评估主要是应用美国应用语言学中心(CAL)的"汉语能力测试卷(CPT)"以及美国外语教学学会(ACTFL)的"口语能力测试(OPI)"来进行的。CPT 是一项标准化的常模参照测验。该测验主要检验汉语学习者的听力以及阅读能力。其测试内容具体包括听力、语法以及阅读理解这三部分。该研究结果有四:第一,CPT 与 OPI 测试之间仅存在中等程度的相关。这一结果表明,我们不能根据学生在其中一项测试中的成绩而准确地推测他们在另一项测试中的成绩。第二,学习结束时的 CPT 与 OPI 测验成绩之间的相关系数要高于学习开始时二者之间的相关系数。这表明该暑期项目所提供的"沉浸式"(immersion)语言学习环境在一定程度上促进了语言的习得。第三,学生在 CPT 与 OPI 两项测试中的成绩均表明,通过这 9 个星期的学习他们在一定程度上提高了自己的汉语能力。半数以上学生的 OPI 成绩都要高于开始时的相应测试成绩,而所有学生的 CPT 成绩都要高于开始时的相应测试成绩。第四,CPT 测试成绩较高的学生往往 OPI 成绩也较高。另外,CPT 中听力部分的成绩与学生的 OPI 成绩呈显著正相关。而 CPT 的其他两个部分,即语法和阅读理解部分的成绩并未与 OPI 成绩有显著正相关。

该研究首次对美国暑期汉语强化学习阶段的学生的学习进展情况进行全面评估。研究获得的资料为今后进一步研究暑期强化教学的各个方面,如口语、听力以及阅读能力等提供了重要的信息。这种研究今后还应该进一步在目的语环境中进行,并将其结果与美国国内的研究结果进行比较,这种比较信息将有助于了解在不同教学环境下学生的学习特点。

八 书面语言发展模式研究

在综合各项汉字习得研究的基础上,Ke(1996)提出了汉语学习中的汉字部件结构掌握三阶段模式(Ke 和 Everson 1999)。[①]

[①] Ke, C. & Everson, M. (1999) Recent Research in CFL Reading and Its Pedagogical Implications, In M. Chu (Ed.), *Mapping the Course of the Chinese Language Field* (pp. 189—203). (Chinese Language Teachers Association Monograph Series, Voiume III), Kalamazoo, MI: Chinese Language Teachers Association.

作者认为,汉语学习者对汉字部件结构的自觉认识的过程大致要经历这样三个阶段:第一个阶段是"积累阶段"。在这一阶段,学习者将汉字作为一个整体,而不是分解为部件来记忆。尽管很多学习者能够意识到部件学习策略的有效性,然而其有限的汉字量阻碍了他们充分地利用这一策略,学习者更多地依赖于反复练习、强记、创造独特的联想记忆手段等方式来学习汉字。第二阶段是"过渡阶段"。在这一阶段中,学习者逐渐习惯了运用关于形旁、声旁的部首知识来推测生字的读音和意义。由于学习者已经掌握了较多的汉字,他们开始从这些汉字中归纳出常见的形旁、声旁或其他部件,并利用这些知识来学习生字,特别是形声字。而另一方面,学习者对各种不同部件的掌握程度呈现出先后顺序,一般来说,这种顺序是由各部件在汉字中的出现频率、字形特征的突出程度,以及笔画结构的繁简难易程度所决定。第三个阶段是"自觉运用部件解析汉字阶段"。在这一阶段的最高层次,学习者对汉字部件结构的领悟接近于汉语本族人。他们能够成功地对生字按照有效的部件进行分解并利用他们所掌握的形旁、声旁等部件认字与写字。

Ke 的模式提出了汉语学习者掌握汉字部件结构的一个总体认知过程。这对我们今后微观研究汉语学习者在不同阶段学习汉字的特点起指导性的作用,而微观研究反过来将会进一步充实和发展这一认知模式。另一个汉语书面语习得的模式是关于中国小学1—6 年级学生的缀字知识发展的模式(Shen 和 Bear 2000)。[1] 该

---

[1] Shen, H. H. & Bear, R. B. (2000) Development of Orthographic Skills in Chinese Children, *Reading and Writing: An Interdisciplinary Journal*, 13, 197—236.

文作者通过对学生作文中的7 000个错别字进行定性分析,结果表明,学生的错别字可以归为三大类,第一类是由于应用语音知识来创造不会写的字所造成的错别字,第二类是由于应用字形知识来创造不会写的字所造成的错别字,第三类则是由于应用已有的字义或词义知识来创造不会写的字所造成的错别字。回归统计分析表明,低年级学生的错别字主要属于第一大类,而高年级的错别字则是第二和第三类。因此,该研究提出了汉语缀字知识发展两阶段与形、义发展并进模式。该研究的作者认为,这种形、义并进现象是汉语学习的特殊性。这是由于汉字本身缺乏音形之间的联系,并加上汉字字形的复杂性所造成。该研究对传统的对错别字的看法进行了挑战,认为学生的大部分错别字不是由于他们学习粗心或者是努力不够造成的,而是与他们缀字知识的发展息息相关。在不同的缀字知识发展阶段上,错别字表现出不同的形式。因此,错别字是一个表现学生缀字知识发展的窗口。中文教育工作者可以通过对学生错别字的分析,确定学生处在哪一个发展阶段上,从而制定教学的策略。无视学生缀字知识的发展阶段性盲目地纠正错别字将会事倍功半。

该研究是第一个系统地从语言认知发展的角度揭示中国学生汉字缀字知识发展阶段性的研究,会对汉语教学实践有所助益。需要指出的是,该研究是以汉语作为母语的学习者为对象,其结论能否应用在汉语作为第二语言的学习上,需要进一步的验证。

九 讨论

1. 综上所述,近二十年来,美国汉语教学的内容正在不断地拓宽,而研究方法和策略正逐步向如下三个方面发展:系统实践观察与理论论证相结合，定性和定量分析相结合，宏观与微观研究相结合。

(1)系统实践观察与理论论证相结合

近年来，美国汉语教学的研究中，传统的那种类似经验谈和总结式的研究风格正在被科学的系统的实践观察与理论论证所代替。学者们正以严谨的实事求是的态度，对教学实践中出现的问题运用问卷法、谈话法、口头报告法、测验法以及大面积地收集学习者原始练习材料等手段对数据进行分析归纳。在分析问题的时候注重应用已有的理论模式对问题产生的原因、背景、因果关系以及解决的办法进行多方面的论证。

(2)定性和定量分析相结合

定性分析是对研究对象进行自然观察，在此基础上对观察过程进行全面的系统的文字描述，并得出结论或作出理论概括。定性分析的优点是它能对被调查对象的学习过程进行系统地观察，缺点是研究耗时多，研究者无法同时对很多的对象进行观察。另外，观察的结果依赖于研究者本人的报告，难免主观性。定量分析是对研究的问题提出理论假设，对研究对象进行数量化的测试并运用统计的方法对测试结果进行分析，用分析的结果来证实或推翻理论假设。其特点是研究者能对本人的偏见和其他干扰变量进行控制，以保证结果的客观性。因为定量分析对数据收集主要是通过一次性和几次性测试，可以同时抽取多个样本而费时少，但是它只能是对过程的其中一个和几个点进行分析。

采用定性还是定量的研究方法取决于研究的目的。许多研究者在使用这两种方法时已经注意到了发挥其优越性控制其局限性。例如，Evenson 和 Ke(1997)对阅读认知加工策略的研究主要使用定性分析的方法,但在对学生书面复述材料分析时注意采用命题分析法以及引进第二评等者等措施,使定性分析的主观性得到一定程度的控制。Shen(2000b)的关于作文的研究主要使用定量分析的方法,但在测试材料的设计上尽量考虑到了对面和过程的覆盖,例如,分析多篇阅读和写作材料,数据的收集分散在几个星期而不是一次性进行,对作文材料的评分不仅采用分析评分法也采用总体评分法等,这在一定程度上弥补了定量分析只看到一个事物的横断面而无法看到纵向过程的局限。

有些研究者定性和定量两种方法并用或对同一研究课题分别进行定性和定量的分析,这样能对研究的对象在纵向和横向两个维度上进行考察。例如 Tseng(1999)关于比较中英文邀请对话上言语活动上的差异的研究,Ke 和 Reed(1995)的对暑期强化班学习成就的评估,Shen 和 Bear(2000)的关于缀字知识发展的模式的研究均采用了定性和定量分析结合的方法。

(3)宏观与微观研究相结合

宏观研究是对一个事物的全貌的研究,而微观研究是对事物的组成环节的研究。微观的研究不仅仅可以对事物的一个点有深入细致的了解,同时也帮助了解事物的全貌。比如,汉语的学习包括听说读写四个方面的习得,对任何一个方面的精细的了解都会促进我们了解汉语习得的全貌,但是由于听说读写四方面的关系是相互制约的,孤立地对某一环节进行研究,有时会只看到事物的一隅,在研究中得出片面的结论。而宏观的研究就可以帮助克服这一片面性。但从另一方面来说,因为事物的全过程是由多个环节组成,如果对其中的每个环节没有清楚的了解,宏观的研究也会陷入混沌之中。只有把宏观研究和微观研究结合起来,才能使我们既掌握环节又了解过程,对问题的产生和发展有一个全面的了解。虽然上述所提的研究中微观的研究还是占较高的比例,但是,近年来开始出现宏观方面的研究,这些宏观方面的研究是基于微观研究的基础之上的,譬如对学生某个学习阶段的各个方面的学习成就的综合评估,对学生书面语言发展阶段模式的研究,这些宏观研究对改进和提高汉语教学实践的策略和方法有战略上的意义。

2.下面我们对今后研究所要注意的方面提出一些建议。我们认为,今后的研究从内容上说应该在广度和深度上下功夫;从方法上说应该在严密性和精确性上下功夫;从策略上说应该注意国际性和合作性。

(1)研究内容的广度和深度

虽然,从研究的内容来说,过去的研究已涉及到汉语教学的不少领域,但是大部分的研究集中在声调、字词、语法知识的习得上,至于其他方面内容的研究,还是寥若晨星,有些领域例如对教学评估十分有用的测量工具的研究,诸如听、说、读、写量表等,基本上是无人问津,因此,今后的研究从内容上说还需要继续拓宽。从研究的深度上来说,目前有些研究基本上还是停留在对教学表象的分析上,只是就某种现象给出某种策略,但是因为现象是千变万化的,所以,学生常常觉得从课堂上学的策略不能应付实际生活情境。我们目前的研究不仅对各种表象所代表的本质以及表象间的错综复杂关系的揭示还十分欠缺,而且对某一现象的研究也缺乏系统性。今后,有必要开展具有一定时间跨度的纵向研究,即对学习者的汉语习得过程进行历时性跟踪调查和分析,对汉语各部分知识习得的过程进行更加系统的考察,比如,汉语习得的过程如何受认知与非认知因素影响,如何受到不同教学方法的影响,如何受到社会和教学环境的影响(目的语和非目的语环境及课堂学习环境),如何受到母语和本族文化的影响等。开展这方面的研究可能会存在一定难度,不过这样的研究有利于发现一些规律性,有助于揭示某一具体的习得模式的普遍特征以及特殊特征。这类研究将对我们设计汉语教学的课程、制定教学目标、选择教学方法有指导作用。

(2)研究方法的严密性和精确性

在追求研究数量的同时我们更要注重研究的质量。强调研究的严密性和精确性是质量的根本保证。如何做到严密性和精确性?我们必须在研究设计上下功夫。譬如,在选择研究课题时,广泛阅读有关材料,了解前人在该领域研究的长处和短处,充分考虑到该课题在教育理论和实践上的重要性;在选择研究方法时,根据研究的性质和目的选择合适的研究方法并同时考虑到该研究方法的优越性和局限性,对它的局限性进行技术上的处理,或是几种方法同时并用以互补,从而扬长避短;在收集和处理数据时十分注意一些干扰因素是否得到了排除和控制,考虑到调查对象是否具有代表性和普遍性;在选用统计方法时,考虑到所用的方法是否与研究的目标一致,不适当的统计方法不仅会使数据所代表的某种特征无法充分显示出来甚至还会误导研究的方向。总之,研究设计的科学性是提高研究严密性和精确性的关键。

(3)研究的国际性和合作性

90年代以来,美国许多大学汉语专业的学生注册人数在稳步上升,而且全球也逐渐兴起汉语热。汉语教学将是一个国际性的现象,提高汉语教学水平是各国汉语工作者关注的课题。汉字作为一种表意文字,各国学习者在学习它的时候面临的共同困难是什么?由于各国学习者的母语和文化的不同在学汉语时又会碰到什么样的特殊困难?找出各国汉语学习者在学习中的共性和特殊性,将是一个国际性的课题。这种国际性的课题将需要研究者进行跨地区之间的合作。这种合作不仅仅是个人之间在研究课题上合作,也应该是全球性的在研究策略上的合作。例如,建立国际性的汉语研究中心,汉语研究语料库,随时为各国研究者提供所需的资料,使研究不受时空的限制,这是国际性和合作性的一个方面。另一方面,汉语作为外语的研究应该与汉语作为母语和汉语作为第二语言的教学的研究进行紧密的联系和合作,这三种汉语教学虽然有其特殊性,但是也有其共性,加强这三个教学领域中的研究者的互相合作和研究成果的互相交流,会对有效地最大限度地利用汉语研究成果和资源促进国际性的汉语研究的繁荣带来益处。

第三节　国内第二语言习得研究概述[①]

语言学习理论的研究是对外汉语理论研究的一个重要方面。语言学习理论研究语言学习的心理过程和认知过程,研究

---

① 本文原标题为"对外汉语学习理论研究二十年",作者徐子亮,原载《世界汉语教学》2004年第4期。

语言学习的客观规律,与学科理论体系的建设密切相关。本节以《语言教学与研究》、《世界汉语教学》等学术刊物发表的成果,历届国际汉语教学讨论会、中国对外汉语教学讨论会发表的有关论文,以及《汉语作为第二语言习得研究》等著作为依托,回顾对外汉语学习理论研究的历史,追寻其演变轨迹,展示发展现状,明确努力方向,以推进和深化对外汉语学习理论的研究。

一 80年代国内第二语言习得研究

20世纪80年代,伴随着中国改革开放的进程,对外汉语教学事业进入了繁荣发展时期。在研究领域,对外汉语教学学科意识不断增强,理论研究得到普遍重视,学界的专家学者和广大教学工作者为学科建立和学科理论建设作出了不懈的努力。1985年8月在北京召开了第一届国际汉语教学讨论会,提交会议的论文即可反映出当时对外汉语理论研究的基本状况。会议论文"涉及汉语和汉语教学的各个方面,包括汉语语音、语法、词汇、文字的教学与研究,汉语作为外语的教学法研究,汉外语言对比研究,教材编写研究,语言测试研究,语言与文化的关系,语言与文学的关系,以及汉语教学中现代科技手段的运用等"。[①]关于语言学习理论的研究,从这届大会进行交流的近170篇论文来看,除了个别文章,从学习者的角度提出了汉语句法结构学习问题并作了分析,其余有关这方面的研究论文还十分鲜见。

---

① 参见赵金铭《把汉语教学与研究推向新高潮——第一届国际汉语教学讨论会论文举要》,《语言教学与研究》1985年第4期。

1987年12月吕必松先生在对外汉语教学研究会华东协作组第三次学术讨论会上作了"加强对外汉语教学的理论研究"的报告。他在报告中特别提出了语言学习理论研究的重要性,指出第二语言教学的效率不高,成功率不理想,根本原因在于还没有真正找到语言学习的客观规律。就对外汉语教学而言,是对外国人学习汉语的规律不甚了解。吕必松先生的报告代表了80年代人们对对外汉语学习理论研究重要性的认识。80年代中后期至90年代初,对外汉语教学界关于语言学习理论的研究主要集中在对比分析、偏误分析和中介语研究上,并将此作为"学习理论研究的突破口"(吕必松,1993)。[1] 最初,人们认为,在对外汉语教学中进行对比分析,可以预测学生在将汉语作为目的语学习时可能犯的错误。但随着教学实践的进行,人们发现学习者中介语产生的原因是多样的,而且并非仅仅通过对比分析的预测就能解释和防止中介语的产生。由此,偏误分析得到了更多的关注。对偏误分析所进行的研究,在语言知识学习方面,有对外国人学习汉语的语音偏误分析、词语偏误分析(鲁健骥,1984、1987),[2]在语言技能掌握方面有阅读理解的失误调查(李珠、王建勤,1987),[3]作文偏误研究(吴英成,1990),[4]还有

---

[1] 参见吕必松《对外汉语教学研究》,北京语言学院出版社1993年版。
[2] 参见鲁健骥《中介语理论与外国人学习汉语的语音偏误分析》,《语言教学与研究》1984年第3期;《外国人学习汉语的词语偏误分析》,《语言教学与研究》1987年第4期。
[3] 参见李珠、王建勤《关于学生阅读理解失误的调查报告》,《语言教学与研究》1987年第2期。
[4] 参见吴英成《学生华文作文的偏误与其学习策略关系的初探性研究》,《语言教学与研究》1990年第2期。

对汉语习得过程中的错误分析(梅立崇等,1984),①等等。对于这个阶段的研究,赵金铭(1996)曾作过确切的评析:我国较早的学习规律研究是对比分析,即从两种语言本身的比较来预测学习中的难点,继而是中介语研究。研究者认为在学习过程中的某一个特定阶段,学生使用的实际是一套独立的语言体系。……研究这套语言体系,可以了解第二语言习得的过程,而学生的语言偏误正可以观察中介语在学生头脑中的运作情况。②

这一时期的语言学习理论在进行上述研究的同时,也有个别成果涉及到对学习者语言学习心理的研究和语言习得与思维的研究,如结合教学的对短期留学生的心理特点分析(孙秋秋,1988),③第二语言习得时思维习惯的嬗变(孙钧政,1988),④等等。

二 90年代国内第二语言习得研究

进入90年代,对外汉语教学的学科建设取得了明显的成绩,学科的理论研究也得以加强。对语言学习理论的研究,不仅认识上进一步明确,研究范围也有了很大的拓展。思想上的认识,首先是人们意识到这一研究的迫切性。"在没有关于外国人

---

① 参见梅立崇等《对留学生汉语习得过程中的错误分析》,《语言教学与研究》1984年第4期。
② 参见赵金铭《对外汉语教学与研究的现状与前瞻》,《中国语文》1996年第6期。
③ 参见孙秋秋《短训班留学生的心理特点分析与"程序"教学设想》,《语言教学与研究》1988年第3期。
④ 参见孙钧政《思维习惯的嬗变——寻找第二语言习得机制时的思考》,《语言教学与研究》1988年第4期。

汉语学习规律的研究成果的情况下,我们的对外汉语教学理论的说服力和可信度是非常有限的。因此,关于语言学习规律的研究必须引起高度的重视"(吕必松,1992)。① 1992年5月《世界汉语教学》编辑部、《语言文字应用》编辑部、《语言教学与研究》编辑部联合发起召开了"语言学习理论研究"座谈会。会议认为:由于对学习者的学习规律知之甚少,因此我们对语言教学规律,对语言本身的认识都受到了限制。……加强语言学习理论的研究,就成了问题的关键。会议对我国今后的语言学习理论研究的任务、重点、方向以及研究的基本方法等问题提出了具体的要求,明确了当时阶段性的任务(张旺熹,1992)。② 这次座谈会的召开有力地推动了语言学习理论研究的展开。

90年代后期,人们对语言学习理论研究的认识进一步提高到学科建设的高度。认识到加强语言学习理论的研究是由对外汉语教学的学科性质决定的。对外汉语教学是一门跨学科的综合性学科,它必须以其坚实的理论基础来显示它是不能被包容在其他学科之中或被其他学科所替代的。加强语言学习理论研究对丰富学科基础理论有极其重要的作用,因为它具有与其他相关学科相区别的特征。而只有理论研究向前推进了,对外汉语教学学科才有可能定位在最科学的位置上(李晓琪,1997)。③

90年代初至90年代后期(1992—1997),特别是1992年的

---

① 参见吕必松《对外汉语教学的理论研究问题刍议》,《语言文字应用》1992年第1期。

② 参见张旺熹《语言学习理论研究座谈会纪要》,《语言文字应用》1992年第4期。

③ 参见李晓琪《加强语言学习理论研究,深化对外汉语教学学科建设》,吕必松主编《语言教育问题研究论文集》,华语教学出版社1997年版。

"语言学习理论研究座谈会"召开以后,对外汉语教学界的语言学习理论研究进展甚为明显。研究范围涉及到偏误分析、语言对比分析和中介语研究、汉语学习过程的描写分析、学习行为的调查实验以及第二语言能力结构研究等等。

外国人汉语学习的偏误分析在这个阶段的研究有了较大的拓展,有语音、词汇、语法的偏误分析、句式偏误分析等等。如对韩国人的语音难点和偏误的分析(王秀珍,1996),[①]有关副词"也"的偏误分析(陈小荷,1996),[②]代词偏误分析(高宁慧,1996),[③]"使"字兼语句偏误分析(李大忠,1996),[④]等等。鲁健骥(1994)的外国人学汉语的语法偏误分析是他继语音偏误、词汇偏误分析研究之后的有关偏误分析的又一成果。[⑤] 在对外国人学汉语时产生的偏误分类研究的基础上,从学习者的学习策略和教学角度来分析偏误产生的原因。这一研究对语言学习和教学中尽量避免偏误的产生具有较大的实践意义。

中介语的研究,这一时期主要是对国外中介语研究理论的引进介绍、对中介语理论的评价以及汉语中介语研究。人们介绍了国外中介语研究的理论模式和国外学者对中介语的不同观

---

① 参见王秀珍《韩国人学汉语的语音难点和偏误分析》,《世界汉语教学》1996年第4期。

② 参见陈小荷《跟副词"也"有关的偏误分析》,《世界汉语教学》1996年第2期。

③ 参见高宁慧《留学生的代词偏误与代词在篇章中的使用原则》,《世界汉语教学》1996年第2期。

④ 参见李大忠《"使"字兼语句偏误分析》,《世界汉语教学》1996年第1期。

⑤ 参见鲁健骥《外国人学汉语的语法偏误分析》,《语言教学与研究》1994年第1期。

点(王建勤,1994),①以及通过评介国外中介语研究状况,讨论中介语理论与汉语习得研究的关系、中介语研究的目标以及研究过程中存在的困难和问题,为汉语中介语研究提供具有理论价值的参考基础(孙德坤,1993)。② 汉语中介语的研究则涉及到汉语中介音的类型(朱川,1996),③中介语分阶段的特征(王珊,1996),④书面词语的中介形式(叶步青,1997),⑤等等。李晓琪(1995)的汉语虚词的中介语分析则以中介语产生的理论为依据,分析外国学生虚词学习的化石化现象,指出化石化现象形成的原因为母语负迁移、语内迁移和教学误导,提出了防止这些问题产生的措施。⑥

汉语学习过程的描写分析是这一阶段语言学习理论研究的新进展。这方面的研究成果在第四届国际汉语教学讨论会交流的论文中有比较集中的体现,研究内容有美国学生说汉语轻重音词组的语音特点分析、汉语存在句的习得、第二语言汉语的语序习得、外国学生汉语阅读过程的研究等等。这些研究大都通过实验和调查的方法来探寻学习者习得汉语过程中的规律(赵金铭,1993)。⑦ 现代汉语的"了"是外国学生汉语学习中的一大

---

① 参见王建勤《中介语产生的诸因素及相互关系》,《语言教学与研究》1994年第4期。
② 参见孙德坤《中介语理论与汉语习得研究》,《语言教学与研究》1993年第4期。
③ 参见朱川《对外汉语中介音类型研究》,《第五届国际汉语教学讨论会论文选》,北京大学出版社1996年版。
④ 参见王珊《汉语中介语的分阶段特征及教学对策》,《世界汉语教学》1996年第1期。
⑤ 参见叶步青《汉语书面词语的中介形式》,《世界汉语教学》1997年第1期。
⑥ 参见李晓琪《中介语与汉语虚词教学》,《世界汉语教学》1995年第4期。
⑦ 参见赵金铭《汉语教学与研究的发展和创获》,《世界汉语教学》1993年第4期。

难点。孙德坤(1993)和赵立江(1997)通过对外国学生现代汉语"了"的习得过程的考察,以调研方式来探究"了"的习得过程。① 他们的研究列举了使用"了"的错误类型,指出"了"的难以掌握主要由语际干扰和语内干扰所造成的。这是人们试图解决困难、提高学习效率的有益尝试。这一研究在内容和方法上都不无启发。而王建勤(1997)关于汉语否定结构"不"和"没"的习得过程的探讨,则是在"汉语中介语语料库系统"数据统计的基础上,对副词"不"和"没"的习得过程所做的分析。② 研究指出,汉语否定结构"不"和"没"的习得过程是有序的,揭示了学习者掌握否定结构的内在过程以及学习策略,为教学提供了科学的依据。

第二语言能力结构的研究,也是这阶段对外汉语学习理论研究的突破。陈宏的第二语言能力结构的研究在引进介绍外国学者语言能力模型研究成果的同时,对语言能力作了理论上的分析,并以 HSK 作为语言能力比较研究的手段,通过回归分析检验第二语言学习者和汉语为母语的使用者在汉语能力结构上的差异。③ 这些拓展性的工作深化了对外汉语学习理论的研究。

---

① 参见孙德坤《外国学生现代汉语"了·le"的习得过程初步分析》,《语言教学与研究》1993 年第 2 期;赵立江《留学生"了"的习得过程考察与分析》,《语言教学与研究》1997 年第 2 期。

② 参见王建勤《汉语"不"和"没"否定结构的习得过程》,《世界汉语教学》1997 年第 3 期。

③ 参见陈宏《第二语言能力结构研究回顾》,《世界汉语教学》1996 年第 2 期;《汉语能力结构差异的检验分析》,《汉语作为第二语言的习得研究》,北京语言文化大学出版社 1997 年版。

除了以论文形式发表的成果之外，这一时期还出版了有关著作。1994年北京语言学院出版社出版的《语言学习理论研究》是第一本关于第二语言学习理论的论文集。三年以后，该社又出版了由王建勤主编的《汉语作为第二语言的习得研究》一书。这些著作汇集了对外汉语教学界研究第二语言学习理论的成果，对推动对外汉语学习理论研究起了很大的作用。

总结这一阶段的发展状况，基本特点表现为：基于中介语理论的偏误分析成为对外汉语学习理论研究的热点，研究涉及到语音、词汇、语法、语用等方方面面。与此同时，人们开始注意并转向汉语习得过程的研究。

三　世纪之交的国内第二语言习得研究

时至世纪之交（1998—2002），对外汉语学习理论的研究有了令人耳目一新的进展，这种进展集中体现在研究范围的拓展和研究方法的革新两大方面。在这五年中，有大量的研究成果面世。这些成果大体可以归纳为三类：（一）在一定理论指导下的定性研究；（二）进行定量分析的实验研究；（三）国外第二语言学习理论的引进、介绍与评述。这三类研究在内容上主要涉及以下6个方面：(1)偏误分析；(2)汉语中介语研究；(3)汉语习得过程研究；(4)汉语学习策略研究；(5)汉语学习心理分析；(6)语言能力研究。

偏误分析，依然是这五年间汉语学习理论研究的重点之一。这一阶段除了继续着眼于外国学生语法、篇章、语音及声调等偏误分析外，还在理论导向、偏误成因的探究、偏误研究原则及方法、汉字偏误分析等方面有新的进展。赵金铭（2002）运用"最小差异对"的观点,对外国人学习汉语语法中出现的中介语句子进行分析识别,找出正确句子与错句的最小的本质差异。并在此基础上排出语法错误句子的等级序列,其中的边缘句为寻找普遍语法规则和原理及语言本质提供例证。[①] 这一研究不仅体现了作为第二语言的汉语偏误分析在理论层面上的深化,也促使人们扩大语言本体研究和语言习得研究的视野,并进而探索两者的相互关系。李大忠(1999)对外国学生汉语学习的偏误成因,着重从思维心理的角度进行了分析,并对心理过程中的泛化与辨别在偏误生成过程中的作用进行了探讨。[②] 肖奚强(2001)则以语法偏误分析为例,从偏误分析的对象、用例的分类以及偏误分析的解释三方面,讨论进行偏误分析应遵循的基本原则。[③] 以上这些见解对偏误分析从内容到方法都富有启发。

这一阶段还比较集中地出现了一批汉字偏误的分析文章,如对日本学生书写汉字之讹误的分析(陈绂,2001),[④] 对外国学生汉字偏误分析(肖奚强,2002),[⑤] 以及对外国学生形符书写的偏误分析(施正宇,1999),[⑥] 等。这些研究分别从外国人汉字的误写、汉字部件的书写、形符书写等角度来分析汉字书写的偏误

---

① 参见赵金铭《外国人语法偏误句子的等级序列》,《语言教学与研究》2002年第2期。
② 参见李大忠《偏误成因的思维心理分析》,《语言教学与研究》1999年第2期。
③ 参见肖奚强《略论偏误分析的基本原则》,《语言文字应用》2001年第1期。
④ 参见陈绂《日本学生书写汉语汉字的讹误及其产生原因》,《世界汉语教学》2001年第4期。
⑤ 参见肖奚强《外国学生汉字偏误分析》,《世界汉语教学》2002年第2期。
⑥ 参见施正宇《外国留学生形符书写偏误分析》,《北京大学学报》1999年第4期。

问题。

汉语中介语的研究,本阶段仍继续进行理论引进和介绍。王建勤(2000)对早期中介语理论进行了历史回顾,并且系统地介绍了早期中介语理论的基本假设,早期学者对中介语理论的贡献以及人们对中介语理论的评价。在引进理论的同时,王建勤还就中介语的研究方法问题提请人们加以思考。他从实例——比较量词误用的两种研究方法出发,分析中介语研究理论与方法的相互关系,指出研究方法理论定位的重要性。同时还就目前汉语中介语研究在研究方法上存在的问题进行了讨论,进而指出中介语研究不能简单套用语言学理论和方法,应当采用与之相适应的理论和方法。①

对汉语中介语的研究,本阶段成果仍不多见,甚至要少于前一阶段(1992—1997)。徐子亮(2001)运用认知心理学理论从七个方面对外国学生汉语中介语产生的原因进行了分析。② 外国学生学习汉语时产生的中介语反映了外国学生在习得一门外语过程中两种不同语言系统之间的错综关系,也反映了外语词语进入大脑皮层的两个信号系统,尤其是第二信号系统的艰难;反映了母语词语的干扰和影响。这一研究探究中介语的成因和规律,对于在对外汉语教学中缩短外国学生汉语中介语的使用过程,有一定的理论参考价值。余又兰(2000)的汉语中介语调查与分析是基于对母语为英语的汉语学习者习得"了"的考察进行

---

① 参见王建勤《历史回眸:早期的中介语理论研究》,《语言教学与研究》2000年第2期;《关于中介语研究方法的思考》,《汉语学习》2000年第3期。

② 参见徐子亮《外国学生的汉语中介语现象再认识》,《汉语学习》2001年第1期。

的。研究包括正确使用与语误分析两部分,力图对"了"的中介语作一客观的描写。①

汉语习得过程研究在本阶段取得的成果比较引人注目,这些成果从内容上可以归纳为语音感知和习得研究,词语、语法结构和句式的习得研究,习得顺序研究以及汉字习得研究等等。在方法上运用了心理学的实验研究、调查数据分析及量化统计等手段。王韫佳(2002)运用实验方法考察日本学习者感知和产生汉语普通话鼻音韵母之间的关系。研究显示,作为第二语言的汉语语音习得中,知觉与发音之间存在着错综复杂的关系。② 王韫佳的这一研究体现了实验语音学与认知心理学的高度结合,是对外汉语学习理论研究发展的一个方向。

邓守信(1999)就汉语作为第二言语的"了·le"的习得进行了调查研究。他认为"了$_2$"较早为学习者习得,"了$_1$"则要经过数年伴随一定错误比率的学习过程才能被习得,几乎没有人试图使用所谓的"双了"结构。在此基础上,他指出大部分初级阶段的汉语教科书中"了"的出现顺序并没有实际依据,值得推敲。由此还提出了关于"了"的四点教学建议。③ 这是一篇比较有分量的研究报告。孙德金(2002)关于外国留学生汉语"得"字补语句习得情况的考察,采用的是定量统计与定性分析相结合的方法,利用《留学生汉语中介语语料库系统》中的语料,对"得"字补

---

① 参见余又兰《汉语"了"的习得及其中介语调查与分析》,《第六届国际汉语教学讨论会论文选》,北京大学出版社 2000 年版。

② 参见王韫佳《日本学习者感知和产生普通话鼻音韵母的实验研究》,《世界汉语教学》2002 年第 2 期。

③ 参见邓守信 The Acquisition of "了·le" in L2 Chinese,《世界汉语教学》1999 年第 1 期。

语句的习得情况进行了断面考察,根据相关数据,在习得难度、规律性、规则泛化、有关词语的类型意识、体标记干扰等方面得出了相应的认识,并根据这些认识提出了教学对策。①

施家炜(1998)以大量语料为基础,运用各种统计方法,将规模研究与个案研究相结合,探讨外国留学生习得 22 类现代汉语句式的顺序,并将国外 SLA 理论提出的相关假说引入对外汉语教学领域加以检验,探讨习得顺序的成因与制约因素,并提出习得顺序研究对教学的启示。② 这项研究不仅在汉语习得顺序研究方面取得了一定成果,还为今后这方面的相关研究提供了启示。

陈慧、王魁京(2001)进行了外国学生识别形声字的实验研究。研究发现,外国学生汉字学习与本族语学习者加工形声字的不同之处在于:外国学生能较快意识到形声字的声旁具有表音作用及其局限性。但进一步精细加工形声字的能力尚未发展起来。由于他们心理词典里的储存物是以词的形式存在的,因此识别形声字的语境效应不显著。③

这一时期的语言习得研究除了内容上的扩展以外,在研究方法上也有很大的更新。江新(2001)对外国学生汉字形声字声符表音特点的意识的研究,④高立群(2002)对构成"把"字句位

---

① 参见孙德金《外国留学生汉语"得"字补语句习得情况考察》,《语言教学与研究》2002 年第 6 期。

② 参见施家炜《外国留学生 22 类现代汉语句式的习得顺序研究》,《世界汉语教学》1998 年第 2 期。

③ 参见陈慧、王魁京《外国学生识别形声字的实验研究》,《世界汉语教学》2001 年第 2 期。

④ 参见江新《外国学生形声字表音线索意识的实验研究》,《世界汉语教学》2001 年第 2 期。

移图式心理现实性基础的认知表征机制的探讨,[①]王韫佳(2001)对韩国、日本学生感知汉语普通话高元音的考察等都运用了实验研究、统计分析的科学研究方法,[②]将心理学的认知研究与第二语言的习得有机地结合起来,在对外汉语学习理论跨学科探索的层面极具典型意义,并在跨学科、跨领域的研究中迈出了坚实的步子。

汉语学习策略研究在以往的汉语学习理论研究中少有涉及。这五年间,有一批研究成果陆续发表。这些成果的问世称得上是一大突破。它从一个侧面反映了对外汉语学习理论研究的广度和深度。最早发表的是杨翼(1998)探讨高级汉语学习者学习策略和学习效果的关系的研究文章。她以 HSK(高等)成绩作为检验高级汉语学习者学习效果的指标,用问卷调查形式来了解学习者使用学习策略的情况,考察高级汉语学习者常用学习策略与学习效果之间的关系,进而明确学习策略对于学习效果的作用。[③] 徐子亮(1999)采用访谈、语言行为记录和问卷调查的方式,在对大量材料和数据进行归类、统计分析的基础上获得了外国学生学习汉语所采用的最具普遍性的学习策略,并运用认知心理学理论对这些学习策略进行了比较深入的分析。[④] 江

[①] 参见高立群《"把"字句位移图式心理现实性的实验研究》,《世界汉语教学》2002 年第 2 期。

[②] 参见王韫佳《韩国、日本学生感知汉语普通话高元音的初步考察》,《语言教学与研究》2001 年第 6 期。

[③] 参见杨翼《高级汉语学习者的学习策略与学习效果的关系》,《世界汉语教学》1998 年第 1 期。

[④] 参见徐子亮《外国留学生汉语学习策略的认知心理分析》,《世界汉语教学》1999 年第 4 期。

新(2000)则运用国外较为流行的语言学习策略量表分析外国留学生的汉语学习策略,并进而考察留学生的性别、母语、学习时间、汉语水平诸因素与汉语学习策略运用之间的关系。① 在汉字学习策略方面,江新、赵果(2001、2002)分别探讨了"汉字圈"国家的学生与"非汉字圈"国家的学生使用的不同学习策略,分析了外国学生学习汉语时最常用和最不常用的策略,以及基础阶段外国学生汉字学习策略与汉字学习成绩的相关关系。② 这两项研究对外国学生汉字学习策略的考察比较全面,分析深入,统计的方法体现出科学的价值。

对汉语学习策略的研究,目的在于进一步认识第二语言习得的有关机制,并最终为寻求和建立对外汉语教学的最佳教学模式提供依据(吴勇毅,2001)。③

汉语学习心理分析在这一阶段的研究涉及到学习动机的讨论、学习中监控行为的考察、个体差异与学习成就的相关分析等等,其中人们比较关注的课题集中在对外国学生汉语学习时的焦虑感的探讨。钱旭菁(1999)采用 Horwitz 设计的"外语课堂焦虑等级模式"对学生进行问卷调查,并用定量统计的方法考察外国学生在目的语国家学习汉语过程中的情感焦虑问题。结果表明:不同文化背景和民族性格会作用于焦虑感。而焦虑主要

---

① 参见江新《汉语作为第二语言学习策略初探》,《语言教学与研究》2000 年第 1 期。

② 参见江新、赵果《初级阶段外国留学生汉字学习策略的调查研究》,《语言教学与研究》2001 年第 4 期;《什么样的汉字学习策略最有效?——对基础阶段留学生的一次调查研究》,《语言文字应用》2002 年第 2 期。

③ 参见吴勇毅《汉语"学习策略"的描述性研究与介入性研究》,《世界汉语教学》2001 年第 4 期。

与国别和自我评价有关。焦虑对外国学生学习汉语的负面影响主要表现在口语方面。① 张莉(2001)对外国学生汉语学习焦虑感与口语流利性关系进行了讨论。针对外国学生说汉语时单位字数的句中非自然停顿数和句间非自然停顿数与焦虑值的具体情况,提出了一些消除其焦虑感的应对办法。② 张莉、王飙(2002)则分析了留学生汉语焦虑值与其学习成绩的相关性和焦虑值在他们汉语学习各环节的分布特点,并将此研究成果与国外相关研究进行了比较。③ 学习心理的研究是对外汉语学习理论研究十分关心的问题。这些成果表明,从事对外汉语教学的教师已经开始了有益的尝试,并付出了辛勤的努力。这种跨学科研究的意识是值得肯定并应继续予以加强的。

第二语言能力的研究在本阶段的进展不明显,从主要文章的数量来看,甚至未超过前五年。在内容方面,有对西方语言能力倾向研究的介绍,包括早期研究、争论、新进展以及在语言教学中的应用情况。目的是增进我们对语言能力倾向的了解,以便根据我国语言教学实践的需要来开展语言能力倾向的研究(江新,1999)。④ 陈宏(1999)以 HSK 为样本,考察语言能力测验结构效度问题,提出应当在语言能力、语言能力的内部层次和

---

① 参见钱旭菁《外国留学生学习汉语时的焦虑》,《语言教学与研究》1999 年第 2 期。

② 参见张莉《留学生汉语学习焦虑感与口语流利性关系初探》,《语言文字应用》2001 年第 3 期。

③ 参见张莉、王飙《留学生汉语焦虑感与成绩相关分析及教学对策》,《语言教学与研究》2002 年第 1 期。

④ 参见江新《第二语言学习的语言能力倾向》,《世界汉语教学》1999 年第 4 期。

内部结构关系、语言能力与语言行为的关系等方面提供更成熟系统的理论假设和一个可供操作、可供量化的语言能力结构与结构关系的理论模型。① 鹿士义(2001)则就词汇习得与第二语言能力进行了研究。这一研究调查了不同学习层次的词汇知识和语言能力的关系,通过实验研究和数据分析得出结论为:良好的词汇习得有益于整个语言的习得。②

综观本阶段的研究,我们可以归纳为以下两点:(1)汉语作为第二语言在学习理论研究领域,除了对上一阶段的偏误分析、汉语中介语研究、语言习得研究和第二语言能力结构研究的发展和深化以外,又出现了一批语言学习策略研究和语言学习心理研究的成果,拓展了研究角度,丰富了研究内容。(2)研究方法向多样化和科学性的方向努力,除了理论介绍和运用经验描述的方法以外,许多研究采用了调查研究、实验研究和统计分析的方法,极大地提高了研究的科学性和学术价值。

四 国内第二语言习得研究展望

对外汉语学习理论研究二十年来经历了这样一个发展过程:研究对象和研究内容从介绍和引进西方语言习得理论,主要是中介语理论开始,进行汉外语言对比研究和汉语病句分析以及外国人汉语学习的偏误分析;进而发展到汉语习得过程研究、学习行为的调查实验及第二语言能力结构的研究。近年来在加

---

① 参见陈宏《语言能力测验的结构效度检验》,《世界汉语教学》1999年第1期。

② 参见鹿士义《词汇习得与第二语言能力研究》,《世界汉语教学》2001年第3期。

强习得顺序和认知过程研究的同时,已把研究范围扩展到汉语学习策略的研究和学习心理的研究。并且对学习者的个体差异、认知风格以及认知环境亦有所涉及。许多研究者以自己的实践和研究来验证西方学者的结论,尤其是结合汉语特点,对汉语作为第二语言的学习规律和学习理论加以深入的探讨。在研究方法上,从初期的实践材料的整理、经验的描写和总结发展到注意运用调查研究、实验研究、数据分析、量化统计的方法,将个案调查和规模调查相结合,进行科学的论证。

回顾历史是为了正确地认识现在,展望未来,增强信心,把握发展趋势。对外汉语学习理论研究作为一个可持续发展的领域,还有很多需要我们坚持不懈才能去实现的目标。现阶段我们有必要在下述几个方面进行努力。

1. 突出汉语特点的语言学习理论研究

继续介绍、引进和借鉴国外有关第二语言学习研究的理论、学说和观点。与此同时必须结合汉语的特点,探索汉语作为第二语言学习的规律。刘珣先生曾指出:汉语的很多特点——不仅表现在语音、词汇、语法和文字方面,还表现在它所负载的文化内容方面——必然会给汉语的学习过程和学习规律,带来不少特殊的问题。因此不可能期望西方有关学习理论的研究充分考虑到汉语的特点,完全适合汉语学习的实际并解决汉语作为第二语言的学习问题。① 因此,研究对外汉语的语言学习理论是至关重要的。

---

① 参见刘珣《语言学习理论与对外汉语教学》,《语言文字应用》1993年第2期。

2. 加强跨学科研究

对外汉语教学的理论基础——语言学理论、心理学理论、教育学理论和跨文化交际理论决定了作为对外汉语重要组成部分的语言学习理论研究必须强化跨学科意识、加强跨学科研究的力度。2001年10月在北京召开的汉语学习与认知国际学术研讨会已经在这方面做了很有意义的开拓性的工作。这次会议的研讨涉及三方面的课题:(1)运用认知语言学和其他语言学的理论和方法研究外国人学习汉语的难点;(2)运用认知心理学的方法研究汉语认知的过程和特点;(3)根据认知心理学等学科的成果研究汉语学习的特点。[①] 这次会议将认知心理学与汉语作为第二语言习得研究相结合,或运用认知心理学的成果分析汉语作为第二语言学习过程中有关的心理问题,展现了对外汉语学习理论研究中跨学科探索的前景。而跨学科探索为对外汉语学习理论研究开拓了思路,提出了新的目标,是今后主要的努力方向。

3. 研究视角的多维度、内容的丰富与深化

赵金铭(2001)指出,学习理论与学习规律的研究包括三方面的内容:一是对学习者语言的研究。其次,要探讨学习者普遍性的认知规律与习得方式。再次,从学习者的外部因素、内部因素以及学习者的个体差异三个侧面对学习者进行研究。[②] 近年来,人们在汉语习得与汉语认知方面作了不少研究,在外国学生语音、词汇、语法的习得过程,句式习得顺序与习得过程,汉字的认知加工及学习研究,语音、词汇、句法的认知加工过程等方面取得

[①] 参见陈前瑞《对外汉语研究的跨学科探索——汉语学习与认知国际学术研讨会论文述要》,《世界汉语教学》2002年第1期。

[②] 参见赵金铭《对外汉语研究的基本框架》,《世界汉语教学》2001年第3期。

了一定的成果。但是在阅读能力结构及学习过程、外国学生母语的语言形态因素对汉语学习的影响、汉语句子和语篇的理解过程、篇章与写作过程、汉语的元语言意识对汉语学习的影响、不同国别学生的汉语学习与认知研究方面还比较欠缺。即便是上述已取得的成果,也往往比较零散,缺乏系统性或连续性,即研究成果不成系列。至于赵金铭先生所提出的第三方面的研究——汉语学习者的个体差异研究则更显薄弱。现阶段除了对外国学生的汉语学习策略和汉语学习过程中的焦虑感进行了一些研究之外,其他的个体差异分析,如不同国别的学生认知方式的研究、课堂教学与个别教学学习效果的对比分析、不同学习环境对汉语学习影响的研究等等,极少涉及。即使如汉语学习策略等目前已进行了一些研究的课题,也还有诸如具体国别的外国学生汉语学习策略的调查研究、掌握单项语言技能的学习策略研究、语言环境与学习策略、汉语作为第二语言的学习策略培训等许多课题可以深入。以上是就研究的多角度和内容的丰富性而言。在研究内容的深化方面,目前的情况是横断面剖析的多,纵向过程考察的少。如探寻外国学生汉语中介语的演变轨迹、汉语习得过程的跟踪调查等还很少见。当然造成这种状况的原因是多方面的。但是作为理论的探索与研究,我们的研究者应当排除各种干扰,静下心来,做一些具有长期效应的研究工作。此外,现代教育技术的飞速发展,教学手段的日益更新,也给我们提出了新的课题。语言习得中现代教育技术手段的运用及其相关研究,也是新的切入点。总之,可供我们研究的空间还很大,甚至还有不少空白需要我们去填补。

4. 研究方法改进与完善

90年代中后期,汉语作为第二语言的学习和教学的研究,就研究方法而言,总体上还没有走出理论介绍和经验总结的模式。我们面临着学习和更新研究方法的任务(江新,1999)。[①] 近五年来,语言学习理论在研究方法上已有了很大进步。从应用语言学、心理学、认知科学、教育学、社会学等相关学科借鉴科学的研究方法和手段,运用于汉语作为第二语言的习得研究,已成为学界同仁的共识并正在努力付诸现实之中。诸如在个案研究中更多地运用定性研究的自然访谈和观察收集资料;在规模调查中则采用问卷调查、语料检索、实验研究、统计分析等定量研究的方法。但是我们也很清醒地认识到,在研究方法层面,还存在不少问题,值得我们思考并加以改进和完善。例如作为定性分析,它的假设应该随着研究的进展而逐渐形成。但有些题目,往往在研究开始之时就已有了一个固定的想法,且资料并未来源于自然情境,自觉或不自觉地受人工干预的影响;或者对资料的叙述及描述不够客观,受到主观意识的干扰。因而,这样的研究,其准确性和科学性就值得推敲。作为定量分析,要考虑实验的可重复性。现在有些研究,且不说其他人员无法在原基础上进行重复或检验,即便是研究者本人,往往在重复以后得出的也是完全相异的结论,即这是不具有可重复性的研究,那么这个调查结果的有效性就有问题,因此而得出的结论也是不可靠的,此其一。其二,问卷调查的问卷设计要有充分的理论依据,要考虑各种变量之间的关系。现在有些问卷调查表调查项目的理论依据不明确,各项目之间的理论依据不一致。其三,关于数据,前后收集时所使用的方式有很大差异;对数据的解释未考虑到

[①] 参见江新《第二语言习得的研究方法》,《语言文字应用》1999年第2期。

数据本身所存在的一些局限性,往往过分强调数据而忽略了相关因素的作用等等。总之,这些问题都是现阶段我们在研究过程中所必须予以重视并加以改进的。

5. 理论研究成果在教学实践中的应用

三十年来,特别是近五年来,我们在对外汉语学习理论研究领域取得了一些成绩。我们进行汉语学习理论研究的目的是,根据不同国别、不同语言的学习者的学习特点、语言习得顺序和学习心理,把握其学习规律,从而寻找最适合的教学模式,提高学习效率。如何将研究成果运用到教学实践中去,让我们的研究真正发挥其应有的作用,体现其实践意义,实现其应用价值,这是一个前瞻性的课题,也是我们今后的努力方向。

汉语学习理论研究作为对外汉语基础理论研究的一部分,是一个很有发展前景的领域,相信我们的不懈努力会为进一步丰富学科基础理论研究发挥重要的作用。

第四节　第二语言习得研究方法[①]

一　我国第二语言习得研究的现状

我国的第二语言习得研究正在起步,无论是在对外汉语教学领域还是外语教学领域,都已经有研究者开始了第二语言习

---

① 本文原标题为"第二语言习得的研究方法",作者江新,原载《语言文字应用》1999年第2期。

得的研究。在对外汉语教学领域,这些研究主要集中在外国人学习汉语的偏误分析、中介语研究、第二语言习得过程、语言能力结构等,①在外语教学领域,第二语言习得研究主要包括影响第二语言习得的社会因素和个人因素(特别是学习风格、学习策略)等方面的研究。这些研究为国内开展第二语言习得研究奠定了基础。但是,与国外的研究相比,我们这方面的研究还比较薄弱。无论是在研究范围还是在研究方法上,我们与国外的差距都比较大。

扩大研究范围必须建立在科学的研究方法基础上。我国在该领域的研究方法现状怎样呢?

桂诗春和宁春岩(1997)曾对 1993—1995 年国内四种外语期刊《外语教学与研究》《外国语》《外语界》《现代外语》中的 755 篇文章进行了一次分类统计,发现思辨性研究所占的比例(54%)最大,其次是描述性研究(20%)、介绍性研究(13%)和理论性研究(10%),实验性研究所占比例最小,仅为 3%,即在 755 篇文章中仅有 24 篇采用实验研究方法。他们还发现 80%的研究没有数据,12%的研究虽有数据但无统计分析,有统计分析数据的研究只占 7%。根据这次统计结果,桂诗春和宁春岩(1997)认为我国外语研究工作者面临着学习和更新研究方法的任务。②

在汉语学习和汉语教学研究领域,我们也同样面临着学习和更新研究方法的任务。我对最近四年(1995—1998)发表在

---

① 参见王建勤《汉语作为第二语言的习得研究》,北京语言文化大学出版社 1997 年版。

② 参见桂诗春、宁春岩《语言学研究方法》,《外语教学与研究》1997 年第 3 期。

《语言文字应用》《语言教学与研究》《世界汉语教学》和《汉语学习》这四种期刊上有关汉语学习和汉语教学研究的307篇文章进行统计,①将文章分为四类:(1)理论介绍和经验总结,(2)调查研究(含个案研究、相关研究和观察研究),(3)实验研究,(4)其他(含书评、会议纪要或发言、讲座),其中理论介绍和经验总结文章占80.8%,调查研究占9.2%,实验研究占3.6%,其他文章占6.4%。根据数据的运用情况将研究分为四类,即(1)没有数据,(2)有数据无统计分析,(3)描述统计,(4)推论统计。发现87.6%的研究没有数据,1.3%的研究虽有数据但无统计分析,有描述统计的研究占7.8%,有推论统计分析的研究占3.3%。

虽然这个统计资料不能完全代表目前国内汉语学习和汉语教学研究的全貌,国内研究者在国内其他期刊和国际期刊上发表的有关研究论文没有统计在内,但由此我们基本上可以了解到,目前在汉语学习和汉语教学领域,研究以理论介绍和经验描述为主,科学的调查研究和实验研究比较少。对此,用施光亨先生的话来说,目前的研究主要包括"洋"和"土"两个方面。一方面,许多介绍国外第二语言习得理论的文章,作者对国外理论没有经过很好的理解,也没有结合汉语实际的实证研究,文章带着"洋味儿";另一方面,许多总结教学实践经验的文章,作者没有科学教学理论、学习理论以及科学研究方法的指导,文章带着

---

① 所统计的文章属于期刊每年总目录中的以下栏目:《语言文字应用》的"语言教学";《语言教学与研究》的"语言学习与语言教学研究""对外汉语教学研究""对外汉语教材研究""汉语水平考试研究";《世界汉语教学》的"语言学习研究""语言教学研究""语言测试研究""教材编写与分析";《汉语学习》的"第二语言汉语教学"。

"土味儿"。从总体上看,汉语学习和汉语教学研究并没有走出理论介绍及经验总结的模式。

针对国内第二语言习得研究缺乏科学的实证研究、定量研究的现状,本文主要讨论第二语言习得研究中的定量方法和定性方法。我们不仅要引进和介绍国外的语言学习和语言教学理论,而且更要学习和运用科学的研究方法来研究对外汉语教学和外语教学的具体现象和规律,只有这样才能使我们的研究出现质的飞跃,才能缩小与国外同行的差距。

二 第二语言习得研究中的定量方法和定性方法

第二语言习得是一个新兴的研究领域,它的研究方法主要是从应用语言学、心理学、教育学、社会学等相关学科借鉴来的。可以将研究方法分为定性和定量这两大类,一般认为,定性研究的主要特征是:1)随着研究的进展逐渐形成假设;2)通过自然的观察和访谈收集资料;3)资料来源于自然情境;4)对资料进行叙述、描述;5)研究一个或少数几个案例。定量研究的主要特征是:1)研究开始时就有精确的假设;2)通过有控制的观测收集资料;3)将资料简化成数字进行分析;4)研究一定数量的被试。

实际上对研究范式的定性与定量划分不是简单、绝对的,这两种研究各具特色,某种具体的研究方法总是比另一种研究方法更符合定性研究或定量研究的范式,例如个案研究更具有定性范式的特征,而实验研究、调查研究更符合定量研究范式,但是它们并不矛盾,可以互相补充,例如通过个案研究获得的自然语言资料与通过有控制的实验研究获得的资料可以互相补充。这些研究方法本身并不会妨碍一个人在实际研究中对另一种范式的选择。[①]

1. 定量研究

(1) 实验研究

实验研究的目的是在两种现象之间建立因果关系,即探讨一个变量的变化是否引起另一个变量的变化。例如探讨教学方法与语言水平之间的因果关系,即某种教学方法是否比另一种方法更有效地提高学生的语言水平。

实验研究的一个独有特征是,研究者直接对自变量进行操纵。例如,如果研究不同教学方法孰优孰劣,教学方法就是自变量,那么研究者就要将学生随机分成两组,并设法给不同组的学生提供不同的教学方法。

为了有效地建立自变量与因变量之间的因果关系,实验应该遵循以下原则:1)有对照组。一般来说,一个正式实验至少有两个被试组:一个实验组和一个对照组。实验组接受某种处理(例如用一种新教材或一种新教法),对照组不接受处理(这时称为控制组)或接受另一种处理,例如用一贯的教材或教法。2)将被试随机分组。实验开始时研究者要将被试随机分配到不同组中去,即参加实验的每一个人分配到实验组或对照组的机会是相等的。随机分组的目的是使实验组和对照组在实验开始时尽可能相等,即两组的差异是随机误差造成的,以便实验处理之后两组结果的不同可归为处理不同造成的,而不是两组差异造成的。3)对额外变量进行控制。

[①] Larsen-Freeman, D. & Long, M. H. (1991) *An Introduction to Second Language Acquisition*. NY: Longman.

在第二语言学习的自然环境中,例如在家庭、学校课堂或者社会环境中,人们进行第二语言习得的实验研究遇到很多困难,有时要进行一个真实验是不可行的。这时可以进行前实验或准实验研究。

既没有对照组、又不随机分组的实验称为前实验。在前实验设计中,对可能影响实验结果的无关变量没有进行很好的控制。例如某个研究者想研究一种新教材对提高学生学习兴趣的影响,他先用兴趣量表对某个班的学生的学习兴趣进行测量,对某个班采用新教材一学期,在学期开始和学期结束时都用一个兴趣量表测量该班学生的学习兴趣。它的缺点是,只知道处理前后结果是否发生了变化,无法知道观测的结果是否由处理造成的。为了克服这个缺点,必须将实验组的结果和使用常规教材学习相同内容的对照组结果进行比较。

有实验组和对照组、但不对被试随机分组的实验称为准实验。准实验设计比前实验设计前进了一步。但是由于准实验设计没有将被试随机分组,不能保证两组在实验开始时是相等的。在实际研究中,特别是课堂教学实验中,将被试随机分配到实验组和对照组常常是很难实现的。例如,被试是已经在某个固定班学习第二语言的学生,仅仅为了做实验而将被试重新分班,进行随机分组,这在课堂教学环境中常常是不可行的。在这种情况下,我们不得不做准实验设计。应当注意的是,在一个准实验中进行因果推论不是那么肯定、有把握,可以将它看成是产生假设的实验。要判断有关变量之间的因果关系的假设正确与否,必须进行真实验设计。

在进行一个实验研究时,研究者要尽最大可能消除或减少除自变量之外的变量对结果的可能影响,也就是对额外变量进行控制。如果不能保证是否有其他变量影响结果,那么就不能肯定引起结果的真正原因是什么。

特别要提出的是,在做实验设计时,一定要尽力保证所有被试特征(例如年龄、性别、智力、态度、动机、社会经济地位等)得到控制,尽可能使两组除了自变量之外的其他所有变量相等。

由于实验研究是建立变量之间因果关系的最好途径,因此它常被认为是最有说服力的研究方法之一。

(2) 相关研究

相关研究在心理学、教育学、社会学等领域有广泛的应用。它主要是研究两个(或多个)变量之间的相关关系,例如性格外向程度和第二语言水平之间的相关关系。

和实验研究不同,相关研究没有自变量,研究者不对变量进行操纵。相关研究不能作出因果判断、只能得到两个变量之间是否有关系的判断。例如,相关研究回答"外向与第二语言水平是否有关系",不能回答"外向是不是导致第二语言水平高的一个原因"。

相关研究有两个主要目的:

1) 解释。通过确定变量之间的关系,有助于解释复杂现象,帮助人们了解复杂现象的构成因素(例如语言能力、学习态度等)。例如研究发现父母言语的复杂程度与儿童语言习得的速度有关系,有助于解释语言习得这个复杂现象。又如吸烟导致肺癌这个流行观点,其根据除了来自动物实验外,主要来自吸烟量与肺癌发病率的相关研究。进行探索性研究时,常常要研究与某个复杂现象可能有关的许多变量,如果在相关研究中发现没有关系或关系较小的变量,则在进一步的研究中可以不作考虑,如果相关研究发现关系较大的变量,则可以作为实验设计的重点,了解其相关关系是否真正的因果关系。虽然相关研究本身不能建立因果关系,但是它可以为将来的实验研究提供有益的启示。

2) 预测。利用相关研究,可以探讨是否能够用一个变量的值来预测另一个变量的值。如果两个变量之间的相关较高,那么就可以用一个已知变量的值预测另一个变量的值。能够从一个变量的值预测另一个变量是非常有用的,假设高考分数与大学学习成绩之间有很高的正相关,那么就可以利用高考分数预测大学成绩,有助于大学录取考生时选择那些将来在大学中可能取得好成绩的学生。

相关研究是定量研究,其价值在很大程度上取决于研究者对变量定义的好坏以及测量的信度和效度。如果对变量的定义很差,测量缺乏信度、效度,那么研究的价值就很小。

(3) 调查研究

调查是通过对样本的直接研究来了解总体特点的研究方法,它是采用标准化的资料收集方式研究大量被试的某些变量。首先,调查的目的不是深入了解每个个案的详细信息,而是探讨大量个体的一个或多个变量。其次,调查是一个标准化的观察程序,所有的被试都面临相同的调查问卷,有相同的指导语,在相同的条件下进行。

调查实施的方式可以有书面形式和口头形式。书面形式的调查也称为问卷,可以邮寄、亲自发送或通过计算机网络发送。口头调查也称为访谈,可以面对面访谈、电话访谈。

进行一个调查研究常常包括几个阶段：首先要确定研究的目的，并根据研究目的编写调查工具。调查采用的问题有两种形式：一种是开放式问题，它允许被试用自己的话来回答问题，例如"请你列出你学习汉语的原因"。另一种是封闭式问题，它要求被试从规定的几种反应中选择一种。例如"我喜欢通过和母语者交往来学习汉语：①非常同意②同意③无所谓④不同意⑤非常不同意"。封闭式问题可以获得定量资料，容易整理、分析；开放式问题可以获得定性资料，有助于在被试反应中发现新的变量，在编制调查工具的初期，开放式问题是非常有用的，研究者可以将开放式问题获得的信息综合到封闭式问题中。

调查工具或问卷设计好之后，就要进行取样调查。取样是调查研究中很关键的一步。由于对总体进行调查常常是不可能的，因此研究者需要选择一个样本进行调查。必须采用适当的取样方式来保证样本的代表性。选择有代表性样本的方法通常是概率取样。概率取样选择一个样本，往往采用随机选择的方法，每个元素被选中的概率是已知的。概率取样分为几种方式：

1）简单随机取样。每个个体被选中的概率相等。这是最简单的概率取样方式。如果总体比较小，可以利用随机数字表或随机数字发生器进行简单随机取样。

2）分层随机取样。将总体分成几个层次或小组，然后从每个小组中随机取样。例如要研究英语学生的英语写作策略，如果我们选择一个简单随机取样，那么就可能漏掉某些语言背景和语言水平的学生。为了获得包含每一类学生的样本，我们可以将学生按语言水平分为初级、中级和高级三个层次即三个小组，然后从每个小组中随机取样。

运用概率取样的方法,不仅可以对总体进行统计推论,而且可以说明样本代表总体的准确度如何。因此概率取样是调查取样中应用比较广泛的方法。

与概率取样相对的是非概率取样(nonprobability sampling)。常见的非概率取样方式是偶然取样(accidental sampling),即研究者选择一个方便的、易于获得的样本。例如采用某个班作为调查的对象,采用志愿参加调查的人作为对象。采用这种方式取样遇到的问题是,样本与它所代表的总体可能在某些重要特征上有系统的差异,因此我们不能从统计上推论:样本的结果与总体的结果是相似的。但是这并不意味着对方便样本或志愿者样本的调查是无价值的,它的价值不在于统计上的推论,而在于能够了解一些重要的趋势和问题,也可以作为一个大研究的预备性研究。

第三个阶段是对资料的收集、分析和解释。选择了一个样本之后,就可以运用编制好的调查工具进行实际的调查,收集资料,然后对资料进行统计分析和解释。调查研究的资料并没有独特的统计分析技术,它常常需要多种统计方法,包括描述统计(计算频率、百分数、平均数、标准差等)和推论统计(相关分析、卡方分析、多重回归和因素分析等)。

一个成功的调查研究具有很多优点。最主要的优点是能够快速地收集大量被试的许多变量的信息,可以研究一个大样本。而且,调查的外部效度比较高,因为调查研究涉及的问题通常与真实生活情景有关,与日常生活关系密切,常常是被试感兴趣的,它可以解决许多重要的问题。

调查的最大缺点是存在被试自我选择的可能性。有的被试拒绝完成调查,这种被试称为无反应者(nonrespondent)。这个问题在邮寄问卷的调查中比较突出,邮寄问卷的回收率常常比较低。我们必须知道反应者与无反应者之间是否有系统差异,如果反应者与无反应者之间有明显的系统差异,那么结果就可能会有某种偏向;如果没有不同,那么结果就比较可靠。此外,调查只能收集相关性资料,不能进行因果关系的推论。

2. 定性研究

(1) 个案研究

个案研究是从分析的单位来定义的,对一个对象的研究就是个案研究。它主要研究一个个体,通常研究处于自然环境中的个体。

个案研究探讨的问题完全不同于相关研究。相关研究探讨群体的两个或多个变量之间的关系,个案研究则可以为研究者提供有关个体的丰富信息,例如学习者个体学习的过程、策略,学习者个体的个性、态度、动机等特征是如何与学习环境相互作用的。在第二语言研究中,个案常常是指正在学习某种语言的一个人,例如一个学英语的日本儿童、一个学西班牙语的美国成人。个案也可以是一位教师、一个课堂、一所学校、一个团体。研究者可以研究一个个体,也可以研究几个个体并对他们进行比较。但是,个案研究所采用的个案数量常常是很少的,因为个案法最重要的是详细、全面地了解某个个体的特征。

个案研究是描述研究,其目的是描述处在自然环境、自然状态中的个体,其本质上是定性研究。它主要收集自然的资料,收集资料的方法是多种多样的,可以是自然方法(例如自然观察法),也可以是别的方法(例如访谈、大声思维、完成任务等)。

个案研究作为研究语言发展的一个工具,在儿童语言发展研究和第二语言习得研究中是非常有价值的。但是,由于个案研究不像实验研究、调查研究、相关研究等假设检验研究那样在研究方法上具有严格的统一标准,因此在心理学、教育学以及其他社会科学研究中它一直处于比较低的地位,直到最近才被认为是第二语言习得研究的一种重要方法。[①] 从假设推理的角度看,个案研究的最大缺点是不能将一个个案研究的结果推广到其他个案。我们很难从个别被试的行为中分辨出哪些特点是个体特有的,哪些是群体共有的。解决该问题的方法之一是做大量的个案研究,将不同的个案研究的结果进行比较,以便找到共同的规律。

(2) 自然观察法

观察法没有要操纵的自然变量,研究者在研究开始时并没有任何假设,主要是探索和记录自然出现的现象,并不对环境中的变量进行控制。自然观察法的资料收集方法主要是对现场进行观察记录,然后进行总结分类。

自然观察法的最大优点是有很强的现实性,它在自然环境中研究人的行为,力图不干扰被试的行为、不改变情景。在研究工作的开始阶段,进行简单的自然观察常常是很有用的。开始进行研究时,研究者也许并不知道与行为有关的变量是什么,由于没有假设要检验,所以研究者观察的角度不受限制,有助于确认基本的行为类型以及可能与行为有关的变量。因此自然观察

[①] Johnson, D. M. (1992) *Approaches to Research in Second Language Learning*. NY: Longman.

法研究常被看成是产生假设的研究。

但是自然观察法有很大的局限。首先,资料收集存在观察者偏向。研究者进行观察之前对所要观察的行为类型了解很少或根本不了解,很难建立一个标准的测量方法,因此在对行为进行分类时,研究者很容易受预期和已有观察的影响,很难认识到预期之外的新行为。其次,进行自然观察所需的时间很长。在 SLA 研究中,研究者要获得语言学习和语言使用的自然资料,常常要花费很长的时间,而且不一定能达到研究者的目的。学习者可能并不使用研究者感兴趣的语言项目。此外,自然观察研究不能操纵自变量,不能控制额外变量,因此不能进行因果推论。

三 小结

以上所介绍的五种研究方法是第二语言习得领域的主要研究方法,并没有包括所有的研究方法。这些方法的分类并不是绝对的,研究者可以根据研究的问题和方法重新定义研究的类型。严格地说,其实大部分研究实际上不只是采用某一种研究方法,而是将多种研究方法结合在一起。例如,一个以实验为主的研究可以包括对被试的调查访谈,可以用丰富的定性描述的资料来补充,一个个案研究也可以同时利用定性分析方法和定量分析方法。

评价一种研究方法是否有价值,应该根据它是否适合研究的问题和研究的目的。对不同的研究方法抱一种开放的态度,有助于我们解决所研究的问题。

国外 SLA 领域非常重视有第一手材料的实证研究,特别是实验研究,因为实验研究能够建立变量间的因果关系,最近,Hulstin(1997)对 1988 年至 1996 年公开发表的 20 个研究语法学习的实验室研究进行综述,讨论了用实验室方法研究第二语言习得理论的优缺点,提倡进行实验室研究。[①] Ellis 和 Schmidt(1997)认为实验室实验使我们能够直接研究习得过程,特别是研究语言学习者理解和产生语言的即时过程。[②] 当然提倡实验室研究并不是要否定自然的现场研究。我们不能说只有实验方法才是最有价值的研究方法,但是至少可以说,将先收集资料、然后形成理论假设的研究过程与先形成理论假设、然后收集资料去验证理论假设的研究过程相结合,将定性研究与定量研究相结合,这是第二语言习得领域解决问题的最佳途径。

[①] Hulstin, J. H. (1997) Second language acquisition research in the laboratory. *Studies in Second Language Acquisition*, 19, 131—143.

[②] Ellis, N. C & Schmidt, R (1997) Morphology and longer distance dependence: Laboratory research illuminating the A in SLA. *Studies in Second Language Acquisition*, 19, 145—171.

第二章

语言迁移研究

第一节 国外第二语言习得研究中的语言迁移研究述评[①]

语言迁移是一种"跨语言影响",它包括母语对第二语言习得的影响和母语向第二语言的借用。Odlin 将前者称为"基础迁移",后者称为"借用迁移"。[②] 语言迁移研究的虽然是跨语言的相互影响,但多数研究的还是母语对第二语言习得中影响,所以语言迁移就成了母语迁移的代名词。

语言迁移研究始于 20 世纪 40、50 年代的美国。Lado (1957) 曾指出,在第二语言习得中那些与母语相似之处就易学,而那些与母语不同之处则难学;第二语言习得的困难可以通过对比分析跨语言的差异来确定。[③] 于是,对比分析研究如火如荼。到了 60、70 年代,实证研究开始兴起。实证研究发现,第二语言习得与母语习得具有相似的发展过程,第二语言习得的

[①] 本文原标题为"第二语言习得中的母语迁移研究述评",作者唐承贤,原载《解放军外国语学院学报》2003 年第 5 期。

[②] Odlin, T. (1989) *Language Transfer* [M]. Cambridge: Cambridge University Press.

[③] Lado, R. (1957) *Linguistics Across Cultures: Applied Linguistics for Language Teachers* [M]. Ann Arbor, Michigan: University of Michigan.

困难不总是源于跨语言的差异,也不总能够为对比分析所预测到。于是,对比分析和语言迁移研究遭到了质疑。进入70年代后期至80、90年代,随着实证研究不断发展,母语在第二语言习得中的作用重新受到重视。由于语言迁移不只是一个简单的语用问题,而且还是一个复杂的认知过程,所以语言迁移研究不仅注重对比分析,而且关注语言迁移的语用环境、认知心理以及学习者的个体差异等诸多因素及其相互作用。本节拟就第二语言习得中近半个世纪的母语迁移研究做一述评,主要涉及母语迁移的表现形式、交际迁移与学习迁移以及影响母语迁移的语言因素和非语言因素等问题。

一 母语迁移的表现形式

语言迁移研究发现,语言间的相同和差异会产生母语迁移,主要表现为以下几种(Odlin):

(1)正向迁移。指母语与目的语的相同之处会促进第二语言学习,加速通过中介语中某些发展序列。例如,"母语为汉语的人学习英语时,就很容易学会句子的语序:He comes from Beijing,这是因为,表达同样意义的汉语语序和英语语序相同:'他来自北京'"。[①] Ellis(1994)指出,在第二语言习得中早期母语的促进作用比较明显,因为这时学习者还未能构建一个发展规则。[②] 由于母语的促进作用不像母语干扰那样表现为明显的错误,所以 Odlin 认为,衡量母语的促进作用要看错误减少的

[①] 参见蒋祖康《第二语言习得研究》,外语教学与研究出版社1999年版。

[②] Ellis, R. (1994) *The Study of Second Language Acquisition*. Oxford: Oxford University Press.

数量和学习的进度。

(2) 负向迁移。即母语干扰,"主要是由于母语和目的语的某些形式和规则系统不同而被(学习者)误以为相同所致"。[1] 母语干扰会导致错误出现,延长学习者犯错误的时间,延缓其通过中介语中某些发展序列的速度。许多实证研究表明,母语干扰是第二语言习得中普遍存在的现象。[2] Odlin 将负向迁移的结果概括为"过少运用"、"过度运用"、"运用错误"和"误解"。"过少运用"指学习者很少或根本不使用某一目的语结构,因此又称回避(avoidance)。回避可能是因学习者对目的语的某些结构与母语中相对应的结构差异大而感到困难所致,也可能是因学习者对母语与目的语间的相似表示怀疑所致。"过度运用"往往是学习者为了回避某些难的结构而过度使用一些简单结构。"运用错误"主要有三种:一是"替代",即在目的语中使用母语形式;二是"仿造",即用一种语言结构直接翻译另一种语言结构;三是"结构修改",即一种反映纠正过度的错误。"误解"是指母语结构影响学习者对目的语信息所做的解释,这种解释与母语者的解释差距很大。

(3) 习得时间不等。语言学家发现,儿童习得母语所花的时间基本相等,大约为 5 年。但成人习得第二语言所花的时间却相差很大,这表明语言本身有难度差异。语言难度差异与语言距离有关。一般来说,语言距离越近,难度越小,习得所需的时间就越短。反之,距离越远,难度越大,习得所需的时间就越

---

[1] 参见唐承贤《差错分析述评》,《外语教学与研究》1997 年第 2 期。
[2] Ellis, R. (1985) *Understanding Second Language Acquisition*. Oxford: Oxford University Press.

长。因此,语言迁移研究必须要关注跨语言的差异和相似对习得过程的长期影响。

二 交际迁移与学习迁移

在第二语言习得中,学习者迁移母语时会出现两种情况:交际迁移和学习迁移。前者指学习者在应用和理解目的语时求助于母语知识来实现交际目的或理解目的语的意思,后者是指学习者使用母语知识来构建有关目的语规则的中介语系统。

学者们对这两种迁移看法不一。Corder(1983)认为,母语迁移主要是"借用";借用是一种交际策略,不是语言学习过程;借用母语是弥补中介语系统的不足。[①] 不过,Corder 也承认交际迁移对中介语的发展很重要;交际中不断成功借用的母语形式会成为中介语的一部分。换言之,交际迁移可以导致学习迁移。Ellis(1994)也指出,某些迁移错误会出现在操同一母语的所有学习者的语言中,因此我们不能说他们都在借用母语。Schachter(1983)则认为,直接的学习迁移经常发生;学习者会经常使用母语来构建有关第二语言规则的假设。[②] 学习者一开始就拥有一个待验证的"假设体系";该体系由许多大小不等的"场"组成,一个场相当于某个抽象的语法范畴,如短语或从句。

[①] Corder, S. P. (1983) A role for the mother tongue. in *Language Transfer in Language Learning*. Ed. Gass, S. and L. Selinker. Rowley, Mass.: Newbury House.

[②] Schachter, J. (1983) A new account of language transfer. in *Language Transfer in Language Learning*. Ed. Gass, S. and L. Selinker. Rowley, Mass.: Newbury House.

学习意味着选择场及场内的具体假设,然后根据语言输入和学习者的现有知识对这些假设进行验证。作为学习者已有知识一部分的母语当然也会影响场和待验证的某一假设的选择。同时,学习者的假设体系会随着学习的进程而变化,这样母语在学习的不同阶段都有可能被迁移。此外,母语与目的语间的距离也会影响学习者迁移母语的方式和数量。

由此看来,学习迁移和交际迁移并非泾渭分明。尽管交际迁移是语言应用的反映,学习迁移是知识系统和认知结构的反映,但实际上语言运用也是语言知识系统的反映,因此交际迁移也可谓是学习迁移的反映。要解决交际迁移和学习迁移区分难的问题,Ellis 建议我们收集学习者的内省数据以期发现他们是否使用了基于母语的交际策略,因为学习者就自己使用母语的具体情况所提供的内省数据应该是最可靠的。

三 影响母语迁移的因素

1. 语言因素

语言迁移研究发现,母语迁移会出现在音位、词汇、词法、句法和语篇等各个语言子系统中,其中以音位层面上的影响最为明显。第二语言学习者的"外国腔"便是最好说明。导致外国腔的主要原因有母语和目的语在音素总藏(phonemic inventory)上的差异、两种语言表现出的不同发音特征或学习者较差的语际识别能力。例如,汉字的发音模式为元音或辅音—元音,即 V/CV 模式,而英语单词的发音模式为元音或元音—辅音或辅音—元音—辅音,即 V/ VC/ CVC 模式,因此,中国学生在发/desks/这类单词的音时常会加进元音,发成/desəkəsə/。外国人说中文

第一节 国外第二语言习得研究中的语言迁移研究述评

时也会发不好汉字的四声,常把 nǐ hǎo(你好）说成 nī hào。

就词汇而言,学习者会受到母语的影响而使用错误的搭配。① 我国学生在使用英语时常把一些汉语搭配迁移至英语中,②如说 * Price is cheap（汉语的搭配是"价格便宜"）。如果母语与目的语为亲属关系,那么两种语言中的"同源词"会有助于学习者习得目的语的词汇。在词法方面,母语迁移可能在"零对比"的情况（某一范畴第二语言有而母语没有）下表现得更为明显。③ 例如英语名词的复数一般需加-(e)s,而汉语名词的复数通常为零标记,因此我国学生交际时常会忽略英语的复数标记。④

在句法上,母语迁移在词序、关系从句和否定结构上也会出现。在英汉两种语言中,副词修饰谓语动词时位置多半不同。汉语中副词用于动词的左边,如"我很感谢你";而英语中副词主要用在动词的右边,通常在句尾,⑤如 Thank you very much。因此,我国学生使用英语时可能会把汉语的词序迁移至英语中,如说 * I very (much) thank you。陈月红（1998）对中国学生习得英语关系从句的研究,⑥寮菲（1998）对美国学生习得汉语

---

① Wilkins, D. A. (1972) *Linguistics in Language Teaching*. London: Edward Arnold.

② 参见唐承贤《论英语积极性词汇的习得》,《南京航空航天大学学报》（社科版）2001 年第 4 期。

③ Larsen-Freeman, D. and M. Long. (1991) *An Introduction to Second Language Acquisition Research* [M]. London: Longman.

④ 参见桂诗春《认知与外语学习》,《外语教学与研究》1992 年第 4 期。

⑤ Quirk, R., S. Greenbaum, G. Leech & J. Svartvik. (1985) *A Comprehensive Grammar of the English Language* [M]. London: Longman.

⑥ 参见陈月红《中国学生对英语关系从句的习得》,《外语教学与研究》1998 年第 4 期。

的语序、否定句和特殊问句的研究,①以及李红(2002)对中国学生习得英语反身代词的研究,②都在一定程度上证明英汉两种语言在句法上的差异会影响母语迁移的发生。

跨语言的语篇差异也会导致语篇上的母语迁移。Schachter 和 Rutherford(1979)分析了中日两国英语学习者的错误后认为,像 * Most of food which is served in such restaurant have cooked already 这样的错误不是句法上的迁移错误——混淆了主动态与被动态,而是语篇上的迁移错误——迁移了汉语或日语的主题—述题结构,因为英语是主语突出性语言,其基本句子结构为主语—谓语,而汉语和日语是主题突出性语言,其基本句子结构为主题—述题。母语迁移也会发生在礼貌的表达方式和语篇的衔接手段上。汉语中表达礼貌时多使用"请",所以我国学生说英语时常用 please 来表示礼貌,而很少使用英语其他的礼貌表达句式,如 Could you...? Do you mind...? 等。在语篇的衔接手段上,如表示转折关系,汉语中多用"但是",因此在我国学生的英语作文中我们会更多地看到 but。总之,语篇上的迁移研究发现还很少,这可能是因为跨语言的语篇研究更为困难。(Odlin,1989)

2. 非语言因素

(1) 语言意识因素。根据 Odlin 和 Ellis,母语迁移会发生在语言的各个层面上,但在语音、词汇、语篇等方面表现得

---

① 参见寮菲《第二语言习得中的母语迁移现象分析》,《外语教学与研究》1998年第2期。

② 参见李红《中国英语学习者反身代词习得中的迁移作用》,《外语教学与研究》2002年第2期。

要比在句法方面强。决定这种强弱的主要因素可能是学习者的语言意识。在第二语言习得过程中,多数学习者在培养自己的语言意识时可能会更多地关注语法,而对语音、语篇等重视不够。因此,学习者在语法上的较强语言意识常常可能会影响学习者的语言应用,并对其迁移母语也可能会产生抑制作用。需要指出的是,第二语言学习者的语言意识不仅包括第二语言,还应包括母语。只有母语的语言意识强于第二语言的语言意识,母语迁移才有可能发生;如果第二语言的语言意识强于母语的语言意识,母语迁移就可能会受到抑制。不过,这两种意识在学习者的大脑中并非泾渭分明,而可能会交织在一起,并与跨语言的差异意识等因素相互作用,共同影响母语迁移。

(2) 社会语言因素。学习第二语言的目的是为了能够使用该语言,因此社交场合和发话人与受话人间的关系等就会影响学习者的母语迁移。Odlin 将社交场合分为"焦点场合"和"非焦点场合"。前者指正式场合,这时交际参与者成为"焦点群体",因此他们会更注意维护目的语的标准性,而将使用母语形式视为有损自身形象;后者指非正式或自然场合,这时交际参与者构成"非焦点群体",因此他们可能不大关注目的语的标准性,而是自由地借用母语以增进交流和理解。就母语迁移而言,在焦点场合母语干扰的可能性要小于非焦点场合。例如在英语课堂上,学习者的负向迁移就不如在课堂外那么普遍,即便出现,也可能会得到及时纠正;而在焦点场合正向迁移的可能性会相应增加。

而 Tarone (1982) 则认为,在社交场合母语迁移与学习者使用"拘泥体"还是"俗体"有关。① 前者指说话人有意识地关注并监控自己讲话时（即 Odlin 的焦点场合）所使用的语言形式，而后者指说话人轻松自然地与对方交际时（即 Odlin 的非焦点场合）所使用的语言形式。母语迁移的倾向在学习者使用"拘泥体"时要比在使用"俗体"时更明显，原因是当学习者更注意如何说时就会使用一切语言知识，包括母语知识。

Odlin 与 Tarone 的观点虽然相去甚远，但可以肯定的是母语迁移在正式或非正式场合都可能会发生。此外，根据 Beebe 和 Zuengler（1983，转引自 Ellis，1994），受话人的因素也会影响母语迁移。会泰汉双语的英语学习者会根据对话者是泰国人还是中国人来决定迁移泰语还是汉语。这种因受话人而迁移母语的现象体现了一种"集体一致性"，即说话者保留其母语特征以显示自己是这个集体的一员。②

（3）标记因素。标记分为有标记的和无标记的，在两个对立的语言成分中具有某一区别性特征的成分为有标记，缺少某一区别性特征的成分为无标记。例如英语名词的"数"，复数是有标记的，一般要加-(e)s，而单数为无标记，不加-(e)s。一般来说，无标记成分要比有标记成分容易学。从 20 世纪 70、80 年代开始，母语迁移研究发现，不同的母语特征是否会被迁移取决于其标记程度：a）当相应的目的语形式为有标记时，学习者会迁移母语的无标记形式；b）当相应的目的语形式为无标记时，学习者不会迁移母语的有标记形式。Ellis（1985:206）将标记

---

① Tarone, E. (1982) Systematicity and attention in interlanguage. *Language Learning* 32.
② 参见王初明《应用心理语言学》，湖南教育出版社 1990 年版。

理论与母语迁移的关系概括如下：

	母语	目的语	中介语
1.	无标记	无标记	无标记
2.	无标记	有标记	无标记
3.	有标记	无标记	无标记
4.	有标记	有标记	无标记

由上表不难看出，上述第一种观点是表中第二种情况的反映；上述第二种观点是表中第三、四种情况的体现；而表中第一种情况可以视为一种迁移现象，也可以认为不是。（蒋祖康，1999）

关于母语中无标记形式是否会被迁移，许多研究（Eckman，1977；Zobl，1983）给出了肯定的回答。[①] 至于上述第二种观点研究者的意见莫衷一是：寮菲认为，当母语为有标记性设置而目的语为无标记性设置时，迁移不会发生；White（1987）认为，第二语言学习者会迁移母语中的无标记形式和有标记形式；[②]Zobl（1983）也认为，有标记形式会被迁移，因为当目的语的某一规则为有标记时，学习者就不能轻易通过投射机制来获得它，因此会迁移母语中某个有标记规则来解决学习问题。出现以上不同结论的关键看来是对标记概念的理解，有时不同的

[①] Eckman, F. (1977) Markedness and the contrastive analysis hypothesis. *Language Learning* 27.

Zobl, H. (1983) Markedness and the projection problem. *Language Learning* 33.

[②] White, L. (1987) Markedness and second language acquisition: the question of transfer [J]. *Studies in Second Language Acquisition* 9.

人对标记概念的理解确实会有差异。另外,学习者的大脑中也有个标记的判断标准,Kellerman(1983)称之为"心理语言标记";①学习者很可能会根据自己对标记的判断来决定迁移什么不迁移什么。

(4)语言距离与心理类型学因素。母语是否会被迁移也与母语和目的语间的距离有关。Ellis 指出,语言距离可以视为是一种语言现象,即两种语言间的实际差异程度;也可以视为是一种心理语言现象,即学习者自己认为母语与目的语间的差异程度,这就是 Kellerman(1977)所称的"心理类型学"(psychotypology)。② 心理类型学反映了学习者对语言距离的心理感觉;它可能会与语言的实际距离存在差距,并且和心理语言标记共同作用,影响学习者迁移母语。③ 换言之,如果学习者感觉到母语与目的语之间差别很大,而且母语的结构又是有标记的,即这个结构或是不规则,或是不常用,或是语义模糊,那么迁移就不大可能发生。反之,母语迁移就可能会出现。

一方面学习者会根据自己建立的心理类型学来决定是否迁移母语,另一方面学习者的这种心理类型学会随着第二语言水平的提高而变化。这就意味着在第二语言习得过程中,学习者可能会随时迁移母语中的某些形式,而不会迁移另外一些形式。

---

① Kellerman, E. (1983) New you see it, now you don't. In *Language Transfer in Language Learning*. Ed. S. Gass and L. Selinker. Rowley, Mass: Newbury House.

② Kellerman, E. (1977) Towards a characterization of the strategies of transfer in second language learning [J]. *Interlanguage Studies Bulletin* 2.

③ Kellerman, E. (1979) Transfer and non-transfer: where are we now? *Studies in Second Language Acquisition* 2.

由此可知,母语迁移是个十分复杂的心理过程,尤其是当第二语言学习者的心理感觉在随时变化时就更是如此。

(5)发展期因素。母语迁移何时发生与学习者所掌握的第二语言水平是密切相关的。Corder(1978)认为,学习者的中介语是一个"重构连续体";第二语言习得始于学习者的母语,随着习得的进展,学习者的母语逐渐被第二语言所替代,从而最终接近或达到操该语言的本族语者的水平。[①] 根据 Corder 这一观点,母语迁移在第二语言习得的早期要比在中、后期明显。不少学者(如 Taylor,1975;Brown,1987 等)支持这一观点,认为母语迁移错误主要出现在第二语言学习的早期阶段。[②]

Kellerman(1983)发现的学习者"U 形行为"也说明学习者不同的第二语言水平会影响母语迁移。学习者的"U 形行为"指初学者更愿意迁移母语中有标记和无标记形式;中级水平的学习者不会迁移有标记形式;高级水平的学习者又愿意迁移无标记和有标记形式。学习者在这三个阶段的错误频率是开始时低,然后升,之后又降;而精确度则与之相反,开始时高,之后降,最后又升,呈 U 字形。由此看来,在第二语言习得早期,母语迁移之所以多是因为初学者的第二语言水平还很低,可依赖的目的语知识有限,所以不得不常借用母语知识。在第二语言

[①] Corder, S. P. (1978) Language-learner language. In *Understanding Second and Foreign Language Learning: Issues and Approaches*. Ed. J. Richards. Rowley, Mass.: Newbury House.

[②] Taylor, B. (1975) The use of overgeneralization and transfer learning strategies by elementary and intermediate students of ESL *Language Learning* 25.

Brown, H. (1987). *Principles of Language Learning and Teaching*. (2nd ed.). Englewood Cliffs, N. J.: Prentice Hall.

习得的中、后期,母语迁移仍会出现,有时早期出现的母语迁移甚至会延续到高级阶段。总之,学习者迁移母语与自己的第二语言知识不足有关。

(6) 其他因素。母语迁移还可能会受到学习者的个性特征、年龄、母语水平、教学环境等因素的影响。在个性特征中,学习者对使用不熟悉的目的语结构的焦虑感可能会增加母语迁移;而学习者的认同心理,即他们对目的语规范程度的认同程度,也可能会影响母语迁移:学习者对目的语的认同程度越高,母语迁移的可能性越小,反之则越大。就年龄而言,儿童在发音上受到母语迁移的影响要大大小于成人,因为在语言习得的"临界期"过后还能学会目的语的地道发音是非常罕见的。根据 Odlin 和 Ellis,学习者的母语水平也会影响迁移。一般来说,学习者的母语水平高会促进正向迁移,体现在阅读时对同源词和假同源词的辨认和作文写作上。此外,教材和教学辅导材料中是否提供语言文化差异等相关知识的介绍,教师是否强化学习者对母语与目的语间的差异意识,以及课堂练习形式(翻译练习或其他练习)等都可能会促进或抑制母语迁移。

以上讨论的影响母语迁移的语言和非语言因素并非相互独立,而是相互作用、共同影响母语迁移的内容、时间和方式。只是目前对这些因素是如何相互作用、共同产生影响还不是很清楚,这将有待于今后进一步的研究和发现。

四 结语

第二语言习得研究表明,第二语言学习是一个假设构建和假设验证的创造性过程。在这一过程中,学习者会使用已有的一切知识,包括母语知识,来发展自己的中介语。从这个意义上说,母语迁移是第二语言习得过程中不可避免的。Ellis曾说过:"任何一个二语习得理论如果没有描写母语迁移都是不完整的。"

从前面的讨论不难看出,母语迁移研究仅仅比较学习者的中介语和母语是不够的。要确定母语迁移是否真正发生、何时发生、如何发生以及发生了多少,我们还须考虑学习者的中介语和目的语,比较操不同母语的学习者的语言输出,同时将横向比较与双向比较和纵向比较结合起来。由于母语迁移是一个十分复杂的心理过程,所以我们还应考虑语言学习的环境、语言应用的社会环境、学习者的个体差异等因素,以及来自学习者本人的内省数据。

在我国外语教学环境下,广大的英语教师都有这样的感觉:学生在应用英语时都自觉或不自觉地用汉语进行思维,然后再翻译,这样母语迁移就不可避免。因此,我们从事母语迁移研究对了解外语学习的特点、指导外语教学、提高教学质量具有重大的现实意义。

第二节　对外汉语教学中的母语迁移现象分析[①]

在第二语言习得研究领域,母语知识对目标语习得的影响

[①] 本文原标题为"第二语言习得中母语迁移现象分析",作者寮菲,原载《外语教学与研究》1998年第2期。

是众多语言学家及心理语言学家所探讨的重要问题之一。这种影响称为第二语言习得中母语迁移现象。迁移分积极与消极两种：当母语（L1）规则与目标语（L2）规则相同时，迁移可为积极的，而当 L1 与 L2 之间出现差异时，迁移多为消极的。消极性迁移往往会导致语言错误及学习困难的产生。对比分析假设认为：学生过渡语中的错误应归咎于母语知识的干扰。以此推论，L1 与 L2 之间的对比分析有助于预测学生过渡语中的错误。然而，许多试验与观察资料显示，对比分析并不有助于解释学生在学习 L2 时所遇到的问题与困难，有些预测会出现的错误并未在学生的过渡语中表现出来。

与此相对应，Dulay 和 Burt(1975) 提出了创造性结构理论（Creative Structure Theory），着重分析了儿童母语形成过程中语言发展的特征。[①] 指出母语习得过程中的某些错误也表现在母语不同的第二语言学习者的过渡语中，反映了语言习得具有共同性。由此引发了对语言共同性和语言标记性以及它们对 L2 习得之影响的广泛研究。

一　语言共同性与第二语言习得之间的关系

以 Chomsky 为首的学派提出了普遍语法（universal grammar），而以 Greenberg 为首的学派则提出了语言的共同性（linguistic universals）。两派都认为世界上的语言具有共同性，但每一种语言也有其特殊性。因此，普遍语法并不提供现成的

---

① Dulay, H. & M. Burt. (1975) Creative construction in second language learning. In M. Burt and H. Dulay (eds.) *New Directions in Second Language Learning, Teaching and Bilingual Education*. Washington D.C.: TESOL.

语法规则,而是制约个别语言的语法所要采取的形式,它只是设置一些必须根据输入数据而决定的参数。Chomsky 的普遍语法还有核心语法(core grammar)和周边语法(peripheral grammar)之分。核心语法是语法的普遍规则,而周边语法是某个语言的具体规则。核心语法的规则是无标记的,而周边语法的规则是有标记的。

普遍语法的存在从逻辑上解释了一种普遍存在的现象:一个小孩从牙牙学语到熟练运用母语经历了不同的语言发展阶段,在整个语言发展过程中他所接受到的语言信息量不足以使他归纳出所有母语语法规则;尽管如此,他却能很快学会处理语言交际过程中的种种复杂问题,甚至能判断那些他从未听到过的话语正确与否。如果没有与生俱来的普遍语法,他很难在短时间内完成这个过程。

语言的共同性对 L2 的习得会产生什么影响?可以这样假设:L2 习得者可能面临与 L1 习得者同样的问题。倘若 L2 习得者能在短时间内掌握 L2 的复杂规律,做到正确使用 L2,而他所能接触到的 L2 现象也不足以使他达到这一程度,那么这里也有一个类似 L1 习得的逻辑问题。L2 习得者有可能经历了与 L1 习得者类似的语言发展过程,他有可能对语言点作同样的试探,同样的推测,甚至犯同样的错误,从而得出相同的结论,按照同一次序来掌握这一语言的规则。

从语言共同性角度看,一个 L2 学习者总会牵涉到两方面的语言知识,一是语言的共同性,一是他的母语的特定语法。而他必须知道母语中的哪些规则属于核心语法,哪些属于周边语法。这就必须考虑两个不同但却有关的问题:一是一个 L2 学习者怎样利用他的语言共同性知识？二是核心和周边语法的区别对他学习 L2 中使用母语知识有些什么影响？[①]

二 语言的标记性与母语迁移之间的关系

目前判断有标记与无标记设置的主要依据为：核心语法是无标记的，周边语法是有标记的；具有普遍规律的语法是无标记的，具有特殊规律的语法是有标记的；使用频率高的结构、字、词是无标记的，相对而言，使用频率低的结构、字、词是有标记的；简单清晰易于掌握的规则是无标记的，相对而言，复杂含混难以遵从的规则是有标记的。从转换生成语法角度讲，陈述句相对于疑问句来说是无标记的；单数名词相对于复数名词来说是无标记的；无内嵌句相对于有内嵌句来说是无标记的；等等。可见，有标记性与无标记性在很大程度上是相对而言，而不是孤立存在的。

语言的标记性设置与语言习得之间有什么关系呢？Wode(1984)的研究表明，根据语言类型学分析发现：动词前否定是语言的一种普遍规律，它虽然不属于某些 L2 学习者的母语规则，也不属于 L2 的规则，但它却常出现在 L2 学习者的过渡语中。[②] Wode 进一步指出：动词前否定是无标记性的，而学习者的 L1 和 L2 的否定形式都是有标记的，因而学生的过渡语中的无标记形式可以看作是认知或语言共同性的作用。

一般来说，无标记性设置较早或较易掌握，如特殊疑问句的习得顺序为：

---

① 参见桂诗春《认知与外语学习》，《外语教学与研究》1992 年第 4 期。
② Wode, H. (1984) Some theoretical implications of L2 acquisition research and the grammar of interlanguages. In David and Criper (eds.).

1) What is that?

2) What are those?

3) I don't know what these are.

单数形式早于复数形式,简单句式早于复合句式。

语言的标记性理论从某种程度上弥补了对比分析假设的不足,解释了对比分析所不能回答的问题,如为什么有些 L1 和 L2 之间的差异会造成学习上的困难,而有些差异则不会。标记性与母语迁移之间的关系可归纳如下:(Ellis,1985)①

表 1 语言的标记性与母语迁移

母语 L1	目标语 L2	过渡语
1. 无标记	无标记	无标记
2. 无标记	有标记	无标记
3. 有标记	无标记	无标记
4. 有标记	有标记	无标记

由此表可以推论,当 L1 是有标记的,不会产生母语向目标语迁移现象(如 3、4),当 L1 是无标记的,目标语是有标记的,就会出现明显的迁移(如 2),当 L1 是无标记的而 L2 也是无标记的设置,过渡语自然是无标记的(如 1),即使目标语能提供有标记设置的论据(如 4),过渡语中无标记的参数设置总是先于有标记的设置。过渡语在四种情况下的预测都是无标记的,这与自然语言的使用相一致,无标记现象总是多于有标记现象。

有关标记性理论与母语迁移的关系,学者们各抒己见,从多

---

① Ellis, R. (1985) *Understanding Second Language Acquisition*. Oxford University Press.

方面进行了深入研究。Zobl(1983,1984)把迁移看作是语言学习的辅助手段。① Eckman(1977)提出标记差异度假设,并指出某些 L2 规则之所以难以掌握是因为它们与母语的规则有较大的差异,即它们的标记性比母语更强。② Kellerman(1984)则指出:当 L1 的某些规则与 L2 习得过程中语言形成的普遍规律相吻合时,习得的速度就快,反之则慢。③ White(1984)从另一角度提出了不同的看法:L2 习得者很难取消母语中有标记性设置,所以有时会将母语中有标记性设置照搬到 L2 中。④

总之,语言标记性理论对研究母语迁移现象提供了理论依据与研究的方向,它运用语言共同性理论来分析总结第二语言习得的规律,较好地解释了 L2 习得过程中的困难和错误的原因。

三 汉语语法与英语语法特征的对比分析

根据语言类型学研究,世界上的语言具有许多共性,如都有表示否定、疑问、因果关系的形式。但具体的结构规则又不尽相同。属汉藏语系的汉语与属印欧语系的英语在结构方面有着诸多

---

① Zobl, H. (1983) Markedness and projection problem. *Language Learning*. 33:293—313.

Zobl, H. 1984. Cross-language generalizations and the contrastive dimension of the interlanguage hypothesis. In David and Criper(eds.).

② Eckman, F. (1977) Markedness and the contrastive analysis hypothesis. *Language Learning* 27: 315—330.

③ Kellerman, E. (1984) The empirical evidence for the influence of the L1 in interlanguage. In David and Criper (eds.). *Interlanguage: Proceedings of the Seminar in Honour of Pit Corder*. Edinburgh: Edinburgh University Press.

④ White, L. (1984) Some Theoretical Implications of L2 Acquisition Research and the Grammar of Interlanguage. In David and Criper(eds.).

差异,本节只就两种语言的语序、否定句和特殊疑问句的形式进行对比分析,旨在找出两种语言之间的差异与母语迁移的关系。

1. 语序

Greenberg(1963)指出,在世界上的语言中,动词与名词的次序主要有三种形式:主语—动词—宾语(SVO);动词—主语—宾语(VSO);主语—宾语—动词(SOV)。① 英语的语序多为主语—动词—宾语(SVO),而汉语的语序在很大程度上取决于句子的意义,因而主语与动词的次序较为灵活。如英语中句子:I bought the book. 可用三种不同语序的汉语句子来表达:

    1) 我买书了。(SVO)

    2) 我(把)书买了。(SOV)

    3) 书,我买了。(OSV)(Li,1981)

可以说,英语语序与汉语语序之间存在着差异。

2. 否定句

英语的主要否定结构为助动词后否定,其表现形式可归纳如下(Celce-Murcia & Larsen-Freeman, 1983):②

1) 助动词/情态动词 + NOT + 主动词

    I can *not* swim.

    John will *not* talk to Judy.

2) 系动词 be + NOT

---

① Greenberg, Joseph H. (1963) Some universals of grammar with particular reference of the order of meaningful elements. In Greenberg, J. H. (ed.). *Universals of Language*. Mass: MIT Press.

② Celce-Murcia, Marianne & Larsen-Freeman, Diane. (1983) *The Grammar Book*. "An ESL/EFL Teacher's Course". Newbury House Publishers. Inc.

John is *not* a teacher.

3）助动词 do + NOT

I do *not* believe this.

而汉语中的否定词如"不"、"别"、"没（有）"等一般位于主语之后动词之前：(Sub + NOT + verb)。(Li, 1981)①

1）他不念书。

比较：He does *not* study.

2）他不愿意去。

比较：He is *not* willing to go there.

同样,汉语的否定结构在很大程度上取决于句子的意义,它的语意功能表现在否定的范围。动词前否定（Pre-verb negation）的结构最为常见,这里动词短语包含在否定的范围内。当句子中有副词时,否定词的位置较为灵活；副词前或副词后否定同样取决于否定的范围。如果否定词包含在副词的范围内,则为副词后否定,如果副词包含在否定词的范围内,则为副词前否定。(Li, 1981)

A) 他明天不去上学。（副词后否定）

B) 他不会慢慢地骑车。（副词前否定）

C) 我不能去。（助动词前否定）

D) 我能不去吗？（助动词后否定）

E) 我不能不去。（双否定）

---

① Li, Charles N. & Thompson, Sandra A. (1981) *Mandarin Chinese：A Functional Reference Grammar*. University of California Press.

就否定词的位置而言，汉语基本上属于动词前否定，而英语基本上属于助动词后否定。

3．特殊疑问句

英语中特殊疑问句是由 WH 疑问词如 what、where、when、why 等构成。按照转换生成语法，其构成顺序为：

1）用 WH 词取代句子中相应的部分（WH-replacement）

2）WH 词组前提至句首（WH-fronting）

3）加入助动词 Do（Do-support）

4）主语与助动词交换位置（verb-sub inversion）

例如：

  a）*Who* is coming to give the lecture?

   （WH 词取代主语部分）

  b）*What* are you doing there?

   （WH 词取代宾语）

  c）*Where* have you been?

   （WH 词取代地点状语）

  d）*When* did you come back?

   （WH 词取代时间状语）

  e）*Why* didn't you come?

   （WH 词取代原因状语）

如上所述，在英语中，只有当 WH 疑问词取代主语部分时，句子保持陈述句语序不变。而在汉语中，特殊疑问句的语序与陈述句语序基本一致。相对应于英语中的 WH 词汉语中有"谁"、"什么"、"哪里"、"哪个"、"为什么"等。如：

A) 谁来上课?(取代主语部分)

B) 你在做什么?(取代宾语部分)

C) 你什么时候回来?(取代时间状语部分)

D) 你去哪里?(取代地点状语部分)

E) 你为什么不来?或为什么你不来?(取代原因状语部分)

在 E)句中,由于"为什么"修饰全句,需要整句来回答,因而在句中的位置较灵活。从上述例句中不难看出,汉语的特殊疑问句结构较英语的容易得多。

综上所述,英语与汉语在语序、否定句和疑问句式上或多或少地存在着差异。

四 英语(L1)在汉语(L2)习得中的迁移假设

依照对比分析假设,当 L1 与 L2 之间存在差异时,L1 的知识会干扰 L2 的习得。换言之,母语在目标语习得中的迁移应为消极性的,因而在学生的过渡语中应显示出母语的痕迹。

就语言标记性理论而言,当母语有标记性设置,目标语无标记性设置时,母语迁移的可能性很小。而当母语无标记性设置,目标语有标记性设置时,母语迁移的可能性较大。

根据语言类型学研究,主语—动词—宾语(SVO)语序具有普遍性,可以看成是无标记性设置,而主语—宾语—动词(SOV)和宾语—主语—动词(OSV)为特殊现象,因而可以看成是有标记的设置。

同样,动词前否定出现的频率高且应用区域广,是一种普遍规律,所以是无标记的。英语的特殊疑问句较汉语的句式复杂,可以看成是有标记性的,而汉语的特殊疑问句式具有普遍性,可以看成是无标记设置。

根据上述分析,可作如下假设:母语为英语的汉语习得者有可能将英语的语序迁移到汉语句式中去。特别是当汉语的语序为主语—宾语—动词(SOV)和宾语—主语—动词(OSV)时,迁移的可能性最大。而这类学生不会将英语的否定式和特殊疑问句结构迁移到汉语句式中去。

五 学生过渡语资料分析

为了论证上述假设,作者对所收集到的学生 L2 学习中的过渡语资料进行了分析。资料来源是 20 名在美国北亚利桑那州大学汉语 101 班学习汉语的美国学生。他们的母语为英语,汉语课程为初级程度,主要内容是学习汉语拼音、语调、文法及会话。资料主要是从学生的课堂活动、测试和试验中收集而来的。

1. 有关语序的试验

实验的目的在于检验学生对不同词序的汉语句子的理解。"句子"由两个名词与一个及物动词组成,词序分别为名—动—名(NVN),动—名—名(VNN)和名—名—动(NNV)。名词有两类:一为有生命的(animate-A);一为无生命的(inanimate-I)。名词的搭配为 AA,IA 和 AI。对应主语—动词—宾语(SVO),主语—宾语—动词(SOV)和宾语—主语—动词(OSV)的语序名词与动词的三种主要组合形式为:AVA;AAV;IAV。

例句如下:

AVA xuesheng ting laoshi
学生 听 老师

AAV	laoshi	xuesheng	ting
	老师	学生	听
IAV	hanyu	xuesheng	xue
	汉语	学生	学

用于试验的13个汉语单词如表2所示,9种排列组合如表3所示:

表2 用于试验的13个汉语单词

有生命名词	无生命名词	及物动词
laoshi（老师）	hanyu（汉语）	kaiche（开车）
xuesheng（学生）	luyin（录音）	du（读）
ren（人）	shu（书）	xuexi（学习）
xiongmao（熊猫）	che（车）	ting（听）
gou（狗）		

表3 9种排列组合的次序

AVA	xuesheng	ting	laoshi
	学生	听	老师
AVI	ren	kai	che
	人	开	车
IVA	luyin	ting	xiongmao
	录音	听	熊猫
VAA	ting	xuesheng	laoshi
	听	学生	老师
VAI	du	xuesheng	shu
	读	学生	书
VIA	xue	hanyu	xuesheng
	学	汉语	学生
AAV	laoshi	xuesheng	ting
	老师	学生	听
AIV	xuesheng	hanyu	xue
	学生	汉语	学
IAV	shu	xuesheng	du
	书	学生	读

参加试验的共 14 名学生,其中美国人与华人各 7 名。"句子"不加重音和音调用同样节奏读三遍,要求被试人员出示手中写有相应汉语拼音的卡片来代表各句中的主语。试验结果如表 4 所示:

表 4　中美学生认为第一名词为主语的百分比

	美国学生	华人学生
AAV	87%	19%
IAV	43%	5%
AVA	100%	100%

从表中可看到中美学生都选择 AVA 式中的第一个名词为主语;而在 AAV 式中,华人学生倾向选择第二个名词为主语,美国学生倾向选择第一名词为主语;在 IAV 式中,华人学生有较强的意向选择第二个名词为主语,美国学生没有表现出明显意向。事实上,选择第一个名词为主语的美国学生把 IAV 看成为被动语态,即"汉语(被)学生学"。

试验结果表明:当汉语词序按主语—动词—宾语(SVO 或 NVN)的次序排列时,美国学生在理解上无困难,说明当 L1 和 L2 都是无标记设置时,无迁移发生。当汉语词序按宾语—主语—动词(OSV 或 IAV,AAV)的次序排列时,即有标记的设置,中美学生在话语理解上产生较大差异,其原因是美国学生按英语的语序来理解汉语句子,同时也可以看成是 L1 向 L2 的迁移。

2. 有关否定句资料的分析

以下资料来自学生的课堂活动,学生进行句型转换练习,把下列汉语肯定句转换为否定句。

A) (你是老师吗?)   Ni shi laoshi ma?

   (我不是老师。)   Wo *bu* shi laoshi.

   (我是学生。)   Wo shi xuesheng.

B) (他们很忙。)   Tamen hen mang.

   (他们不很忙。)   Tamen *bu* hen mang.

   或(他们很不忙。)   Tamen hen *bu* mang.

C) (他今天回美国。)   Ta jin tian hui Meiguo.

   (他今天不回美国。)   Ta jin tian *bu* hui Meiguo.

   或(他不今天回美国。)   Ta bu jin tian hui Meiguo.

D) (我们都是学生。)   Women dou shi xuesheng.

   (我们都不是学生。)

   Women dou *bu* shi xuesheng.

   或(我们不都是学生。)

   Women *bu* dou shi xuesheng.

以下资料来自学生的对话练习：

E) (王老师在家吗?)   Wang laoshi zai jia ma?

   (王老师不在家。)   Wang laoshi *bu* zai jia.

F) (你忙吗?)   Ni mang ma?

   (我不忙。你呢?)   Wo *bu* mang, ni ne?

G) (他喜欢美国音乐吗?)

   Ta xihuan Meiguo yinyue ma?

   (他不喜欢美国音乐。)

   Ta *bu* xihuan Meiguo yinyue.

从以上资料来看,学生否定句中的错误并不常见,而且也未

见英语否定句的痕迹,可见迁移并未发生。从上述例子还可看出,当有副词出现时,学生的话语中出现不符合汉语习惯的句子,如:

  B) 他们<u>很</u>不忙。

  C) 他<u>不</u>今天回美国。

这两句话在汉语中是有标记的,汉语的习惯是:

  B) 他们不很忙。

  C) 他今天不回美国。或今天他不回美国。

  这是因为否定词的位置取决于否定的范围。副词"很"在否定词"不"的范围内,因而是副词前否定。C)句中,否定词"不"包含在副词的范围内,因而是副词后否定。当汉语的规则灵活多变难以遵从时,学生会依赖语法的普遍规则来组织否定句,因而出现了 B)和 C)句。但它们仍然不是英语否定句的形式,所以不能看成是迁移。

3. 对特殊疑问句资料的分析

以下资料是从学生的课堂会话中收集整理而来的:

  a) Ni jiao shen me ming zi?(你叫什么名字?)

  b) Ni qu na li?(你去哪里?)

  c) Ni kan jian shen me le?(你看见什么了?)

  d) Ni zai xue shen me?(你在学什么?)

  e) Ni shi na guo ren?(你是哪国人?)

  f) Shui shi ni men de lao shi?(谁是你们的老师?)

  g) Zhe shi shen me?(这是什么?)

h) Ni zai zuo shen me?(你在做什么?)

i) Ni men shen me shi hou hui jia? 或 shen me shi hou ni men hui jia?(你们什么时候回家?或:什么时候你们回家?)

j) Ta zai na li xue han yu? 或 na li ta zai xue han yu?(他在哪里学汉语?或:哪里他在学汉语?)

k) Lao shi ming tian jiao shen me? 或 ming tian lao shi jiao shen me? 或:lao shi jiao ming tian shen me?(老师明天教什么?或:明天老师教什么?或:老师教明天什么?)

l) Ni men zai jiao shi li zuo shen me? 或:Ni men zuo shen me zai jiao shi li?(你们在教室里做什么?或你们做什么在教室里?)

m) Wo men qu na li shang xue? 或 na li wo men qu shang xue?(我们去哪里上学?或:哪里我们去上学?)

汉语特殊疑问句较英语特殊疑问句简单,不需要进行"WH词提前"、"加入助动词"和"调换主语与助动词的次序"等程序,因而学生基本上很少出错。其中 j)、l)和 m)句中虽然有疑问词提前至句首的现象,但没有加入助动词和主语与助动词换位,因此不能看作是迁移。这些句子与儿童习得英语(L1)时某些结构相似,所以可以看作是语言发展过程中的错误。原因有两点:其一,学生在学习 L2 时,借助 L1 习得时的一些技巧和手段;其二,学生在无例句参考时,借用了语法的普遍规则。总之,学生不太可能将英语的特殊疑问句结构规则迁移到汉语的特殊疑问句结构中去。

六 结论

从上述资料分析中可得出这样的结论:汉语与英语语法规则之间的差异不足以作为第二语言习得中母语迁移的主要依据,两种语言之间的差异不都会引起母语迁移。语言的共同性与语言的标记性理论从另一角度提供了对母语迁移现象更为合理的解释:当母语有标记性设置而目标语无标记性设置时,迁移不会发生,但当母语无标记性设置而目标语有标记性设置时,迁移才可能发生。凡无标记性设置或标记性较弱的规则较易或较早习得,儿童 L1 习得过程中所反映出的具有普遍性的特征和本节中有关资料的分析为此提供了有效的论据。

第三节 语言迁移与句型结构重复现象研究[①]

在外语课堂上,语言迁移现象(language transfer)是很普遍的;学生在外语生成中常常运用母语的句型结构。句型结构重复现象(syntactic repetition)即重复使用自己或别人的前面言语(previous utterances)中的句型结构,在母语会话中也很常见。句型结构重复现象与对外汉语教学中常见的语言迁移现象有没有关系?若有关系,又有什么样的关系?在对外汉语教学

---

① 本文原题为"语言迁移、句型结构重复现象与对外汉语教学",作者周明朗,原载《语言教学与研究》1997 年第 4 期。

中怎么样避免语言迁移现象,同时又能合理地利用句型结构重复现象呢？本节拟从五个方面对这些问题进行探讨。

一 对外汉语教学中常见的病错句

在对外汉语教学中,教师们不但常见到或听到各种各样的病错句,而且发现这些病错句往往跟学生的母语密切相关。如在教母语为英语的学生学习汉语时,教师可能天天都会听到学生说出下列病错句：

(1) *我们要去图书馆下午。

(参照：We will go to the library in the afternoon.)

(2) *我们学习在宿舍。

(参照：We study in the dormitory.)

(3) *我们介绍了那本书用英语。

(参照：We introduced the book in English.)

只要把病错句跟括号中相应的英语句相比较,教师们常常会认为这些病句错句跟汉英两种语言结构上的差异有关,很可能是由这些差异所致。例如,就时间状语、地点状语和方式状语而言,汉英两种语言的确存在着较大的语序差别：

表1 汉英时间状语在句中的位置差别

	汉语	英语
位置	句首	句首
	动词前	句末

表2　汉英介词短语作地点或方式状语在句中的位置差别

位置	汉语	英语
	动词前	句末

除表1和表2说明的句中位置差别以外,还有语义上的差别,本节就不详述了。

母语和外语的结构若不同,学生就会生成诸如(1)、(2)和(3)那样的病错句。可是,病错句在什么情况下易发?或不易发?病错句的出现是传统语言迁移现象的表现还是新近观察到的句型结构重复现象的表现?或两种现象兼之?这些问题目前研究文献中还没有现成答案,所以正是下文试图探索的。

二　语言迁移现象的研究

亨利·司威特(Henry Sweet)、帕墨尔(Harold Palmer)及叶斯柏森(Otto Jespersen)几位语言学家早就注意到,母语在外语教学中对外语有一种牵制力。但是,直到富来斯(Charles Fries)才提出只有对母语和外语的结构进行比较,才能在外语教学中利用两种语言的同异,扬长避短。富来斯(Charles Fries 1945:9)指出"最有效的教材必须建立在对所学语言的科学描写和对学生母语的仔细比较基础之上"。① 富来斯的学生莱多(Lado 1953/1983:23)进一步发挥了导师的这一观点,强调指出

---

① Fries, Charles. (1945) *Teaching and learning English as a foreign language*. Ann Arbor: University of Michigan Press.

"说外语时,学生活动于那一语言的文化之中,常常会积极地把母语及其文化的形式和意义都迁移到外语中去"。[1] 由于受当时流行的心理行为学的影响,莱多认为,语言迁移现象就是行为习惯迁移现象。

当今语言学家对语言迁移现象的认识与早期的有同也有异。同者,如欧德琳(Odlin 1989)所持的观点就很接近富来斯的观点,认为语言迁移现象是母语或先习语跟外语在形态上的异同所致;[2]又如塞琳克(Selinker 1983)认为语言迁移现象,依两种语言的异同,可分为积极性的、消极性的和中性的三种。[3]异者,如克拉申(Krashen 1983)就认为语言迁移现象是在学生没有掌握好外语规则的情况下利用母语语法的表现;[4]又如,莎珂特(Schachter 1974)在研究中运用乔姆斯基的语言理论得出结论:若两种语言结构不同,学生不是运用迁移手段,就是回避外语中复杂的语法结构。[5]根据乔氏理论个别语法是普遍语法的具体体现的原则,莎珂特(1983,1989)又进一步提出,语言迁

---

[1] Lado, Robert. (1983/1953) Excerpts from "Linguistics across culture". *Language Transfer in Language Learning*, ed. by Susan Gass & Larry Selinker, 21—32. Rowley: Newberry House.

[2] Odlin, Terence. (1989) *Language Transfer*. Cambridge: Cambridge University Press.

[3] Selinker, Larry. (1983) Language transfer. *Language Transfer in Language Learning*, ed. by Susan Gass & Larry Selinker, 33—53. Rowley: Newberry House.

[4] Krashen, Steven D. (1983) Newmark's 'Ignorance Hypothesis' and current second language acquisition theory. *Language Transfer in Language Learning*, ed. by Susan M. Gass & Larry Selinker, 135—153. Rowley: Newberry House.

[5] Schachter, Jacquelyn. (1974) An error in error analysis. *Language Learning*. 24. 205—214.

移现象其实是一种限制性的表现,即限制学生对外语的语法假设的验证。[①] 因为普遍语法一旦在个别语言中得到体现,其体现形态就会限制该语言使用者通过别的途径再次体现普遍语法(Liceras 1989,White 1989)。[②]

然而,上述研究并不能回答我们在本文开头针对课堂教学实践所提出的问题。这就要求我们开辟新的研究途径,重新认识语言迁移现象。

三 句型结构重复现象的研究

在母语中,前面言语中的句型结构常常又会在后面言语(following utterances)中出现。这种重复现象既产生于完全自然的会话之中,又见于受控的自然性会话和语言实验中。

对自然会话进行研究时,盛坎(Schenkein 1980)发现下面甲乙两人使用的句型结构完全相似,乙在言语中明显地重复了

[①] Schachter, Jacquelyn. (1983) A new account of language transfer. *Language Transfer in Language Learning*, ed. by Susan Gass & Larry Selinker, 98—111. Rowley, Mass: Newberry House.
Schachter, Jacquelyn. (1989) Testing a proposed universal. *Linguistic Perspectives on Second Language Acquisition*, ed. by Susan M. Gass & Jacquelyn Schachter, 73—88. Cambridge: Cambridge University Press.

[②] Liceras, Juana M. (1989) The role of the head-initial/head-final parameter in the acquisition of English relative clause by adult Spanish and Japanese speakers. *Linguistic Perspectives on Second Language Acquisition*, ed. by Susan M. Gass & Jacquelyn Schachter, 109—133. Cambridge: Cambridge University Press.
White, Lidia. (1989) The adjacency condition on case assignment: do L2 learners observe the subset principle? *Linguistic Perspectives on Second Language Acquisition*, ed. by Susan M. Gass & Jacquelyn Schachter, 134—158. Cambridge: Cambridge University Press.

甲的句型结构。①

  (4) 甲:"科尔,楼下那噪音,<u>你得</u>听听和看看<u>才知道如何</u>厉害。"

  乙:"<u>你得</u>到我这个位置体验体验<u>才明白</u>我感觉如何。"

乙在回答中重复了甲言语中的"你得+动词"(You have got to...)和"不定动词+从句"(to realize/understand how...)这两个结构。

  在研究受控的自然性对话时,雷维尔特和克尔特对汽车修理行进行电话调查,发现回话中也有大量的句型结构重复现象。② 雷氏和克氏的问话中若没有介词,汽车修理行的回话中也就不会出现介词,如下例(5)所示。

  (5) 甲:"你们什么时候关门?"(When do you close?)

  乙:"五点。"(Five o'clock.)

若雷氏等的问话中有介词(at what time),汽车修理行的回话中就一定会出现介词(at...),如例(6)所示。

  (6) 甲:"你们(在)什么时候关门?"(At what time do you close?)

  乙:"(在)五点。"(At five.)

---

  ① Schenkein, J. (1980) A taxonomy for repeating action sequences in natural conversation. Language production: Vol. 1. *Speech and Talk*, ed. by B. Butterworth. London: Academic Press.

  ② Levelt, W. J. M. & S. Kelter. (1982) Surface form and memory in question answering. *Cognitive Psychology*. 14.78—106.

以上两例说明,回答中有无介词跟问话是完全相应的。针对这一现象,博珂指出,答复言语中介词的相应性不是简单的重复,因为有无介词涉及到完全不同的短语结构。① 为了解释这一重复现象,雷氏等提出两个假设:一、大脑中保留前面言语的句型结构有助于言语的生成,也有助于正确理解代词和省略语;二、不管说话人的概念和语用动机如何,大脑中有一个独立的言语生成机制。该机制利用现成的句型结构,以取得言语生成效率和流利度。这两个假设也被维讷和拉伯夫的研究所证实。② 在社会语言学调查中,这两位学者观察到,若前面言语中五句之内有被动句型,后面言语中有76%的几率出现被动句型。分析各种因素后,两位学者认为言语中句与句之间表层句型结构的排列主要受上文的影响,而不受篇章结构中新旧信息成分的影响。

在实验性会话研究中,博珂和娄倍尔对句型结构重复现象进行了系统的研究。③ 在排除信息因素、交流目的、人致动因和非人致动因(human and nonhuman agency)的三组实验研究中,博珂以被动句型、主动句型、介词短语和双宾结构为诱导句(priming sentences),成功地诱导了句型结构重复现象。实验结果表明,被动句型诱导出很多的被动句型,而主动句型诱导句提高了主动句型的使用率。同时,有介词短语的诱导句引起了介词短语句的增加,双宾句型的诱导句增大了双宾句型

---

① Bock, Kathryn. (1986) Syntactic persistence in language production. *Cognitive Psychology*. 18.355—387.

② Weiner, E. j. & W. Labov. (1983) Constraints on the agentless passive. *Journal of Linguistics*. 19.29—58.

③ Bock, Kathryn & Helga Loebell.(1990) Framing sentence. ***Cognition***. 35. 1—39.

出现的频率。博氏认为大脑具有管辖句型结构生成的认知程序,而这些程序之间存在着竞争。在前面言语中进行诱导或使用某一句型结构,这一句型结构的活性就比别的结构要高得多,从而会导致这一结构在后面言语中重复出现。博珂和娄倍尔(1990)进一步研究了句型结构重复现象是否由概念和韵律的相似性所引起。实验结果排除了概念和韵律的相似性会导致句型结构重复现象的可能性。两位研究者认为,若概念结构没有影响,那句型结构的运作(syntactic operation)就是在相当浅的层次进行的。

以上研究说明,前面言语中的句型结构会在后面言语中再次出现。其原因可能是管辖句型结构操作运转的认知机制需要通过重复才能取得事半功倍的高效率。这些研究给予了我们一些启示,提出了一个新问题:句型结构重复现象与外语教学中的语言迁移现象有没有关系?本节试图通过以下两个实验来回答这个问题。

四 跨语言的句型结构重复现象的实验性研究

上文指出,在学汉语过程中,母语非汉语的学生的病错句可能与其母语的句型结构相关。对语言迁移现象的研究也描述了这一现象,探索了这种相关性,可是没有能够说明这种现象产生的认知机制和条件。从 80 年代开始,句型结构重复现象的研究把研究对象集中在同一语言内,还没有开始探讨不同语言之间是否也存在句型结构重复现象。因此,本文提出以下三个研究问题,试图作答:一、句型结构重复现象在母语与外语的言语之间会不会产生?二、若产生,句型结构重复现象会在什么条件下产生？三、若产生，这种现象跟语言迁移现象又有什么关系？

根据现代语言理论，学生经过一段时间学习和接触某外语后，就会在脑内或多或少地形成那一外语的能力。此时，毫无疑问脑内的母语能力大大强于那一外语的能力。尽管母语有优势，但是在语言运用中，外语句型结构还有可能跟母语句型结构进行竞争，其情形就可能像母语中不同句型结构之间的竞争一样。在这种竞争中，无论是母语句型结构还是外语句型结构，哪个句型结构的活性高，哪个句型结构就可能重复出现在后面言语中。

语言迁移现象在自发性言语中可以见到，在口译言语中也应该可以见到。口译涉及原语（source language）和译语（target language）。在口译中，句型结构活性程度所起的作用可能会超过语言能力的作用，因为原语言语中的句型结构对译语言语中的句型结构会有很大的诱导作用。因此，我们可以假设这种诱导作用是双向性的：

假设一 母语为原语言语中的句型结构对外语为译语言语中的句型结构有诱导作用；

假设二 外语为原语言语中的句型结构对母语为译语言语中的句型结构也有诱导作用。

以上假设若成立，跨语言的句型结构重复现象便可见于下列两个实验中。

实验一

此实验探索假设一提出的问题，母语和原语是英语，外语和译语为汉语。实验调查时间状语以及介词短语作状语或定语在句中的语序。实验中,汉英两种语言的句型结构竞争应表现为时间状语以及介词短语的语序之争。原语的语序变化应会导致译语的语序变化。

方法

实验对象:26名北美大学学汉语的学生,其母语均为英语,其中16名为汉语一年级学生,10名为汉语二年级学生,每周上五小时汉语课。实验是在学年结束前两周进行的。

实验材料:十个英语言语片段,其中五段含主句、从句及时间状语,另五段为单句,并含有歧义介词短语。在诱导言语中,时间状语或介词短语被移动到一特定位置,如(7)所示,详见附一:英语实验材料。

(7) a. He at the bank called his sister. (参照:He called his sister at the bank.)

b. He invited her on Tuesday to have tea. (参照:He invited her to have tea on Tuesday.)

实验共有四个诱导言语段和六个正常语序的言语片段,提供了诱导和对照两个实验条件。实验言语片段由一位女性教师录音。指示语录成后,每个言语片段连续录两遍,片段之间留下12到15秒口译时间。

实验程序:实验言语片段通过索尼语言实验室 RM-1030 系统,由耳机传送给实验对象。实验对象分别坐在各自的隔音间内,听到录音言语片段后,在所限定的12到15秒钟内完成英汉口译。原语和译语都由索尼语言实验室 RM-1030 系统自动控制录音。

实验结果分析:译语言语片段共 260 段($10 \times 26 = 260$),按汉语语法分为正确和错误两种。正确的包括实验结构已出现在正确语序位置上的译语言语片段。错误的包括实验结构已出现在错误语序位置上的译语言语片段。其他无关的错误都不加以统计。

实验结果统计:诱导言语的译语和对照言语的译语分别按"正确"和"错误"用百分比统计于表 3 和表 4。一年级组的结果见表 3,二年级组的结果见表 4。

表 3 在诱导和对照两个条件下一年级组的正确与错误译语言语片段

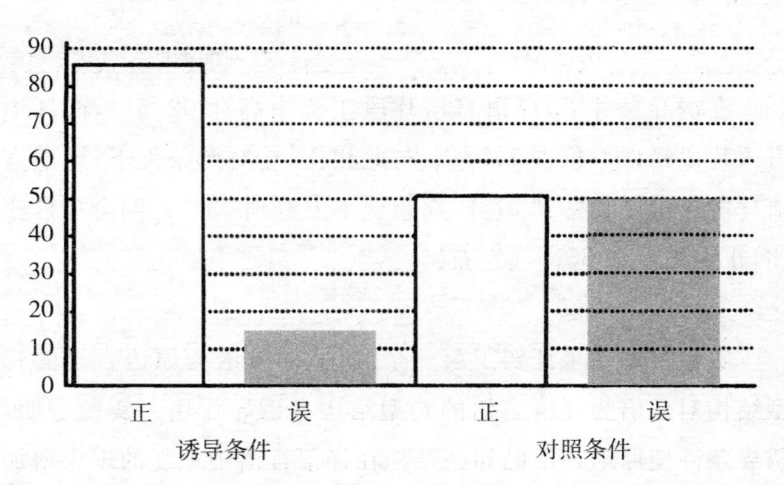

[柱状图:诱导条件下 正 约85,误 约15;对照条件下 正 约50,误 约50]

表 3 说明,在诱导条件下,译语言语片段正确率是 85.5%,而错误率只有 14.5%。相反,在对照条件下,译语言语片段正确率降至 51%,而错误率则上升到 49%。两个条件相比,实验对象在诱导条件下多生成 34.5%的正确译语言语片段,而在对

照条件下则多生成 34.5% 的错误译语言语片段。

二年级组也出现了相同的情况,如表 4 所示。

表 4　在诱导和对照两个条件下二年级组的正确与错误译语言语片段

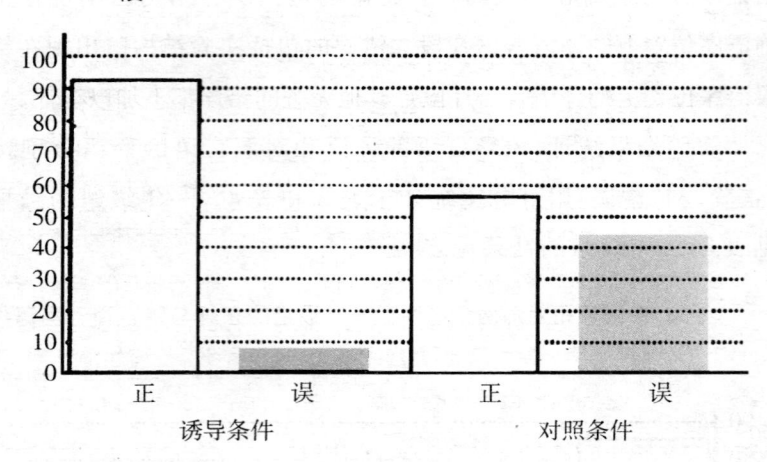

在诱导条件下,译语言语片段正确率高达 92.5%,而译语言语片段错误率仅占 7.5%。与此相比,在对照条件下,译语言语片段正确率只达到 57%,而错误率上升到 43%。两个条件相比,正误之差在 35.5% 左右。

实验结果浅议

实验一的结果证实了第一个假设,即母语为原语言语的句型结构对外语为译语言语的句型结构有诱导作用。实验表明,诱导条件使原语言语的句型结构在译语言语中重复的现象增加了 35% 左右。这说明诱导条件有很大的作用。对这个现象,我们可能要考虑语法对这个层次句型结构的运作有多大的影响力。在这个层次的运作中,句型结构活性很可能会压倒语法的运用。实验的结果就证明了这种可能性的存在。当然,这种现象也可以解释为实验对象的外语语法太弱,因而实验结果不足以说明这种可能性的存在。

实验二

实验二探索假设二提出的问题。实验的外语和原语为汉语,母语和译语是英语。实验调查时间状语在译语句中的语序。汉英两种语言的句型结构竞争视为语序之争。若句型结构活性占优势,原语语序变化会导致译语语序变化。若语法占优势,实验对象的母语英语语法就会压倒较弱的外语汉语语法,汉语为原语的语序变化就不会导致英语为译语的语序变化。

方法

实验对象:实验一所用学生中的25名,一年级16名,二年级9名。

实验材料:原语为十个汉语言语片段,有兼语结构、联动结构、单句,均含时间状语。其中有四段的时间状语被移动到言语中最后一动词前,作为诱导条件,并以时间状语在句首或第一个动词前的言语为对照条件,如(8)所示,详见附二:汉语实验材料。

(8) a. 王先生请帕兰卡<u>今天</u>看京剧。
　　 b. <u>今天</u>王先生请帕兰卡看京剧。

四个诱导言语片段和对照言语片段由一位女性汉语教师录音。英语指示语录成后,每个汉语言语片段连续录两遍,片段之间留下12到15秒口译时间。

实验程序:同实验一。

实验结果分析:译语言语片段共有 250 段(10×25=250)，按时间状语在译语言语片段中的分布，分为"句首"、"动词前"和"句末"三种。不含时间状语的译语言语片段未予计算，共 48 段，占译语言语片段总数(250 段)的 19%。其他无关的错误都不予考虑。

实验结果统计:诱导言语和对照言语的译语按"句首"、"动词前"和"句末"三种分布，用百分比统计于表 5 和表 6。一年级组的结果见表 5，二年级组的结果见表 6。

表 5 在诱导和对照两个条件下一年级组的时间状语在句首、动词前、句末的分布

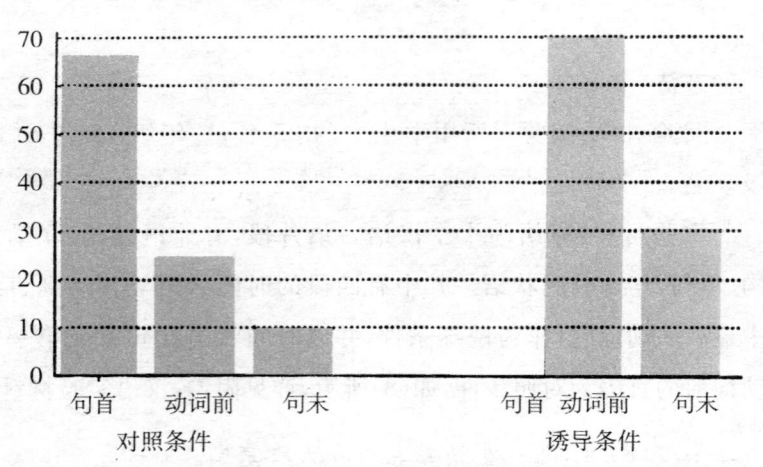

[柱状图：对照条件下 句首约66，动词前约25，句末约10；诱导条件下 句首0，动词前约70，句末约30]

表 5 说明，在对照条件下，译语言语中状语在句首的 66%，在动词前的占 24.5%，而在句末的只占 9.5%。在诱导条件下，译语言语片段中时间状语没有出现在句首，相反出现于动词前的增加到 70%，在句末的上升到 30%。值得注意的是在动词前的这 70% 的时间状语完全违反了英语语序，不合英语语法。

二年级组却出现了完全不同的分布状态，如表 6 所示。

表 6 在诱导和对照两个条件下二年级组的时间状语在句首、动词前、句末的分布

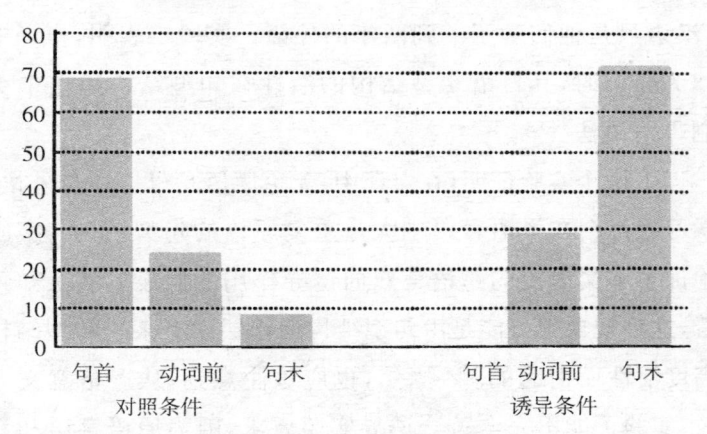

在对照条件下,译语言语片段的时间状语在句首、动词前和句末分别为 68%、24% 和 8%。而在诱导条件下,译语言语片段的时间状语完全没有出现在句首,在动词前的也只略上升到 29%,而在句末的却直线上升到 71%。两个条件相比,句末时间状语出现率相差 62%。二年级组也有 24% 至 29% 的状语语序违反了英语语法。

实验结果浅议

实验二证实了第二个假设,即外语为原语言语的句型结构对母语为译语言语的句型结构有很大的诱导作用。实验二中,这种重复现象表现为时间状语在译语言语中的分布。英语的时间状语一般出现在句末,只有在上文约束或强调的情况下才出现在句首。[①] 实验二让我们看到的情况恰恰相反,在诱导条件下,无论原语言语

---

① Weaver, Constance. (1979) *Grammar for Teachers: Perspectives and Definitions*. Urbana: National Council for Teachers of English.

中的时间状语怎么分布,译语言语中的时间状语都会出现相似的分布。值得强调的是,译语是英语,而英语是实验对象的母语,汉语只是他们学了一到两年的外语。实验二表明,口译中外语作为原语时,其言语句型结构的活性在句型结构运作中可以压制母语语法。

以上两个实验证明,在口译中,无论原语是母语还是外语,外语学习者都会在译语言语中大量重复原语的句型结构。实验结果验证了本文提出的跨语言双向诱导作用的假设。从认知角度来看,这种现象很可能是由句型结构运作层次上某一句型结构具有高度活性而引起的。① 当然,也应该注意到,从严格意义上来看,本实验可能不完全符合诱导实验要求,因为原语言语和译语言语之间存在着概念上的相似性。虽说在文献中没有发现这种相似性会导致句型结构重复现象,但在自然性会话中和受控的自然性会话中,概念上的相似性可能会导致句型结构的重复现象。

因此,对实验结果可能另有解释,如概念对应假设。按照概念对应假设,在诱导条件下,相似的概念很有可能会重现在相同的位置上,而且以相同的顺序出现。② 这似乎是这两个实验中出现的情况。但是,如果用概念对应假设来解释这两个实验结果就会有两个问题不能解答。第一,该假设不能说明为什么在这两个实验中观察到的概念对应过程常常违反母语和外语的语

---

① Bock, Kathryn. (1982) Toward a cognition of psychology of syntax: information processing contributions to sentence formulation. *Psychological Review*. 89.1—47.

② Bock, Kathryn & A. S. Kroch. (1989) The isolability of syntactic processing. *Linguistic Structure in Language Processing*. ed. by Greg N. Carlson & Michael K. Tanenhaus, 157—196. Dordrecht: D. Reidel.

法。第二,虽然词语是按顺序排列的,但还没有研究证明概念一定是按顺序排列的。① 当然,也有可能句型结构重复和概念对应都在跨语言重复现象中起作用。这个问题还有待进一步研究。

五 实验结果给我们的一些启示

就母语为英语的学生在学汉语中常出现的病错句与语言迁移现象和句型结构重复现象的关系,本文提出了三个具体研究问题。从诱导作用是双向性的两个假设开始,我们通过实验取得了这些问题的初步答案。

对第一个问题"句型结构重复现象在母语与外语的言语之间会不会产生?",实验结果是肯定的,并说明,不论是母语还是外语,只要具备诱导条件,在口译中原语言语的句型结构都会在译语言语中大量重复出现。

对于第二个问题"若产生,句型结构重复现象会在什么条件下产生?",实验结果说明,条件就是在前面言语中存在着相同的句型结构。这些句型结构对后面言语中的句型结构有很大的诱导作用。如实验中所见,不管是母语还是外语,这一诱导作用会促使原语言语中的句型结构在译语言语中重复出现。

回答第三个问题"若产生,句型结构重复现象跟语言迁移

---

① Bock, Kathryn. (1986) Meaning, sound, and syntax: lexical priming in sentence production. *Journal of Experimental Psychology: Learning, Memory, and Cognition*. 12,4. 575—586.

Bock, Kathryn & R.K. Warren. (1985) Conceptual accessiblility and syntactic structure in sentence formulation. *Cognition*. 21.47—67.

现象又是什么关系？"就不那么简单了。可以说，句型结构重复现象在当代外语习得理论中是很难解释的，因为这种跨语言的句型结构重复现象是具有双向性的，句型结构可以从母语重复到外语，也可以从外语重复到母语。这种双向性不能用塞琳克(1983)的由母语迁向外语的单向过程假设来解释，也不能用克拉申(1983)的利用母语语法假设来说明。因为这两种理论都无法说明为什么学生的外语语法在诱导条件下会控制母语。实验对象学习汉语才一两年，即使有汉语行为习惯，也不会强于十几年到二十几年的英语行为习惯，所以这种双向性重复更不可能是莱多(1957/1983)所说的行为习惯迁移。实验对象也许可能像莎珂特(1983,1989)所说那样，正在验证汉语语法，但作为大学生，英语又是母语，他们不可能还在验证英语语法。

从理论上来看，这个研究说明，在对外汉语教学中或外语教学中所观察到的语言迁移现象比我们想象的要复杂得多，不是语言理论中某一假设可以解释的，也不是行为科学的某一假设可以阐明的。对外汉语教学中所观察到的语言迁移现象很可能是句型结构重复、利用母语语法、验证某一语言的语法、行为习惯迁移等等现象的总和。语言迁移现象可能涉及到语言、行为和认知多方面的因素，很有必要从多学科的角度对这一现象展开研究。

从教学的宏观角度来看，此项研究表明，在对外汉语教室里要创造一种适当的语言环境，使汉语句型结构的活性超过学生母语句型结构的活性，从而使汉语句型结构能较多地以正确形式重复出现。这个研究的结果从理论上和实验上说明了语言教师和学生早有的亲身体验,例如学普通话,跟母语是普通话的人说话,普通话越说越流利,而跟母语非普通话的人说话,则越说越别扭;又如学英语,跟母语是英语的人说话,英语越说越地道,而跟母语非英语的人说,则也越说越差。以前,这只是一种体验,一种感觉。现在,本文从认知科学的角度说明了这种感觉的认知机制,就是说合适的语言环境不但可提供正确的语言模式,而且可提高所学语言句型结构的活性程度,促使这些句型结构在句型结构动作层次上产生较强的竞争性,使这些句型能够顺利地重复出现。

从教学的微观角度看,这个研究说明,对外汉语教学活动的设计要合理地利用认知活动的规律。首先,在不同活动中,要使活动一环套一环。具体来说,在课堂上前后两项紧密相联的教学活动中,接受语言活动(如听力和阅读)应在前,而语言生成活动(如说和写)应紧接在后。这也就是说,在学生开展汉语说写之前,要让他们听到和读到一定量的汉语材料,使汉语句型结构产生较高的活性,以利相应的句型结构顺利生成。在同一活动的各个部分之间,也有合理衔接的问题,其原则也应该是汉语接受活动在前,生成活动在后。就教某一句型来说,教师应该通过汉语句型结构示范,让学生模仿,让这一句型结构产生较高的活性,然后再让学生生成这一句型结构。

无论是从教学的宏观角度来看,还是从微观角度来看,这一实验都说明,翻译教学法是不可取的,在对外汉语课堂上大量使用学生的母语也是不合适的。教学中用翻译法,会在学生生成汉语前,大量提供学生母语的句型结构,并使这些句型结构的活性超过汉语教学目标句型结构的活性,结果在汉语中生成学生母语的句型结构,形成病句错句,而病句错句的生成又进一步加强其句型结构的活性,形成恶性循环。即使在教学中不使用翻译法,过多说学生的母语或在学生马上要生成汉语前说学生的母语,都有可能提高学生母语句型结构的活性,影响学生在句型结构运作中生成正确的汉语句型结构。

这一研究同时还引起我们对教学法的深入思考。如在对外汉语课堂中用交际法时,教师虽然不怎么使用学生的母语,可是也很少使用学生的外语——汉语,因为教师以学生为中心开展活动,很少说话。这样就缺乏汉语句型结构的输入,不能造成汉语句型结构的高度活性。其结果可能会出现回避现象,即学生在交际性的教学活动中避免使用汉语中较难的句型结构。要合理地解决这一问题,在交际法教学活动中,应大量地展开汉语听力阅读活动,以此作为开展交际活动前的预备性活动。提供汉语句型结构,提高汉语句型结构的活性,以利学生在交际活动中生成汉语句型结构。

总之,本节所报道的实验结果对对外汉语教学,乃至整个外语教学都有启示,说明了学生在外语习得中的一些认知机制和认知过程,可为外语教学实践提供理论基础。但这方面的研究只是初步的,还有待深入。特别是开展对学生课堂会话和自然性会话的研究可能会更进一步揭示外语习得的认知过程和机制。

附一:英语实验材料

1. He introduced the new book in Chinese.
2. Gubo told us that he would go to China in January.
3. They phoned their friends at the library.

4. Palanka asked me to see a movie at four o'clock.
5. Ding Yung in English answer<u>e</u>d the teacher's questions.
6. He said that he last month watched a Beijing opera.
7. We saw a big house by the river.
8. Gubo invited Palanka on Tuesday to have green tea.
9. He at the bank called his sister.
10. The teacher asked us to translate some folk songs yesterday.

附二：汉语实验材料
1. 他请他朋友昨天看德国电影。
2. 明天老师要学生复习第三十二课。
3. 我让我女朋友星期天去吃中国菜。
4. 上星期古波告诉我们他买了汽车。
5. 王先生请帕兰卡今天看京剧。
6. 下星期这些学生去中国学习汉语。
7. 我们明天去学院上课。
8. 我们在学校喜欢晚上看报。
9. 老师明天要学生看这本小说。
10. 大家后天去参观工厂。

第四节 日本学生汉语语段表达中"了"的迁移现象分析[①]

助词"了"不仅是汉语研究与教学界至今没有攻克的难关,在第二语言汉语教学中历来也是一个语法教学的难点和重点,是各国留学生汉语学习中遇到的最大障碍之一,以至有的研究者把"了"排为对外汉语语法教学中的第一难题。无论是日本留学生,还是欧美留学生在习得"了"的过程中,都会出现大量的误加现象。其中,有些问题是各国留学生共有的,例如:

(1) 我决心了去中国旅游。
(2) 昨天晚上我朋友来了看我。
(3) 我对她说了:"你的声音真漂亮。"
(4) 他请求了我帮助他。

以上这些偏误现象固然是因为留学生还没有掌握助词"了"的语法使用规则,但其根本原因是由其母语为时态语的共同迁移规律而造成的。对于中级汉语水平的日本学生来说,经过几次改正之后就不成问题了。但是,由于母语的不同,日本留学生还有一类为其他语种的留学生所少有(韩国生亦有)的偏误现象。例如:

[①] 本文原标题为"日本留学生汉语语段表达中母语'た'的特殊迁移现象分析",作者亓华,原载《北京师范大学学报(人文社会科学版)》2000年第6期。

第四节 日本学生汉语语段表达中"た"的迁移现象分析

(5) 我去年一直打工了。

(6) 他很高兴了。

(7) 在日本我学汉语学了两年了。不过因为那是第二外国语,一个星期只有一两次的学汉语的机会了。所以我觉得想来中国学习汉语了。

这种习惯于在句末用助词"了"的做法,如果从单句来看,有的符合句法规则,如例句(6),必须结合上下文语境,才能判断其误加"了$_2$"的问题。而例(7)则常常被研究者简单地看成是误加了语气词"了$_2$",是由于目的语知识掌握不好而造成的"类比错误"。[①] 但事实上,日本留学生之所以习惯在句尾加"了",是想用句尾"了"来表达母语的过去完成时态,是母语的过去助动词"た"对汉语"了"的迁移影响。由于日语"た"是过去时和完成态的时态标志,日语中在表达过去或完成时态时,助动词"た"必须附着在每个动词和形容词的词尾,即位于整个句子的句尾。因此凡是在过去完成时态的语境之下,日本留学生常会忽略汉语规则的限制在每句句尾自然而然地使用语气助词"了$_2$"。加之,他们的一外大都是英语,往往误认为英语和汉语有相似的语法形式和句型结构,在汉语水平的限制和以单句为主的汉语句型操练的影响下,他们在汉语语篇表达中多使用"SVO"型单句结构。这同样导致了偏重在句尾使用"了$_2$"的情况。结果使得日语过去完了助动词"た"的迁移往往贯穿于汉语整个过去或完成时态叙事语段的始末。例如:

---

① 参见梅立崇《汉语和汉语教学探究》,华语教学出版社1995年版。

(8) 昨天上午他开车进城了。他进了城就去书店了。他买了两本书了。他买了书就看电影了。他看了中国电影了。下午十二点他去饭店吃午饭。他吃了午饭就去游泳了。他游泳游得不错。他游了泳就去花店了。他买了一束花了。①

这种母语的迁移现象,是我们以往以句法为中心的语法教学所忽视的。同样,以句群语段为中心考察日本留学生"了"的使用情况,至今仍是我们语法研究的一个薄弱环节。因此,本节将从日本留学生在句群语段中句末助词"了"的偏误现象入手,通过与日语过去完了助动词"た"的对比分析,揭示日本留学生母语"た"对助词"了"的迁移规律,从而确立对日"了"的教学重点。本节的研究,一方面可以有助于"了"的教学和偏误分析,另一方面也是在超句结构、语境和语段表达中进一步探讨"了"的用法规则的一个尝试。

一 以句群语段为语境分析日语"た"的迁移现象

1. 过去时态下"た"的迁移现象

问题的发现始于日本留学生作文中这样一个语段:

例1. 今年暑假我一个人旅行了(1)。从小我一直希望去一人旅行了(2)。但是从来没机会。这个放假是很好的机会了(3)。7月20日,我坐火车,32个半小时才到了重庆(4)。参加一日游以后,就坐船了(5)。我非常盼望看长江

---

① 参见金立鑫《现代汉语"了"研究中"语义第一动力"的局限》,《汉语学习》1999年第5期。

第四节 日本学生汉语语段表达中"た"的迁移现象分析

三峡了(6)。终于这一天来了,我太高兴了(7)。三天四夜坐船了(8)。当时,长江附近发洪水了(9)。水量有一点儿多。可是长江的风景很伟大、美丽(10)。我觉得我能看见了长江三峡非常幸福(11)。

为了更清楚地展示母语"た"对汉语"了"使用的干扰,附上该段日文译:

　　例1. 今年の夏休み私は一人ベ旅行に行つた。小さいろこから私はずつと一人旅をしたいと思つていた。しかし,今まで機会がなく,今回の休みはとてもいい機会だつた。7月20日,汽車に32時間半乗り,重慶についた。一日游びをしたあと,すぐに船乗にった。私はとても長江三峡見たいと思っていたので,ついにこの日が来て,とてもうれしかった。三日四泊船に乗った。当時,長江附近は洪水で,水量が少し多かった。しかし,長江の景色はとても雄大で、美しかった。長江三峡を見られてとても幸せだと思った。

通过对比我们发现,凡是母语中有过去完了助动词"た"的地方几乎都使用了助词"了",而在11个用助词"了"的句子中,句尾"了"就用了九处。显然,该生已基本掌握了"动+宾+了"和"动+$了_1$+(宾)"的句型,如"去旅行了"和"到了重庆",但却不清楚"$了_1$"的一些使用限制,如"能看见了长江"(在能动句中不能用"$了_1$")。而且,(2)、(3)、(6)三句是误加了句末语气助词"$了_2$",而(5)、(8)、(9)三句则是用句末语助词"$了_2$"误代了动词词尾的"$了_1$",六处偏误都表现为误用"$了_2$"。可见,其主要偏误是用"了₂"误代"了₁"和误加了"了₂",这些都属母语的负迁移。不过,这种母语的迁移也在一定程度上起了正面作用。像(5)句"就坐船了"和(7)句"终于这一天来了,我太高兴了"中的三个"了₂"都用对了(从单句来看(5)是对的,从句际衔接来看改为"坐上船"更合适),这都属母语的正迁移。它基本上可以使日本学生避免出现像初中级水平的欧美学生那样遗漏"了₂"的现象。这一例文是日本留学生把汉语的"了"等同于日语的过去完了助动词"た",以母语的时态观念和语法范畴套用于汉语的较为典型的过去叙事语段,其母语的负迁移是正迁移的两倍。从我们201年级班留学生100篇作文显示,有85%—90%左右的日本学生或多或少地有"了"的偏误问题,其中约有一半的人(尤其像上例这样在日本学完基础阶段直接升入我们中级班的学生)句尾有成段加"了"的问题。这种情况常常出现在记叙和说明文体中叙述事情经过和介绍过去情况的语段中,因此像游记、日记、写人记事的记叙文或自我介绍的文体中偏误率相对高一些,散文、论说文中用得较少。这里的调查数据主要来自前者。

2. 完成时态下"た"的迁移现象

从上述例子看,汉语中级水平的外国留学生语篇表达时多使用"SVO"型单句形式,他们常写常用的是记叙文体,一般用记叙句群组成语段。由于"记叙句群在段落中主要起把人物的生活经历、事情的来龙去脉或事件的发展变化表达出来的作用",[①]所以,日本学生在记叙句群、叙事段落里往往大量使用

---

① 参见吴为章《汉语句群》,商务印书馆2000年版。

第四节 日本学生汉语语段表达中"た"的迁移现象分析

"了₁"和"了₂"。而汉语的实际情况是,并非凡是表示已实现或完成的动作动词后都要用"了₁",也并非凡是表示情况发生了变化的句子后都用"了₂"。何时用何时不用,离不开具体的上下文语境,而作为"大于句子的语言片断"的句群恰好是语法研究所需的上下文语境。

下面进一步分析"た"在完成时态下的迁移规律。

例 2. 今天早上我们先买火车票去了(1)。可是明天去北京的票已经卖完了(2),只好坐汽车回北京了(3)。然后我们去山海关游览第一关了(4)。虽然门票比较贵,但是那里没有什么好看的东西,我觉得浪费了时间和钱(5)。出去那里后去附近的饭馆吃午饭了(6)。真倒霉,发现菜里有一个虫子,我们觉得恶心不吃了(7)。

此例的日文如下:

今朝、ぼくらは、まずえきへ切符を買いに行った。けれども、明日の北京行きの切符は全部で売れ切れで、仕方なく、バスで帰ることにした。そして、山海関へあそびに行った。切符がたかいのに、美しい所がなく、時間とお金の無駄になってしまっに。近くの店で昼食を食べた。……料理の中で虫があるのでいやな気がして、食べないようになった。

与例文 1 作者不同的是,该生是零起点就来中国学习的学生。他清楚地知道"了₁"只与动作的完成有关,与动作发生的时间无关。"了₂"主要表示情况发生了变化。但是,情况发生了多半是完成了,所以语气助词"了₂"很容易被当成表示"事情的完成"态。而且事实上,学生能够找出母语"た"与助词"了"在完成或变化态中的对应关系。如在(1)、(3)、(4)、(6)、(7)句中的"了$_2$"都与日语表示完成态的"た"相互对应。从单个句子看,这个语段中用"了"的句子都没什么问题。但这样的表达显然不是地道的汉语,问题恰恰就出在"了"与"た"的这种对应上。在实际表达中,(1)、(2)、(4)、(6)句都可不用,(1)句去"了"后应把句号改成逗号,变"单句+复句"为一个流水句。使得以"先"和"然后"为关联词的两个句群保持语义的连贯和语流的畅通。此例说明,在现在完成时的情况下,即使从单句看都属于日语的正迁移,但在汉语叙事句群上下衔接条件的制约下,仍有1/3左右的"了$_2$"属于泛用。换句话说,在判断日本(也包括韩国)留学生母语迁移现象时,只从单句而不结合句群语段来分析是不准确的。这恰恰是我们教学中所忽略之处。在句(2)中日语不使用"た"的地方也用了"了",这说明日本学生尚不知道汉语有跟日语相同的语用规则——并列的两个分句的前一句后不用"了"。这主要是我们在教学中缺乏说明所致。

二 在叙述语段中掌握助词"了"的隐现规律

中级汉语水平的留学生开始进入系统的写作训练阶段,记叙语段无疑是他们用来叙事说明表达的最常用的形式。因此,在句群语段之中掌握"了"的隐现规律和语用规则,可以达到事半功倍的效果。由于汉语是非形态语,表时态的手段主要是靠时间名词或副词,而且,汉语的动词无形态变化,所以,无论是叙述过去发生的事,还是现在完成的事,只需用时间词表明时间,其他就可按时间先后、空间转换来描述。这种描述应是写实逼真的,如同在人们的眼前刚发生或正在发生的一样,因此常常利用其他条件表达行为动作结果或完成,而不用"了$_1$";从修辞的角度来说,在流水句之中也尽可能少用表情况变化和语气完结作用的助词"了$_2$",以免破坏叙述描摹的生动性、语气的连贯性和节奏的紧凑感。因为,第一,汉语是孤立语,动态助词"了$_1$",是由表"终了""完了"义的动词虚化而来的,在动补结构的动作动词后面有强调动作行为完成和变化的意义。如果只是叙述事件、介绍情况而非强调某一动作的完成,一般不用"了$_1$",而用"动词+结果补语"的形式。第二,现代汉语的语气词"了$_2$"是近代汉语的"了也"并合而成的,"作为语气词,'也'只能位于句末,所以有成句的作用;'也'用于陈述句后表示'申明'的语气,包含了对事实的肯定态度"。① 因此,句尾"了"既申明事态出现了变化,又兼表肯定、完结的语气。黎锦熙先生在谈到语气助词"了$_2$"的作用时曾说:"了$_2$""带有表示全句完结语气之作用——气完故'音延';语结故'句住'。"②屈承熹先生也认为,在语义上,"了$_2$"表示事件的完成和实现,而在语用上,它用来指示话语单位的结束。③ 可见,"了$_2$"在语流中还相当于一个句号,或是一个表停顿的四分休止符。因而,在流水复句的分句之间常常要省略"了$_2$",或把"动+宾+了"中的"了"放在动词后宾语前,以保持语气的连贯和文脉的畅通。

---

① 参见刘勋宁《现代汉语句尾"了"的语法意义及其与词尾"了"的联系》,《世界汉语教学》1990年第2期。
② 参见黎锦熙《新著国语文法》,商务印书馆1998年版。
③ 参见屈承熹《现代汉语中语法、语义和语用的相互作用》,《功能主义与现代语法》,北京语言学院出版社1994年版。

例3. 有一年,我从青藏公路进入( )拉萨( ),沿路看到( )那些几步一扑,五体投地的朝圣者。他们大都蓬头垢面,衣衫褴褛。在拉萨城,正巧赶上( )一个佛教的节日,所有的街巷上都流动着转经的信徒。他们背着孩子,牵着羊,全家人裹挟( )在人流中。他们从怀里掏出( )大把崭新的钞票,布施给( )坐在路旁的僧侣和乞丐( )。①

在上段这个过去叙事语段中,没用一个"了",主要是靠动词后面的结果补语表示动作已经实现,由于无需强调动作的完成或完结的语气,助词"了$_1$""了$_2$"都可以不用。而二年级的日本学生在括号处普遍加了"了",这说明此种用法并未被日本学生所理解和掌握。由于日语是粘着语,助词"た"是表示过去或完成时态的不可缺少的助动词。日语动词表完成态的词尾变化往往包含了汉语"动词+结果补语"的语法形式,因此日语中几乎没有表示动作完成或实现的汉语的动补结构的语法形式和观念,这就是汉语的动补结构成为日本学生汉语语法学习的第一难关的根本原因所在。日本留学生在汉语表达中常常回避使用"动词+结果补语"的形式,结果过多地使用了"了$_1$"。

由此可见,助词"了"的隐现并非没有规律可寻,其用法规则是受语体修辞所制约的。因此,在句群语段表达中指导学生恰当地使用"了",是中级汉语教学中重要而又迫切的任务之一。它给我们的启示是:1.在教语法规则时应考虑到实际表达的需要,要把语法研究和教学扩展到句群语境。在偏误分析中,不能简单地以单句为单位分析母语的迁移现象。2.当我们讲

---

① 参见刘元满《走进中国》,北京大学出版社1997年版。

"了₁"、"了₂"的使用规则时,要兼顾用和不用两种情况,在讲"了₁"表示动作的实现或完成时,也要介绍更为常见的用补语形式等表动作实现的办法,并在叙述语段中,把结果补语的学习与"了₁"的隐现规律结合起来掌握。3.不应把目的语语法现象简单地同母语的语法相对应,应鼓励学生直接习得目的语,尽可能不以母语为参照、为中介,以免造成母语的负迁移。

第三章

汉语语音习得过程研究

第一节 第二语言语音习得研究的基本方法[①]

第二语言(下文简称为 L2)语音习得是第二语言习得(下文简称为 SLA)领域的研究方向之一,同时也是语音学的重要研究内容之一,被称为"中介语音系(interlanguage phonology)"。与 SLA 的其他分支方向类似,L2 语音习得研究也是一门边缘学科,它除了需要引进教育学、心理学、语言习得等学科的有关理论外,更与纯语言学中的语音学(phonetics)和音系学(phonology)有着不可分割的密切关系。

国际上,由于 SLA 理论的不断发展,更由于语音学和音系学近几十年来所取得的丰硕成果,L2 语音习得的研究近年来也取得了长足的进步。而国内的 SLA 研究领域,语音习得的研究一直是一个冷门,虽然近年公开发表的论文数量有所增加,但由于主客观条件的限制,与国际主流的研究手段和方法相比,仍存在相当大的差距。基于这种情况,对国际上 L2 语音习得研究

---

① 本文原标题为"第二语言语音习得研究的基本方法和思路",作者王韫佳,原载《汉语学习》2003 年第 2 期。

的主流趋势做一个基本的扫描,是我们提高自己的研究水平,争取与主流研究对话的必要起点。

一 第二语言语音习得研究的基本方法

1. 经验总结与实证研究

经验总结式的研究是国内 L2 语音习得研究中最常见、最流行的方法,在积累了一定教学经验的基础上,研究者依靠课堂或课外随机获得的信息,对重复出现的一些发音现象进行描述。在研究报告中,他们不提供所依据的数据的内容,也不对发音现象做量化的描写。在对发音现象的语音学描述中,依靠的主要是研究者个人的经验。

在语音习得研究领域(包括母语语音习得的研究),国际上通行的研究方法是实证的方法。实证研究意味着研究依据是有目的地采集到的、客观存在的数据,即学习者发音的录音或学习者的语音知觉等。研究者通常会对数据给出量化的描写。实证的方法并不仅仅用于实验研究,也普遍运用于描写研究或定性研究中。

2. 实验研究和非实验研究

L2 研究的方法基本上可分为实验研究和非实验研究两类,有的学者将非实验研究又分为描写研究和定性研究两小类。[①]两类方法适用于不同的研究目的:实验研究适合于对既有理论假设的检验,非实验研究适合于通过对数据的观察提出某种理

---

① Seliger, H. W. & Shohamy, E. *Second Language Research Methods*. 上海教育出版社 1999 年版。

论假设。实验研究意味着通过人工处理或介入的方法获得数据,在采集数据时必须对一些变量做控制。非实验研究指采集数据时不做任何人工干预,也就是说数据是从自然情境中获得的。国内对 SLA 研究的基本方法已有过专门介绍,兹不赘言。①

在语音习得领域,对儿童母语习得的研究常常采用非实验研究,因为很难对研究对象做发音上的控制。L2 语音习得研究的对象一般是成年人,在研究中被试比较容易被控制,而从自然情境中产生的语料里我们很难快速而准确地得到较为全面的信息,因此,往往需要采用实验的方法。在语音的实验研究中,被试的作业总的来说有两类:一类为知觉作业,即让被试对制作专门语音信号进行听辨;另一类为发音作业,即制作专门的发音材料,让一定数量的被试发音。

听辨或发音材料制作的成功与否在很大程度上决定语音研究结果的可靠与否。在 L2 语音习得研究中,一个成功的听辨或发音材料至少应该具备以下条件:(1) 凸现 L2 与被试母语之间的语音对应关系;(2) 条目随机排列或在两个条目间插入无关材料,使被试对发音材料不敏感或对它的敏感度降低;(3) 条目应有足够多的数量,以减少偶然性因素对听辨或发音的影响。

3. 数据分析和材料制作的手段

(1) 评价手段

在经验型研究中,对于 L2 学习者发音准确度的评价和音值描写,研究者一般仅仅依靠自己的知识。而在实证研究中,所

---

① 参见江新《第二语言习得的研究方法》,《语言文字应用》1999 年第 2 期。

有关于学习者发音的评价和描写都有着客观依据。在评价方面,使用频率较高的是等级评分的方法。具体做法是:首先制定出评分等级,如 A 级(5分),完全不带口音;B级(4分),带有轻微口音;C级(3分),带有一定程度的口音;D级(2分),带有很重的口音;E级(1分),完全不能分辨。第二步是请一定数量的母语者对学习者的每一个发音数据进行评级。最后,统计出每一位被试的平均分数。

为了使评价结果更有说服力,通常还请一定数量的母语者充当对照组,对他们的发音做同样的等级评分,以学习者的得分与母语者的得分进行对比。为避免评分人对发音材料的敏感,研究者必须对所有发音人(包括对照组)的所有数据进行随机排列,然后再提供给评分人进行听辨。

(2) 描写手段

在仪器语音学或实验语音学成为语音学主流的今天,语音学被称为语音科学(phonetics science)。这个称呼意味着该学科在研究方法和手段上都更加接近于自然科学。在语音习得研究中,国际上也广泛采用声学分析的手段研究学习者发音的声学物理学特征。将学习者发音的声学参数与母语者发音的声学参数进行对比,可以更加深入和客观地了解到中介语语音的特点,提供了这些参数的研究报告无疑也为同行们贡献了可以信赖的研究资料。

(3) 材料制作手段

这里主要介绍语音知觉实验中听辨材料的制作方法,因为发音材料是文本材料,它的质量高低取决于研究者的学术水平,与技术手段的关系不大。听辨材料可以是母语者的自然语音，但现在多采用合成语音。它的优点是可以根据研究的需要任意改变语音信号的声学参数，这是利用自然发音所无法实现的。

二 第二语言语音习得研究的基本思路

影响中介语形成的因素是多种多样的，因此对于中介语的研究可以是多角度的，中介语语音的研究也不例外。这里只讨论与语音学、音系学和语音教学相关的一些思路。

1. 中介语语音学与中介语音系学

语音学研究语音的自然属性，即语音的生理和物理性质；而音系学研究语音的社会属性，即语音的功能。在中介语语音的研究中，我们也可以根据研究对象的不同划分中介语语音学和音系学。中介语语音学对中介语语音系统中的各种语音单元的自然属性做技术上的观察和测量，并以之与母语者的特点进行对比。因此，中介语语音学的对象常常是单个的音段或超音段特征。有时甚至在一项研究中同时观察母语背景不同的学习者所发的某一个音段或超音段。

中介语音系学则侧重于分析中介语的音位系统和区别性特征系统及其形成过程，并试图从语言迁移或普遍语法等角度探讨其成因，因此，中介语音系学的研究对象一般是成对出现的两个音位或以同一个特征相区别的两类音位。中介语语音学和音系学之间也有着不能截然分开的密切关系。例如，在判断学习者区别两个音位所依赖的区别性特征时，显然既需要做音系学的分析，也需要做语音学的测量。

2. 知觉(perception)与发声(production)

(1)知觉的研究

在 L2 语音习得领域,相当数目的研究是分析 L2 学习者的发音偏误的。偏误产生的原因可以从不同的角度进行探讨,从母语的语音系统出发进行研究是一个传统的并且至今依旧重要的思路。而学习者对目标语语音的知觉是沟通母语和目标语语音的桥梁,因为语言习得过程的第一个步骤是学习者接受目标语的言语信号,这种信号的物质载体就是语音,因此,语音知觉研究的意义是不言而喻的。

关于 L2 语音知觉的研究,一些学者提出了自己的理论模型。例如,Best(1995)提出了知觉同化模型(Perceptual Assimilation Model),她认为在听非母语的对立音素时,听音人可能有 4 种同化类型(不仅限于这 4 种)。[①] 我们认为,其中的 3 种与语音学习相关:(1)将 L2 中对立的两个范畴同化到母语中也互相对立的两个范畴中,因此能够很好地区分 L2 中的两个范畴;(2)将 L2 中对立的两个范畴同化到母语中一个范畴,并且认为它们和母语中这个范畴的相似度一样大,因而对这两个范畴不能很好地区分;(3)将 L2 中对立的两个范畴同化到母语中一个范畴,但认为它们与母语中这个范畴的相似度并不一样,因此能够较好地区分这两个范畴,但区分率不及(1)高。

许多实验研究证实了 Best 的假设,但正如 Best 本人所指

[①] Best, C. T. (1995) *A direct*-realist view of cross-language speech perceptions [A]. In W. Strange (Eds.) *Speech Perception and Linguistic Experience: Theoretical and Methodological Issues* [C]. Timonium, MD: York Press, 229—273.

出的那样,实际情况比理论假设中的一般规律要复杂。例如,许多研究者观察了日本和韩国的英语学习者对英语中/r/-/l/对立的知觉,①日语和韩语中都没有完全相同或类似的对立,但两种语言中都有一个与/r/和/l/发音相近的闪音/R/,因此可以预测,两种学习者都不能很好地辨别/r/和/l/。但日本学习者和韩国学习者对这一对立的具体知觉模型并不完全相同,甚至同一位被试对不同语音环境中/r/和/l/对立的知觉模式也有差别。

(2) 知觉与发声的关系

知觉的研究是与发声的研究不可分割的,前者是信号的输入,后者是信号的输出。可以说,在语音习得研究领域,知觉的研究最终是为发声的研究服务的。在知觉与发声的关系方面,也有人提出了一些假设。例如,有人认为,对于熟练的学习者来说,知觉与发声之间可能没有关系,因为他们对目标语语音的知觉错误依然存在时,与之相对应的发声错误却消失了。②

但多数研究者还是认为知觉与发声之间存在某种关系,因此研究发声的错误时常常从知觉入手。在 L2 语音习得研究中颇有成就的 Flege (1999) 回顾自己所做的一系列实验研究时总

---

① Komaki, R. and Choi. Y. (1999) Effects of Native Language on the Perception of American English /r/ and /l/: a Comparison between Korean and Japanese. In *Proceedings of ICPhS99* (San Francisco), 1429—1432.

Lively, S., Pisoni, D., Yamada, R. Tohkura, Y. and Yamada, T. (1994) Training Japanese Listeners to Identify English /r/ and /l/. III. Long Term Retention of New Phonetic Categories. *Journal of Acoustical Society of America* 96 (4), 2076—2087.

② Strange, W. Phonetics of Second Language Acquisition: Past, Present and Future. In K. Elenius and P. Branderud (Eds.) *Proceedings of ICPhS 95*, Arne Stombergs: Stockholm.

结说，知觉与发声之间存在着相当大的关系，即便对于目标语高度熟练的学习者，这种关系依然存在。①

Flege 和其他一些研究者的实验还表明，对于 L2 音位范畴的获得，知觉可能是先于发声的，即已经能够知觉到的一些语音对立，在发声中却没有表现出来。这一看法显然与 Strange 的结论相左。Flege 承认，在迄今为止的 L2 语音知觉与发声关系的研究中，二者的相关系数始终徘徊在 0.50 左右，因此他将二者之间的关系界定为一定程度的相关（modest correlation）。为何没有得到更强的相关系数，他认为这是一个应该继续探讨的问题。

3. 偏误分析的途径

偏误分析历来是 SLA 研究中的重要内容。在语音习得方面，传统的偏误分析主要是从学习者母语和目标语语音系统的对比角度出发，近年来，随着语言习得理论的发展、音系学理论的更新和技术手段的进步，偏误分析的思路也大大拓宽了。

(1) 对比分析

对比分析包括两方面的内容：一是语音学的，二是音系学的。两者之间的关系前面已有介绍。

语音学的对比分析是指对学习者母语与目标语中相似音素音值的对比。例如，汉语普通话和英语中都有舌尖塞音[t]，但汉语中的这个舌尖音的发音部位比英语中的靠前一些，因此可以预测，无论母语是普通话的人学习英语，还是母语为英语的人

---

① Flege, J. E. (1999) The relation between L2 production and perception. In *Proceedings of ICPhS99* (San Francisco), 1999:1273—1276.

学习汉语，在音素[t]上都会出现问题。

语音学对比分析常用的手段是对音素进行声学测量，以它们的声学参数作为对比的依据。音系学的对比是对学习者母语和目标语中所使用的区别性特征的对比，或音值相近的音素在两种语言中是否构成对立的对比。例如，英语中利用元音的松紧构成对立(/i/-/ɪ/, /u/-/ʊ/, /ɛ/-/é/)，汉语普通话的元音音位系统中则没有松紧的区别性特征。因此可以预测，母语是普通话的人或者完全不区别英语中的松紧元音，或者使用别的特征取代松紧特征。

语音学和音系学在实际研究中常常交织在一起。例如，我们研究母语是普通话的人学习英语的舌尖塞音/d/和/t/时会遇到两个问题：(1)普通话没有塞音的清浊对立而英语中存在，因此学习者在使用浊音特征，即发/d/时会出现困难；(2)普通话的舌尖塞音的发音部位比英语的靠前，因此，学习者发/t/和/d/两个塞音都有困难。这样，/t/的困难是语音学层面的，/d/的困难则是语音学和音系学两个层面的。

(2)偏误分析中的新思潮

对比分析曾经是偏误研究的主要研究途径，但从上世纪60年代开始，它就遭到了批评，因为并非所有的错误都可以从母语的负迁移中找到答案。Eckman(1977)开创性的工作表明，除了L1的迁移外，语言发展的普遍语法，例如无标记的先获得，有标记的后获得，也是控制中介语系统形成的因素之一。[1] 从此之

---

[1] Eckman, F. R. (1977) Markedness and the contrastive analysis hypothesis. *Language Learning* 27, 315—330.

后,母语的迁移因素和普遍语法发展因素的交替作用就一直是 SLA 研究中的热门话题之一。

标记性假设在 L2 语音习得领域产生的影响也是引人注目的,许多实验研究都证明了这一假设。Eckman 本人就在语音习得方面做了不少工作。例如,他(1991)对 11 个母语分别是汉语粤方言、日语和韩语的被试进行了习得英语复辅音的调查。① 上述三种语言中都不允许出现复辅音的音节头,因此,英语中众多的复辅音音节头对于这些学习者来说,哪一类更为困难,是难以从母语的角度预测的。

理论语言学认为,音节头越长,其标记性越强。根据标记性越强越难习得的假设,由 3 个音素组成的复辅音/spr/、/str/、/skr/ 应该比由两个音素组成的/sp/、/pr/、/st/、/tr/ 和/sk/、/kr/更难习得。Eckman 规定,发音正确率达到 80%,就算该音节头进入了中介语音系。如果 3 个音素的音节头早于 2 个音素的进入中介语音系,如/spr/早于/sp/或/pr/,则不能证明标记性假设。在 Eckman 的总共 132 个案例中,131 例都支持了标记性假设,例外只有 1 例。

在 L2 语音习得领域,随着生成音系学的兴起,各种新兴的理论,如词汇音系学(lexical phonology)、特征几何理论(feature geometry theory)、优选理论(optimality theory)等,都被用来解释中介语语音系统的成因。例如,Broselow et al. (1998)发现,母语是汉语普通话的被试在对英语词尾塞音的处

---

① Eckman, F. R. (1991) The structural conformity hypothesis and the acquisition of consonants clusters in the interlanguage of ESL learners. *Studies in Second Language Acquisition* 13,23—41.

理中有三种策略:(1)在塞音后增加元音;(2)删除词尾塞音;(3)使词尾浊塞音清化。在对策略(1)和(2)的选择上,被试呈现出显著规律,即对单音节词尾大多采用(1),使单音节词变为以元音结尾的双音节词;对双音节词尾大多采用(2),使双音节词变成以元音结尾。他们还注意到,浊音词尾的错误率高于清音词尾。作者认为,尽管这些策略的运用都是为了与普通话的某些音韵形式相一致,但采取这些策略时所使用的语音规则在普通话中并不存在,并且在目标语中也不存在。因此,他们选择了音系学中的优选理论来研究上述现象。[①]

美国的 SSLA(Studies in Second Language Acquisition,季刊)在 1998 年曾经邀请 R.C. Major 作为特约编辑主编了一期中介语语音学和音系学特刊。Major 指出,在他所编选的 6 篇论文中,存在着两个或明显或隐含的主题:(1)研究 L2 语音习得中的底层表达(underlying representation);(2)研究标记性在 L2 语音习得中的作用。其中底层表达是生成音系学的重要概念。例如,在优选理论的框架中,目标语的语音形式是 L2 学习者的底层表达,从底层表达可能会派生出多种表层形式(surface form),其中包括与目标语母语者相同的语音形式。但在学习者的语法系统中,对于表层形式的出现存在着彼此之间有等级关系的限制系列(这种限制系列母语者也有,但等级关系与学习者不一样),这些限制导致学习者选择那些与自己的母语音韵格局最相近的表层形式。

[①] Broselow, E., Chen, S. & Wang, C. (1998) The emergence of the unmarked in second language phonology[J]. *Studies in Second Language Acquisition* 20, 261—280.

(3) 教学与偏误分析

在中介语语音系统的形成过程中,语言教师所起的作用不可忽视。一些研究者注意到,学习者的偏误有时来自教师,这种情况在学习者的 L2 也是教师的 L2 时显得尤为突出。

仍以我们所熟悉的母语为汉语普通话的学习者学习英语元音为例,Wang et al. 的实验结果表明,与母语者依靠共振峰的区别模式不同,大部分学习者是通过元音长短的不同来辨别元音 /i/ 和 /ɪ/ 的,但被试区别 /u/ 和 /ʊ/ 时对时长的依赖则没有区别 /i/ 和 /ɪ/ 时显著。① 在发音中,大部分学习者夸大了 /i/ 和 /ɪ/ 在时长上的区别,但却没有夸大 /u/ 和 /ʊ/ 在时长上的区别。普通话元音系统中既无松紧对立,也无长短对立,因此,很难从学习者母语的音系中找到造成这种知觉和发音模式的原因。研究者们在寻找这种貌似奇怪的知觉和发声模式的起源时发现,这些被试在中国学习英语时,英语教师告知他们 /i/ 和 /ɪ/ 的区别是长和短的区别,但对 /u/ 和 /ʊ/ 之间的区别则没有明确地告知。研究者认为,教师的误导是造成上述知觉和发声现象的原因之一。

由教学引起的学习者的语音偏误提醒我们,正确地了解所教语言的音位系统不仅是研究者的必修课,也是语言教师的必修课。

---

① Wang, X. and Munro, M. T. (1999) The perception of English tense-lax vowel pairs by native Mandarin speakers: the effect of training on attention to temporal and spectral Cues. In *Proceedings of ICPhS*99 (San Francisco), 125—129.

4. 教学法的技术突破

以上介绍的都是有关语音习得的基础研究的一些方法与角度。基础研究的成果有时不能立即用于教学实践。因此,也有些研究者致力于语音教学的技术改革,这种改革不是指教师调动自己的发音器官或肢体来帮助学生理解发音,而是指从声学、心理学等角度强化学习者对目标语语音区别性特征的敏感度。一些技术还可以编成教学软件,学习者可以在互联网上浏览,并可以用这些软件进行自觉的语音纠正。

对于一种新技术在教学实践中使用结果的评价,也需要进行实验研究,至少要在使用前后进行测试。前面所提到的母语是普通话的学习者不能像英语母语者一样依靠元音共振峰的不同区别松紧元音/i/和/ɪ/,而是靠音长来区别它们,因此也造成了发音时夸大了两个元音时长的差别,忽略了它们共振峰的差别。这是前测的结果。研究者利用语音合成技术合成出在时长和共振峰方面有所差别的若干对/i/和/ɪ/,让被试进行选择性听辨,并立即将正确答案反馈给被试。经过一段时间的反馈训练后,在仅仅存在共振峰差别时,被试知觉的正确率显著提高。也就是说,被试的注意力明显地从时长转移到了共振峰上。后测结果说明这种听辨—反馈的训练技术对于加快松紧元音的知觉范畴化是有效的。

三 余论

以上所介绍的只是 L2 语音习得研究中值得注意的一些基本问题,实际工作中的具体方法和角度当然不止我们所谈的这些。本节所引用的一些研究报告在实验方法或理论构建上也并非完美无缺。我们无非是希望这样的介绍能够在国内的 L2 语音习得研究领域起到抛砖引玉的作用。

第二节 汉语作为第二语言的中介音类型研究[①]

"中介音"是指中介语的语音。它是第二语言学习过程中由于母语语音负迁移等原因所形成的一种语音现象。由于母语类型各异,中介音也呈现出不同的特征。据此可以划分为不同的类型。

找出不同母语留学生中介音特征,划分其中介音类型的意义在于可以分析洋腔洋调的成因;还在于可以针对不同类型设计对策,促使中介音更快地向目的音转化。

为此我们首先设计了测试字表,[②]然后进行了一系列实验。物理方面有语图实验、音高实验;心理方面有:

精确度实验:专业人员审听,可反复听辨找出问题。

清晰度实验:非专业人员审听,预知答案、作出评价。

可懂度实验:非专业人员审听,不知道答案,不反复,一次性审听记下,然后由研究者与答案对照,一致者为"可懂"。

[①] 本文原标题为"对外汉语中介音类型研究",作者朱川,原载《第五届国际汉语教学讨论会论文选》,北京大学出版社 1997 年版。

[②] 参见朱川《汉语语音测试字表研究》,《华东师大学报》(社科版)1995 年第 3 期。

一 相关分析、难点排序

对照三种心理分析的结果，我们发现了一种值得研究的现象，那就是三者有时会出现不一致的现象。例如在精确度实验中经多位专业人员认定的问题在可懂度实验中居然没有反映。这绝不可能是一时疏忽。因为可懂度实验是二十名听辨者在不知道答案的情况下记录的。只要其中的十六七人都记下准确的答案，我们就完全可以认定在精确度实验中所发现的问题是不影响可懂度的。如果某个精确度问题在清晰度实验中没有反映（当然也必须是听辨者高度一致），我们也可以认定这一问题虽然是个缺陷，但毕竟还没有超出过可以容忍的范围。只有那些在精确度、可懂度和清晰度三个实验中都判定有错的问题，才是至关重要并且首先需要解决的问题。因此我们进一步作了中介音的精确度/可懂度/清晰度的相关分析。

经过相关分析，我们发现在许多难点之中，最敏感最影响可懂度的是声调。例如欧美学生在发"人"这个音节时往往把声母唇化，发成"run"。这个误差十分明显地影响了精确度，但没有影响可懂度和清晰度。在读"谁"这个音节时丢了介音读成了"shei"，影响了精确度和清晰度，但仍是可懂的。然而把"学"发成了"xie"立刻就在三个实验中全反映了出来，这就是声调的作用，由于声调的作用"run"不会误认为"润"，"shei"不会误以为"谁"，而由于声调的作用"xie"立刻变成"协"，不可懂了。

有无对立物的存在同样也是影响可懂度的重要因素。例如不少留学生把舌尖后音 zh、ch、sh 发成舌尖前音 z、c、s，在"住""受""说"等音节中都出现这类偏误，但在可懂度实验中均无反映,唯独在"少""睡"等音节中立刻就在可懂度实验中反映了出来,这自然就是因为存在对立物"扫""碎"的原因。所以,注意对立物的存在又成为提高可懂度的重要手段。

我们根据相关分析的结果,按语种把难点排序。把三者完全一致的列为"一级难点";精确度和可懂度都有问题但在清晰度实验中无反映的列为二级难点,这说明在预知答案的情况下,尚能容忍;精确度和可懂度不一致,但影响清晰度的列为三级难点,不影响清晰度的就可以宽容了。

对照不同语种的难点排序表,①我们可以看出由于母语不同,负迁移效应也不同,因此各语种的一级难点是不完全一样的。

下面就是四个语种留学生的难点排序表:

相关分析难点排序(OM)

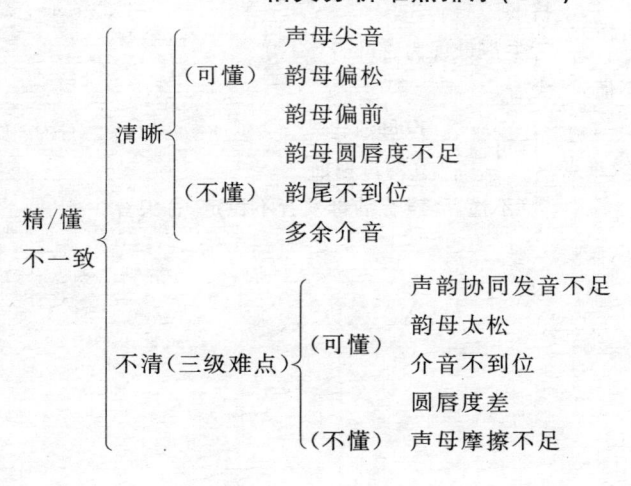

精/懂不一致
- 清晰
  - (可懂)
    - 声母尖音
    - 韵母偏松
    - 韵母偏前
    - 韵母圆唇度不足
  - (不懂)
    - 韵尾不到位
    - 多余介音
- 不清(三级难点)
  - (可懂)
    - 声韵协同发音不足
    - 韵母太松
    - 介音不到位
    - 圆唇度差
  - (不懂)
    - 声母摩擦不足

---

① 语种代号:OM——欧美、RI——日本、DY——东亚(韩国)、NY——南亚(新加坡)。

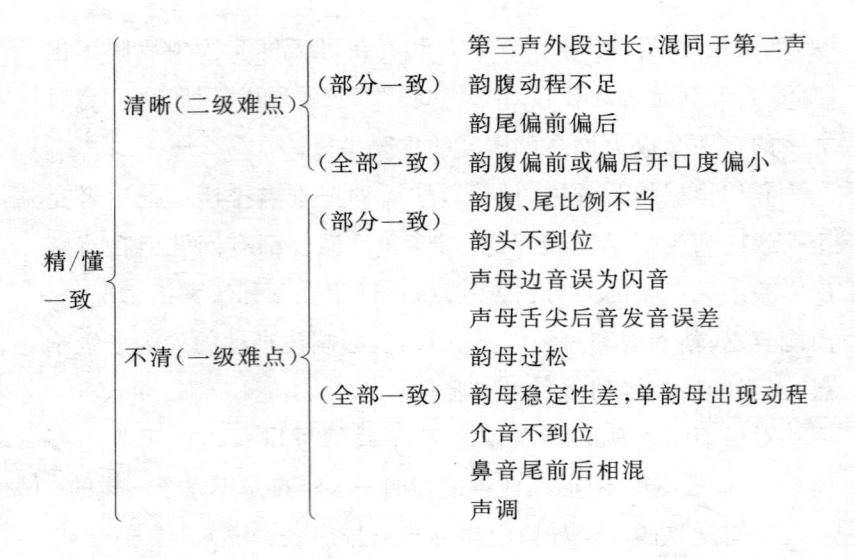

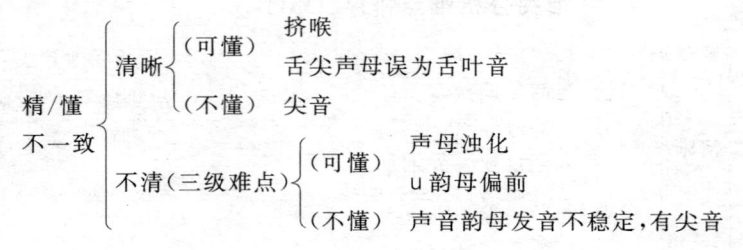

精/懂
一致
- 清晰（二级难点）
  - （部分一致）
    - 第三声外段过长，混同于第二声
    - 韵腹动程不足
    - 韵尾偏前偏后
  - （全部一致）韵腹偏前或偏后开口度偏小
- 不清（一级难点）
  - （部分一致）
    - 韵腹、尾比例不当
    - 韵头不到位
    - 声母边音误为闪音
    - 声母舌尖后音发音误差
    - 韵母过松
  - （全部一致）
    - 韵母稳定性差，单韵母出现动程
    - 介音不到位
    - 鼻音尾前后相混
    - 声调

相关分析难点排序（RI）

精/懂
不一致
- 清晰
  - （可懂）
    - 挤喉
    - 舌尖声母误为舌叶音
  - （不懂）尖音
- 不清（三级难点）
  - （可懂）
    - 声母浊化
    - u 韵母偏前
  - （不懂）声音韵母发音不稳定，有尖音

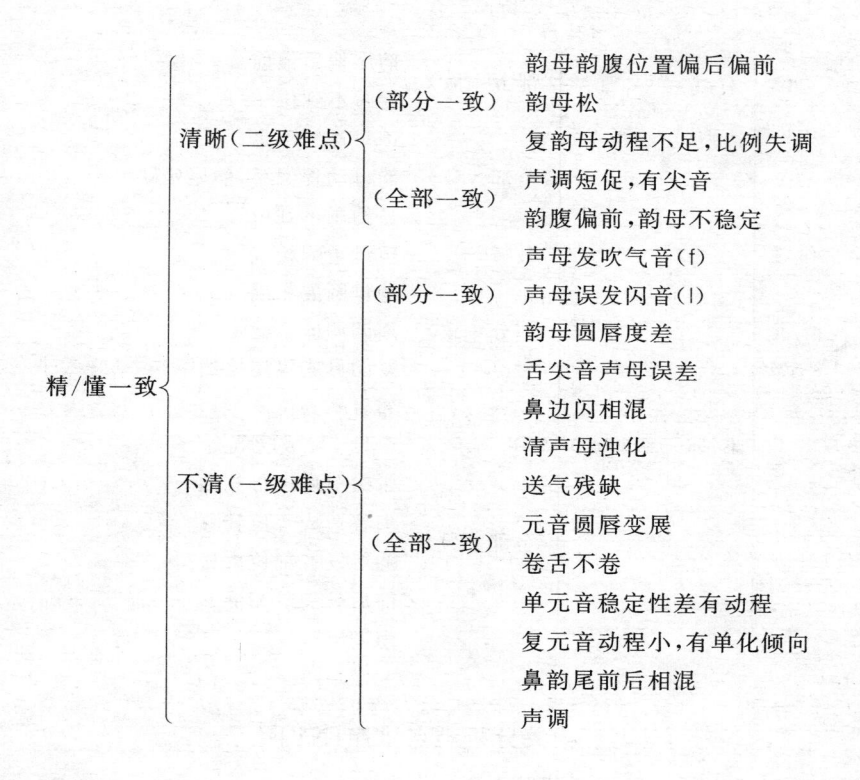

第二节 汉语作为第二语言的中介音类型研究

- 精/懂一致
  - 清晰（二级难点）
    - （部分一致）
      - 韵母韵腹位置偏后偏前
      - 韵母松
      - 复韵母动程不足，比例失调
    - （全部一致）
      - 声调短促，有尖音
      - 韵腹偏前，韵母不稳定
  - 不清（一级难点）
    - （部分一致）
      - 声母发吹气音(f)
      - 声母误发闪音(l)
      - 韵母圆唇度差
      - 舌尖音声母误差
      - 鼻边闪相混
      - 清声母浊化
      - 送气残缺
    - （全部一致）
      - 元音圆唇变展
      - 卷舌不卷
      - 单元音稳定性差有动程
      - 复元音动程小，有单化倾向
      - 鼻韵尾前后相混
      - 声调

相关分析难点排序（DY）

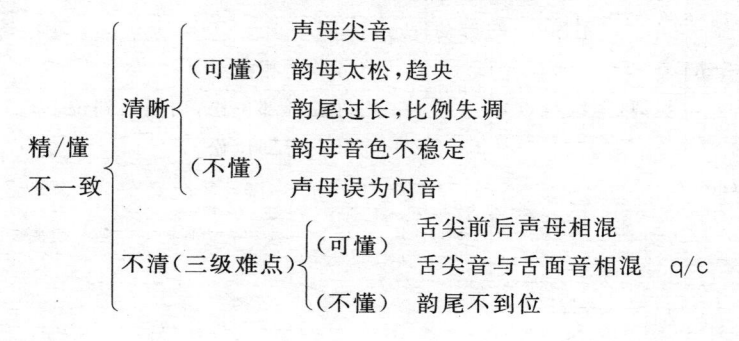

- 精/懂不一致
  - 清晰
    - （可懂）
      - 声母尖音
      - 韵母太松，趋央
      - 韵尾过长，比例失调
    - （不懂）
      - 韵母音色不稳定
      - 声母误为闪音
  - 不清（三级难点）
    - （可懂）
      - 舌尖前后声母相混
      - 舌尖音与舌面音相混　q/c
    - （不懂）
      - 韵尾不到位

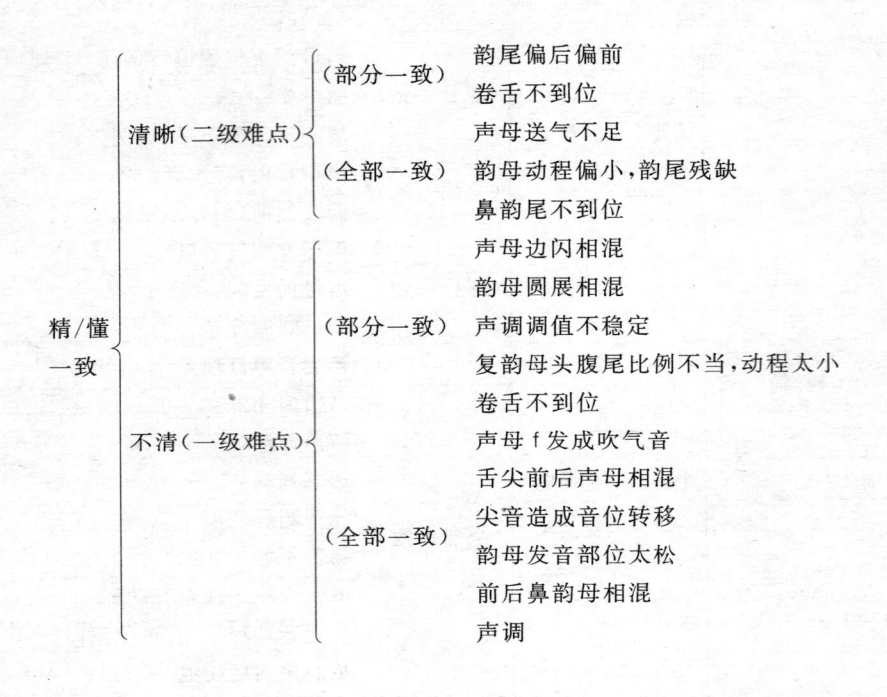

精/懂
一致
┌ 清晰(二级难点)
│   ┌ (部分一致) ── 韵尾偏后偏前
│   │   卷舌不到位
│   │   声母送气不足
│   └ (全部一致) ── 韵母动程偏小,韵尾残缺
│   鼻韵尾不到位
│
└ 不清(一级难点)
    ┌ (部分一致) ── 声母边闪相混
    │   韵母圆展相混
    │   声调调值不稳定
    │   复韵母头腹尾比例不当,动程太小
    │   卷舌不到位
    │   声母 f 发成吹气音
    │   舌尖前后声母相混
    └ (全部一致) ── 尖音造成音位转移
                   韵母发音部位太松
                   前后鼻韵母相混
                   声调

相关分析难点排序(NY)

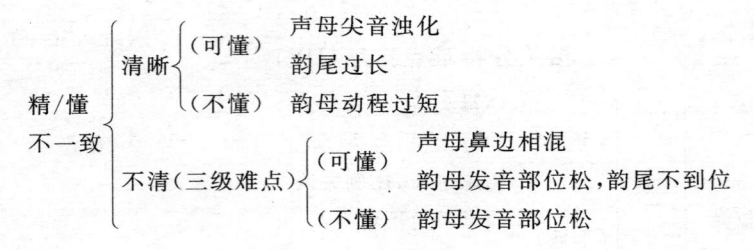

精/懂
不一致
┌ 清晰 ┌ (可懂) ── 声母尖音浊化
│   │   韵尾过长
│   └ (不懂) ── 韵母动程过短
│
└ 不清(三级难点)
    ┌ (可懂) ── 声母鼻边相混
    │   韵母发音部位松,韵尾不到位
    └ (不懂) ── 韵母发音部位松

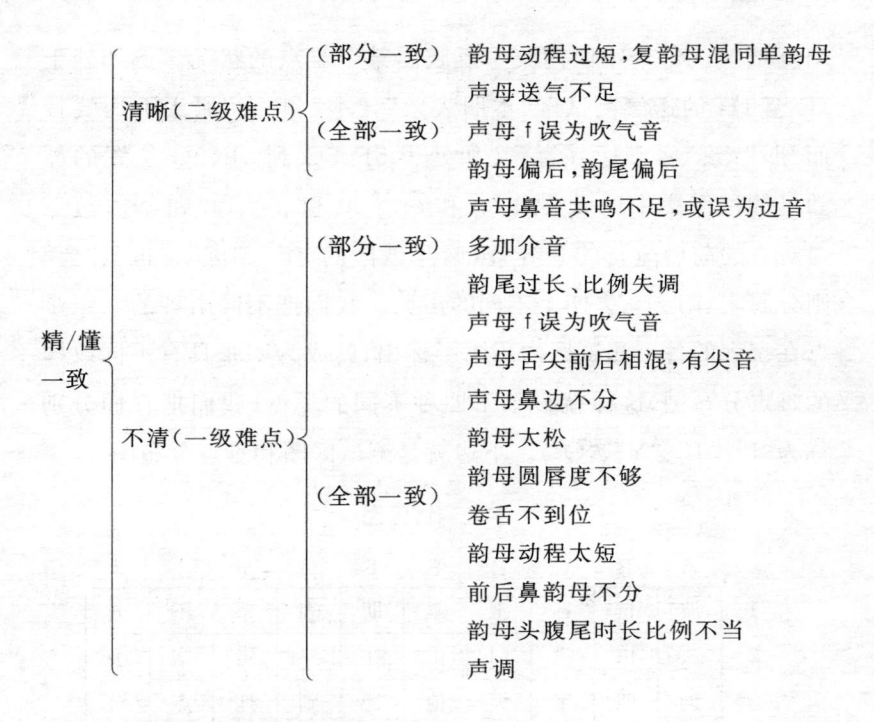

第二节 汉语作为第二语言的中介音类型研究

```
                    ┌ (部分一致)  韵母动程过短,复韵母混同单韵母
         清晰(二级难点)┤           声母送气不足
         │          └ (全部一致)  声母 f 误为吹气音
         │                      韵母偏后,韵尾偏后
         │                      声母鼻音共鸣不足,或误为边音
         │          ┌ (部分一致)  多加介音
精/懂    │          │            韵尾过长、比例失调
一致 ────┤          │            声母 f 误为吹气音
         │          │            声母舌尖前后相混,有尖音
         │          │            声母鼻边不分
         不清(一级难点)┤           韵母太松
                    │            韵母圆唇度不够
                    └ (全部一致)  卷舌不到位
                                 韵母动程太短
                                 前后鼻韵母不分
                                 韵母头腹尾时长比例不当
                                 声调
```

二 中介音的类型划分

找出四个不同语种留学生的各级难点之后,将他们不同的一级难点加以比较,可以明显地看出类型的不同。

如何使不同语种难点类型一目了然地呈现出来呢,我们在设计测试字表时已经考虑过。该字表是由一百个汉字组成的一个矩阵。由上而下的十行反映发音部位:双唇——齿唇——舌尖前——舌尖中——舌尖后——舌面——舌根——零声母。由左而右的十列反映韵母的开——齐——合——撮四呼,可以说是汉语音节表的缩影,由此保证了测试的覆盖率。与此同时,这张测试表又设计了六个声母测试区,八个韵母测试区和一个声调测试区。每个小区内集中反映出某个难点的状况。例如处于 1E 至 1H 的送气测试区"本朋表票","本"和"表"属于不送气音而"朋""票"属于送气音;又如处于 5F、5G 到 9F、9G 位置的鼻韵母测试区集中地反映出 en 和 eng、in 和 ing、an 和 ang 这三对对立的前后鼻音的差异;声调测试区的"工"、"国"、"也"、"要"则分属阴、阳、上、去四个不同的声调。我们把不同语种的一级难点在字表的各个测试区内用阴影标出,就成为四张具有不同纹样的难点分布图,这样就显示了四种不同的类型(我们把它们分别称为"J"、"T"、"Y"、"Q")。下边就是测试区图和难点分布图。

字表测试区图

	A	B	C	D	E	F	G	H	I	J
1	波	自	杯	报	本	朋	表	票	不	夫
2	法	怕	没	门	忙	在	三	走	宿	坐
3	词	四	字	大	他	德	到	地	点	对
4	哪	了	来	两	你	里	路	女	绿	题
5	志	吃	这	产	中	衬	程	住	说	春
6	是	日	少	上	授	人	生	睡	剧	泉
7	向	熊	七	小	先	进	京	学	去	裙
8	儿	家	介	九	见	观	光	快	哭	画
9	客	和	个	工	国	银	迎	五	我	翁
10	欸	二	一	也	要	有	用	喂	晚	语

声母测试区

  齿唇测试区   法

  舌尖音测试区   志吃是日

  鼻边闪测试区   哪了来两你里路女

第二节 汉语作为第二语言的中介音类型研究

　　清浊测试区　　　　大他德到地
　　送气测试区　　　　本朋表票
　　尖音测试区　　　　向熊七小先几家介九见
韵母测试区
　　松紧测试区　　　　客和个工国
　　圆展测试区　　　　剧泉去裙
　　卷舌测试区　　　　二
　　稳定测试区　　　　语
　　介音测试区　　　　绿题说春
　　动程测试区　　　　我
　　时长比测试区　　　对
　　鼻韵母测试区　　　衬程人生进京观光银迎
声调测试区　　　　　　工国也要

OM 中介音难点分布图

波	自	杯	报	本	朋	表	票	不	夫
法	怕	没	门	忙	在	三	走	宿	坐
词	四	字	大	他	德	到	地	点	对
哪	了	来	两	你	里	路	女	绿	题
志	吃	这	产	中	衬	程	住	说	春
是	日	少	上	授	人	生	睡	剧	泉
向	熊	七	小	先	进	京	学	去	裙
儿	家	介	九	见	观	光	快	哭	画
客	和	个	工	国	银	迎	五	我	翁
欸	二	一	也	要	有	用	喂	晚	语

OM 中介音类型特征　J 型。

一级难点：声母：闪边相混，偶有闪音出现。

舌尖后音易误为舌尖前或舌叶音。

韵母：介音圆唇度差。

韵母舌位太松，有时导致不稳定。

鼻韵母前后相混。

声调：上声上升段过长近似阳平。

二级难点：声母：送气不足。

韵母：动程偏小。

头腹尾比例不当。

卷舌有时不到位，有时过头。

三级难点：声母：有尖音。

舌尖音与舌面音相混。

韵母：韵尾不到位。

RI 中介音难点分布图

波	自	杯	报	本	朋	表	票	不	夫
法	怕	没	门	忙	在	三	走	宿	坐
词	四	字	大	他	德	到	地	点	对
哪	了	来	两	你	里	路	女	绿	题
志	吃	这	产	中	衬	程	住	说	春
是	日	少	上	授	人	生	睡	剧	泉
向	熊	七	小	先	进	京	学	去	裙
儿	家	介	九	见	观	光	快	哭	画
客	和	个	工	国	银	迎	五	我	翁
欸	二	一	也	要	有	用	喂	晚	语

第二节 汉语作为第二语言的中介音类型研究

RI 中介音类型特征　　T 型。

一级难点：声母：f 误为吹气音。

舌尖前后相混，有时误为舌面音。

鼻边相混，误为闪音。

清声母浊化。

送气残缺。

韵母：圆唇不足，导致 ü i 相混。

卷舌不到位。

单元音不稳定，复元音动程过小。

鼻韵尾前后相混。

阳平上声相混，有短促趋势。

二级难点：声母：有尖音。

韵母：头腹尾比例失调。

声调：短促。

三级难点：声母：舌尖声母误为舌叶音。

塞音有挤喉倾向。

韵母：发音部位普遍偏前。

发音部位太松。

DY 中介音难点分布图

波	自	杯	报	本	朋	表	票	不	夫
法	怕	没	门	忙	在	三	走	宿	坐
词	四	字	大	他	德	到	地	点	对
哪	了	来	两	你	里	路	女	绿	题
志	吃	这	产	中	衬	程	住	说	春

续表

是	日	少	上	授	人	生	睡	剧	泉
向	熊	七	小	先	进	京	学	去	裙
儿	家	介	九	见	观	光	快	哭	画
客	和	个	工	国	银	迎	五	我	翁
欸	二	一	也	要	有	用	喂	晚	语

DY 中介音类型特征　　Y 型。

　　一级难点：声母：f 发成吹气音。

　　　　　　　　　　舌尖前后声母相混。

　　　　　　　　　　有尖音。

　　　　　　　韵母：前后鼻音相混。

　　　　　　　　　　韵母太松。

　　　　　　　声调：上声升段过长,近似阳平。

　　二级难点：声母：边音误为闪音。

　　　　　　　　　　声母送气不足。

　　　　　　　韵母：卷舌不够。

　　　　　　　　　　圆唇不够。

　　　　　　　　　　韵尾不到位。

　　三级难点：声母；舌尖音与舌面音相混。

　　　　　　　韵母：韵尾残缺。

　　　　　　　　　　韵母不稳定。

　　　　　　　声调：普遍偏短。

NY 中介音难点分布图

波	自	杯	报	本	朋	表	票	不	夫
法	怕	没	门	忙	在	三	走	宿	坐
词	四	字	大	他	德	到	地	点	对
哪	了	来	两	你	里	路	女	绿	题
志	吃	这	产	中	衬	程	住	说	春
是	日	少	上	授	人	生	睡	剧	泉
向	熊	七	小	先	进	京	学	去	裙
儿	家	介	九	见	观	光	快	哭	画
客	和	个	工	国	银	迎	五	我	翁
欸	二	一	也	要	有	用	喂	晚	语

NY 中介音类型特征　　Q 型。

一级难点:声母:f 误为吹气音。

　　　　　　　鼻边不分。

　　　　　　　舌尖前后不分。

　　　　　　　有尖音。

　　　　韵母:太松,圆唇度不够。

　　　　　　　卷舌不到位。

　　　　　　　动程短。

　　　　　　　前后鼻音不分。

　　　　声调:短促。

二级难点:声母:送气不足。

　　　　韵母:头腹尾比例不当。

　　　　　　　多加介音。

　　　　声调:不稳定。

三级难点:声母:有尖音。
  浊化。
 韵母:复韵母单化。

第三节　日本学生习得汉语普通话卷舌声母的语音变异研究[①]

语言变异是第二语言学习者中介语中普遍存在的现象。Ellis(1994)将第二语言学习者语言变异分为系统变异和非系统变异两大类。[②] 系统变异主要包括三类:(1)语言语境(linguistic context)造成的变异(Dickerson,1975;Ellis,1988);[③] (2)情景语境(situational context)造成的变异(Tarone,1982,1983,1985);[④](3)心理语言语境(psycholinguistic context)造

[①] 本文原标题为"日本学习者习得普通话卷舌声母的语音变异研究",作者梅丽,原载《世界汉语教学》2005年第1期。

[②] Ellis, R. (1994) *The Study of Second Language Acquisition*. Oxford: Oxford University Press.(《第二语言习得研究》,上海外语教育出版社,1999年引进版)

[③] Dickerson, L. (1975) The learner's interlanguage as a system of variable rules. *TESOL Quarterly* 9, 401—407.
Ellis, R. (1988) The effects of linguistic environment on the second language acquisition of grammatical rules. *Applied Linguistics* 9, 257—274.

[④] Tarone, E. (1982) Systematicity and attention in interlanguage. *Language Learning* 32, 69—83.
Tarone, E. (1983) On the variability of interlanguage systems. *Applied Linguistics* 4, 142—163.
Tarone, E. (1985) Variability in interlanguage use: A study of style-shifting in morphology and syntax. *Language Learning* 35, 373—403.

成的变异。非系统变异即自由变异,是中介语动态发展的表现(Ellis,1985;王建勤,1997)。① 语言变异在中介语语音、形态、句法等层面上都有所表现。

语音变异的系统性研究主要集中在语言语境和情景语境两方面。Dickerson(1975)最早考察了语言语境对学习者语音产出的影响。她发现日本学习者在发目的语英语/z/时,随着其出现的语音环境发生变化:当/z/出现在元音前面,学习者可以完全正确地发出该音;当/z/出现在其他语音环境中(/m/、/b/等辅音前;音节尾;/θ/、/t/等辅音前),学习者/z/发音正确率逐步降低,他们将目的音发成了[z]、[s]、[dz]等五个变体。这表明学习者发目的语中某个音时,其语音产出受到相邻元音或辅音影响。有关情景语境造成语音变异的研究主要有 Dickerson(1975)、Beebe(1980)、袁博平(1995)。Dickerson(1975)发现学习英语的日本学习者在自由发言、朗读对话、朗读词表三种情景语境下出现的目的语形式不同。目的语形式在朗读词表中出现最多,自由发言中出现最少,朗读对话中出现的数量介于前两者之间。此研究为 Tarone"中介语风格连续体"理论(the continuum of interlanguage style)提供了证据。但是,Beebe(1980)的研究结果却与 Dickerson 不完全一致。② 在正式情景语境中,学习英语的成年台湾学习者在发英语中居于音节首位的 r

---

① Ellis, R. (1985) Sources of variability in interlanguage. *Applied Linguistics* 6, 118—131.

王建勤《"不"和"没"否定结构的习得过程》,《世界汉语教学》1997 年第 3 期。

② Beebe, L. (1980) Sociolinguistic variation and style-shifting in second language acquisition. *Language Learning* 30, 433—447.

时，使用了较多母语形式，这些母语形式都是台湾学习者在用母语进行正式交际时使用的。Beebe 由此认为，正式情景语境中中介语较容易受到上位规则系统（superordinate rule system）渗透，母语或目的语都可能成为上位规则系统。当母语形式具有较强社会价值（prestige value）时，就表现出比目的语更强的渗透性。袁博平（1995）分组统计了三组母语为英语的学生在五种情景语境下运用汉语声调的正误数据，发现在不同情景语境下学生随注意力不同，运用声调的正误形成一个变化连续统。[①]以上有关情景语境研究表明，学习者在非正式情景语境下自然使用语言时，对语音产出监控[②]较差，其中介语音就会远离目的语；在正式情景语境下使用严谨语言时，对语音产出监控较好，其中介语音就会接近目的语或母语。Gatbonton(1978)用扩散模式考察了 27 个学习英语的法国—加拿大学习者习得三个英语语音特征/h/、/θ/、/ð/过程中出现的自由变异。[③] Gatbonton 认为在第二语言发展过程中存在"习得"和"替代"两个主要阶段。在"习得阶段"，学习者习得目的语中某个变项的正确变体，并在所有的语境中都使用这个变体，同时使用的还有该变项的不正确变体。到了"替代阶段"，正确变体逐步取代不正确变体，自由变异消失。自由变异是学习者中介语不稳定的表现，学习者试图通过建立目的语形式和功能之间的对应关系来完善其中

---

① 袁博平 Variability and system aticity in the perfomance of the four Chinese tones by English SLA Learners of Chinese,《世界汉语教学》1995 年第 1 期。

② "监控"指学习者对语言形式的注意。

③ Gatbonton, E. (1978) Pattemed phonetic variability in second language speech: A gradual diffusion model. *Canadian Modern Language Review* 34, 335—347.

第三节 日本学生习得汉语普通话卷舌声母的语音变异研究

介语。随着中介语的完善，由于语言经济原则，自由变异逐渐消失。

普通话卷舌声母①zh、ch、sh是日本学习者语音习得难点。初级阶段学习者将zh、ch、sh和j、q、x相混比较严重，如把"杂志、老师、迟到"说成"杂技、老西、齐到"。另外，学习者把zh、ch、sh发成z、c、s的现象也存在，如把"摘花、差错、社会"说成"栽花、擦错、色会"。针对这一问题，朱川从语音学角度做了分析。②还有研究者从日汉语音对比角度考察了此问题。这些研究基本上是在对比分析理论框架下将学习者的母语和目的语音系统进行比较，这存在两点不足：(1)把学习者的习得过程简单化；(2)忽略了习得过程中出现的语音变异现象，且无法全面解释这种变异。

本节试图对日本学习者习得普通话卷舌声母的语音变异现象做深入考察，需要进一步讨论的是：(1)语音变异是否受到语言语境影响？语言语境包括卷舌声母的后接元音和声调两部分。"后接元音"根据卷舌声母后接的第一个元音分成四类：/i/、/u/、/e/、/a/。③声调按四声分成了四类。(2)语音变异是否受到情景语境影响？情景语境包括朗读词表和朗读句子两部

---

① 本节只考察了汉语普通话zh、ch、sh这三个卷舌声母，没有考察r。
② 参见朱川《汉日语音对比实验研究》，《语言教学与研究》1981年第4期；《外国学生汉语语音学习对策》，语文出版社1997年版。
③ 这样分类是考虑到，作为声母的辅音发音主要受到后接第一个元音影响。王理嘉(1991)将北京话的元音音位按照舌位高低分为高、中、低3组。本节按照此标准将舌尖后元音[ʅ]取其拼音形式归为/i/类，选择另一高元音[u]单独作为/u/类。/e/类主要选择了中元音[ə]，由于要匹配两种情景语境中的音节，故还选择了[ʌ]。/a/类中主要选择了[A]，由于要匹配两种情景语境中的音节，故还选择了[ɑ]和[a]。

分。(3)语音变异是否也具有非系统性？如果存在，自由变异是如何动态发展的？以上问题的讨论，可以为普通话卷舌声母教学提供参考，同时为第二语言习得理论提供一些新的实证材料。

一　语言语境对日本学习者卷舌声母语音变异的影响

1. 方法

实验设计：两因素 4×4 被试内设计。因素 1 为卷舌声母后接元音，分为 /i/、/u/、/e/、/ɑ/ 四个水平；因素 2 为声调，分为四个水平即普通话四声。

被试：同一汉语水平日本学习者 15 名（男 5 女 10）。本实验选择了零加级、初级、中级三种不同汉语水平被试各 15 名分别予以考察。"零加级汉语水平"学习者到本实验测试时学习了四个月左右汉语。"初级汉语水平"学习者学习汉语时间在一年左右。"中级汉语水平"学习者学习汉语时间为一年半至两年。

实验材料：词表，48 个声母为 zh、ch、sh 的单音节。单音节随机排列。

实验过程：被试朗读一遍词表。录音工作在实验室内进行。

因变量测量指标：日本学习者卷舌声母的发音得分。将被试发音随机排列，请 3 位以汉语为母语者作为评判者，听音并用普通话辅音来记录所听到的单音节声母。评判者所记音与实验材料相符则记为 1 分，否则记为 0 分。被试卷舌声母的发音得分为 3 位评判者记分之和。例如被试发实验材料中"zhī"，若评判者中有 2 人记为"zh"，1 人记为"z"，则该被试该发音得分为 2 分。

2. 结果

零加级汉语水平日本学习者：(1) zh 发音受到后接元音影

响($F(3,42)=2.876$,$P<.05$),多重检验结果表明/i/组和/e/组差异显著。sh 发音也受到后接元音影响($F(3,42)=3.014$,$P<.05$),多重检验结果表明/i/组和/e/组、/ɑ/组和/e/组差异显著。zh($P>.826$)、sh($P>.312$)发音都没受到声调影响。(2)ch 发音受到后接元音影响($F(3,42)=9.506$,$P<.001$),多重检验结果表明/i/组和/e/组、/i/组和/ɑ/组、/u/组和/e/组、/u/组和/ɑ/组差异显著。ch 发音也受到声调影响($F(3,42)=3.455$,$P<.05$),多重检验结果表明阳平和去声差异显著。后接元音和声调交互作用不显著($P>.491$)。

初级汉语水平日本学习者:(1)zh($P>.22$)、sh($P>.54$)发音均没受到后接元音影响,zh($P>.243$)、sh($P>.297$)发音均没受到声调影响。(2)ch 发音受到后接元音影响($F(3,42)=16.691$,$P<.001$),多重检验结果表明/i/组和/e/组、/i/组和/ɑ/组、/u/组和/e/组、/u/组和/ɑ/组差异显著。ch 发音也受到声调影响($F(3,42)=3.358$,$P<.05$),多重检验结果表明阴平和去声差异显著。后接元音和声调交互作用不显著($P>.084$)。

中级汉语水平日本学习者:(1)zh($P>.556$)、sh($P>.79$)发音均没受到后接元音影响,zh($P>.105$)、sh($P>.323$)发音均没受到声调影响。(2)ch 发音受到后接元音影响($F(3,42)=8.403$,$P<.001$),多重检验结果表明/i/组和/u/组、/i/组和/e/组、/i/组和/ɑ/组差异显著。ch 发音没受到声调影响($P>.565$),后接元音和声调交互作用不显著($P>.34$)。

3. 讨论

以上方差分析结果说明日本学习者卷舌声母发音在一定程

度上受到了语言语境影响。为进一步了解这种影响,本文将学习者发音偏误做了语音转写。① 将方差分析结果与语音转写中的发音偏误结合起来分析,日本学习者卷舌声母语音变异受语言语境影响主要表现在三个方面:

(1)零加级汉语水平学习者 zh、ch、sh 语音变异受到后接元音影响。当后接元音为/i/类时,卷舌声母发音得分低,发音偏误多。语音转写(表1)表明后接元音为/i/类时,学习者将卷舌声母发成舌面前音、舌叶音比例较大,如将 zh 发成[tɕ]、[tʃ],将 ch 发成[tʃ]、[tɕ]、[tɕʰ],将 sh 发成[tʃʰ]、[tɕ]、[ʃ]。可以从两方面来解释:A.母语音系系统负迁移。朱川(1981)指出日语舌叶音、普通话舌尖后音和舌面前音这三者发音部位接近,而日语舌叶音和普通话舌面前音的发音部位更接近。因此,母语音系系统负迁移导致学习者把卷舌声母发成日语舌叶音、普通话舌面前音。B.目的语音系认知上的混淆和语音产出同化作用。汉语拼音方案用 i 代表三个不同元音[i]、[ɿ]、[ʅ]。汉语拼音符号的干扰使学习者常将卷舌声母后接元音[ʅ]误认为[i]。这样就出现了以下音位组合:[tʂʅ、tʂʰʅ、ʂʅ]、[tɕi、tɕʰi、ɕi]。学习者在进行音系识别的感知时,将[tʂʅ、tʂʰʅ、ʂʅ]和[tɕi、tɕʰi、ɕi]视为相同。目的语音系认知上的混淆导致学习者在语音产出时常将[tʂʅ、tʂʰʅ、ʂʅ]发成了[tɕi、tɕʰi、ɕi]。而当 zh、ch、sh 与舌面前高元

---

① 本节对学习者卷舌声母发音偏误做了语音转写。3位以汉语为母语者作为评判者,听音并用普通话辅音记录所听到单音节的声母。3位评判者中有2位或2位以上所记音与实验材料相符则该音被判为发对,否则被判为发错。本研究以母语者的可接受性为评判标准。母语者在听音后如果能用普通话辅音标记出来,说明母语者可以接受这个音。而对于那些母语者无法标记的辅音,则可认为这些音不存在于普通话辅音系统中。母语者评判为发错的音(发音偏误),则做了语音转写。

音[i]相接时,由于前高元音是舌面接近上颚的前元音,常会把卷舌声母同化为舌面前音或舌叶音,这是逆同化作用。①

表1 朗读词表情景语境中,零加级水平学习者卷舌声母发音偏误比例(%)②

偏误	后接元音/i/类			后接元音/u/类			后接元音/e/类			后接元音/ɑ/类		
	zh	ch	sh	zh	ch	sh	zh	ch	sh	zh	ch	sh
[ts]	1.7				1.7		1.7	1.7		5		
[tsʰ]								1.7				
[tʂ]		18.3			36.7	3.4		20			13.3	
[tʂʰ]						1.7						1.7
[tʂ']			1.7		1.7			1.7				
[tʃ]	8.3	15			5			3.4		3.4	11.7	
[tʃʰ]			10	3.4	1.7	1.7	1.7				1.7	5
[ʃ]			3.4									1.7
[tɕ]	10	10	8.3	1.7	3.4		1.7	1.7	1.7		1.7	
[dʑ]	1.7			1.7								
[tɕʰ]	5	5										
[tʂ⁻]	1.7	8.3			10		1.7	10			1.7	
[tɕ⁻]		1.7										

(2)零加级、初级、中级汉语水平学习者ch发音均受到后接元音影响。后接元音为/i/类、/u/类时,ch发音得分低。语音转写(表2)表明当后接元音为/i/类、/u/类时,学习者将ch发成

---

① 参见罗常培、王均《普通语音学纲要》(修订本),商务印书馆2002年版。
② [tʂ⁻]表示由学习者实际发出的,发音部位比[tʂ]靠前,接近[tʃ]的音。[tɕ⁻]表示学习者实际发出的发音部位比[tɕ]靠前,接近[tʃ]的音。[tʂ']表示轻微送气。

不送气音比例较大。这主要是两方面原因造成：A.日语中送气与否不构成音位对立，且汉语送气音比日语送气音强而长。① 由于母语负迁移影响，学习者将普通话送气音发成不送气音或者送气送得比较弱。B.在日语夕行音中，舌叶清塞擦音[ʧ]只和前高元音[i]相拼，舌尖清塞擦音[ts]只和后高元音[ɯ]相拼。而日语清塞擦音[ʧ, ts]送气与否有较大任意性，且因人而异。因此当普通话 ch 的后接元音为高元音/i/类和/u/类时，日本学习者将 ch 发成不送气比例较大。另一方面，在日语夕行音中，出现在中、低元音[ɑ]、[ɛ]、[o]前的辅音为清塞音[t]。而日语中清塞音通常在词头送气。因此当 ch 的后接元音为中、低元音/o/类和/ɑ/类时，学习者将 ch 发成不送气音比例相对较少。

（3）零加级、初级水平者 ch 发音受到声调影响。在去声的语言语境中，ch 发音得分低，学习者将 ch 发成不送气音比例较大。造成此结果的原因较复杂，有待进一步研究。

表2　朗读词表情景语境中，日本学习者卷舌声母 ch 发音偏误比例（%）

偏误 / 后接元音	[ts]	[tsʰ]	[tʂ]	[tʂ']	[ʂ]	[tʃ]	[tʃʰ]	[ʃ]	[tɕ]	[tɕʰ]	[ɕ]	[tʂ⁻]	[tɕ⁻]
/i/类			18.9	0.5	1.7	8.9	2.2	0.5	6.7	7.8		3.9	0.5
/u/类	1.1		28.3	0.5		6.7	1.1		1.7		0.5	4.4	
/e/类	0.5	1.1	15.6	0.5		1.1	2.2		0.5			3.9	
/ɑ/类			7.2			5	1.7					1.7	

---

① 参见李怀塘《日语语音答问》，商务印书馆1996年版。

二 情景语境对日本学习者卷舌声母语音变异的影响

1. 方法

实验设计:3×2×3 重复测量两个因素的混合实验设计。被试间因素为汉语水平,分为零加级、初级、中级。被试内因素 1 为情景语境,分为朗读词表和朗读句子;被试内因素 2 为卷舌声母发音方法,分为不送气清塞擦音、送气清塞擦音、擦音。

被试:日本学习者 45 名,零加级、初级、中级汉语水平被试各 15 名(男 5 女 10)。被试的操作性定义与前一实验相同。

实验材料:(1)词表,48 个声母为 zh、ch、sh 的单音节。单音节随机排列。(2)25 个有意义的句子。将词表中 48 个单音节分别插入这 25 个有意义的汉语句子中。[①] 句子以拼音和汉字两种形式同时呈现。句子随机排列。

实验过程:被试先朗读句子,然后朗读词表。录音工作在实验室内进行。

因变量测量指标:日本学习者卷舌声母发音得分。与前一实验相同。

2. 结果

汉语水平($F(2,42) = 4.812$,$P<.05$)、情景语境($F(1,42) = 59.933$,$P<.001$)、发音方法($F(2.84) = 48.51$,$P<.001$)三者的主效应均显著,汉语水平和情景语境的交互作用不显著($P>.121$),汉语水平和发音方法的交互作用不显著($P>.373$),

---

① 朗读句子中的词汇主要选择了《(汉语水平)词汇等级大纲》中的甲级词,少数为乙级词。

情景语境和发音方法的交互作用显著(F(2,84)=13.917，P<.001)，汉语水平×情景语境×发音方法的交互作用显著(F(4,84)=2.613，P<.05)。对情景语境和发音方法交互作用的简单效应分析表明，情景语境因素表现在 zh(F(1,42)=61.48，P<.001)和 sh(F(1,42)=67.66，P<.001)上。对三重交互作用的简单效应分析表明，三个水平的学习者其情景语境因素都表现在 zh、sh 上，朗读词表中 zh、sh 发音比朗读句子中好。

3. 讨论

以上方差分析结果说明学习者语音变异在一定程度上受到了情景语境影响。为进一步了解这种影响，本文以语音转写为依据考察了语音变体在两种情景语境中的分布。将方差分析结果与语音变体分布结合起来分析，学习者卷舌声母语音变异受情景语境的影响主要表现在两个方面：

(1)日本学习者卷舌声母 zh、sh 发音受到情景语境影响，zh、sh 在朗读词表中发音比在朗读句子中好。zh、sh 在两种情景语境中的变体分布(表3)说明朗读词表中 zh、sh 标准变体[①]所占比例远多于朗读句子中，朗读词表时 zh 和 sh 中介语音受到更多目的语标准形式渗透。这可以用拉波夫"话语注意"(attention to speech)模式来解释，话语注意是导致与任务相关的中介语变异的主要原因。[②] 本研究的词表均以单音节拼音形式

[①] "标准变体"指学习者发出的与目的语语音相符的变体，例如，要求学习者发 zh，若其实际发音为 zh，则此变体为标准变体。"非标准变体"指学习者发出的与目的语语音不符的变体。例如，要求学习者发 zh，若其实际发音为[tɕ]、[tʃ]、[ts]，则这些变体为非标准变体。

[②] 参见拉波夫《拉波夫语言学自选集》，北京语言大学出版社2001年版。

第三节 日本学生习得汉语普通话卷舌声母的语音变异研究

出现,声母都是卷舌声母,没有插入干扰项目,目的就是引导被试将注意集中在语音产出尤其是卷舌声母的发音上。被试对语音产出监控较好,中介语音更接近目的语语音标准。而研究中所用的句子材料则为有意义单句,以拼音和汉字两种形式同时呈现,声母为卷舌声母的单音节无规则地插在句子中。被试不明确任务目的,注意被分配到理解句子意义、流利朗读等方面,对发音监控减弱,导致中介语音远离目的语语音标准。

比较两种情景语境中语音变体分布(表3)还发现,朗读句子中来自目的语的非标准变体所占比例远高于朗读词表中的。这说明学习者对语音产出监控减弱时,中介语音除了受到更多母语渗透,还受到更多目的语非标准变体渗透。这可作为对"中介语风格连续体"的补充。在考察目的语对中介语渗透时,应该把来自目的语的标准变体和非标准变体这两种形式分开来考察,因为这两种形式渗透方向不同,来自目的语的标准变体主要向严谨体方向渗透,来自目的语的非标准变体主要向随便体方向渗透。

表3 朗读词表、句子两种情景语境中,日本学习者 zh、sh 变体个数和比例(%)

			标准变体	非标准变体		
				来自目的语	来自母语	中介语中新产生
零加级水平	zh	朗读词表	210(87.5%)	15(6.25%)	7(2.92%)	8(3.33%)
		朗读句子	102(42.5%)	71(29.58%)	45(18.75%)	22(9.17%)
	sh	朗读词表	216(90%)	10(4.17%)	3(1.25%)	11(4.58%)
		朗读句子	83(34.58%)	69(28.75%)	40(16.67%)	48(20%)

续表

初级水平	zh	朗读词表	224(93.33%)	3(1.25%)	7(2.92%)	6(2.5%)
		朗读句子	157(65.42%)	38(15.83%)	25(10.42%)	20(8.33%)
	sh	朗读词表	232(96.67%)	3(1.25%)	2(0.83%)	3(1.25%)
		朗读句子	157(65.42%)	35(14.58%)	20(8.33%)	28(11.67%)
中级水平	zh	朗读词表	229(95.42%)	4(1.67%)	4(1.67%)	3(1.25%)
		朗读句子	163(67.92%)	30(12.5%)	21(8.75%)	26(10.83%)
	sh	朗读词表	230(93.83%)	2(0.83%)	6(2.5%)	2(0.83%)
		朗读句子	151(62.92%)	34(14.17%)	30(12.5%)	25(10.42%)

(2)日本学习者 ch 发音没受到情景语境影响。ch 在两种情景语境中的变体分布(表4)说明朗读词表中 ch 标准变体所占比例跟朗读句子中的相差不大。Sato's(1985)[①]指出并不是所有第二语言特征都会受到情景语境影响,决定因素之一为语言难度。对于语言难度较大的特征,学习者无法在不同任务中调整其运用。本研究结果说明,日本学习者习得 ch 的难度等级高于 zh、sh。由于送气问题是日本学习者汉语语音习得难点,ch 语言难度较大,学习者即使在监控较好的情景语境中仍无法很好运用。以上语言语境、情景语境研究都表明,ch 是贯穿日本学习者语音习得始终的问题,及至中级汉语水平阶段,母语负迁移对语音习得仍有很大影响。

---

① 参看埃利斯(Rod Ellis)《第二语言习得研究》(The Study of Second Language Acquisition),1999年引进版,第147页。

表4 朗读词表、句子两种情景语境中,日本学习者 ch 变体个数和比例(%)

			标准变体	非标准变体		
				来自目的语	来自母语	中介语中新产生
零加级水平	ch	朗读词表	134(55.83%)	67(27.92%)	21(8.75%)	18(7.5%)
		朗读句子	106(44.17%)	81(33.75%)	30(12.5%)	23(9.58%)
初级水平	ch	朗读词表	150(62.5%)	69(28.75%)	11(4.58%)	10(4.17%)
		朗读句子	144(60%)	55(22.92%)	22(9.17%)	19(7.92%)
中级水平	ch	朗读词表	192(80%)	29(12.08%)	8(3.33%)	11(4.58%)
		朗读句子	145(60.42%)	40(16.67%)	32(13.33%)	23(9.58%)

三 日本学习者习得普通话卷舌声母的动态发展过程

日本学习者卷舌声母语音变异受到了语言语境和情景语境影响,具有一定系统性。但同时也存在一定非系统性。学习者在同一语言语境、情景语境中交替使用多个变体,例如将 zh 发成了[ts]、[tʃ]、[tʃʰ]、[tɕ]、[tʂ¯]等,将 ch 发成了[tʃ]、[tʃʰ]、[tɕ]、[tɕʰ]等,将 sh 发成了[tʃʰ]、[ʃ]、[tɕ]等,这是自由变异的表现,是学习者中介语音不稳定的表现。用 Gatbonton 的扩散模式可以考察出习得的动态发展过程:

(1)随着学习者汉语水平提高,自由变体种类呈减少趋势,同一类变体数量也呈减少趋势。例如,zh 的变体的种类逐步减少:8 种(零加级)→7 种(初级)→5 种(中级)。zh 的四个变体[tɕ]、[tʃ]、[tʃʰ]、[tʂ¯]的数量也都随着学习者汉语水平提高而减少了。

(2)舌尖前音这一大类变体在中级阶段消失。这表明中级阶段学习者基本上将卷舌声母和舌尖前音区分得较清楚。

(3)随着学习者汉语水平提高,卷舌声母标准变体数量逐步增加,非标准变体数量逐步减少。这主要是因为零加级、初级汉语水平学习者还处于扩散模式"习得阶段",卷舌声母习得很不稳定,学习者较频繁交替使用多个变体。到中级阶段,非标准变体数量减少,标准变体逐步扩散。舌尖前音这一类变体在该阶段消失,出现了某一非标准变体完全被标准变体取代的现象,学习者进入扩散模式"替代阶段"。

四　结论及其对教学的意义

从本节研究中可以得出以下结论:

(1)日本学习者习得普通话卷舌声母 zh、ch、sh 过程中存在语音变异。表现为:把卷舌声母发成舌尖前音、舌叶音、舌面前音;出现了一组既不存在于母语也不存在于目的语中的中介语过渡音;zh、ch、sh 三者之间互为变体。

(2)日本学习者习得普通话卷舌声母的语音变异在一定程度上受到语言语境影响。卷舌声母习得与后接元音之间存在一定关系,后接元音/i/对习得有消极影响。送气声母 ch 是习得难点,后接元音/i/、/u/不利于学习者发送气音。

(3)日本学习者习得卷舌声母的语音变异在一定程度上受到情景语境影响。学习者在监控较好的情景语境下 zh、sh 发音正确率高。ch 因习得难度大而没有受到情景语境影响。

(4)日本学习者卷舌声母语音变异也具有一定非系统性,习得过程中存在自由变异。在不同习得阶段,卷舌声母自由变体隐现的方式和程度不同。

上述结论对于汉语作为第二语言的语音教学具有一定意

义,主要是:(1)日本学习者,尤其是初学者习得普通话卷舌声母时,受到了汉语拼音方案符号的干扰,将舌尖后元音[ʅ]和舌面高元音[i]混淆。为避免这种混淆,可在教学之初将拼音方案的三组音分开标写,分开教学,即 zh-ʅ, ch-ʅ, sh-ʅ, z-ʅ, c-ʅ, s-ʅ, j-i, q-i, x-i。汉语拼音方案将[ʅ]、[ɿ]、[i]合为/i/,在一定程度上干扰了第二语言学习者的汉语语音习得。(2)第二语言学习者中介语语音产出会受到情景语境影响,因此教师应客观对待学习者在不同情景下的语音产出,用相应尺度来衡量。面对学习者的语音变异,语言教师应把它看作语音习得过程,以此来了解学习者不断变化的中介语音。

附表1 实验材料——词表(实验中单音节随机排列)

zhī	zhí	zhǐ	zhì	zhū	zhú	zhǔ	zhù	zhān	zháo	zhǎn	zhào
zhōu	zhé	zhěng	zhè	chī	chí	chǐ	chì	chū	chú	chǔ	chù
chā	chá	chǎo	chà	chē	chéng	chě	chè	shī	shí	shǐ	shì
shū	shú	shǔ	shù	shā	sháo	shǎo	shào	shēn	shé	shǒu	shè

附表2 实验材料——句子(实验中句子随机排列)

1. 小扯很怕蛇。	2. 他不会使用计算机。	3. 我们一起出去喝茶吧。
4. 饭已经熟了。	5. 别把照片粘在这里。	6. 少数人不喜欢吃猪肉。
7. 这只鸟的翅膀是白色的。	8. 他主要买的是英文书。	9. 他的房间一直都很整齐。
10. 公园里处处都是竹子。	11. 他们两个人彻底分手了。	12. 他大学学的是哲学专业。
13. 王老师家新买了一个沙发。	14. 我不知道这件衣服的尺寸。	15. 他少年时代的生活很幸福。
16. 很多外国人不了解中国社会的实际情况。	17. 小马在海边的城市照了很多相。	
18. 至少有十个朋友要来参加我的生日晚会。	19. 请数一数有几个人没有来开会。	

20.周老师不知道北京火车站在什么地方。	21.他上课又迟到了,老师一定会处分他。
22.我们差不多每天都要上课,除了星期五。	23.吃中国菜不需要用叉子,有时要用勺子。
24.他没有和父母住在一起,因为他们常常吵架。	25.直到昨天,我们才知道去参观展览的时间,大家都很着急。

第四节 日本学生汉语普通话送气/不送气辅音习得研究[①]

汉语普通话中存在6对以是否送气相区别的辅音音位,即b[p]:p[pʰ]、d[t]:t[tʰ]、g[k]:k[kʰ]、z[ts]:c[tsʰ]、zh[tʂ]:ch[tʂʰ]、j[tɕ]:q[tɕʰ],从音系地位来看,普通话的送气特征是区别性特征。根据吴宗济(1986:46)的测量,普通话送气辅音的平均长度在100ms以上,从送气类型上来说,达到这个长度的送气辅音应当属于强送气类型。[②] 日语中存在以清浊特征相区别的辅音,清塞音处在词首时通常送气,不在词首时不送气。[③] 从音系角度看,日语清辅音的送气不是区别性特征,而是语音性特征

---

① 本文原标题为"日本学习者对汉语普通话不送气/送气辅音的加工",作者王韫佳、上官雪娜,原载《世界汉语教学》2004年第3期。
② Cho, T. & Ladefoged, P. (1999) Variations and universals in VOT: Evidence from 18 languages. *Journal of Phonetics* 27, 207—229.
③ 参见李怀塘《日语语音答问》,商务印书馆1996年版;OKada, H. (1999) Japanese. In *Handbook of the International Phonetic Association*. Cambridge: Cambridge University Press. 117—119.

(phonetic feature);从类型学上看,日语清辅音的送气段比汉语普通话短,属于弱送气(Vance,1987:18—19)。① 由于送气特征在汉、日两种语言中的音系地位和语音表现均不相同,因此,普通话的送气辅音自然成为日本学习者的困难之一,这也是对外汉语教学界的一个共识。需要深入调查的是,日本学习者是怎样对送气这一似乎熟悉实则陌生的特征进行加工的。

Best(1999)的 PAM(Perceptual Assimilation Model)理论提出了成人在知觉中对于非母语语音的多种同化方式,②尽管这一模型是针对成人对于未知语言的语音知觉的,但是,已有实验研究的结果表明,PAM 可以推广到 L2 的语音知觉中。③ 在PAM 的框架中,成人对于非母语语音的三种感知同化方式都有可能成为日本学习者感知普通话送气和不送气辅音的模式,这三种模式分别是:(1)TC 型(Two Categories),将非母语的两个语音范畴感知为母语中的两个语音范畴,因此能够很好地区分非母语的两个语音范畴;(2)SC 型(Single Category),将非母语

---

① 关于日语中清辅音的送气问题,学术界存在争议,尽管 Vance 认为日语中的清塞音/p,t,k/是不送气的,但是他也指出这些辅音的 VOT 问题是一个值得深入研究的问题。从他所引的多数实验研究的结果看,/p,t,k/在重读音节词首位置的 VOT 明显比典型的不送气塞音的 VOT 长。因此从语音学层面看,日语中的清塞音和清塞擦音尽管在词首位置不一定总是送气,但是弱送气至少是它们的常见变体之一。

② Best, C. T. (1999) Development of language-specific influences on speech perception and production in pre-verbal infancy. In *the Proceedings of ICPhS*99, 1261—1263.

③ Guion, S. G., Flege, J. E., Akahane-Yamada, R. & Pruitt, J. C. (2000) An investigation of current models of second language speech perception: The case of Japanese adults' perception of English consonants. *J. Acoust. Soc. Am*. 107 (5), 2711—2724.

中的两个语音范畴感知为母语中的一个范畴,因此对非母语两个范畴的区分能力较低;(3)CG 型(Category Goodness),将非母语中的两个语音范畴感知为母语中的一个范畴,但是非母语中的两个范畴与母语中这个范畴的相似程度不同,因此能够对这两个范畴进行一定程度的区分,不过区分的正确率不如 TC 型。

基于 Best 的理论,Polka(1991)对于 L2 语音知觉的模型选择问题进行了进一步的研究。① 她的实验结果表明,语音经验可以使学习者更好地感知非母语的范畴,"具有语音经验"是指 L2 的某个音系特征在 L1 中不是区别性特征,但这个特征存在于 L1 某个音位的音位变体中。根据 PAM,日本学习者对于普通话不送气/送气范畴的最差区分模式应该属于 SC 型,但是,由于送气特征存在于日语清塞音和清塞擦音的音位变体中,即学习者有送气的语音经验,因此他们可能会选择日语清音中的送气音变体而不是不送气音来对应普通话的送气音,这就意味着日本学习者对于不送气音和送气音具有一定的区分能力。

Flege 将 L2 的音素分为两类,一类是在 L1 中找不到相似对应物的 L2 语音单位,即"新音素(new phone)";另一类是在 L1 中存在相似的对应物的语音单位,即"相似音素(similar phone)"。他从认知机制的角度对 L2 中这两类音素获得的难度问题提出了假设:等值归类(equivalence classification)这个基本的认知机制使学习者将相似音素归入到 L1 的某个范畴

---

① Polka, L.(1991) Cross-language speech perception in adults: phonemic, phonetic, and acoustic contributions. *J. Acoust. Soc. Am.* 89(6), 2961—2977.

中,因而使学习者的发音始终带有 L1 的口音;而等值归类的机制不能使学习者将新音素归入 L1 的任何范畴,因而这些音素最终能够被获得。① 我们认为,所谓"相似音素"在某些条件之下就是具有语音经验的音素。如果认为普通话的送气辅音在日语中存在相似的对应物,即清、弱送气辅音的话,那么,日本学习者是难以发出在声学表现上与汉语母语者一样的送气音的。

表面上看来,Polka 和 Flege 的假设似乎存在冲突,但实际上他们是站在不同的角度探讨语音经验在 L2 的语音习得中所起的作用。Polka 关心的是积极作用,Flege 讨论的则是消极影响。Bohn & Flege(1992)的实验结果表明,"相似音素"在学习初始阶段的准确度要大于"新音素",但在长期学习中,"相似音素"的发音较早地出现了化石化现象,而新音素的发音最终则有可能与母语者完全一致,这说明语音经验对于 L2 语音习得的作用是双重的。

L2 的语音知觉与产生的关系问题是 Flege 所提出 SLM (Speech Learning Model)理论中的核心问题,他认为,对 L2 语音知觉的准确程度制约了 L2 语音产生的准确程度,②尽管知觉

---

① Flege, J. E. (1987) The production of 'new' and 'similar' phones in a foreign language: evidence for the effect of equivalence classification. *Journal of Phonetics* 15, 47—65.

Bohn, O. & Flege, J. E. (1992) The production of new and similar vowels by adult German learners of English. *Studies in Second Language Acquisition*, 14, 131—158.

② Flege, J. E. (1993) Production and perception of a novel, second-language phonetic contrast. *J. Acoust. Soc. Am.* 93(3), 1589—1608.

Flege, J. E. (1999) The relation between L2 production and perception. In *The proceedings of ICPhS*99, San Francisco, 1273—1276.

的学习并不一定全面地与产生的学习相契合。SLM 的理论框架是针对经验丰富的学习者提出的,但是 Guion *et al*.(2000)的实验结果表明,它可以推广到经验较少的学习者。按照 Flege 的假设,日本学习者在感知中对普通话送气对立的加工错误很可能导致在产生中出现相应的错误形式。

从现有的理论模型中我们可以对日本学习者对于普通话送气辅音的加工模式进行初步的预测,即日本学习者可以较好地在感知和发音中区分普通话的不送气/送气辅音,但是,由于普通话送气音与日语送气音的语音特征不完全相同,因此学习者对于这一对立的感知正确率受到一定程度的影响,在产生中也很难发出与母语者完全相同的送气辅音,同时,感知中的错误会映射到产生之中。但是,这个预测没有考虑到与这个问题有密切关系的另一些因素。首先,汉语是声调语言,而已有的研究结果表明,辅音之后元音起始处 f_0 的高低是清浊辅音的声学区别之一,[①]日语中恰好有辅音的清浊对立,那么,声调是否会对学习者区分普通话的不送气和送气音造成影响?其次,日语中的清辅音只在词首送气,那么,辅音在词里的位置是否会对学习者的加工产生影响?本节旨在从感知和发音两个角度对日本学生在感知和发音中区分普通话不送气音和送气音的情况进行考察,除了回答以上两个问题外,还要对上面最初的预测进行检验,即日本学习者到底能够在多大程度上区分普通话的送气和不

[①] Maddieson, I. (1997) Phonetic universals. In Hardcastle, W. J. and Laver, J. (eds), *The Handbook of Phonetic Sciences*. Oxford: Blackwell Publishers Ltd. 619—639.

送气辅音,学习者在感知中出现的加工错误是否会在产生中也有所反映。

本文包括 4 个实验,其中感知实验 2 个,分别是对自然语音和对合成语音的感知实验;发音实验两个,分别为基于语音语料库的发音实验和基于实验室语料的发音实验。

一 感知研究

1. 实验 1

目的在于调查日本学习者对于普通话自然语音中的送气辅音与不送气辅音的感知情况,同时观察辅音所在音节的声调和辅音在词里的位置对于感知的影响。

(1) 方法

被试:30 名北京语言大学汉语学院一年级日本留学生,其中男生 11 人,女生 19 人,平均年龄为 23.2 岁,在中国居住的平均时间为 3 个月,学习汉语的平均时间为 6 个月。

语料:为了排除词频因素的干扰,所有语料均采用无意义的假词,镶嵌在负载句"我听到的是 X 妈(mā)"和"我听到的是妈(mā)X"中。音节 X 均为单元音韵母,声母 b/p 和 d/t 后接韵母 a,g/k 后接韵母 u,j/q 后接韵母 i,z/c 和 zh/ch 后接舌尖元音韵母-i。每个辅音所在的音节分别配阴平和阳平/上声两种声调,阳平/上声的选择由普通话的声、韵、调配合规律决定,阳平作为第一选择,没有阳平的选上声,具体的音节见表1。一共形成 24 对以 X 的声母是否送气相区别的双音节词。

表 1　双音节假词中"X"的声、韵、调搭配情况

声母\韵母	ā	á	ǎ	ī	í	ì	ū	ǔ	-ī	-í	-ǐ
b/p	+	+									
d/t	+		+								
g/k							+	+			
z/c									+		+
zh/ch										+	+
j/q				+	+						

实验材料通过两位普通话标准的男女发音人的录音获得,两位发音人均为北京语言大学对外汉语系的本科学生,北京人,口齿清楚,他们以朗读语速各念一遍被随机排列的实验语句。对录音得到的声音文件以 44.1kHz 的采样频率、16bit 的分辨率进行模数转换,对数字文件进行编辑,取男发音人的奇数项和女发音人的偶数项,所有项目之间的时间间隔为 4 秒,形成用于听辨任务的语音语料。

任务:采用二择一强迫选择,要求被试判断听到的是含不送气声母音节的二字组,还是含送气声母音节的二字组,所有备选项以拼音和汉字形式同时呈现给被试。例如,两个选项为"A. 妈(mā)八(bā);B. 妈(mā)趴(pā)",当被试听到"妈(mā)八(bā)"时,若选择 A,就是一个正确的听辨结果,若选择 B,则是一个错误的听辨结果。

(2)结果

1 440 个听辨结果中,总的错误个数为 174,总的错误率为 12.1%(174/1440)。下面分别从辅音是否送气、辅音所在音节的声调以及辅音在词里的位置三个角度对错误率进行分析;由

第四节 日本学生汉语普通话送气/不送气辅音习得研究

于这三个因素对于听辨错误率可能存在交互影响,因此需要对所有语境下的错误率进行观察。一共应有 2(送气与否)×3(声调)×2(位置)= 12 种语境。图 1 显示了对错误率进行进一步分析的结果,其中 U 和 A 分别代表不送气音和送气音,1、2、3 分别代表阴平、阳平和上声音节,I 和 F 代表前字和后字。

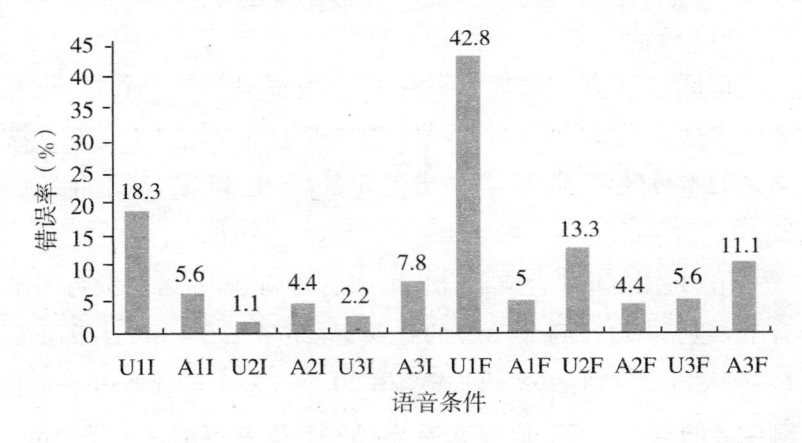

语音条件	错误率(%)
U1I	18.3
A1I	5.6
U2I	1.1
A2I	4.4
U3I	2.2
A3I	7.8
U1F	42.8
A1F	5
U2F	13.3
A2F	4.4
U3F	5.6
A3F	11.1

图 1 12 种语境中的感知错误率

从发音方法的角度看,阴平音节中不送气声母的错误率远远高于同等条件下的送气声母,除了阳平后字音节外,其余声调条件下送气声母的错误率均高于不送气声母,说明声调和发音方法对于错误率有交互影响。从声调的角度看,阴平音节在不送气条件下的错误率远远高于同等条件下其他声调的音节,但在送气条件下与阳平音节的错误率接近,说明送气条件下声调的作用没有不送气条件下显著,这也体现了声调与发音方法的交互作用;阳平音节的错误率有低于上声音节的倾向,但在后字不送气条件下是例外。从位置的角度看,不送气声母在后字位置上的错误率一律高于在同等条件下前字位置上的错误率,但位置对送气声母错误率的作用不明显,说明发音方法对位置的作用有所制约。

2. 实验2

目的在于了解日本学习者和汉语母语者对[送气]特征范畴感知的异同,并观察音节声调对范畴感知的影响。

(1) 方法

被试:实验组由参加了实验1的30名日本学习者组成;对照组包括20名汉语母语者,他们都是来自北京语言大学对外汉语系的本科生,北京人,其中男生5名,女生15名,平均年龄为20岁。

语料:用Klatt合成器合成两组感知刺激,一组刺激为阴平音节,包括/pa^{55}/到/p^{h}a^{55}/的连续体20个;另一组为阳平音节,包括/pa^{35}/到/p^{h}a^{35}/的连续体20个。一个连续体内不同的刺激之间只有VOT值存在差异,VOT值差值的步长为3ms,最短的为3ms,最长的为60ms。每组刺激都经过四次随机排列,各得到4种排列次序,从两组刺激中各任意抽取一种排序,将不同声调的项目放在一起并交替排列,相邻项目之间的时间间隔为3秒,这样形成一个刺激组块,最终共形成4个刺激组块。

过程:四个刺激组块被逐个播放,被试需要对听到的每个刺激进行二择一的强迫选择,即所听到的音节的声母是不送气的还是送气的。备选项目在答卷纸上以拼音的形式呈现给被试,例如"A. ba;B. pa"。

数据计算:由于每个刺激实际上被每个被试进行了4次辨认,因此每个刺激被辨认的总人次为4(次)×30(人)=120,一个刺激被辨认为 ba/pa 的百分比 =(判断为 ba/pa 的人次)/120。

(2) 结果

理想的范畴感知有两个特点:一是在辨认函数中,某两个连续的刺激声之间辨认百分比出现突变,函数曲线表现为陡峭的上升或下降。二是区分函数出现能精确区分的高峰以及区分百分比只比机遇稍好的低槽,不同音位的范畴边界就在辨认函数曲线的突变处或区分函数的高峰处。也有研究者只利用辨认函数来确定范畴边界,中岛鸿毅在研究塞音的清浊边界时,取辨认函数浊音判断率为 50%处的 VOT 值为清浊边界(中岛鸿毅,1983,转引自吴宗济、林茂灿,1989:329)。[①] 在本实验中,对于送气范畴界限的确定,参考后一种方法,取送气音的辨认百分比达到 50%时的 VOT 值为不送气音与送气音的边界。

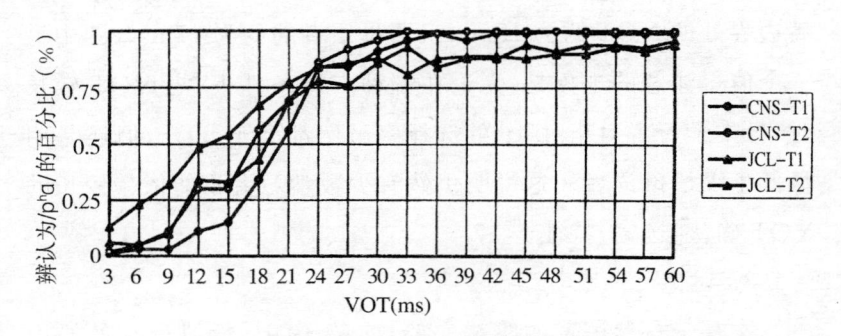

图 2 学习者和母语者的范畴辨认函数

图 2 显示了两组被试在两种声调条件下对于送气音的辨认函数,CNS 和 JCL 分别表示汉语母语者和日本学习者,T1 和

---

① 参见吴宗济、林茂灿主编《实验语音学概要》,高等教育出版社 1989 年版。

T2 分别表示阴平和阳平两种声调条件。首先观察阴平条件下的辨认情况。VOT 在前 24ms 时,母语者的辨认函数表现为阶段性的突变,而学习者的则表现为渐变的过程,在此区间内,学习者选择/pʰa/的百分比一直高于母语者;VOT 为 24ms—30ms 时,两条曲线接近重叠;从 33ms 开始,两条曲线均在较小范围内有所波动而没有大的变化,但学习者选择/pʰa/的百分比一直低于母语者,前者在 90% 左右徘徊,后者则在接近 100% 的位置波动。以/pʰa/的辨认百分比达到 50% 为标志,日本学习者的范畴边界处 VOT 约为 13ms,汉语母语者的约为 20ms。

再看阳平条件下的辨认情况。VOT 在前 24ms 时,学习者和母语者的曲线几乎是重叠的;从 24ms 到 33ms,当母语者的曲线攀升至 100% 时,学习者的却只上升至 90% 左右;33ms 以后,两条曲线的表现与阴平条件下的表现接近。日本学习者范畴边界处的 VOT 约为 19ms,汉语母语者的约为 17ms。图中另一个值得注意的现象是,无论在哪种声调条件下,当 VOT 较长时,日本学习者对于/pʰa/的选择率虽然都高于 80%,但还是明显低于汉语母语者。这说明仍然有少数学习者不能依赖较长的 VOT 确认[送气]特征。

3. 讨论

在基于自然语音的听辨实验(实验1)中,学习者总的错误率只有 12%,不送气音和送气音的错误率分别为 18.1% 和 6.1%。如果以正确率 80% 作为范畴获得的标准,那么实验1的结果说明日本学习者在感知中已经建立了汉语的不送气音和送气音两个范畴。但是,日本学习者在实验1中的错误率分布和在实验2中表现出的与母语者范畴辨认函数的差异表明,学习者在感知中对于送气与不送气两种范畴的加工明显受到母语中清音和浊音范畴的迁移作用。

在实验1中,阴平音节中不送气音的错误率远高于送气音的错误率,而阳平、上声音节不送气音和送气音的错误率都很低,这说明当音节后接元音起始点的 f_0 较高时,不送气音容易被判断为送气音。日语中的浊辅音都是不送气的,清辅音有送气的变体,而清浊差异的普遍特征之一恰好是清音后接元音的 f_0 较高,浊音后接元音的 f_0 较低。汉语的送气音 VOT 相当长,已经很清楚地表征了[送气]特征,因此 f_0 的差异不会影响学习者对于[送气]特征的判断;汉语不送气音的 VOT 较短,学习者如果未能通过它来确定[送气]特征的有无,便很有可能依赖 f_0 的差异。当不送气音后接元音的 f_0 较高时,学习者便把它与母语的清音范畴相混淆,而日语的清音是有弱送气特征的,在汉语拼音和日语的拉丁转写系统中,汉语送气音的符号又与日语的清音符号相对应,这样,一旦学习者将阴平音节中的不送气辅音与母语中的清辅音范畴相混,在拼音符号的再干扰下,便将阴平音节中的不送气音误判为送气音。阳平和上声音节中后接元音起始点 f_0 较低,由于汉语中并不存在浊音,即使学习者把它们和母语的浊音范畴相混淆,也不会影响他们的判断,而且在汉语拼音和日语的拉丁转写系统中,汉语不送气音的符号和日语的浊音符号相对应,这就进一步使学习者能够正确地判断阳平和上声音节的不送气音。简言之,在 VOT 的长度不足以让日本学习者轻松地判断[送气]特征的有无时,学习者会调用 f_0 信息来帮助判断。

实验2的结果进一步证明了以上推断。如果学习者将较高

的 f_0 作为送气音的征兆，那么在 VOT 较短时，他们在阴平条件下的送气音辨认率应当高于母语者。同理，学习者在阴平条件下送气范畴边界处的 VOT 也应该短于母语者，而在阳平条件下应该没有这些特点。实验 2 的结果完全符合这个推断。我们还可以换一个角度观察图 2 中的 4 条辨认函数曲线：在 VOT 小于 30ms 时，日本学习者在阴平条件下的送气音辨认率一直高于他们自己在阳平条件下的辨认率；而在 VOT 小于 24ms 时，母语者在阴平条件下送气音的辨认率有低于阳平条件的辨认率的倾向。这个结果也说明较高的 f_0 使得学习者倾向于将辅音判断为送气音。

值得注意的还有实验 1 中辅音在词里的位置和发音方法对于听辨错误率存在交互影响，所有不送气音在后字位置的错误率都超过了前字位置，这个现象也与日语辅音的音位系统有关。日语清辅音的弱送气变体只在词首出现，在词中则只出现不送气变体，因此，如果学习者将词中的不送气音归入母语中的清辅音音位，再加上《汉语拼音方案》中的送气音符号与日语中清辅音的拉丁转写字母相同，那么就容易被他们将处于后字的不送气音认定为送气音。实验 1 中后字不送气声母阴平音节的错误率高达 40% 以上正是较高的 f_0、较短的 VOT 和后字位置三种因素在感知中综合作用的结果。

这里还有必要分析一下实验 1 中的任务效应是否对实验结果产生影响。由于实验 1 的任务是要求被试对听辨刺激进行送气/不送气的二择一强迫性选择，对于日本学习者来说，送气音的难度要大于不送气音，因此他们在完成任务时很可能倾向于将没有把握的项目都选为送气，这就造成不送气音的错误率高于送气音。但是,图1数据表明,不送气音只在阴平条件下和部分的阳平条件下(后字)高于相对应的送气音的错误率,在其他条件下送气音的错误率反而高于不送气音,由此可见任务效应并未对实验1的结果带来显著影响。

二 发音研究

1. 实验3

目的在于考察:(1)日本学习者所发的不送气和送气辅音的VOT值是否存在显著差异;(2)日本学习者的发音与汉语母语者之间在VOT值上是否存在显著差异。

(1) 方法

被试和语料:日本学习者的语料采自北京语言大学汉语中介语语音语料库,[①]为20人所发的单音节。其中男生5名,女生15名,均为北京语言大学的日本留学生,平均年龄为23.4岁,在中国生活的平均时间为8个月。测量项目包括声母分别为清塞音 b[p]、p[p^h]、d[t]、t[t^h]、g[k]、k[k^h]和清塞擦音 z[ts]、c[ts^h]、zh[tʂ]、ch[$tʂ^h$]、j[tɕ]、q[$tɕ^h$]的单音节共50个,每个声母后都包括了不同类型的韵母,形成25对以声母是否送气相区别的音节,共1000个语音样品(50个项目,20个发音人),具体的声、韵搭配情况参见表2。20名参加了实验2的汉语母语者作为对照组参与本研究。对照组的发音项目与选自语料库的项目完全相同。

---

① 参见王韫佳、李吉梅《建立汉语中介语语音语料库的基本设想》,《世界汉语教学》2001年第1期。

表2 取自语料库的单音节的声、韵搭配

声母＼韵母	a	an	i	ia	ian	u	uan	-i
b/p	+	+	+		+	+		
d/t	+	+	+		+	+		
g/k	+	+				+	+	
z/c	+	+						+
zh/ch	+	+				+		+
j/q			+	+	+			

汉语母语者的录音工作在录音间进行。50个用于研究的项目被随机排列，在项目之间穿插了20个干扰项，每个被试以朗读语速念一遍被随机排列后的70个项目。将录音以44.1kHz的采样频率、16bit的分辨率进行模数转换，得到可用于声学测量的声音文件。

数据测量：用语音分析软件pratt对所有语音样品中（包括采自语料库的1 000个语音样品和对照组的1 000个语音样品）辅音声母的VOT进行测量。

数据处理：在测得的数据中，日本学习者的VOT出现了16例负值，根据本研究的需要，这16例的数据将被排除在统计之外；由于统计学的需要，与它们的声母形成最小对立的音节也被剔除，例如，如果有某一被试所发的音节"ba"因声母VOT值小于零而被排除在统计之外，那么，这一被试所发的"pa"也将被剔除。

将一个辅音声母在所有语境中的VOT值进行平均，得到最终用于统计的数值，例如，声母b和p的后接韵母有a、an、i、

ian和u五种，那么，一个发音人b或p的VOT值就是它们在5个韵母中的均值。

（2）结果

首先对日本学习者所发的不送气音与送气音的VOT值进行比较。分别对6对音节的不送气音和送气音VOT值进行单因素方差分析（重复测量），结果表明，所有不送气音与相应的送气音均存在显著的VOT值差异，送气音的VOT长于不送气音，统计检验结果见表3。

表3 对日本学习者单音节中不送气音和送气音VOT值差异的统计检验

辅音对	b-p	d-t	g-k	z-c	zh-ch	j-q
$F_{(1, 19)}$	50.24	36.81	79.14	42.90	44.66	105.76
P	.00	.00	.00	.00	.00	.00

以上结果说明，日本学习者能够通过VOT的差异来表征汉语辅音声母[送气]特征的有无，我们需要进一步了解的是，日本学习者与汉语母语者的辅音声母VOT之间是否存在差异。分别对两组被试的6对共12个辅音的VOT值进行了单因素方差分析，具体统计结果见表4。统计结果表明，学习者和母语者所有送气音的VOT差异均是显著的，学习者的VOT短于母语者。不送气音的结果稍显凌乱，b、zh和j的差异均不显著；d的差异边缘显著，学习者的VOT稍长于母语者；g和z的差异显著，母语者的VOT长于学习者。

表 4 对两组被试的 12 个辅音在单音节中 VOT 值差异的统计检验

辅音	b	p	d	t	g	k	z	c	zh	ch	j	q
$F(1,38)$	.12	14.31	3.14	14.85	5.15	10.02	13.07	85.01	.74	8.06	.18	6.04
P	.73	.00	.09	.00	.03	.00	.00	.00	.40	.01	.68	.02

2. 实验 4

目的在于考察辅音所在音节的声调及其在词里的位置两个因素是否对日本学习者的发音有所影响。分为声学分析(实验4A)和主观评判(实验4B)两个子实验。

(1) 方法

被试:参加了实验 2 的 30 名日本学习者(实验组)和 20 名汉语母语者(对照组)。

语料:考虑到词频干扰的问题,用于考察的均为无意义双音节词,这些音节镶嵌在负载句"我说的是 X 妈(ma)"和"我说的是妈(ma)X"中,音节 X 的设计与实验 1 完全相同,一共形成 24 对共 48 个以 X 的声母是否送气相区别的双音节词。所有语句被随机排列,在实验语句之间穿插了 30 个干扰句。

过程:录音工作在录音间进行,每个被试以朗读语速念一遍语料中的所有项目。用实验 2 中的方法将录音进行模数转换,得到用于声学测量的声音文件。

声学测量应得到 2 400 个 VOT 值(48 个项目,50 个被试),由于日本被试有 35 个丢失值,中国被试有 5 个丢失值,因此实际得到 2 360 个 VOT 值的原始数据。对于丢失值的处理与对VOT 负值的处理方法相同,即一个词(例如"mābā")丢失后,与之形成最小对立的词("māpā")也被剔除,因此用于最后统计的为 2 320 个 VOT 值。

用 Pratt 语音分析软件对发音实验中得到的 1 405 个日本学习者语音样本的音强进行了归一,所有项目的音强在 70dB 左右(±0.5dB)。对处理过的声音文件进行了随机排列,由三位在语言教学及研究中有经验的人员对这些语音样本进行二择一评判,判断镶嵌在负载句中的二字组的前字或后字的声母是否送气。例如,发音目标(即呈现给学习者的发音语料)为"妈(mā)八(bā)"时,评判人的备选项目即为"A. 妈八;B. 妈趴"。如果三人中两人或三人一致的评判结果与发音目标一致,则学习者的发音为正确,否则即为错误。

(2) 结果

1) 实验 4A 的结果

与实验 3 相同,首先对日本学习者所发的不送气音与送气音的 VOT 值进行比较。这里用于统计的 VOT 值是某个辅音在所有音节中 VOT 的平均值。分别对 6 对辅音的 VOT 进行了单因素方差分析(重复测量),结果表明,学习者不送气音和送气音的 VOT 差异显著,6 个送气音的 VOT 值均大于各自所对应的不送气音,统计检验的结果见表 5。

表 5 对日本学习者双音节中不送气音和送气音 VOT 值差异的统计检验

辅音对	b−p	d−t	g−k	z−c	zh−ch	j−q
F	64.32	62.7	259.63	169.20	64.48	221.34
df	1,28	1,29	1,29	1,29	1,29	1,29
P	.00	.00	.00	.00	.00	.00

与实验 3 相似,我们同样需要了解日本学习者与汉语母语

者辅音声母的 VOT 值之间是否存在差异。对两组被试 12 个辅音声母的 VOT 值分别进行了单因素方差分析,统计结果(见表 6)表明,两组被试所有送气音的 VOT 差异均是显著的,学习者的 VOT 短于母语者,这个结果与实验 3 完全一致。不送气音中,b、d 和 zh 的差异是显著的,学习者的 VOT 长于母语者;g、z 和 j 的差异则不显著。不送气音的结果与实验 3 有一定差距。

表 6 对两组被试的 12 个辅音在双音节中 VOT 值差异的统计检验

辅音	b	p	d	t	g	k	z	c	zh	ch	j	q
F	6.97	149.64	6.78	101.12	.77	27.86	1.76	41.90	5.76	23.58	.00	46.62
df	1,48	1,48	1,49	1,49	1,49	1,49	1,49	1,49	1,49	1,49	1,49	1,49
P	.01	.00	.01	.00	.39	.00	0.19	.00	.02	.00	.96	.00

由于实验样本中有若干丢失值,丢失值的分布不规律,因此不宜使用 VOT 对音节声调和位置两个因素对于 VOT 值的影响进行统计分析。对于这两个因素与发音之间关系的分析将利用感知评判的结果进行。

2) 实验 4B 的结果

在参加评判的 1 405 个项目中,被判断为发音错误的项目有 263 个,总错误率为 18.7%,高于实验 1 中同一组被试对于普通话母语者发音的听辨错误率。与对实验 1 的结果分析相似,分别从发音方法、辅音所在音节的声调和音节在词里的位置这三个角度对错误率进行观察。12 种语境中的错误率见图 3。

从发音方法的角度看,送气声母的错误率都大大超过了同等条件下的不送气声母。从声调的角度看,在送气条件下阴平音节的错误率高于同等条件下其他两种音节的错误率,在不送气条件下前字阴平音节的错误率也高于同等条件下的阳平和上声音节,但后字的情况恰好相反,说明不送气音中声调的作用不够显著,即声调对于错误率的影响受到了发音方法的制约。从位置的角度看,在送气条件下,后字的错误率都高于同等条件下的前字,但不送气条件下除上声音节外,则是前字的错误率高于后字,说明不送气声母的错误率受位置的作用不够明显,即位置对错误率的作用受到发音方法的制约。

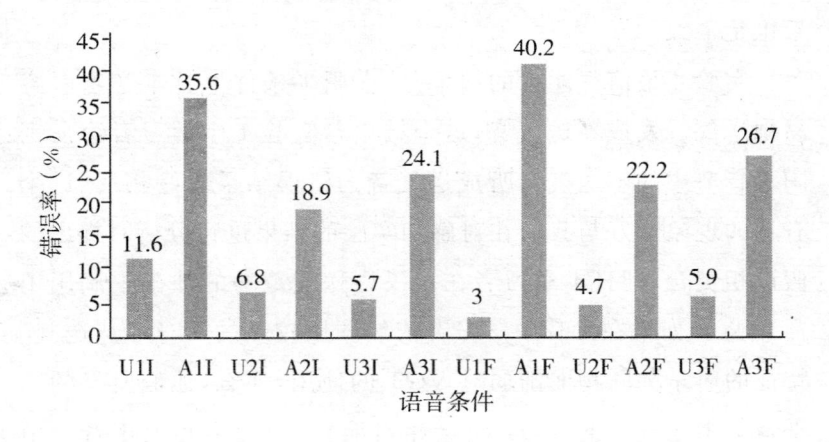

图 3　12种语境中的发音错误率

3. 讨论

通过实验3和实验4中对日本学习者所发的不送气音和送气音的声学分析,可以认为日本学习者能够在发音中区分不送气音和送气音两个音位范畴,这和感知实验的结果是一致的。但是,两个实验的结果也表明,日本学习者基本上能够准确地产生汉语的不送气音,却不能准确地产生汉语的送气音,他们所发送气音的VOT值都显著地小于汉语母语者的值,而且差值较大。显然,这是由于在习得过程中,日本学习者把日语的轻送气音和汉语的送气音相对应,因此把汉语的送气音也处理成了轻送气音。这个结果证明了语音经验对于 L2 中"相似音素"的习得所产生的双重影响。

在感知评判结果中,学习者发音总的错误率不高,但是送气音的平均错误率达到了 30% 以上,如果比照感知研究中以 80% 的正确率作为范畴获得标准的话,那么学习者还没有在发音中成功地建立能够被母语者接受的送气范畴,这与声学分析的结果也是一致的。

实验 4 最值得注意的结果是,在阴平条件下日本学习者容易把送气音发成不送气音,这个结果与实验 1 中学习者容易把阴平音节中的不送气音听成送气音的错误结果正好相反,这个有趣的现象恰好与我们在对感知实验的结果进行分析时提出的假设相契合,即日本学习者在对汉语送气范畴的加工中调用了 f_0 信息。如果在发音中学习者依然调用较高的 f_0 作为[送气]特征的声学关联物而削弱对 VOT 的使用,那么,他们所发的阴平音节中送气音的 VOT 将会相对缩短;而阳平和上声音节由于起始点 f_0 较低,学习者必须依赖对 VOT 的使用,因此不容易出现 VOT 缩短的现象。实验的结果恰好是,阴平条件下送气音的错误率高于阳平和上声条件下的错误率。不过,在发音过程中因为对 f_0 的依赖而对 VOT 使用程度的削弱只是造成发音错误的原因之一,不能产生足够长的 VOT 来表达[送气]特征也是导致发音错误的一个重要因素,从阳平和上声音节中送气音的错误率也高于不送气音的现象可以看到后一个因素造成的影响。

第四节 日本学生汉语普通话送气/不送气辅音习得研究

实验 4 第二个值得注意的结果就是在送气条件下后字位置的错误率超过了前字,这个结果与实验 1 中不送气条件下后字位置的感知错误率超过前字的结果也恰好相反。这个现象也证明了我们在对感知实验的结果进行分析时提出的另一假设,即日语中清辅音音位变体的分布模式影响了学习者对不同位置上普通话辅音的送气特征的加工。由于日语中的清辅音在词中位置不送气,在词首位置常常送气,因此如果学习者用母语中的清辅音替代目标语中的送气辅音,那么在词首位置出现的辅音送气特征就会比较明显,而在词中位置的辅音就容易不送气,实验 4 的结果与这个推断是一致的。不过,送气音在后字位置的错误率与前字位置上的错误率差别不是很大,而实验 1 中不送气音在后字的感知错误率是在前字位置的两倍以上,这主要是因为前字位置上送气音的错误率也较高,即送气强度不够所导致的。

实验 4 中还有另外一个容易被忽视的结果,即不送气音在阴平音节、前字位置时的错误率达到了 10% 以上,是在相同条件下后字位置时的错误率的近 4 倍,我们认为这是被试将处于词首的后接元音 f_0 起点较高的辅音处理为母语中的清辅音,从而使其具有弱送气的特征所导致的。这个解释似乎与上文阴平条件下削弱对 VOT 的使用的假设相冲突,但实际上并不矛盾,因为"削弱"对于 VOT 的使用并不意味着完全不送气,而很可能是弱送气,也就是说在这种基频和位置条件下学习者更容易将送气音和不送气音互相混淆而不是单向混同,因而在词首位置将二者都处理为弱送气,而这种弱送气在母语者的知觉范畴中是介于送气和不送气之间的,因此造成两种辅音的错误率都较高。

三 一般性讨论与结论

综合以上感知和发音研究的结果,可以比较清晰地看到日本学习者对于普通话中不送气音/送气音的错误加工方式是用母语中的清/浊特征替代普通话中的送气/不送气特征,本节对于具体的替代模式进行了进一步的考察。首先,学习者能够在发音中区分送气/不送气辅音,但是由于母语中的清辅音送气较弱,因此造成学习者所发的送气音的 VOT 过短。其次,由于清/浊区别的重要声学关联物是辅音之后元音的 f_0 差别,因此,学习者对于送气特征的加工错误之一是以母语中清音的标志——辅音之后元音较高的 f_0 作为普通话中送气辅音的标志,这就造成在感知中将普通话阴平音节中的不送气音辨认为送气音,在发音中于阴平条件之下弱化了对 VOT 的使用,从而导致了汉语母语者将这些送气强度不够的送气音判断为不送气音。最后,由于日语清辅音的音位变体与音位在词里的位置有关,因此日本学习者将普通话辅音的送气特征与辅音的位置进行了关联,在感知中将处于词中位置的不送气辅音认作送气辅音,在发音中将处于词首位置的阴平音节中的不送气辅音处理为弱送气,将词中位置的送气辅音处理为不送气。

这里有必要对语音经验和母语的音系特征两种因素在第二语言语音习得中的关系进行讨论。从本文的结果看,至少在实验室语料的条件下,日本学习者能够在感知和发音中区分普通话不送气和送气两个范畴,尽管从母语者的接受度看,他们还没有在发音中真正掌握送气特征。实验 1、2 和 4 中招募的日本被试在中国居住的平均时间较短(平均只有3个月),由此可见,送气特征尽管在日语中不是区别性特征,但它的获得并不像我们想像的那么困难,显然,这是母语的语音经验在起积极作用,即由于日语中的清辅音在词首位置的变体具有送气的语音特征,因此日本学习者对于送气特征并不是完全陌生的。但是,语音经验所起的作用在不同的语音条件下并不完全相同,例如在发音中,阴平音节中送气音的错误率高于阳平和上声音节中的送气音,词中位置送气音的错误率高于词首位置,而这些制约语音经验积极作用的因素正是来自日语辅音的音系特征。概括地说,在新的音系范畴[送气]的获得中,语音经验在日本学习者学习汉语普通话的送气特征时所起的作用无疑是强大的,但是母语的音系特征对于这个作用的制约也是明显的。

感知中的主要错误表现是将阴平条件下的不送气音辨认为送气音和将词中的不送气音辨认为送气音,而产生中的错误表现却是将阴平或词中条件下的送气音发成不送气音,这个结果似乎否定了 SLM,但是,导致感知错误和产生错误的根源却是相同的,即,将阴平条件下较高的 f_0 而不是较长的 VOT 作为辨认或产生送气音的参数,将辅音在词里的位置作为判断是否送气的条件。因此,本文的结果在实质上是支持 SLM 的。当然,正如 Flege 本人所指出的那样,感知的学习与发音的学习并不一定完全对应。在本文的感知实验中,不送气音和送气音的错误率差别只在阴平条件下有突出的表现,在其他条件下,两种辅音的平均错误率是接近的;而在发音中,不送气音被母语者所接受的程度在一切条件下都远远高于送气音。也就是说,除却声调的作用,日本学习者对于普通话不送气音/送气音的感知错误是对称的,将两种范畴同化为其中任意一种的机会接近相等;而在发音中的错误则是不对称的,多数情况是将两种范畴同化为不送气音。

通过上述4个实验研究,我们得到以下结论:(1)日本学习者基本上能够在感知中建立汉语不送气音和送气音两个音位范畴,听辨的多数错误发生于阴平音节中的不送气声母。以VOT为参量,日本学习者感知[送气]的范畴边界在阴平条件下比与汉语母语者靠前(即较小的VOT值),在阳平条件下与母语者一致。(2)日本学习者基本上能够在发音中区分汉语不送气音和送气音两个音位范畴;从语音的层面看,他们能够准确地产生汉语的不送气音,却不能够准确地产生送气音。(3)日本学习者在感知和产生送气对立中的加工错误模式是一致的,错误加工方式之一是采用以 f_0 为条件来判断送气特征的有无或决定对VOT的使用程度,错误方式之二是以辅音在词里的位置为条件判断送气特征的有无或是否使用。(4)语音经验在日本学习者对于汉语送气辅音的加工中起到了十分重要的作用,但这个作用仍然受到了日语音系特征的显著制约。

第四章

汉语词汇习得过程研究

第一节 国外第二语言词汇习得研究综述[①]

第二语言(L2)词汇习得研究与语言教学、语言习得研究的发展紧密相关。历史上,语法习得研究在语言教学、语言习得中始终占据着中心地位,而词汇、语音习得研究则居于次要地位,今天基本上仍然是这种局面。然而,词汇是语言不可或缺的组成部分,语言教学不可能撇开词汇教学。词汇习得研究自然不容忽视,很多学者也逐渐认识到词汇习得的重要性,并且致力于词汇习得的研究。

一 第二语言词汇习得研究的发展

对第二语言词汇习得的认识直接影响着相关研究的发展。语法习得研究一直占据着第二语言习得(SLA)的中心地位。部分学者虽然早就认识到词汇习得的重要性,也初步进行了一些研究,在一定程度上推动了第二语言教学,但是这些有限的研究存在很多不足。这种状况一直延续到20世纪70年代末。进入80年代,SLA全面、深入的发展促进了对L2词

[①] 本文作者宋刚,原载《语言教学与研究》2002年第1期。

汇习得的认识，L2词汇习得越来越受关注，出现了一批有实际价值的著作。

本节根据 L2 词汇习得研究的发展情况，将其划分为三个阶段：(1)1980年以前的研究，(2)20世纪80年代的研究，(3)20世纪90年代的研究。

1. 1980年以前的研究

对1980年以前的研究，Meara(1980，1984)、Sharwood(1984)等按照各自的理解发表过不同的评价。[①] 较悲观的看法认为，这一时期的研究较分散，大部分无理论支持，仅有的理论也不成系统；专门研究或文章较少，多为语法语音研究的副产品；以英语作为 L2 的词汇习得研究为主。较积极的观点则认为，不少研究涉及了 L2 词汇习得的不同方面，只是仍有待发展。上述观点反映了 SLA 在词汇习得研究上的不平衡状况。

总体来说，这一时期的研究是基础性的，受第一语言(L1)词汇习得研究的影响较大，而较少触及词汇习得过程本身。在20世纪70年代末，语言交际功能与特殊目的语言教学越来越受到重视，交际与阅读中的词汇策略有所发展，L2词汇习得研究也逐渐形成一定规模。

[①] Meara, P. (1980) Vocabulary Acquisition: A Neglected Aspect of Language Learning. *Language Teaching and Linguistics: Abstracts*. 13.4: 221-246.

Meara, P. (1984) The Study of Lexis in Interlanguage. in A. Davies, C. Criper and A. R. P. Howatt. eds. *Interlanguage*. 225-235. Edinburgh: Edinburgh University Press.

Sharwood, S.M. (1984) Discussion of Meara, P. 'The Study of Lexis in Interlanguage'. in A. Davies, C. Criper and A. R. P. Howatt. eds. *Interlanguage*. 236-239. Edinburgh: Edinburgh University Press.

在中介语(Interlanguage)框架内,分析学习者的词汇偏误是较多采用的一种方式,旨在对收集到的偏误进行详尽的分类,进而解释语料。遗憾的是,由于方法论上的缺陷,分类分析缺少预测力与解释力,还谈不上指导 L2 词汇习得研究。

同一时期,L2 词汇控制研究也较为普遍,成果大多体现在词表上。较有代表性的两个英语词表,一个为"Basic English",有 850 词;另一个为"A General Service List",有 2 000 词,其筛选基于使用频率,对 Longman 词典编撰起到指导作用。虽然理论上词汇控制与词汇习得之间的联系未经过验证,但是在 L2 词汇教学中得到广泛应用。以 Palmer 和 West 为代表,他们都力图寻找实用方案减少学习者应学的词汇数量,并将成果切实地体现在教材上。同类研究涵盖了其他语种,还出现了适用于微机的各种简易软件,极大地方便了非专业人员。

记忆术研究也较为普遍。记忆术实际上是词汇呈现方式的问题。研究表明,关键词法优于词表和重复练习法。然而,这类研究存在许多问题:(1)其理论基础,即配对联想学习,仍有待论证;(2)相关实证研究有局限,仅为实验室条件下的小规模操作,与其他方法的比较结果尚不能获得认可;(3)可以引起联想的目的语(Target Language)词语有严格限制,如语音上存在联系的词语,其他词语则较难应用,如认知词汇、积极词汇等;(4)并非所有的关键词都有效,只有经过大量实验验证的词语才可以。

实际上,词汇控制与记忆术是 L2 词汇习得的边缘问题,并非中心问题。中心问题指词汇学习怎样发生及牵涉什么过程。这一时期,从心理学角度进行的 L2 词汇习得研究很有限,却部分触及到中心问题,如双语者心理词典中贮存词语的方式,L1

与 L2 是否有互相分离的词汇表征系统。这类研究采用心理学方法,如 Stroop 法、词语联想法等,为 L2 词汇的表征方式提供了一种模型。其实验手段主要涉及记忆实验、语义测试等,虽然测量工具、被试选择等存在局限,但是获得的结论仍具有一定借鉴意义。

2. 20 世纪 80 年代的研究

在 20 世纪 80 年代,L2 词汇习得研究有所深化。在英国爱丁堡举行的中介语讨论会及论文集《中介语》(1984)的发表,标志着 L2 词汇习得研究开始受到普遍重视。英语 L2 词汇习得研究成果最显著,对其他语种的研究也逐渐增多。与此同时,一些学者积极呼吁加强相关研究,一批综述性文章总结此前研究的得失,指明今后研究方向,起到承前启后的作用,如 Meara(1980,1984)的两篇文章。L2 词汇习得研究处于整合期,具体研究扩展到更广泛的领域。而且,在大量基础工作之上,出现了 L2 词汇习得研究专著、专刊与论文集,如《写作中的词汇》(Linnaud 1986)、《词汇习得的实质》(McKeown and Curtis 1987)、《第二语言习得研究(专刊)》(Gass 1987)等。[①]

这一时期的有利条件是邻近学科取得了长足进展,为 L2 词汇习得提供了有力支持,如心理语言学、认知语言学、语义学等。其中,结合语用学研究 L2 词汇习得是一个新视角,但语用

---

① Linnaud, M. (1986) *Lexis in Composition*. Lund: Lund Studies in English.

McKeown, M. G. and Curtis, M. E. (1987) *The Nature of Vocabulary Acquisition*. Hillsdale, NJ: Erlbaum.

Gass, S. M. ed. (1987) Special Issue on the Use and Acquisition of the Second Language Lexicon. *Studies in Second Language Acquisition*. 9.3

学存在众多学派,实验也较难操纵,在应用上自然有局限。例如语际语用中的语用指示成分研究包括词汇部分(Blum – Kulka 等 1987①);交际行为中的指称手段研究指出,由于词汇缺乏而产生的交际障碍可以通过交际策略来弥补,从而实现传情达意(Bongaerts 等 1987)。②

3. 20 世纪 90 年代的研究

20 世纪 80 年代的 L2 词汇习得研究面向实践,注重研究成果在第二语言教学中的应用价值,《词汇教学与学习》(Nation 1990)是集大成之作。③ 90 年代的 L2 词汇习得研究深入发展,开始探讨习得的具体过程,并有一定收获。

L2 词汇习得研究开始走向专业化,成立了专门的研究室,对某一专题深入发掘。如 Laufer(1991,1998)对 L2 词汇习得过程的一系列研究,试图发现高水平学习者积极词汇的增长情况。④一些问题吸引较多学者的注意,如积极词汇与消极词汇的习得,理解性词汇的讨论等。此外,现代科技手段也广为利用,如 Meara 等(1996,1997)借助互联网展开讨论。⑤

---

①②参见 Gass(1987)。

③ Nation, I. S. P. (1990) Teaching and Learning Vocabulary. Rowley. MA: Newbury House.

④ Laufer, B. (1991) The Development of L2 Lexis in the Expression of the Advanced Learner. *The Modern Language Journal*. 75.4:440—448.

Laufer, B. (1998) The Development of Passive and Active Vocabulary in a Second Language: Same or different? *Applied Linguistics*. 19.2:255—271.

⑤ Meara, P.(1996) The Vocabulary Knowledge Framework. http://www.swansea.ac.uk/cals/vlibrary/pm96d.html.

Meara, P.(1997) Matrix Model of Vocabulary Acquisition: An Empirical Assessment. http://www.swansea.ac.uk/cals/vlibrary/irpm95a.html.

研究者不断改进研究方法,积极开拓新思路,如词汇频率量表(Lexical Frequency Profile)(Laufer and Nation 1995)、词汇知识等级(Vocabulary Knowledge Scale)的提出(Joe 1998)。[1] Read 从语言测试角度论及 L2 词汇问题,[2]Schmitt 对词语联想法提出批评并改进。[3] 此外,研究者也考虑各种研究模型与 L2 词汇习得结合的可能性,试图提出更切合实际的理论,如 Meara(1996,1997)全面评述词汇知识研究,试图推出新模型。

总之,这一时期 L2 词汇习得受到广泛关注,研究成果激增,相关研究转向多种语言,如荷兰语、希伯来语等,但仍以印欧语系语言为主。

二 第二语言词汇习得研究的基本问题

在 L2 词汇习得研究中,下列问题理论价值较大,在研究中讨论也较多:(1)词汇知识的界定,(2)第二语言词汇的分类,(3)第二语言词汇量的测定,(4)第二语言词汇习得的发展过程,(5)第一语言词汇对第二语言词汇习得的影响。

1. 词汇知识的界定

词汇知识包括词语的结构、保存、搜索、提取与遗忘等,更接

---

[1] Laufer, B. and P. Nation. (1995) Vocabulary Size and Use: Lexical Richness in L2 Written Production. *Applied Linguistics*. 16.3:307—322.
Joe, A. (1998) What Effects Do Text-based Tasks Promoting Generation Have on Incidental Vocabulary Acquisition? *Applied Linguistics*. 19.3:357—377.

[2] Read, J. (1998) Validating a Test to Measure Depth of Vocabulary Knowledge. in A. Kunnan ed. *Validation In Language Assessment*. 41—60. Mahuah, NJ: Lawerence Erlbaum.

[3] Schmitt, N. (1998) Quantifying Word Association Responses: What Is Native—like? *System*. 26.3:389—401.

近心理学研究。词的界定是词汇知识界定的基础,要排除干扰词的界定的因素,如根词与派生词、词与词的成分和同形词,①很多学者对此进行过讨论。Meara(1996)引用的 Rechards 的八个假设反映了当时研究的状况,讨论内容在同期很多学者的著作中均有涉及,蕴涵着很多值得深入探究的课题。Palmberg(1987)将词汇知识界定为在了解词语意义的能力与为交际目的而自动激活词语的能力之间的连续体。②Olshtain(1987)以希伯来语为例说明词汇知识包括已经习得的词汇与词语形成机制。③

2. 第二语言词汇的分类

第二语言词汇分类主要依据词语掌握情况,各种分法异曲同工。一种分为消极词汇、自由积极词汇与可控积极词汇,与此看法相近的"词语连续统"由潜在词汇和掌握词汇(包括消极掌握词汇与积极掌握词汇)构成。另一种分为理解性词汇与表达性词汇。一般认为,理解性词汇在习得中早于表达性词汇。这是 L2 词汇的重要特征,已经得到普遍认可。

3. 第二语言词汇量的测定

20 世纪初就已经出现了讨论第一语言词汇量的文章。第二语言词汇量研究是在此基础之上发展起来的,研究成果主要反映在词表上。然而,由于测量词汇量的方法不同,结果也有很大差异。因此,词汇量测定需要完善的理论来支持。对词汇量的估计决定着教学方式的选择,如何认识词汇习得在 L1 与 L2

---

① Goulden, R., P. Nation & J. Read (1990) How Large Can a Receptive Vocabulary Be? *Applied Linguistics*. 11.4: 341—363.

②③ 参见 Gass (1987)。

中的差异以及这一差异是体现在词汇量上还是体现在词汇种类上,这些问题将直接影响教学设计。

为此,需要可信而有效的测试方法。其中,三个核心问题是:(1)怎样决定什么是"词",(2)怎样选择测量哪些"词",(3)怎样测量选定的"词"。不同的学者提出了不同的估计方法。

此外,理解性词汇研究也占有重要地位。理解性词汇研究或基于词频统计,或基于字典。其中,字典抽样法应用较广,但研究者未能充分考虑同形词是词汇量估计的一个主要抽样误差来源。有学者建议从意义关系与所需额外学习的量来考虑,并提出一种改进取词程序的弥补方法。另外,Hazenberg(1996)对荷兰语阅读量的统计也有参考价值。[1]

4. 第二语言词汇习得的发展过程

词汇习得的发展过程是第二语言词汇习得研究的核心,也是词汇习得研究的前沿。词汇习得本身难以观察,又受到多种因素影响,如"词汇门槛效应"、学习动机对L2词汇习得的影响等,研究难度极大。Laufer(1991)认为确实存在"词汇门槛效应",教师应采取措施去激活门槛以上词汇的学习,如拟教授词语的选择、编排应注意阶段性,等等。

词汇水平的判定标准与评估手段是L2词汇习得研究的基本条件之一。词汇习得标准与词汇知识的界定紧密相连。词汇习得的发展模式建立在对词汇知识的认识上,词汇习得标准包括:(1)认识并理解词语,而非猜测;(2)能够依据情境,自然而适

---

[1] Hazenberg, S. and J. H. Hulstun (1996) Defining a Minimal Receptive Second-Language Vocabulary for Non-native University Students: An Empirical Investigation. *Applied Linguistics*. 17.2:145—163.

当地使用词语。① 词汇习得标准直接左右评估手段,不恰当的习得标准会造成不恰当的测量方法。Meara(1997)曾提出行之有效的评估方案。

影响较大的词汇习得研究多强调规则的学习,重视生成学习与认知能力理论的结合。如 Olshtain (1987)验证了词语形成机制在 L2 词汇习得中的重要性,Bahat (1986)讨论了词语形成机制。② 关于生成性加工过程与间接词汇学习的研究也强调学习词汇规律的作用(Joe 1998)。

在上述认识基础上,研究者深入研究了不同学习条件下的 L2 词汇习得。Palmberg(1987)认为,普通外语课堂中词汇学习是学习者在一个词汇知识连续统上前进的过程,经过潜在词汇、理解性词汇与表达性词汇等阶段。基于词汇知识连续统,Yoshida(1978)研究了在口语环境下丰富词汇的问题,③ Laufer(1991)则试图发现高水平学习者积极词汇的增长情况。

5. 第一语言词汇对第二语言词汇习得的影响

在 L2 词汇习得中,L1 词汇的影响是一个广泛讨论的问题,既涉及理论与方法论的基本观点,又涉及具体语言成分在 L1、L2 之间的关系和 L1 知识在 L2 习得中的作用。对此,天生论与认知学派存在巨大的分歧。到目前为止,L1 动词习得研究

---

① Tomaszczyk, J. & B. Tomaszczyk. eds. 1990 *Meaning and Lexicography*. Philadelphia: John Benjamins.

② Bahat, E. (1986) The Acquisition of Word Formation devices in a Second Language. MA Thesis, Tel Aviv University.

③ Yoshida, M. (1978) The Acquisition of English Vocabulary by A Japaness-speaking Child. in E. M. Hatch. ed. *Second Language acquisition*. 91—100. Rowley, MA.:Newbury House.

较成功,可以考虑在 L2 词汇习得研究中借鉴有关经验以开拓思路。

这方面的研究涉及到:已经学习的词汇或非语言知识对 L2 词汇习得的影响存在与否,如果存在,影响程度又如何。Bialystok(1987)①的研究证明,双语儿童在词语概念认知上具有一定优势。根据对词语重现率的研究,词语概念与记忆规律共同决定词语的安排方式,课本中的目标词语可以螺旋式安排。此外,加工深度理论发现语义加工水平能够左右新旧知识的结合程度(Joe 1998),如语境提供的学习线索有利于词汇习得。多数人倾向于语境的作用是积极的,也有人持反对意见。②

三 第二语言词汇习得研究的理论、方法与应用

1. 第二语言词汇习得研究的理论基础

第二语言词汇习得研究具有跨学科的边缘性特征,目前得到普遍认可的较完整的词汇习得理论或模式还未形成,仅出现针对某些具体项目的模式,如习得进程模式、词汇知识模式等,这是缺乏深入研究的必然结果。例如 Chomsky 建立强制性的词库,要求学习者通过日积月累的方式去掌握,看似把词汇当作与句法并重的理论组成部分,事实上他更强调语法研究,只是借助词库的先天性规定解决一些语法上难以解释的问题而已。

---

① 转引自 Gass(1987)。

② Waring, R. (1997) The Negative Effects of Learning Words in Semantic Sets: A Reception. *System*. 25.2: 261—274.

Laufer, B. and T.S. Paribakht (1998) The Relationship between Passive and Active Vocabularies: Effects of Language Learning Context. *Language Learning*. 48.3: 365—391.

很多 SLA 理论或模式无法直接应用在 L2 词汇习得上,因为它们多以语法、形态为主要对象,而词汇有自身特点,需要做专门研究或对习得理论作一定调整,如 Laufer(1991)对 Krashen 的"i+1"输入假说的应用。研究者多借用心理学模式解释词汇习得,心理学的影响最大,如认知心理学、语言心理学有利于揭示词语学习过程。相对而言,语言学作用有限,更多体现在词形、搭配的描写上。

我们认为,L2 词汇习得研究可以改造吸收语言学、认知科学、心理学的理论,形成词汇习得理论。语言学长于词语的静态分析,如义项设置;心理学长于心理过程的发掘,主要体现在实验方法上;认知科学的认识论重视个体认知能力在语言加工中的作用,即发挥原有知识的积极影响及学习者的推理能力。构建中的词汇习得理论可以借鉴语言学的描写手段、心理学的实验方法、认知科学的加工模式,科学地论述词语的获得、贮存、提取、加工等全过程。

2. 第二语言词汇习得研究的方法问题

科学的测试方法与分析手段是研究词汇习得的关键。L2 词汇习得应该借鉴 SLA 中行之有效的具体方法,结合语言学,运用心理学手段,通过建立与检验假设进行研究。词汇习得研究多采用心理语言学的实验手段,如词语联想、词义匹配与词语定义等将语义作为研究指标。习得实验主要有横向研究,也有纵向追踪研究。考虑到影响 L2 词汇习得的因素较多,在实验前必须精心设计,弄清研究对象、实验依据、操作过程与注意事项等,从而恰当地选用有效的诱导手段,或者做探索性研究以获取参考资料、完善实验设计。

词语联想法在词汇习得研究中影响较大且使用较广,涉及联想、复述等心理过程,被视为面向学习的心理学家的方法(Kruse 等 1987)。它基本上依据 Deese(1962,1966)发展的结构主义的联想理论,以 L1 词汇习得为参照对象,通过比较去发现 L2 习得发展的轨迹。[①] 它考察的是被试反应的一般规律,而非个体间的细微差别。其理论依据仍需充分讨论,一个关键问题是词语联想法到底测量了达到母语程度(nativeness)的哪些方面,其效度、信度也有待论证。

3. 第二语言词汇习得研究成果的应用

研究应该为教学提供指导,再从教学的反馈中获得新的动力。L2 词汇教学包括教师对词汇习得的指导、学习者对词汇的掌握、学习词汇的技巧等内容。其中,词汇知识与学习技巧的教学更是重中之重。此外,学习方式主要有直接学习和间接学习。作为一种应急或补救手段,直接词汇学习是必需的,有效的,如存在语言问题的新移民、到目的语国家学习的留学生。从学校教学来看,间接词汇学习是长期性的,是逐渐积累的过程,如有科学指导的课外阅读对词汇习得也有益。

Nation(1990)较全面地论述了 L2 词汇习得研究的应用问题。我们认为下列方面较为重要:(1)有意识地加强记忆术的训练,(2)注意教材词汇的总体编排,(3)课文词表的设计既要考虑词频,又要考虑认知加工的规律,(4)在语境中学习词汇有积极作用,(5)适当地传授词汇学习技巧与策略。

---

① Kruse, H., J. Panklurst & M. Sharwood (1987) A Multiple Word Association Probe in Second Language Acquisition Research. *Studies in Second Language Acquisition*. 9.3: 141—154.

综上所述,第二语言词汇习得研究已经取得了丰硕的成果,为将来的发展打下了坚实的基础。另一方面,L2 词汇习得研究仍处于摸索之中,尚存在认识论与方法论上的不足,必须不断从邻近学科吸取养分。

第二节 词汇习得研究及其在教学上的意义[①]

词汇习得问题是语言学、心理学和教育学等多学科共同关心的课题。

词汇是许多第二语言学习者的主要障碍之一。对第二语言学习者的研究发现,词汇错误比语法错误多。有的研究者认为,要做到简单、明白、流利地传达信息,词汇准确比语法正确更加重要。因此,自 80 年代以来,词汇习得问题引起了越来越多的学者的注意。

近年来,有的研究者以教学实践经验为依据,有的以汉语字词属性统计分析资料为依据,对对外汉语词汇教学中"教什么"和"怎样教"的问题进行了探讨。本节主要介绍教育心理学在该领域的一些研究,从心理学的角度探讨词汇习得和词汇教学的问题,以期为目前的语言教学(包括对外汉语教学)理论研究和实践工作提供一点启示。

---

① 本文作者江新,原载《语言教学与研究》1998 年第 3 期。

一 词汇知识

词汇知识与阅读理解、写作能力等基本语言技能是密切相关的。那么,一个人"认识一个词"意味着什么?词汇知识包括什么?词汇知识的提取是怎样进行的?下面就来谈谈这几个问题。

1. "认识一个词"意味着什么?

Glover 等人(1990)在一项研究中,要求一群学生对一个不常见的词进行解释,他们发现学生的回答是各种各样的。[①] 有的人一点儿都不知道,有的猜一猜,有的人很自信地说出该词的意思,并且举一个例子说明它的用法。

可见,"认识一个词"并不是要么全知道,要么一点儿也不知道(这种现象在心理学上叫"全"或"无"),而是有不同层次的,从完全缺乏该词的知识到掌握该词的详细知识、来源以及使用它的语境,这是逐渐过渡的。可以将"认识一个词"看成是一个连续体,在连续体的一端是"不认识",词的意义在语义记忆中没有建立起来;另一端是"认识",对词的知识已经牢固掌握。

2. 词汇的定义知识和语境知识

区分词汇的定义知识(definitional knowledge)和语境知识(contextual knowledge)是非常重要的。当我们谈论什么是"认识一个词"时,我们首先想到的常常是词的定义知识。定义知识指的是一个词与其他已知词之间的关系,例如一个词在

[①] Glover, J. A., Ronning, P. R. & Bruning, R. H. (1990) *Cognitive Psychology for Teachers*. New York: Macmillan.

词典中的定义就是词的定义知识。通过定义可以将一个词纳入语义网络中,定义是词汇知识的重要组成部分。但是,一个词的意义不只是它的"词典意义"。在任何自然语言中词汇的使用都是有语境的,在听说读写中一个词总是和其他词结合在一起出现,因此,词汇知识不仅包括"词的定义",而且包括词的时空线索、语法线索等语境知识。

3. 词汇知识的自动激活和有意识搜索

词的识别和运用有两种情况,一种是自动快速提取词义,例如在阅读时,有经验的读者理解一个多义词在句子中的意义,常常是一个自动化的无意识过程。还有,在说话时人们常常很自信地使用某个词,而不是有意识地注意该词的词典定义,这时词的意义往往是自动激活的。另一种是对词的信息进行有意识的搜索。例如通过语境猜测一个新词的意义。这时可以利用两种线索,一种是外部语境线索,又称词外线索(例如一个词出现的上下文);另一种是词法线索,又称词内线索(例如词缀)。利用这两种线索猜测词的近似意义,这是对词的信息进行有意识搜索的过程。

二 词汇习得的途径

在词汇习得和词汇教学领域,还有许多问题没有得到解决。有一个至今仍在争论的问题是,词汇教学是否有效?通过日常的语言经验来习得词汇是否更加有效?如果词汇是可以通过教学来习得的,那么哪一种词汇教学方法是最有效的?认知心理学家和教育心理学家对这些问题进行了探讨。

词汇习得的途径主要有两个,一个是直接的词汇教学,学生对词汇进行直接的有意学习;另一个是从语境中偶然学习,这是一种无意学习。研究发现,学生在学校学习期间词汇量的增长速度是非常快的。Nagy, Anderson 和 Herman (1987)估计,美国学生从小学三年级至中学毕业这段时间,他们的阅读词汇每年增长三千个词,到中学毕业时学生的词汇量平均达四万个词。[①] 学生这样大的词汇量主要是依靠什么途径习得的呢?他们发现,在校期间学生所增加的词汇量中只有很小的部分可归功于直接的词汇教学。尽管有必要设计有效的词汇教学,特别是对差的学生而言,有效的词汇教学非常重要,但是对大多数学生来说,在学校中通过直接教学学到的词汇只占他们词汇量的很小部分。也就是说,学生的大部分词汇是通过直接词汇教学之外的途径习得的。

既然学生的大部分词汇不是通过直接词汇教学的途径习得的,那么他们是通过什么途径习得的呢?最有说服力的一个解释是,学生的大部分词汇是从语境中偶然学到的,这些语境包括阅读、对话和写作,其中最主要的是阅读。研究发现,大多数学生每年增加的词汇中有三分之一以上是从阅读中学来的。

通过语境这种途径习得词汇是一个缓慢的、渐进的过程。与某个词只接触一次,获得的学习量很小,只有通过多次接触才可能完全理解一个词的意义及其使用的语境。Nagy 和他的同事设计了一系列研究来考察从语境中学习词汇的过程,他们发现在正常阅读中确实会偶然学到词汇的意义,但获得的学习量

---

① Nagy, W. E., Anderson, R. C. & Herman, P. A. (1987) Learning word meaning from context during normal reading. *American Educational Research Journal*, 24, 237—270.

是很小的;在阅读中只见过某词一次就能够获得该词的关键知识,这种概率不超过10%。① 但是,这种一点一点地增加的词汇知识是非常重要的。

三 对教学的启示

从以上词汇习得和词汇教学的研究中,联系对外汉语教学,我们可以得到以下一些启示。

1. 词汇学习是一个连续过程,应该对不同的词汇和不同的学生提出不同的要求

由于词汇知识不是简单的"全"或"无","认识一个词"包含不同水平,因此词汇学习实际上是一个连续的过程,在这个过程中,由于学习者已有知识和理解程度不同,学习者面临的任务也不同。例如,不同语言水平或不同学习阶段的留学生面临的词汇学习任务不同,对于同一个词,初级阶段的留学生可能只需要知道它的常用意义和简单用法,甚至只是见过即可,随着知识的增加和理解程度的加深,学生对该词的认识会逐渐从连续体这一端过渡到另一端,由不认识一个词发展到掌握一个词。同样,有时学生学习口语中已有的词汇,只需要学会怎样认读;有时他们要学习一个已知词的新意义,有时他们要学习表示已知意义的新词,有时他们既要学会一个新的概念,也要学会表示该

---

① Nagy, W. E. & Herman, P. A. (1987) Breadth and depth of vocabulary knowledge: Implications for acquisition and instruction. In M. G. Mckeown & M. E. Curtis (Eds.), *The Nature of Vocabulary Acquisition* (pp. 19—35). Hillsdale, NJ: Erlbaum.

Nagy, W. E., Herman, P. A. & Anderson, R. C. (1985) Learning words from context. *Reading Research Quarterly*, 20, 233—253.

概念的新词。无论学生面临何种任务,总的来说,词汇教学的目标是使学生从理解、接受词汇开始逐渐发展到能够灵活准确地运用词汇。

2. 既教给学生词汇的定义知识,也教给学生语境知识

词汇知识包括定义知识和语境知识,"认识一个词"是一个掌握词汇定义知识和语境知识的连续过程。如果词汇图式只建立在一种知识基础之上,那么学生的词汇知识就会有严重缺陷,他们就很难在教学语境之外灵活运用这些词汇。因此,对学生进行词汇教学时,应该注意既教给学生词汇的定义知识,也教给语境知识。

一个比较有效的方法是在句子、段落中教生词。学生要了解一个词的定义知识并不难,常常依靠生词表的解释就可以,但是要掌握一个词的句法功能、与其他词的搭配关系、褒贬色彩、语体等,就必须依靠具体的语境。在句子中、在段落中教生词,学生不仅可以学到定义知识,还可以学到语境知识,这样,他们在教学语境之外运用生词,就可以减少错误。特别是对近义词、多义词、虚词的教学,要在句子中进行。

3. 鼓励学生利用语境猜测生词的意义

学生可以利用词外线索和词内线索去猜测生词的近似意义。但是有词内、词外线索存在,还不能保证学生一定能利用它们,甚至不能保证学生认识到可以用这些线索来猜测词的意义。只有当学生对认识和利用这些线索有所准备时,它们才会发挥作用。应该鼓励学生利用语境猜测生词的意义,教材和教师都可以为此作出努力。

例如,阅读课的课文之后要不要给生词表?对这个问题有

不同意见。一般认为,利用生词表,既可以帮助学生理解课文,也可以帮助学生学习词汇。但值得注意的是,一对一的生词表(即一个生词只给出一个解释)并不能促进词汇在长时记忆中的保持。让两组学生分别阅读有生词表的短文和没生词表的短文,如果立即进行词汇测验,前者的成绩比后者好,但是如果间隔一段时间(例如四周之后)再进行词汇测验,结果就不是这样。一对一的生词表之所以不能促进生词的长时记忆,是因为它在一定程度上减少了学生对生词进行猜测的机会,降低了词汇编码过程的加工水平。

不给生词表的效果会怎么样?在自然课文中语境信息常常是模糊的、不明确的,当语境线索不够充分、丰富时,学生很难对生词的意义进行正确的推测,所以,不给生词表,完全让学生从语境中学习词汇,效果也不好。

那么,到底要不要给生词表呢?对此有两种方法可供教材编写者和语言教师尝试,一是给学生提供一对多的生词表,也称多重选择生词表。就是说,对每一个生词,给出不止一个同义词、定义或翻译,学生必须从多个词义中选择一个最恰当的意义。这是从生词表中学习词义和从语境中猜测词义的一个折衷办法。多重选择词表给学生提供了一个明显的线索,它既可以补偿语境信息的不足,又可以让学生有猜测词义的机会,学生为了选择一个恰当的解释,仍然要进行猜测,这样词汇加工具有一定深度。二是将阅读课文进行适当的改写,使生词所在的语境具有比较完整的、明显的语境信息,有利于词汇猜测,这样学生从修改后的课文中获得的词汇知识就比较多。

4. 鼓励学生进行大量的课外阅读

学会如何学习词汇,这和学习词汇一样重要。无论词汇教学的效果多么好,学生仍然必须独立学习大量词汇。研究表明,词汇知识是通过阅读逐渐增加的,大量阅读是学生学习词汇、扩大词汇量的主要途径。但大量阅读仅仅依靠课堂时间是远远不够的,教师应当鼓励学生把阅读行为延伸到课外。研究表明,当教师鼓励学生阅读、解释阅读的好处,并帮助学生选择阅读材料时,学生会有积极的反应。怎样鼓励学生进行大量的课外阅读呢?可以从三个方面来做。首先,教师应该给学生指定阅读材料,这时应当注意的是,教师指定阅读材料时要非常谨慎,因为学生非常重视这些阅读作业,对大多数学生而言,阅读作业具有一种评价作用,学生会根据自己完成作业的程度,对自己的阅读能力进行判断,这种自我判断会影响他们的学习。其次,教师可以鼓励学生自己选择阅读材料,Krashen 称这种阅读为"自由自愿阅读"(free voluntary reading, FVR),学生对阅读的态度比较积极,阅读量比较大,这样导致的词汇学习效果比较好。第三,应当编写一套系统的课外阅读材料。课外读物应满足两个要求:一,难度分等级,以适应不同程度学生的需要;二,内容丰富,能够引发学生的阅读动机,以此促进词汇学习。

5. 词汇教学要使词汇围绕一定的主题或中心出现,提高词汇的重现率,并且鼓励学生在教学语境之外运用生词

有效地运用词汇的前提是牢固掌握词汇意义以及词与词之间相互关系的知识。如果词汇学习成为一种没有目的的死记硬背的活动,那么它的效果就会很差。如果词汇是围绕一定的主题或中心呈现的,学生就可以形成一定的知识结构,这种知识结

构使学生在阅读和写作中能够更加有效地运用词汇。

熟练地运用词汇既依赖于语境,也依赖于自动地快速地提取词义。很明显,学生经常遇到的词比只见过一次或少数几次的词更容易从记忆中自动提取。因此,要熟练地运用一个词,必须进行多次重复的接触。现在还没有人研究一个词的同一种信息多次重复(例如一个词和与它搭配的词)和一个词的不同信息多次重复(一个词在多种语境中出现)哪一个效果更好,但是至少我们可以说,如果要在自然语言环境中有效地、自动地运用一个词,对这两种信息都必须进行多次重复的接触。但是,这种多次重复不是机械的简单重复。教师要鼓励和帮助学生将他们在课堂学习到的词汇运用到日常生活的其他方面。例如,要求学生记录他们在课外活动中遇到所学生词的次数。这时,学生对生词的注意得到鼓励,因此就更加自觉自愿地运用这些生词。

在语言教学中,对学生语言能力进行判断的依据之一,是考察学生在阅读和写作中是否能熟练地运用词汇。Duin 和 Graves 认为,词汇能使人们清楚地充满自信地说话、阅读和写作。这个观点对语言教学工作者的意义是非常明显的。词汇教学是语言教学的重要组成部分。胡明扬(1997)认为,语言由词语组合而成,离开了词语也就没有语言。词汇教学在对外汉语教学中应该占据一个重要位置。为了更好地帮助学生扩大词汇量、灵活地运用词汇,对外汉语教学工作者迫切需要一套行之有效的词汇教学方法。我们希望,以上介绍的有关词汇习得的研究以及从这些研究中概括出的一些原则,能够给目前的对外汉语词汇教学理论研究和实践工作提供一点有益的启示。

第三节　母语为拼音文字的外国学生汉语词汇习得研究[①]

第二语言习得(SLA)领域经过语言学、社会语言学和心理语言学几十年的研究,人们更加确信第二语言习得的基础是词汇习得。词汇习得是一个终生认知的过程,习得足够多的词汇是语言问题的核心。[②] 基于此,人们对词汇习得的研究倾注了极大的热情。这些研究领域包括第一语言词汇知识的迁移、词语的学习策略、词汇的认知、词汇的类型以及(个人)词汇习得的数量。在这些研究领域中,也许第二语言为拼音文字和第二语言为表意文字(如汉语)两者之间的关系更应该值得关注。这是因为任何语言中的词汇都有两个表征:语音表征和字形表征。对于像西班牙语和英语等正字法为浅层文字(shallow orthography)或深度文字(deep orthography)的拼音文字,容易见形知音。相比之下,汉语是一种正字法为高深度的语言。拼音文字存在形—音对应的规则(grapheme-phoneme correspondence rules,即 GPC 规则),而汉语没有这种规则。因此,在拼音文字中,如果确定了词语的语音形式,那么就可以毫不困难地确定它的书写形式,甚至能够写出它的书写形式。然而,在表意

[①] 本文原标题为"词汇习得与第二语言能力研究",作者鹿士义,原载《世界汉语教学》2001 年第 3 期。

[②] Verhallen, M. & Rob. S. (1998) Lexical knowledge in L1 and L2 of third and fifth graders. *Applied Linguistics* 19, 452—470.

文字中,也许可以确定它的语音形式,但不能确定它的书写形式,也不能因此写出这个词语。对于把汉语作为第二语言学习的学习者来说,最富有挑战性的事实就是汉语词语的语音形式和字形不相匹配。因此,许多学习者和教师通过强调听说来回避汉字,推迟学习汉字的时间,或者在开始阶段不把重点放在阅读和书写上。我们怀疑这样做会影响词汇知识的全面习得,从而削弱学习者语言能力的发展。本节的目的就是调查不同学习层次的词汇知识和语言能力的关系,寻找出一个证据,即只有全面习得词汇知识才能为更高一级的学习打下基础。

一 与本研究有关的几个概念

由于对词汇习得研究的角度各不相同,因此有许多方法可以测定词汇知识的不同属性。就语言习得而言,认知型词汇和主动型词汇更具有心理语言学意义和教育学意义。"所谓认知型就是指认识但尚不能自由运用的词汇"。[①] 主动型词汇是指"能够在口语或书面语中使用的词语"。[②] 为了研究的需要,本文对"主动型词汇"和"认知型词汇"作了严格意义上的规定。认知型词汇是专门指学习者只能把语音和意义联系起来的词语。例如,如果学习者听到语音"wǒmen",他能够用母语认得这个词为"我们"。主动型词汇是指学习者不仅能联系词语的声音和

[①] 参见戴曼纯《论第二语言词汇习得研究》,《外语教学与研究》2000年第2期。

[②] Lin,Yi (2000) Vocabulary acquisition and learning Chinese as a foreign language (CFL). *Journal of the Chinese Language Teachers Association* 35:1, 85—108.

意义,而且还能用汉字写出这个词语。即学习者听到"wǒmen"时,他不仅知道这个词语在母语中是什么意义,而且还能写出这个词语"我们"。集体词语判断能力(collective word identification ability,CWLA)是指一个学习者能够根据他所听到的语音表征判断出所有词语。在本项研究中,CWLA是一个学习者认知型词汇和主动型词汇的结合。我们假设学习者对每一个词语若能通过语音表征来加以判断,但却不能写出这个词语,这表明,在词汇的连续统里,从认知型词汇到主动型词汇之间存在着一个距离。距离越大,学习者的认知型词汇就越多。

二 理论假设

1. 词汇习得是一个发展的连续统

语言学习中,充分掌握一个词语要远比了解一个词语的意思范围大得多。这些必要的知识包括词语的形式、意义、语法特征、词语之间的搭配、联想以及词语的频率等,不一而足。习得一个词语就是要求掌握其完备的知识。Nation认为掌握一个词语意味着要了解它的形式(口语的和书面的)、意义(概念、联想)、位置(语法框架、搭配)和功能(频率、使用场合)。Laufer(1998)也提出了一个类似的词汇知识的定义。[①] 他把词汇知识分成三部分:基本应接性知识、受控制的知识和自由知识。他认为词汇知识可能在不同的学习阶段从表面发展到深层。词汇的发展也不只是熟悉新词而已,它还包括深化已知的知识。无论

---

① Laufer, B. & T. S. Paribakht (1998) The relationship between passive and active vocabularies: Effects of language learning context. *Language Learning* 48:3, 365—391.

是 Nation 的"四分法"还是 Laufer 的"三分法",其中所包含的知识都可以依次排在一个等级的连续统里,从词语的最容易识别的语音形式到其复杂的功能。

许多 SLA 研究者已把词汇知识作为一个连续统而加以概念化。"认识一个词……是有不同层次的,从完全缺乏该词的知识到掌握该词的详细知识、来源以及使用它的语境,这是逐渐过渡的。可以将'认识一个词'看成是一个连续体,在连续体的一端是'不认识',词的意义在语义记忆中没有建立起来;另一端是'认识',对词的知识已经牢固掌握。"[①] 如果词汇知识是一个连续统的话,那么在这个连续统上,从一点到另外一点都存在一个距离。因此,我们假设,在认知型词语和主动型词语之间也存在一个连续统。在同源语言学中,一个词语的语音形式和书面形式的辨别应该位于这个连续统的靠前的位置,而在非同源语言学中,第二语言中一个词语的语音形式的辨别在连续统的位置要比它的书写形式早。一个词语知识连续统的距离根据每个学习者对词语的兴趣、学习的意愿和需要而会有所变化。

2. 汉语正字法造成了认知型词汇和主动型词汇在连续统的距离增大

传统的阅读理论认为,词义的通达主要有两条路径:一条是直接的视觉通路,视觉输入的特征被映射到字形表征上,字形表征的激活导致储存的语义的激活。另一条路径则以语音为中介,字形信息首先被激活语音表征,然后由此激活语义表征。汉

---

① 参见江新《词汇习得研究及其在教学上的意义》,《语言教学与研究》1998年第3期。

语是一种深度正字法的语言，相应的语音符号规则性的程度非常有限。Koda（1996）指出，在阅读拼音文字和表意文字过程中，所使用的加工策略有本质上的区别。[①] 因为表意文字需要心理记忆，而对于拼音文字，语音和意义的提取只需要语音知识。如果声音符号联系的心理记忆还未建立，那么词语和意义之间的联系就非常弱。这个假设已由 Everson（1998）的实验所证实，他发现如果学习者知道与词语相联系的意义，那么他知道该词语的语音的机会就会很高。[②] 对词语确认所要求的记忆便导致了第一语言为拼音文字的语言学习者的潜在的困难。Mori（1998）的研究发现，对语言背景为拼音文字的学生来说，语音通达的词语比非语音通达的词语更容易记住。[③] 在要求被试辨认词语的实验中，Everson（1998）发现能够正确发音和正确辨认一个词语的书写形式只占 58%，即使这些词语都是被试已经学习过的词语。58%的词语能够覆盖多少主动型词汇呢？可以设想比例会更低。还应该指出的是，认知一个词语所需的知识可能只是部分的，而主动型词汇需要一个词语的详尽信息。已有的研究表明，主动型词汇如果掌握得好的话，其词语的认知也相应好。[④] 对于那些第一语言为浅层正字法而容易语音通达

[①] Koda, K. (1996) L2 word recognition research: A critical review. *Modern Language Journal* 80, 450—460.

[②] Everson, M. E. (1998) Word Recognition among learners of Chinese as a foreign language: Investigating the relationship between naming and knowing. *Modern Language Journal*, 82:194—204.

[③] Mori, Y. (1998) Effects of first language and phonological accessibility on Kanji recognition. *Modern Language Journal* 82, 69—82.

[④] Ke, C. (1996) An empirical study on the relationship between Chinese character recognition and production. *Modern Language Journal* 80:3, 340—350.

的学生而言,他要花费几年的阅读实践来发展其汉语正字法的敏感性。

简言之,在书面汉语中,由于缺乏语音的通达,从语音辨认到词语辨认到最后写出词语所造成的距离要比拼音文字的词语习得大得多。这意味着把汉语作为外语的学习者,并不能导致词汇的自动辨认或词语的书写。其结果,在词汇知识的连续统里,从语音辨认到词语辨认存在着一个很大的距离。

3. 认知型词汇和主动型词汇的距离越大,其四种技能的表现就越差

在第二语言习得研究中,我们还没有看到有一种研究结果来明确地表明有这种负相关。此假设是指词语学习者不能写出他们并不熟悉的词语,因此,不可能在听力任务中很快地加以辨别,也不可能在说话任务中自动地使用。所以,如果学习者的认知型词汇的比例很大,且主动型词汇和认知型词汇的距离也很大,他们的语言能力就会受到损害。

我们可以从已有的研究来推断这种关系的存在。例如,一项研究表明,居住在第二语言环境下的优势只有在大约两年以后才开始显现出来,这是由于其认知型词汇被激活,认知型词汇和主动型词汇之间的距离在缩小。这在某种程度上表明一个人的一般语言能力和距离之间有一定的关系。我们还可以从别的方面来说明这个问题,即一个人的认知型词汇知识和主动型词汇知识之间的距离越小,他的听力、口语、阅读和写作能力的表现就会越强。Lund 曾就听力和阅读理解的对比进行了一项研究。他发现学习者的阅读理解在数量上和本质上都要比听力理解好。原因之一在于阅读的优越性——书写符号的认知所具有

的语音差异在同源性上是一致的,而这种一致性在听力上很难觉察到。Lund 的研究揭示了这种一致性使得距离变得更小,因此,在阅读理解中表现得更好。认知心理学研究也表明,由于汉语是一种典型的深层文字,它没有形—音对应或形—音转换的规则,因此在词汇通达或语音提取中,词语的语音激活可能比英文迟缓一些,它的作用可能弱一些。相反,汉字较强的表意功能,可能使词语的语义提取比拼音文字(如英语)的语义提取较快,也较明显,词汇判断通达的时间要短;Takano & Noda(1995)提出的外语效应假设也同样支持这种距离假设。[①] 该假设认为,这种外语对和自己母语相同的语言影响较小。很显然,第一语言和第二语言两种语言的相似性,可以使一个人的词汇知识在连续统上的发展更为平稳,缩短了不同习得点的距离。

基于以上的理论假设,本研究主要探讨以下问题:

(1) 把汉语作为第二语言的学习者,其主动型词汇知识和综合语言能力的相关性如何?

(2) 把汉语作为第二语言的学习者,其 CWIA 和综合语言能力的相关性如何?

(3) 学习者的主动型词汇和认知型词汇之间的距离和他们综合语言能力之间的相关性如何?

(4) 不同学习阶段的学习者的词汇习得模式。

---

① Takano, Y. & A. Noda (1995) Interlanguage dissimilarity enhances the decline of thinking ability during foreign processing. *Language Learning* 45:4, 657—681.

三 研究方法

1. 被试

南京师范大学国际文化教育学院母语为拼音文字的留学生共 84 名。三个年级分别代表三个不同的汉语水平。被试性别比例及水平分布情况见表 1。先导性的问卷调查表明,三个水平的被试学习动机和学习习惯各不相同。具有某些汉语背景的学生都从水平 1 和水平 2 中排除掉。而在水平 3 中则予以保留,因为他们的汉语背景并不比没有汉语背景的真正的初学者显示出任何优越性。

表 1 被试人数分布表

性别	初级班(水平 1)	中级班(水平 2)	高级班(水平 3)
男	25	16	12
女	11	12	8
合计	36	28	20

2. 材料与设计

所有的材料均来自于他们每周课堂上所学的词语。用于相关分析的语言能力的成绩主要是同一个学期中每个月的口语、听力和读写成绩测试。听力测试由多项选择构成,口语测试是能力的测试。读写测试由诸如正误判断、多项选择、填空、匹配、完成句子和翻译等项目构成。

3. 实验实施与数据分析

材料的收集处理是在不干扰正常的教学秩序的情况下进行的。词语听写被用来测量学生的词语知识。1997 年上半学期的每个星期,学生先准备该周内所学的 5—10 个汉字或者在该周的课文中作为新生词出现的词语。然后由主试组织听写,每个字词读两遍。学生听到一个词语,用英语写下这个词语的意思,或者用汉字写下该词的形式。同时通过询问学生英语的意义和汉字,可以获得所教的词语学生能认识多少和写出多少。这种方法可以更好地测量出学生的认知型词汇知识和主动型词汇知识的距离。听写的结果有以下 4 种:1)全部正确(学生不仅能给出正确的意思,而且能用汉字正确地写出词语);2)书写正确(学生只能用汉字正确地写出词语,但不能给出正确的意思);3)意思正确(学生只能给出正确的意思,但不能正确地用汉字写出词语);4)都不正确(学生既回忆不出词语的意思,也不能用汉字正确写出词语)。4 个类型的价值各不相同。1)类情况和 3)类情况分别测量学生的主动型词汇和认知型词汇。CWIA 是通过 1)类和 3)类而获得的。距离的测量是通过提取 CWIA 的主动型词汇而获得的。

4. 测试的信度和效度

听写测试和成绩测试的信度和效度是试验结果准确性的基本保证,因此试验采用了纵向资料的收集。学习者的平均听写分数(一个学期 10 次听写测试的平均数)和 6 次平均测试分数(每个月的测试、期中和期末考试)被用于相关研究。学生的成绩反映了某项任务的典型表现,而不是一次观察。这样测试的范围较好地代表了课堂上所讲授的内容。许多证据表明了测试的效度。例如所有试卷由有经验的老师编制,这些项目较好地覆盖了教学目标。测试结果和老师对学习者在课堂上的表现的评判相吻合。根据测量理论,如果两个测试相互关联,表明这两次测试部分地测出了构想。可以相信,听力、口语、阅读和写作技能,尽管很不相同,但因为是一般语言的基础,他们是紧密相关的。因此,如果效度高,测试结果的相关性就越高。这些测试的结果都具有很高的相关。利用 Spearman 相关系数及显著性检验均达到了显著相关。

四 结果与分析

实验结果见表2,采用 SPSS/PC+V10 处理数据。

表2 各水平在不同词汇类型中与语言能力之间的相关矩阵

汉语水平	类型	语言能力		
		听力	口语	读写
水平1	主动型词汇	0.148(0.457)	0.470(0.014)	0.752(0.000)
	距离	0.054(0.786)	−0.251(0.217)	−0.591(0.001)
	CWIA	0.508(0.006)	0.680(0.000)	0.660(0.000)
水平2	主动型词汇	0.671(0.003)	0.785(0.000)	0.862(0.000)
	距离	−0.571(0.016)	−0.691(0.002)	−0.741(0.001)
	CWIA	0.611(0.008)	0.692(0.001)	0.763(0.000)
水平3	主动型词汇	0.732(0.000)	0.745(0.000)	0.874(0.000)
	距离	−0.645(0.003)	−0.754(0.001)	−0.732(0.000)
	CWIA	0.613(0.008)	0.687(0.001)	0.756(0.000)

注:$P<0.01$

1. 水平内部分析

对三个水平中不同类型的词汇及各语言能力分别进行了二元相关分析和显著性检验,对第一个问题的分析结果发现,一年级学生主动型词汇的分数与读写成绩的分数高度相关($R=0.75$)。主动型词汇和口语相关很低($R=0.47$),和听力分数的相关最低（R=0.148）。CWIA 分数和各语言能力的成绩均达到了显著相关，相关程度超过了和主动型词汇的相关，R 值分别为 0.508、0.68、0.66。但距离与口语和听力的分数呈低相关（R=0.054、-0.251），和读写技能的分数呈显著负相关（R=-0.591）。由上可见，一年级学习者的 CWIA 和听力、说话以及读写技能呈高度相关。但主动型词汇和距离与听力或说话技能相关不显著。

　　对这一水平的学习者来说，好像主动型词语对听力和说话技能的贡献并不大。我们也许希望学习者掌握得词语越多，他们完成听力和说话的任务就越好。但结果似乎并不支持这种期望。原因可能非常复杂。McLaughlin 曾假设语言学习是一个从控制过程向自动过程逐渐变化的过程。我们可以设想，这个阶段，即使学生能够用汉字写出词语，但声音和词形之间的联系还很弱。词语所负荷的词汇意义对学习者来说是不易觉察到的。对于字母语言背景下的学生来说，获得声音和词形之间的联系，能够察觉出词汇的词典信息需要大量的注意和努力。检索口语词语进行加工几乎不可能，需要耗费大量的心理资源和注意力。此外，这个阶段的学习者，其汉语句法知识也需要耗费大量的心理资源。另一方面，开始阶段的学习者可能具有两个汉语书面语的表征系统，一个是拼音，一个是汉字。由于拼音和他们的字母语言的相似性，学习者很可能会完全依赖拼音系统来加工在听力和口语任务中所遇到的词语。汉字系统对学习者的口语和听力能力还没有发挥出任何影响。因此，在初级阶段 CWIA 能够更合理地表明学习者的语言能力，距离并不能影响学习者的交际能力。然而我们还不能就因此确认 CWIA 是一个可靠的预言者。正如我们所知,学习者需要时间来发展汉语正字法系统的敏感性。实现正确输入、输出需要语音、词形、语义知识及三者的相互联结达到一定的强度。

对水平 2 的学生来说,主动型词汇和听力、口语相关性均很高,R 值分别为 0.67、0.78,虽然 CWIA 和听力($R=0.61$)、口语($R=0.69$)、读写($R=0.74$)都存在显著相关。但相比之下没有与主动型词汇的相关高。距离和口语($R=-0.69$)、读写($R=-0.74$)也存在着显著的负相关,和听力($R=-0.57$)也是负相关。二年级学习者的主动型词汇和他们的听力、口语、读写的相关同 CWIA 相比,相关显著。距离同各种语言技能都呈显著的负相关。

对于这一水平的学生来说,在连续统里学习者的词汇知识越高,它在各种语言技能的表现就越好。CWIA 依然能很好地预测学习者的语言技能,但在可预测程度上它要让位于主动型词汇,书面语中主动型词汇的可预测性在增长,一种解释是 CWIA 所包括的词语依然位于连续统末端的低水平上。即学习者能从语音形式上加以辨别,但不能用汉字写出这个词语。如此"欠发展的"词语在词汇的连续统上可能会加大距离。

距离对学习者语言技能的预测可能有许多原因。Ehri 曾说:"书面语为口语提供了一个视觉空间模式,当孩子学习阅读和拼写时,这个模式和它的符号作为记忆中的表征系统而被加以内化。"汉语学习的情形也是如此。在阅读的条件下,学习者的动态记忆中词语书写的发展,增加了编码的冗余性,有助于使成功阅读的词语再回忆。对此原因的另外一种解释就是在像汉语这样的表意文字中,在汉语书面语中字形的功能有助于语音符号的加工。因为它是一个表征单位,通常表示整个词语和语素。在拼音文字中,音位是一个表征单位。对拼音文字的研究发现,拼音文字中语音意识能对读写能力作出可靠的预测。在口语中听到最小成分的孩子发现很容易把口语映射到书写符号中去,从而学习译码。在汉语习得中,词语和它的语素意义及语素和它的语音之间的联系都是相当任意的,口语中的这些语音成分并不能提供暗示,除非他们是语素的代表。例如,不注意书写词汇的汉语学习者不可能一样地注意到在"liúxué、bǎoliú、liúyán"中成分"leave"和在书面语"留学、保留、留言"中的成分"留"。即使他们注意到了,由于对他们声调的不敏感,他们也许会和另外的声音中的"liu"相混淆,如"liúxíng"(流行)。那么,学习者则只依赖于几乎不能提供给他们足够的语义线索的音素来学习汉语的口语和听力。没有文字意识,把汉语作为外语学习的学习者可能会发现很难建立起词语网络,在汉语词汇的记忆中会丧失许多联系。其结果是,当学生在进入高一阶段的时候,他们的词汇知识在处理高一级的语言任务时,不能获得充分的发展。在教学实践中,人们普遍认为,如果我们要求学生用汉字书写词语,占用他们的口语和听力的活动中一些时间,就会影响学生们的交际能力。我们收集的材料似乎并不支持这种看法。根据试验组提供的结果,主动型词汇得分高的学生,他们的成绩测验得分也很高。试验统计结果表明,主动型词汇基础好不仅对阅读和写作来说是重要的,而且对听力和口语都是重要的。此外,我们教学的经验也表明,那些在学习主动型词汇时如果能有一个良好开端的学生,很可能在高一级的学习中会顺利发展。

为了检查结果的有效性,笔者观察了两个二年级的学生,一个是主动型词汇测验中得高分的学生,另一个是测验中得低分的学生。高分者辅导一个中国学生学英语,低分者的同屋是一个中国学生。通过观察发现,高分者能够在课堂上就任何话题顺利地谈论。同时还发现高分者各种类型的测试和课堂表现得分都是最高的,很容易地认读汉字,用汉语记事。低分者是一个健谈者,但他的词汇很有限,他能用自己的一些有限的高频词造句。当给他一个熟悉的话题,并提供一些词语进行更进一步的谈论时,他很难驾驭,错误很多,他在班上4门成绩的得分都是最低的。

对于水平3的学生来说,主动型词汇和各语言技能之间均达到了显著相关。P值分别为0.732、0.745、0.874。距离和口语、听力、读写都呈显著负相关。CWIA与语言能力的相关也非常显著。

这一水平和水平2相比,无论是主动型词汇、距离和语言能力之间,还是CWIA和语言能力之间都存在显著相关。它们都能够很好地预测学习者的语言能力。但这是否说明三年级的学生的汉语正字法意识已经基本形成?抑或实验的材料和方法对于这一水平的学习者来说过于简单?因缺少足够的证据我们不好下结论。有关汉语正字法意识发展的研究目前我们还在实验阶段。

2. 水平之间比较

本项研究假设,词汇习得是一个动态发展的连续统,表明了词汇知识的发展无论从质的方面还是从量的方面都是一个渐进的过程。一年级的距离最大,三年级的距离最小。一年级学生的许多词汇属于认知型口语词汇,但随着学习时间的增长,主动型书面语词汇会越来越多。

这表明随着学习的进步,学习者的词汇知识从认知型词汇向主动型词汇变得更容易、更快、质量更高。根据试验组学生的结果来看,主动型词汇的增长速度每年超过20%。这项研究结果表明,随着学习者的汉语正字法意识的发展,他们获得主动型词汇的能力也在发展。一年级学生每年的主动型词汇的平均发展占整个词汇的31%。二年级和三年级分别上升为59%和82%。还应当指出的是,除了学习者的正字法意识发展以外,三个阶段的词汇习得的差异还受到学生的学习动机、学习策略、学习经验和教学的影响。

因此,我们可以得知一年级、二年级和三年级的主动型词汇习得模式有显著不同。一年级学生主动型词汇的得分很低,占总测试分数的31%,二年级占59%,而三年级最高占82%。另一方面,距离统计随着学习时间的增加而降低。从平均水平来看,一年级的学习者对所教授词汇的50%能够辨认,但不能书写。这个比例到二年级便下降到了22%,到三年级又下降到了11%(见图1)。

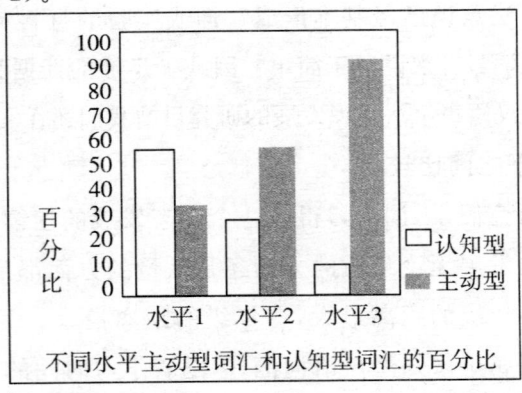

不同水平主动型词汇和认知型词汇的百分比

五 对教学的启示

尽管我们列举了许多可能的解释,但本项研究所发现的相关性只能告诉我们词汇知识和语言能力之间的关系。可以肯定地说,这种相关性还有许多其他别的因素在起作用。理论上讲,词汇知识像其他事物一样,其自身有一个组织良好的机制。它的形式(口语和书面语)、意义(概念、联系)、位置(语法模式、搭配)和功能(频率、得体性),每一个方面都在起着各自的作用。一个人的词汇知识的全部带给一个人语言能力的健康发展。在教学中,我们不能忽略声音的辨别、词形的辨别或者词语的书写。可以设想,汉语正字法系统会在一个人的认知型词汇和主动型词汇之间造成很大的距离,而且这个距离会延缓一个人的整个语言发展。从以上论述中可以看到,在汉语学习的初级阶段,其 CWIA 能很好地预知一个人的语言能力;而在后期阶段,主动型词汇能够较好地预知一个人的汉语水平。认知型词汇和主动型词汇之间的距离越大,一个人的语言能力就越差。因此,词汇图式只建立在一种知识基础之上,都会造成学习者词汇知识的严重缺陷。

1. 在学习中构筑学习者的字词网络

词语的并行分布的联结主义模型认为,关于词的词形、语音、意义表征为一些激活扩散模式,这些模式分布在以不同权重相联结的一系列加工单元上。在视觉词汇识别中,视觉刺激材料的呈现启动了词形单元到语义的计算。语音单元被充分激活时,也可以启动语音单元到语义的计算。这样,当来自词形和语音的激活扩散使词汇的语义激活达到一定水平时,一个词的意义就可以为认知加工系统所使用。然而,词形和语音这两个方面对语义激活作用的相对大小是由词形单元和意义单元、词形单元和语音单元及意义单元之间的权重所决定的。这些在很大程度上由词形、语音、语义、词语之间的关系所决定的权重,决定了激活的时间进程。根据 Ke(1996)的正字法意识模型,一定数量汉字的积累对词汇习得来说是一个必要的先决条件,词语的书写可以帮助在学生的长时记忆中熟悉词形,发展其正字法的敏感性,建立对已学过词汇的联系,从而构建词语的网络,增进他们的词汇知识。词语联系意识也是建立学生词汇知识的另一个方法。汉语学习者由于语言背景的不同,常常倾向于建立一种和操母语者已建立的很不一样的联系。一个汉语母语者很容易地把"词语"和"语言"、"话语"或"语文"联系起来,但对于把汉语作为第二语言来学习的学习者来说,这种联系要花费很多年的时间。如果我们把努力的目标放在发展学习者的词语意义以及词与词之间的相互联系的知识上,那么,我们能够使得他们的词汇习得更成功,从而促进他们语言能力的发展。

2. 要在学生的学习能力的范围内进行教学

对不同年级的每个课程的语言材料在长度上应有所变化。对一年级的学生来说,特别是在学习开始的几个月,长篇对话和课文似乎并不能促进学生话题的交际能力。这个时候,学生需要把注意力放在词语的回忆、句子的组织和理解上。之后,在学习者的词汇系统中越来越多的词语变得自动化,他们能够加工和产出更长的对话和课文。其次,评估学习者的听力、口语、阅读和写作的成绩、任务和他们处理语言的能力应该匹配。我们知道词汇习得是一个变化的连续统,在这个过程中,不同语言水平和不同学习阶段的学生面临的学习任务不同。对于同一个词,初级阶段的学生可能只需要知道它的常用意义和简单用法。随着知识的增加和理解程度的加深,学习者对该词的认识会逐渐从连续统的一端过渡到另一端。总的说来,词汇教学的目标是使学习者从理解、接受开始发展到能够灵活地运用词汇。

3. 在教学活动中把听说读写结合起来

词汇习得是一个连续统,认知型词汇位于连续统的较低点,主动型词汇位于连续统的较高点。因此,能够更好地促进词汇习得的相应的教学方法是这样的:听力活动放在口语之前,阅读活动放在写作活动之前。换言之,教学步骤应该是从输入到输出。Erwin Tschirner 曾提出过一个引导学生从输入到输出的教学模式,他这样说道:每一项活动都是从输入开始,输出结束。输入阶段有两个主要目标:第一,它关注于理解,提供词语的输入;第二,它为学生提供了一个在他们口语和书写活动中可遵循的模式。在输出阶段,鼓励学生们运用输入中所呈现的东西,去发展他们的口语和写作技能。Tschimer 的输入—输出观点在交际基础活动的范围内结合听、读、说和写的训练,在实际的教学中,它可以更好地向学习者灌输完整的词汇知识。

六 结论

本项研究假设,词汇习得是一个发展的连续统,从语音辨认开始,渐次过渡到词语辨认,最后到词语的产出。结果表明,随着学习时间的增加,主动型词汇和语言技能的相关也在增加。认知型词汇和主动型词汇之间的距离大,学习者的语言技能就弱;随着学习时间的增加,两者之间的距离慢慢地变小。这些结论支持这样的观点——良好的词汇习得有益于整个语言的习得。为了保证良好的词汇习得,我们在初级阶段就应该注重书面语的学习,但这并不意味着在强调进行全面词汇习得的同时,不再重视口语和听力的重要性。相反,在教学实践中,我们应该注意口语和书面语之间的平衡。

第四节 外国学生汉语阅读中伴随性词汇习得研究[①]

一 国外伴随性词汇习得研究

据国外学者研究,以英语为母语的儿童四至五岁时的词汇量大约为 4 000—5 000,然后以平均每年 1 000 的速度增加,到大学毕业时词汇量达到 17 000 左右,而这个数字还不包括专名、复合词、缩写词、外来词等。因此大学程度的英语母语者词汇量在 20 000 以上。[②] 如此大量的词语人们是怎么学会的呢?第一语言(L1)研究者认为,它们不可能是通过正式的课堂教学获得的。[③] 除

[①] 本文原标题为《汉语阅读中的伴随性词汇学习研究》,作者钱旭菁,原载《第七届国际汉语教学讨论会论文选》,北京大学出版社 2004 年版。

[②] Nation, P. and Waring, R. (1997) Vocabulary size, text coverage and word lists. In Schmitt, N. & McCarthy, M. (eds.) (1997) *Vocabulary: Description, acquisition and Pedagogy*.

Goulden, R., Nation, P. and Read, J. (1990) How large can a receptive vocabulary be? *Applied Linguistics*. 11: 341—363.

[③] Krashen, S. (1989) We acquire vocabulary and spelling by reading: Additional evidence for the Input Hypothesis. *The Modern Language Journal*. 73, 440—464.

了最常用的几千词以外,其余大部分词语都是通过大量的阅读习得的,这种以阅读为主要目标、词语习得为辅的学习叫"伴随性学习"(Incidental Learning)。① 在伴随性学习中,学习者的注意力主要集中在理解文章意义,而不是在学习新词语方面。学习词语是阅读这一主要认知活动的副产品。根据克拉申的"输入假设",第二语言(L2)的词语也可以伴随阅读附带地学会,不需要专门的学习。

很多学者都通过实验证实无论是 L1 还是 L2 都能伴随阅读附带地获得词语知识。② Nagy 等(1985;1987)对儿童 L1 阅读的研究发现,通过阅读学习者对生词的知识确实增加了——虽然增加得不多。③ Paribakht 和 Wesche 让学习者阅读内容相关的文章。学习者学会了一些先前不知道的词,并在 6 周以后有一定的保持。④ 尽

---

① Huckin, T. & Coady, J. (1999) Incidental vocabulary acquisition in a second language: A review. *Studies in Second Language Acquisition*, 21, 181—193.

Wesche, M. and Paribakht, T. S. (1999) Incidental L2 vocabulary acquisition: Introduction. *Studies in Second Language Acquisition*, 21, 175—180.

② Brown, C., Sagers, S. & LaPorte, C. (1999) Incidental vocabulary acquisition from oral and written dialogue journal. *Studies in Second Language Acquisition* 21: 259—283.

Fraser, C. A. (1999) Lexical processing strategy use and vocabulary learning through reading. *Studies in Second Language Acquisition*, 21, 225—241.

③ Nagy, W. E., Herman, P. & Anderson, R. C. (1985) Learning words from context. *Reading Research Quarterly* 20: 233—253.

Nagy, W. E., Anderson, R. C. & Herman, P. A. (1987) Learning word meanings from context during normal reading. *American Educational Research Journal* 24, 2: 237—270.

④ Wesche, M. & Paribakht, T. S. (1996) Assessing second language vocabulary knowledge: depth versus breadth. *Canadian Modern Language Review* 53, 1:13—40.

管多数学者都承认通过阅读能习得词语,但这种学习的效果如何,不同的学者看法不一。Nagy 等估计对于在语境中只出现一次的词语,L1 学习者学会的可能性(学会词语的可能性称"习得率")在 0.05—0.22 之间。克拉申则估算出只接触过一次的词语的习得率是 0.07。Knight 得出的词语习得率是 0.05—0.35 之间。词语学习是一个复杂的过程,影响"伴随性学习"的因素很多,这些因素造成了不同研究的结论之间的差异。比如什么是"学会一个词语"？不同的研究测量学习者词语知识的方法不同。有的是给出若干个意义,要求学习者选择正确的;有的是要求学习者自己写出词语的意思。前者是要求学习者对词语的意义进行辨认;后者则要对词语意义进行回忆,其要求高于前者。正如 Nagy 等的研究所显示,以选择词语意义的方式测得的习得率是 0.22,而以学生自己写出词语意义的方式测得的词语习得率是 0.15。此外,阅读与词语知识测试之间的时间间隔也对词语习得率的确定有影响。Nagy 等早年的研究(1985)是在阅读后 15 分钟测词语知识,习得率是 0.15,他们后来的一个研究(1987)则是在 6 天后测词语学习情况,习得率只有 0.05。词语在阅读文章中出现的次数也是影响词语学习的一个重要因素。在目标词多次出现的情况下,名词的习得率是 0.24,动词的习得率是 0.11。如果阅读文章中有目标词的释义,就会有利于词语的附带性学习。[1]

---

[1] Chun, D. & Plass, J. (1996) Effects of multimedia annotations on vocabulary acquisition. *The Modern Language Journal*. 80, 183—198.

Hulstijn, J. H., Hollander, M. & Greidanus, T. (1996) Incidental vocabulary learning by advanced foreign language students: The influence of marginal gloss, dictionary use, and reoccurence of unknown words. *The Modern Language Journal*. 80, 327—339.

在有多种释义且目标词只出现一次的情况下,词语意义辨认的正确率是 0.77,回忆词语意义的正确率是 0.25。

有关伴随阅读附带学习词语的研究都是以英语、法语、西班牙语等西方语言作为 L2 或外语的研究,学习汉语的留学生是否也能通过阅读利用语境学习词语?如果能,学习效果如何?哪些因素会影响汉语词语的伴随性学习?这些问题都是本研究所关注的。

二 研究方法

我们让以汉语为第二语言的学生阅读一篇文章,然后回答有关文章内容的问题。再通过词语测试的方式,了解学生是否通过阅读学会了某些他们以前不知道的词语。

被试。日本某大学 28 名法律系学生参加了本次研究,其中男生 9 人,女生 19 人。这些学生中,10 人学习了一年汉语,周学时为 4.5;另外 18 人学习了两年汉语,其中第一年每周 4.5 学时,第二年部分学生每周学习 3 学时,部分学生每周学习 6 学时。这 28 名学生大部分都曾在北京短期留学过一个月。

阅读材料。学生阅读的是一篇有关怎样防治中风的文章(见附录1)。这篇文章共 520 字,其中很多低频词对学生来说是生词。为了保证目标词出现的次数和猜测某些目标词有足够的语境线索,我们对文章稍微进行了加工。

测试。我们对学生分别进行了语言水平、阅读、词汇量、词汇知识四种测试。

● 语言水平测试。在 2001 年春季学期开始时,我们对所有学生进行了 HSK 模拟测试。该测试的成绩作为衡量学生语言水平的标准。

● 词汇量测试。这一测试也于学期初进行,采用了释义法测试形式。我们从《汉语水平词汇与汉字等级大纲》(以下简称《等级大纲》)甲乙丙丁 8 822 个词中,选取若干名词、动词、形容词,然后要求学习者选出正确的意思,形式如下:

  表情

  公式   <u>5</u> 在办公室帮助别人工作的人

  饭馆

  穷人   <u>1</u> 脸上的样子

  秘书   <u>2</u> $S = \pi R^2$

  座儿

● 阅读测试。让学生阅读文章,然后要求他们根据文章内容回答问题:一种是有关文章细节的问题,另一种是要求总结文章主要内容的问题。阅读测试的主要目的是为了保证学生的注意力集中在理解文章内容上。

● 词语测试。共有 3 个,第一个是在阅读文章之前一个星期进行的词语预测(以下简称预测)。我们从阅读文章中选出 19 个学生可能不会的词语和另外 16 个阅读文章中没有出现的词,要求学生判断是否知道这些词。如果知道,还要用汉语或学生的母语(日语)写出词语的意思。根据这一预测的结果,我们选出 10 个阅读文章中出现的、10 个文章中未出现的词语构成此研究的目标词。这 20 个词语对所有的被试都是生词。

  第二个是阅读后词语测试(以下简称第一次测试)。学生在完成阅读任务后,继续进行口语测试。在测试中,阅读部分和词语部分是分开的,学生未被告知测试中有的词出自此前阅读的

文章。词语的测试形式如下:

下落　A 没见过　B 见过,但不知道意思　C 意思是＿＿＿＿

学生可以用汉语或日语写出词语的意思。如果回答完全正确得2分,部分正确得1分,不正确得0分。我们之所以让学生自己写出意思,而没有用多项选择的形式让学生选择词语意思,是因为在实际阅读活动中,学生在理解时需要从记忆中提取词语的意思,一般情况下是没有现成的意思让学生辨认的。因此让学生写出词语的意思更接近真实的阅读理解加工过程。

第三个是4周以后进行的后续词语测试(以下简称第二次测试),测试形式和第一次完全相同,但词语的顺序和第一次不同。另外这次测试没有给出阅读文章。

目标词。通过词语预测,我们确定的20个目标词包括5个名词、8个动词、3个形容词、1个副词、2个成语和1个词组(见附录二)。除了一个词是《等级大纲》中的乙级词外,其余的都是丙级、丁级和《等级大纲》中所没有的词语。10个出自阅读文章的词语下文简称目标词A(组),它们在文章中出现的次数从1次到3次不等。另外10个未在阅读文章中出现的词语下文简称目标词B(组),它们的出现次数记为0。

表1　目标词在文中出现的次数

出现次数	0次	1次	2次	3次
词语数量	10	3	3	4

目标词A(组)中10个词语所具有的语境线索多少也各不相同。有的词可以直接在文章中找到表示其意思的词语或句子,如(字下画线的为目标词,加点的词为目标词的意思):

因为这时人的思维处于朦胧状态,不能清楚地思考。

因此患有高血压和心脏病的人切切牢记,当您苏醒时,头千万不要晃动,……

起床后喝一杯白开水,这样血液浓度降低,血液就不会太黏稠了。

有的词虽然文章中没有直接表示其意思的词语或句子,但根据上下文能综合出其大概意思。如"养神"一词,文章中提到起床后应该"养神3分钟"、"闭目养神"、"头千万不要晃动"、不要"突然下床活动"。通过这些线索,可以总结出"养神"的意思是"保持安静的状态"。还有些词虽然出现在文章中,但基本上没有可以猜出其意思的语境线索,如:

大祸在这一刹那临头,使人措手不及。

目标词的以上这三类语境线索我们分别用"3"、"2"、"1"三个值来表示它们的丰富程度。没有在文章中出现的10个词语的语境值记为"0"。①

关于阅读中伴随性的词语学习,我们具体研究以下几个问题:

1. 在阅读文章时,学习者是否能附带地学习汉语词语?
2. 语言水平不同对伴随性词语学习有无影响?
3. 学习者的词汇量对伴随性词语学习有无影响?
4. 目标词在文章中出现的次数对伴随性词语学习有无影响?
5. 文章提供的语境线索丰富程度对伴随性词语学习有无

---

① 目标词A(组)的语境值由笔者本人和另一位教师分别判断。其中有两个词的语境值二人的判断结果不同,经过讨论,最后达成一致的意见。

影响？

三 结果

有关目标词的测试结果见下表：

表 2 三次词语测试的结果[①]

	N	Minimum	Maximum	Mean	Std. Deviation
目标词 A0	28	.00	.00	.0000	.0000
目标词 A1	28	.00	.60	.1929	.2089
目标词 A2	28	.00	.40	.0607	.1166
目标词 B0	28	.00	.00	.0000	.0000
目标词 B1	28	.00	.20	.0143	.0448
目标词 B2	28	.00	.00	.0000	.0000

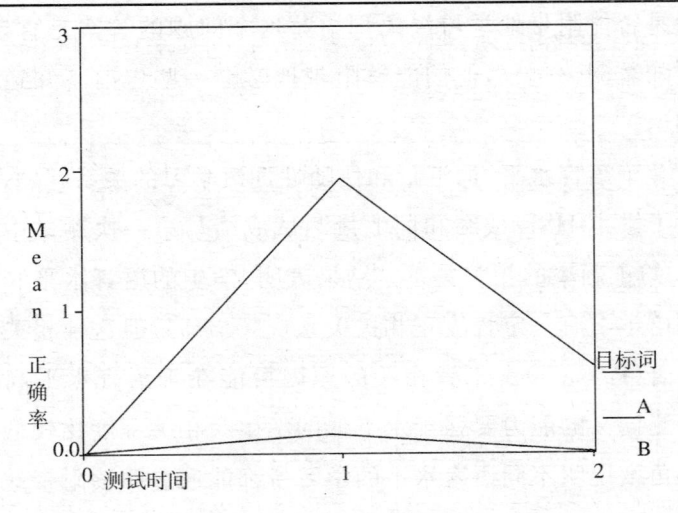

图 1 三次词语测试的正确率

[①] 测试结果的正确率包括完全正确和部分正确者。目标词 A 和 B 后面的"0"、"1"、"2"分别代表词语预测、第一次测试和第二次测试。

从上图可以看出,预测时,不管是目标词 A 还是 B 学生都不知道,因此正确率为 0。目标词 B 在第一次测试中的正确率有所上升,为 1.43%,但 4 周后又降为 0。学生可能偶然接触到某些目标词 B,因而有机会学习。但这种学习偶然性因素太强,因此很不稳定。目标词 A 的学习情况和目标词 B 明显不同。目标词 A 在阅读完文章后的第一次测试中正确率为 19.29%,和目标词 B1.43% 的正确率有显著差异(P = .001)。虽然 4 周后目标词 A 的正确率下降到 6.07%,但和目标词 B 仍有显著差异(P = .005)。和偶然学会目标词 B 不同,学生通过阅读确实能够成功猜测出某些文章中出现的生词,并在一段时间后能有所保持。因此,对于学习汉语的日本学生来说,"在阅读文章时,学习者是否能附带地学习汉语词语?"这个问题的答案是肯定的,即伴随着阅读过程,他们能够附带地学会一些先前不知道的汉语词语。

关于语言水平、词汇量和伴随性词语学习的关系问题,我们考查了学生 HSK 成绩和词汇量测试成绩与第一次测试中目标词 A 的正确率的相关关系。结果表明,学生的语言水平和伴随性词语学习有一定程度正相关关系(r = .345),但这种相关性不够显著(P>.05)。二者相关的原因可能在于语言水平高的学生猜测词义的能力要强于水平低的学生。相关程度比较低则从另一角度说明不同语言水平的学习者都能通过阅读附带地学习词语。词汇量和伴随性词语有显著的相关关系(r = .485,P<.05)。究其原因,词语猜测依靠的主要是语境,周围其他词的知识对目标词的猜测至关重要。如果很多不认识的词集中在一起,猜测就会很困难(Nation,2001:245),这便是词汇量小的

学习者所遭遇的情形;相反,学习者的词汇量越大,他在阅读文章时不认识的词越少,猜测难词的成功率也就越高。

除了学习者的特点以外,词语本身的性质也和伴随性词语学习有关。我们考查了目标词 A 在文章中出现的次数以及语境线索的丰富程度和词义猜测的关系。方差分析显示,无论是出现频次还是语境线索的多少都对词义猜测没有影响。出现次数对词义的了解没有影响可能是因为词语的出现频率还不够高。Rott(1999)研究了在文章中分别出现 2 次、4 次、6 次的词语的学习情况。[①] 结果发现,出现 2 次和出现 4 次的词语学习情况没什么区别,但出现 6 次的词语其学习情况明显比出现 2 次和 4 次的词语好。Horst 等(1998)对伴随性词语学习的研究中,目标词的出现次数从 2 次到 17 次不等,学习者对出现 8 次或 8 次以上的词语明显地比出现 2—7 次的词语学得好;而出现 8 次以下的词语学习情况则没有明显的差别。[②] 在我们此项研究中,目标词 A 的出现频率为 1—3 次,根据 Rott 和 Horst 等人的研究,这 3 种出现频次的词语学习没有差别。事实上,Hulstijn 等的研究也表明目标词出现 1 次和 3 次对词语学习没有差别。如果想要了解词语的出现次数和伴随性词语学习的关系,未来的研究中目标词的出现频次需要有更大差别。

我们的研究也没有显示出语境线索的丰富程度对词语学习

[①] Rott, S. (1999) The effect of exposure frequency on intermediate language learners' incidental vocabulary acquisition and retention through reading. *Studies in Second Language Acquisition*, 1999, 21, 589—619.

[②] Horst, M., Cobb, T., & Meara, P. (1998) Beyond a Clockwork Orange: acquiring second language vocabulary through reading. *Reading in a Foreign Language*, 11, 2: 207—223.

的影响,不过,对这一结论的解释应该谨慎。很多学者的研究都表明语境和词语学习有关。① 怎么解释我们的研究和其他研究结果的差异呢?语境和词语理解之间的关系很复杂。我们本次研究定义语境值只是从有无语境线索这一角度考虑的,目标词因此分成3类:没有语境线索、有间接的语境线索、有直接的语境线索。我们发现,目标词A(组)中猜测最成功的5个词都具有直接或间接的语境线索;而正确率最低的5个词则有的没有语境线索,有的有间接的语境线索,有的有直接的语境线索。可见,学生猜测失败除了和有无语境线索有关以外,还有其他因素制约着猜测的过程。其中很重要的因素之一就是语境线索和目标词之间的距离。针对语境线索和目标词的距离,有的学者提出了局部语境(local context)和综合语境(global context)的区分。② 前者是指能提示目标词意义的线索和目标词同处一个句子中这样的语境;后者是指线索在目标词所处句子以外的语境,利用综合语境需要综合若干句子、若干段落甚至整个文章的线索才能了解目标词的意义。根据 Haynes 的研究,学习者猜测有局部语境的词语比有综合语境的词语成功率要大得多,前者的成功率比后者高将近一倍。我们这一研究中5个猜测正确

---

① Paribakht, T. S. & Wesche, M. (1999) Reading and "incidental" L2 vocabulary acquisition: An introspective study of lexical inference. *Studies in Second Language Acquisition*, 21, 195—224.

Nation, I. S. P. (2001) *Learning Vocabulary in Another Language*. Cambridge University Press.

② Haynes, M. (1993) Patterns and perils of guessing in second language reading. In Huckin, Haynes and Coady (eds): *Second Language Reading and Vocabulary*. Ablex, Norwood, N. J.

率最高的词语,其语境线索也都是和目标词处于同一句子的局部语境线索:

因为这时人的思维处于朦胧状态,不能清楚地思考。
起床后喝一杯白开水,这样血液浓度降低,血液就不会太黏稠了。
大祸在这一刹那临头,使人措手不及,不知道该怎么办。
突然下床活动,常常会跌倒。

每年可使全世界少死 300 万人,一年也可使我国 60 万人幸免于因中风而死亡。而 4 个①正确率最低的词语距离语境线索都比较远,像"切切"与对其意义有提示作用的"千万"隔开了一个句子。

因此患有高血压和心脏病的人切切牢记,当您苏醒时,头千万不要晃动,……"绝招"、"养神"和它们的语境线索分别处于不同的段落。因此这 4 个词虽然有直接的或间接的语境线索,但线索距离目标词的距离可能使得学生无法把这些线索和目标词联系起来。

四 讨论

根据克拉申的语言学习输入假设,学习者在对有意义的输入进行加工时,能将新的语言项目纳入其已有的语言系统中。阅读正是习得词语,特别是习得非常用词的重要途径之一。

与口语输入相比,阅读是词语学习的理想媒介。阅读让学

---

① 目标词"临头"没有语境线索。

习者有足够的时间加工一个新词,而不像口语中的词那样稍纵即逝。在外语环境下,阅读材料更是学习者可能接触到的最主要的输入。

Fraser 认为,伴随性词语学习主要是通过推测词语意义的过程完成的。但这不是伴随性学习的全部过程。学习者在语境中遇到一个不认识的词时可能会出现以下几种情况:

- 测正确并部分习得。
- 猜测正确但未习得。
- 猜测不正确。
- 忽略,未注意。

从以上4种情况可以看出,学习者在猜测词义之前首先要先注意到这个词。猜测成功之后也并不能保证就能成功习得它。据此,我们认为伴随性词语学习至少包括三个阶段:注意、根据语境猜测、词语知识的保持。

学生注意到一个生词,是学会它的前提条件。我们的词语测试有三个选项,分别是"没见过";"见过,但不知道意思";"意思是____"。但因为没有告诉学生词语测试和阅读有关系,因此很多学生虽然刚刚在文章中遇到过目标词 A,但在紧随其后的词语测试中很多词语都选了"没见过",可见他们根本没注意到词语测试中很多词是刚阅读过的文章中的词语。我们统计了目标词 A 学生选"没见过"的比例,发现平均每个学生只注意到了目标词的 57%,也就是说 A(组)10 个目标词中至少有 4 个词语被学生忽略掉了。学生注意到的词语的多少和他们的语言水平显著正相关($r = .569, P = .002$)。也就是说水平高的学生注意到的生词比较多。另外因为学生没有注意到目标词,所以目标

第四节 外国学生汉语阅读中伴随性词汇习得研究

词是出现一次,还是两次或三次都没有区别,这是出现次数不同的词语学习没有差异的原因之一。

在注意到不认识的词以后,学生就会利用各种线索设法猜测词语的意思。而猜测成功率低是伴随性词语学习最大的问题。是什么原因造成了猜测成功率低?首先,从提供猜测线索的语境来看,词语的意思具有高度概括性,而一旦出现在语境中,词语意义就被具体化了,因此很多语境都很难反映词语的完整意义。如果语境本身只提供了词语的部分意义,却要让学习者准确猜测出词语的完整意思,猜测成功率自然就会低。其次,从学生猜测的过程来看,即使语境提供了足够明确的线索,学习者也常常未必能发现目标词和语境线索之间的关系。Watanabe 比较了词语解释的不同方式对词语学习的影响。[①] 词语解释的方式之一是让解释出现在文章中:

Each year in the U. S. about 7,000 infants die in their cribs, babies' beds, for no apparent reason.

还有一种方式是以边注的形式解释词语:

Each year in the U. S. about 7,000 infants die in their cribs for no apparent reason.

cribs = babies' beds

在前一种文中加注的条件下,学生虽然对目标词的理解正确率高达 81%,但只把其中 35.7% 的词语和释义联系起来了。也就是说在能理解的词语中,有超过一半的词语,学生都没有注意到

---

① Watanabe, Y. (1997) Input, intake and retention: effects of increased processing on incidental learning of foreign vocabulary. *Studies in Second Language Acquisition* 19: 287—307.

目标词和释义之间的关系。既然这种明确的释义学习者都不能注意到它和目标词的联系，那么其他更隐蔽的语境线索学习者自然就更难发现了。

猜测不成功是学者们对通过阅读附带性学习词语批评最多的方面。但如前所述，很多语境通常反映的都是某个词语部分的意义，学习者不能一下子猜出或记住这个词语的意思对学习该词语来说未必不利，否则习得的就很可能是一个不准确的意思。通过阅读学习词语是一个逐渐积累的渐进过程。在阅读过程中，每次遇到一个生词，学到的都是有关它的一小部分知识。随着在不同语境中接触该词语的次数增加，有关它的知识也会越来越丰富。

倘若一个词语猜测成功并能保持 6 天以上，那么该词语就进入了长时记忆，也就是说变成了学习者词汇系统的组成部分。我们这次研究中的学习者通过阅读大概能习得 6% 的词语，这和 Nagy（1987）等在阅读 6 天后测试词的习得率 5% 接近。应该看到猜测成功率（19.29%）和词语的保持率（6%）之间存在着显著差异（$P = .004$）。学习者在根据语境猜测词语意义的过程中对词语进行了较深的加工，而这一活动非常有利于词语的学习。如果能使学习者更好地保持在阅读过程中获得的词语知识，伴随性词语学习的效果就会更好。很多学者都提出了各种提高保持率的方法，如查词典、词语注释、阅读后词语练习。这些方法的效果如何还有待今后进一步的研究。

五 小结

学习汉语的日本学生，不管语言水平的高低，都能通过阅读学会一些新的词语。虽然习得的比例较低,但如果学习者能有大量的阅读,就可以有效地提高他们的词汇量。而词汇量的多少又和伴随性词语学习存在着显著的相关关系,因此随着词汇量的扩大,通过阅读附带学会的词语也会越来越多。学习者接触生词一次还是两三次对词语学习没有显示出有影响。单从语境线索有无的角度也看不出语境对伴随性词语学习的影响。

根据本次研究的不足,今后有关伴随性词语学习的研究需要注意以下几点:首先,目标词的数量应该更多。根据本研究,生词的猜测正确率是 19.29%,保持率是 6%。即如果只有 10 个目标词的话,学生猜测正确的词不到一个半,能保持的词语不到一个。但如果目标词增至 100 个的话,学生猜测正确的就可能有 19 个,能保持的则有 6 个。这样的结果会更精确,更有说服力。其次,目标词出现的次数应该更多。本研究中目标词最多只出现了三次,未反映出词语出现次数对词语学习有影响。而根据 Rott(1999)的研究,出现 6 次的词语明显比出现 2 次和 4 次的词语习得情况好。Horst 等(1998)则认为出现 8 次或 8 次以上的词语明显地比出现 2—7 次的词语学得好。因此在今后的研究中目标词的出现次数可以增加至 8 次。第三,需要更综合地考虑各种语境因素,如是否有语境线索?线索是多是少?语境线索和目标词之间的距离是远是近?二者是否相邻?是否处于同一个句子(/段落)?是否有语言形式方面的标志?[①] 语境线索和目标词之间的联系是明显的还是隐蔽性强的等等,在考虑这些因素的基础上建立一个能准确、全面反映语境线索特

---

① 参见刘颂浩《关于在语境中猜测词义的调查》,《汉语学习》2001 年第 1 期。

点的描写框架。

附录一　阅读文章

据世界卫生组织统计，每年有 1 200 万人过早地被心血管、脑血管疾病夺去了生命，心血管脑血管疾病的死亡率为各种疾病死亡率之首，而"中风"则是心血管脑血管疾病的元凶。如果掌握适当的方法，如养神 3 分钟、起床后喝一杯白开水等方法自我治疗预防"中风"，每年可使全世界少死 300 万人，一年也可使我国 60 万人幸免于因中风而死亡。

中风多发生在夜间，最危险的时刻是醒来人还处于朦胧状态的那"一刹那"。但有绝招可防这"一刹那"，即在苏醒时，养神 3 分钟，定可幸免于难。患有高血压和心脏病的中老年人醒来的那一刹那，如果闪电式地从卧位变坐位，突然下床活动，常常会跌倒，这是非常危险的。因为这时人的思维处于朦胧状态，不能清楚地思考，而且血液黏稠，脑部急性缺氧缺血，容易跌倒。在中风和猝死的病例中，有 25% 的人不能幸免于难。大祸在这一刹那临头，使人措手不及，不知道该怎么办。因此患有高血压和心脏病的人切切牢记，当您苏醒时，头千万不要晃动，身体要保持原来的姿势，不要闪电式地坐起来或下床，闭目养神 3 分钟后再下床。这样，脑部就不再缺氧缺血了，也不会轻易跌倒。防止中风的另一绝招是起床后喝一杯白开水，这样血液浓度降低，血液就不会太黏稠了。掌握了以上两个简单易行的绝招就可以防中风、猝死于未然。

附录二 20个目标词的属性

词语	词性	等级	出现次数	语境值
裹	动词	丙级	0	0
灿烂	形容词	丙级	0	0
乃	动词	丁级	0	0
下落	名词	丁级	0	0
弊病	名词	丁级	0	0
触犯	动词	丁级	0	0
漫	动词	超纲	0	0
雏形	名词	超纲	0	0
土著	名词	超纲	0	0
深恶痛绝	成语	超纲	0	0
临头	动词	超纲	1	1
切切	副词	超纲	1	3
措手不及	成语	超纲	1	3
黏稠	形容词	超纲	2	3
朦胧	形容词	超纲	2	3
闪电式	词组	超纲	2	2
跌	动词	乙级	3	2
养神	动词	超纲	3	2
幸免	动词	超纲	3	2
绝招	名词	超纲	3	3

附录三 统计数据

Correlations

		HSK 成绩	第一次
HSK 成绩	Pearson Correlation	1.000	.345
	Sig. (2-tailed)	.	.078
	N	27	27
第一次	Pearson Correlation	.345	1.000
	Sig. (2-tailed)	.078	.
	N	27	28

Correlations

		第一次	词汇量
第一次	Pearson Correlation	1.000	.485*
	Sig. (2-tailed)	.	.012
	N	28	26
词汇量	Pearson Correlation	.485*	1.000
	Sig. (2-tailed)	.012	.
	N	26	26

* Correlation is significant at the 0.05 level (2-tailed).

Tests of Between-Subjects Effects

Dependent Variable: VOC (10 个词)

Source	Type III Sum of Squares	df	Mean Square	F	Sig.
Corrected Model	298.000	6	49.667	2.547	.237
Intercept	451.389	1	451.389	23.148	.017
FRQ	138.646	2	69.323	3.555	.162
CONTEXT	58.379	2	29.189	1.497	.354
FRQ * CONTEXT	65.553	2	32.776	1.681	.324
Error	58.500	3	19.500		
Total	1079.000	10			
Corrected Total	356.500	9			

a R Squared = .836 (Adjusted R Squared = .508)

Correlations

		HSK 成绩	注意到的词
HSK 成绩	Pearson Correlation	1.000	.569 * *
	Sig. (2 - tailed)	.	.002
	N	27	27
注意到的词	Pearson Correlation	.569 * *	1.000
	Sig. (2 - tailed)	.002	.
	N	27	28

* * Correlation is significant at the 0.01 level (2 - tailed).

第五节　投入因素对欧美学生汉语词汇习得的影响[①]

一　问题的提出

在第二语言学习中,学习者掌握的词汇量是衡量其语言水平的重要标志。目前词汇学习和教学问题已经引起了汉语教学界的广泛关注,并取得了丰厚的研究成果。许多学者提出了词汇教学的可选策略,其中包括探讨课堂词汇教学方法的研究,提出词汇教学新方法的研究,分析常用词和词汇教学的研究。除此以外,在词汇学习研究领域,一些学者考察生词重现率对于词汇学习的作用,并提出在教材编写过程中应考虑生词重现率的

---

① 本文作者孙晓明,原载《语言教学与研究》2005 年第 3 期。

问题。显然,上述研究为汉语词汇教学提供了有益的依据。我们认为,词汇重现率无疑是影响外国学生词汇学习的重要因素,可以增强学生的词汇熟悉度,帮助学生学习记忆词汇。但我们同时也注意到了另一个问题,这就是低重现率的作用似乎有限,而增加词汇重现率(特别是高重现率)对于教材编写是有一定困难的,同时增加词汇重现率也会造成浪费,既不利于调动学生学习的积极性,又不利于教学内容的逐步深入,会使词汇范围出现过窄的局面。因此,我们提出用词汇学习中的高投入来弥补词汇出现的低频率的问题。我们研究的目的是探讨词汇学习中的高投入是否可以带来更好的词汇学习效果,而这对于汉语第二语言词汇学习和教学无疑都是有所启示的。

1. 投入负担假说(the involvement load hypothesis)

词汇学习是第二语言学习研究的一个重要组成部分,第二语言教学界一直在探寻词汇学习的最佳方法。Craik & Lockhart(1972)提出了加工深度的假说。[1] 这一假说认为,新的信息是否可以进入长时记忆的关键并不在于其在短时记忆中所储存的时间,而在于其加工的深度。例如,在加工词的过程中,意义层面的加工要比语音层面的加工深,记忆保存的时间也相应要长。在此基础上,Laufer & Hulstijn(2001)提出了投入负担假说(the involvement load hypothesis)。[2] 这一假说建构了

---

[1] Craik, F. I. M. & Lockhart, R. S. (1972) Levels of processing: A framework for memory research. *Journal of Verbal Learning and Verbal Behavior* 11, pp. 671—684.

[2] Batia Laufer & Jan Hulstijn. (2001) Incidental Vocabulary Acquisition in a Second Language: The Construct of Task-induced Involvement. *Applied Linguistics* 22, pp. 1—26.

一个动机—认知过程。他们把加工过程分为两个认知因素——查找（search）因素和评价（evaluation）因素，和一个动机因素——需要（need）因素，这就构成了投入负担（involvement load）的三个组成因素。需要因素是有动机的、非认知的因素，分为两个水平：强水平需要和弱水平需要。弱水平需要是指学习者在外力的推动下学习词汇，例如在老师的要求下用指定的词造句；强水平需要是指学习者在内在的动机推动下学习词汇，例如在交际中（包括口语和书面语）因表述自己的观点时要用到一个词而去查字典。查找因素和评价因素是两个认知因素，其中查找因素包括查找第二语言中生词的意义、为了表达自己的观点查找合适的第二语言对应词（包括查字典或是向老师求教）。评价因素包括区别词义或词的义项、判断某一词是否适用于语境。评价因素也有强、弱水平之分。弱水平评价包括区别不同的词、根据语境选择词的正确义项；强水平评价包括成段表达中选择词的搭配。

第二语言学习者在词汇学习的过程中，为了实现运用汉语进行交际的目的，需要运用词汇表达自己的所思所想，这就涉及了需要因素。对于尚未掌握的词语，他们需要查字典或向老师求教，这就涉及了查找因素。初级学习者学习词汇时只是掌握并运用基本词汇和词的基本义项并常常以词代义项，而中级学习者则不仅需要掌握基本词汇和词的基本义项，同时也需要掌握基本词汇的同义词和词的引申义项。他们在运用词语的过程中需要区别词义和词的义项，这就涉及了评价因素。第二语言学习者词汇学习的过程往往会涵盖投入假说的三个组成因素中的一个甚至全部。虽然投入负担会因词的不同而有所不同，但也会受到词汇训练方式的影响，而我们研究的注意力主要集中在训练因素对于词汇学习的影响。我们考察的投入负担的三个因素可以分开操作，同时也可以有不同的组合，这样，可以讨论词汇记忆与学习者不同的投入水平的关系。我们的实验包括阅读作业、填空作业和写作作业，我们通过不同的作业设计了不同的投入水平。在阅读作业中，被试需要理解目标词后回答问题，这就涉及了需要因素。在填空作业中，被试需要理解目标词并选择正确的词填空，这就涉及了需要因素和评价因素。在写作作业中，被试需要理解目标词并在表达的过程中选择运用合适的词和义项，这就涉及了需要因素、查找因素和评价因素。由此可见，语言训练作业不同，学习者的投入水平也就不同，我们试图证明这种投入水平的差别会影响到学习者的词汇学习效果。

2. 以往研究成果

国外第二语言学习领域关于投入水平与词汇学习的研究成果已相当丰厚。Hulstijn（1992）的研究表明，被试从语境中推断目标词的意义并完成多项选择作业时，他们对目标词的学习效果会好于直接给他们提供目标词的同义词。[1] 这项研究之后的一系列研究证明，学习者的投入程度和其词汇学习效果密切相关。遗憾的是，国内还未见到相关的汉语研究报告。鉴于上述原因，本节试图探讨不同的语言训练作业方式对汉语第二语言词汇学习的不同影响，以期为对外汉语词汇教学提供一些借鉴。

---

[1] Hulstijn, J. H. (1992) Retention of inferred and given word meanings: Experiments in incidental vocabulary learning. In P. J. Arnaud (Eds) *Vocabulary and Applied Linguistics*. London: Macmilan (pp. 113—125).

二 实验研究

1. 实验方法

（1）实验目的：考察第二语言学习者词汇学习过程中投入水平与词汇学习效果的关系。我们希望证明，学习者在学习词汇的过程中投入水平越高，则学习效果越好。

（2）实验设计：采用单因素被试间设计，自变量为学习词汇时投入程度，分为四个水平：高投入、中投入、低投入、零投入。我们设计这四种水平的投入程度的依据是投入负担假说。如前所述，投入负担包括三个组成因素，其中每一个因素在自然的或模拟的加工词的过程中都是可存在可不存在的。而这三个因素决定着投入的水平。我们据此设计出四种投入水平。零投入为：[-需要][-查找][-评价]，低投入为：[+需要][-查找][-评价]，中投入为：[+需要][-查找][+评价]，高投入为：[+需要][+查找][+评价]。因变量为被试的词汇测验成绩。

（3）实验假设：我们的基本假设是，词的记忆保存涉及到加工这些词时学习者的投入水平，我们可以通过不同的作业来建构不同的需要、查找、评价水平进行实验研究。学习者在学习词汇过程中投入水平越高，则学习效果越好。

（4）被试：中央民族大学和北京语言大学的65名留学生，分别来自美国、法国、德国等国家，学习汉语的时间均在400学时左右，测试时所有被试学完了教材《汉语教程》第1、2册或相当于这一难度水平的其他教材。我们将被试分为四组，每组16—17人。

（5）实验材料（目标词）：我们从选好的阅读材料中选择10

个低频词,并确保被试对这些词都不熟悉。

(6) 作业:我们不告知被试实验的目的,被试在完成不同的语言训练作业后参加词汇测试。每种作业均由不同的被试完成。作业一要求被试阅读文章之后,回答十道阅读理解题。文章中包括十个目标词,我们把目标词加黑,并在文章的后面提供其中文解释以及英文注释。这些目标词与被试要回答的问题无关。本作业的投入水平为:[-需要][-查找][-评价]。作业二同样是要求被试在阅读文章之后,回答十道阅读理解题。文章的目标词同样被加黑,在文章的后面也列出了其中文解释以及英文注释。与作业一不同的是,这时目标词与被试要回答的问题密切相关。本作业的投入水平为:[+需要][-查找][-评价]。作业三要求被试阅读文章后,在文章中留有的十个空格中填空。被试可以在十个目标词和五个控制词(为减轻被试的负担,选择被试已知词)中做出选择。我们仍旧会在文章的后面给出这十个词的中文解释以及母语注释。本作业的投入水平为:[+需要][-查找][+评价]。作业四要求被试阅读文章后写一篇读后文章。我们要求被试在所写的文章中必须运用十个目标词,但可以自由选择使用他们的顺序。我们在文章的后面给出词的解释和用法。本作业的投入水平为:[+需要][+查找][+评价]。需要说明的是,以上四项作业不仅测试文章相同,目标词也完全相同。

(7) 实验步骤:被试首先要完成四种语言训练作业,四种作业是以测试的形式出现的。四项作业所需的时间各不相同,其中作业一和作业二所需时间是相同的,约为二十分钟;作业三所需的时间略多于前两项作业,因为填空作业耗时较多,大约需要三十分钟;作业四涉及写作作业,耗时最多,大约需要四十分钟。因为我们的研究是为了考察被试在不同的作业中学习目标词的情况,所以我们并不严格控制作业的时间。四项作业完成以后,我们收回测试试卷,并发给被试另一张试卷,要求他们写出目标词的英文对应词或中文解释。同时,他们要标出在这项作业以前是否认识目标词。

作业完成以后,我们收集试卷。试卷收齐以后,不再归还被试。两个星期后,我们再进行一次同样的词汇测试。

我们的评分标准如下:没有翻译出来或翻译错的得零分;全部答对的得满分;差不多正确的得一半分数。如果被试答对了并且标明他以前学过这个词,则该词得零分。当然,这种机率很小,大多数被试都不认识目标词。

2. 实验结果

实验结束后,我们对所有的问卷进行了整理,并把同一个被试的两张问卷放在一起。同时剔除了无效的问卷(未完成其中任何一份问卷或其中任何一份问卷空白太多的),最后我们得到了有效问卷共 58 份。我们对这些数据进行了整理。

(1) 即时测试中被试在四种训练作业中学习词汇的效果的比较。

表 1 被试在四种训练作业中词汇记忆的正确率(满分 = 10)

方法	平均值	标准差
阅读中学习(测试词与阅读回答问题无关)	2.67 (N = 15)	0.90
阅读中学习(测试词与阅读回答问题密切相关)	3.69 (N = 16)	1.14
阅读填空	4.92 (N = 13)	0.86
阅读写作	6.29 (N = 14)	1.20

表 1 表明,被试在四种训练作业中学习词汇的效果是有差别的,在写作作业中的学习效果好于填空作业,填空作业的学习效果好于阅读作业,而在两种阅读作业的学习效果也存在差异。为了了解被试这种差异在统计上是否具有显著性,我们运用方差分析对被试的词汇测验结果进行检验。结果显示,被试在四种训练作业中词汇学习的成绩从总体上说有明显的差异,$F = 32.656, p = .000$。这表明,在词汇的学习记忆方面,被试在写作作业的学习效果最好,填空作业的学习效果次之,再次为阅读作业中测试词与阅读回答问题密切相关时的学习效果,而阅读作业中测试词与阅读回答问题无关时被试的学习效果较差。

(2) 两个星期以后被试在四种训练作业中学习词汇的效果的比较。

表 2 被试在四种训练作业中词汇记忆的正确率(满分 = 10)

方法	平均值	标准差
阅读中学习(测试词与阅读回答问题无关)	1.73 (N = 15)	0.80
阅读中学习(测试词与阅读回答问题密切相关)	2.25 (N = 16)	0.68
阅读填空	3.00 (N = 13)	0.82
阅读写作	5.38 (N = 14)	0.87

表 2 表明,在两个星期以后的测试中,被试在四种训练作业中学习词汇的效果仍是有差别的,和即时测试相同,在写作作业中的学习效果好于填空作业,填空作业的学习效果好于阅读作业,后一种阅读作业的学习效果好于前一种。为了进一步了解此时被试学习词汇的效果在统计上是否具有显著性,我们同样运用方差分析对被试的词汇测验结果进行检验。

结果显示,被试在四种训练作业中学习词汇的成绩在两个星期后仍然有明显的差异,$F=57.260$,$p=.000$。这表明,在词汇的长时记忆中,仍是在写作作业中的学习效果最好,填空作业的学习效果次之,再次为阅读作业中测试词与阅读回答问题密切相关时的学习效果,阅读作业中测试词与阅读回答问题无关时被试的学习效果较差。从总体上说,后测与即时测试的结果是相同的,只是被试在即时词汇测试中的成绩都要好于两个星期以后的成绩。

3. 讨论

实验报告的结果支持我们的假设,表明被试在训练作业中的投入水平越高,则对词汇的掌握越好。我们所设计的四种词汇训练作业的区别在于被试在语言材料加工时的投入水平不同。作业一中投入水平为:[-需要][-查找][-评价],作业二的投入水平为:[+需要][-查找][-评价],作业三的投入水平为:[+需要][-查找][+评价],作业四的投入水平为:[+需要][+查找][+评价]。我们可以看出,每一种作业较之于前一种作业而言,其投入负担均有所增加,即增加了投入负担的一个组成因素。在这种情况下,被试的学习效果随投入负担的增加而越来越好,写作作业中被试的词汇学习效果最好。据此我们认为,学习者的高投入度可以带来更好的词汇记忆效果。我们知道,进入短时记忆的信息如果不重复出现,则可能无法进入长时记忆并被遗忘,而经过多次重复出现的词则可能进入长时记忆。以往的研究中强调词汇学习中词频的作用。Hulstijn(2001)根据其实验研究提出,如果仅是多次遇到一个新词而没有进一步的强化,则该词仍旧无法进入长时记忆。① Nation（1999）认为,至少十次出现率对于一个新词的学习是十分重要的。② 即使这样,也无法保证该词一定被掌握。可见,词频的作用并不充分。在此,我们是否可以认为,高投入度可以使目标词得到深加工并进入长时记忆,可以弥补词汇的低频率问题。这个问题值得进一步探讨。我们同时发现,被试在写作、填空两项作业的优势似乎支持了 Swain 的输出假说。③ 输出假说主张,学习者的语言能力的获取不仅依靠可懂输入,学习者的输出也起到至关重要的作用。Levelt 的言语生成模型也指出,在语言生成过程中的语法解码及监控交际意图和输出的匹配会影响学习者的第二语言的能力。④ 但是,虽然我们的作业涉及到两项输入作业和两项输出作业,我们并不认为投入负担假说与输入、输出作业本身相关,更加不能确定被试在任何输出作业中对于词汇的掌握都会好于输入作业,而

---

① Hulstijn, J. H. (2001) Intentional and Incidental Second Language Learning: A Reappraisal of Elaboration, Rehearsal and Automaticity. In Peter Robinson (Eds.), *Cognition and Second Language Instruction*. Cambridge: Cambridge University (chapter 9).

② Nation, P., & WangMing-tzu, K. (1999) Graded Readers and vocabulary. *Reading in a Foreign Language* 12, pp. 355—379.

③ Swain. M. (1985) Communicative competence: Some roles of comprehensible input and comprehensible output in its development. In S. Gass & C. Madden (Eds), *Input and Second Language Acquisition*. Rowley, MA: Newbury House (pp. 235—253).

Swain. M. (1995) Three functions of output in second language learning. [A]. In G. Cook & B. Seidlhover (Eds), *Principles and Practice in the Study of Language*. Oxford: Oxford University Press (pp. 125—144).

④ Levelt, W. (1995) *Speaking: from Intention to Articulation*. Cambridge, Mass. London: MIT Press.

Levelt, W. (1993) *Speaking*. Cambridge.

只是认为高投入的作业会有助于被试记忆词汇。但无论如何，利用输入和输出过程中的有益于第二语言习得的因素，对于设计有效的词汇学习和教学的方法是非常关键的。

三 结论与启示

我们的实验说明投入水平因素是影响学生词汇学习的一个关键变量。学习者在词汇学习过程中投入水平越高，则学习效果越好。这个结果提示我们，在教学中可以采取提高训练作业的投入水平的方法，来促进学生对词汇的学习。

投入因素对欧美学生的词汇学习具有特别重要的意义。欧美学生的母语文字体系和汉字有很大差异，因此对于汉语词汇的视觉记忆能力较差。和日韩学生相比，学习记忆汉语词汇的心理压力和困难相对较大。而处于初级阶段的学习者，由于尚未建立一套新的与处理母语文字不同的心理机制，突破词汇记忆难关是他们所面临的一个重要问题。而我们的研究报告表明，被试学习词汇时的高投入可以提高词汇学习效果。设计投入水平较高的词汇训练作业，会使学生加深词汇加工水平，从而弥补他们词汇理解和记忆方面的不足。在词汇教学中，我们可以结合生词的使用频率和交际能力有针对性地确定不同投入水平的词汇训练方法，以期获得更好的词汇教学效果。Palmberg(1987)将词汇知识界定为理解词语意义的能力与为交际目的而自动激活词语的能力之间的连续。我们可以认为，第二语言词汇分为理解性词汇和交际性词汇。结合我们的研究，我们可以根据词汇的使用频率和性质将词汇分为三类进行教学。第一类是使用频率较高的交际性词汇，我们可以设计课文复述、情景对话、写作练习等训练方式,指导学生学习这类生词。由于词在记忆中是以语义形式储存的,在语境中训练词汇的用法,可以帮助学生提高记忆该词时的投入水平并建立有关该词的语义网络,从而增强词汇记忆效果。第二类是频率较高的理解性词汇和使用频率不太高的交际性词汇,我们可以设计词汇填空练习、用所给词汇完成句子等训练方式,指导学生学习这类生词。第三类是使用频率较低的理解性词汇,我们可以设计课文提问,要求学生用所给词汇回答问题等训练方式,指导学生学习这类生词。这样,教师设计高投入的训练方式指导学生学习使用频率较高的交际性词汇,设计相对低投入的训练方式指导学生学习使用频率较低的理解性词汇和认知性词汇。我们相信,教师的这些设计会对词汇教学有所裨益。此外,我们可以帮助学生了解不同词汇学习方法的有效度,鼓励学生采取不同的学习方法学习不同类别的词汇,以提高学习效率。总而言之,在教学中有针对性地采取提高投入水平的词汇训练方式,将有助于提高教学效果。

  本实验还有很多需要改进的地方。首先,实验选择的目标词比较少,每组只有 10 个词,虽然符合实验设计的要求,但毕竟存在着局限性。在进一步的研究中,我们有必要扩大实验材料的范围。其次,出于实验的可行性,我们的实验只进行了一次,多次的实验对于提高实验的效度将会有所帮助。

第五章
汉语语法习得过程研究

第一节 主题突出与汉语存在句习得研究[①]

近年来,研究习得第二语言的学者认为,在习得第二语言时,不论学习者的母语是主语突出还是主题突出的语言,他们的中介语中往往存在着一个主题突出的特征。主题突出这一特点成为第二语言或外语学习者习得语言时的一个普遍阶段。

Rutherford(1983)对英语中介语的发展情况进行了调查。[②] 他的抽样是母语为汉语、日语和朝鲜语的学生。这三种语言的一个共同特点是主题突出,英语则为主语突出。母语为主题突出的学生在习得一种主语突出的语言时,其习得的过程和步骤是怎样的呢?Rutherford 的调查结果说明学习者的句式结构,由在语用学原则下的主述题句式,逐步转移为句法结构严谨的主谓语结构。学习者在初级阶段以语言的运用为第一需要,首先表达说什么(主题),叙述围绕主题所发生的

---

① 本文原标题为"主题突出与汉语存在句的习得",作者温晓虹,原载《世界汉语教学》1995 年第 2 期。

② Rutherford, W. (1983) Language typology and language transter. In S. M. Gass & L. Selinker (eds.), *Language Transfer in Language Learning* (pp. 358—370). Rowley, Massachusetts: Newbury House Publishers.

事情。然后逐渐习得句法结构，主语这一语法概念逐步地代替了主题这一语用学的概念，松懈的主述题转为结构紧密的主谓语。

Fuller 和 Gundel（1987）调查了母语为不同语言类型的英语学习者的中介语中主述题和主谓语的分布情况，以了解母语对中介语的作用程度。① 参加实验的学生的母语可归为两种：第一种是主题突出的语言，如日语和汉语；另一种为主语不很突出的语言，如阿拉伯语与西班牙语，实验结果表明，无论学生的母语背景如何，他们的英语中介语中都有一个较为普遍的主题突出的特征。

在调查中介语是否有主题突出的特征时，研究者们遇到的一个问题是如何决定句子中的主题。Li 和 Thompson（1976）提出了划分主题的基本原则。② 但在判断所收集的语料的主题时，由于说话者的语境不清楚或不容易控制，有时很不容易判断那个词是主题。Sasaki（1990）的实验研究解决了判断句子中的主题的困难。③ Sasaki 调查了日本中学生学习英语存在句的情况。他在收集语料时，要求学生必须在每个句子中都用处所词"Tara 的学校"。这样，在整理学生的语料时，句子中的主题"Tara 的学校"便很明确了。Sasaki 的实验结果表明学

---

① Fuller, J., & Gundel, J. (1987) Topic—prominence in interlanguage. *Language Learning* 37, 1—18.

② Li, C, & Thompson, S. (1976) Subject and Topic: A new typology of languages. In C. Li (ed.), *Subject and Topic* (pp. 457—498). New York, New York: Academic Press.

③ Sasaki, M. (1990) Topic prominence in Japanese EFL students' existential constructions. *Language Learning* 40, 337—368.

生的英语水平与主述题句式有密切的关系。低年级学生的英语中介语中的主述题形式颇明显,高年级学生的英语中介语中主述题的特征已不明显了,取而代之的是主语突出的特点。Sasaki 的实验结果与 Rutherford（1983）的实验结果是一致的。

Sasaki 的研究虽然成功地解决了判断句子中的主题的困难,但由于他的抽样是母语为日语的学生,日语是主题突出的语言,因此,他的实验结果很难证明造成英语中介语中主题突出的原因是什么,可能是由于母语的影响,学生把日语的特征直接迁移到英语中去了,也可能是主题突出这一特点在中介语中的一个必然的反映。目前所做的实验均为对英语中介语的研究,而大部分的学习者的母语都为主题突出的语言。我们需要一个双向研究,不但要研究母语为主题突出的学生习得的目的语为主语突出的语言的情况,同时也需要研究母语为主语突出的学生习得的目的语为主题突出的语言的情况。

我们调查母语为英语的美国学生对汉语存在句的习得情况。英语是主语突出的语言,英语的存在句式由没有语义的主语"there"所引导。汉语的存在句式与英语截然不同,句首是非主语的主题,是处所词。因此,美国学生习得存在句时,会经历习得不同语言类型的变化。

一 汉语的存在句式及其主题的判断原则

Li 和 Thompson（1976）提出主题突出的语言都具有若干普遍性的特征。继 Li 和 Thompson 以后,别的语言学家也对主题提出了判断原则,旨在抓住主题本质性的特征。① 然而,由于主题的一个特点就是其灵活性,特别是在语言运用时,主题随着谈话的内容而变换。此外,无论是在主题突出还是在主语突出的语言中,在表层结构上,很多句子的主题与主语是一致的,如例句(1):②

  (1) 我 喜欢吃苹果
    主题 述题
    主语 谓语

  在例(1)中,"我"是主语,是动作行为喜欢吃苹果的发出者,同时又是主题,说明这个句子谈论什么。因此,"我喜欢吃苹果"这样的句子在表层结构中显示不出来主语突出和主题突出的语言类型之间的差别。

  所幸的是存在句在主语突出和主题突出的语言类型中,其表层结构就存在着明显的区别。英语的存在句由无语义的假位主语引导。Li 和 Thompson(1976)提出在主题突出的语言中不会有假位主语。因此,英语中的存在句是典型的主谓语结构。汉语中的存在句由处所词引导。处所词位于句首成为主题。最典型的汉语存在句都是由主述题构成的:

---

 ① Givón, T. (1979) From discourse to syntax: Grammar as a processing strategy. In. T. Givón (ed), *Syntax and Semantics*: Vol. 12 *Discourse and Syntax* (pp. 81—112). New York, New York: Acadernic Press.

 Gundel, J.K. (1988) Universals of topic-comment structure. In M. Hammond, E. Moravcsik, and J. Wirth. (eds.), *Studies in Syntactic Typology*. Amsterdam, The Netherlands: John Benjamins B. V.

 ② Li, C., & Thompson, S. (1981) *Mandarin Chinese: A Functional Reference Grammar*. Berkeley: University of California Press.

(2)(在)那个图书馆有十八张大桌子。

处所词+有+名词短语

由此可见,存在句在英语和汉语中的表现方式截然不同。存在句是一个用来检验不同语言类型的学习者第二语言习得过程的理想句型。

本实验根据 Li 和 Thompson(1981)所提出的分析汉语主题的原则来分析所收集的语料。在句式上,汉语的主题有两个特征:1)在句子中位于句首,2)主题和述题之间可以加一个顿号或表示停顿的语气词(嘛、啊等)。

二 实验研究的目的

此实验调查三个问题:1.在汉语存在句的习得过程中,是否有一个普遍的主题突出的特征? 2.如果主题突出是汉语中介语的一个特征,这一特征出现在什么阶段? 3.学生习得存在句的过程是怎样的? 用了什么思维方式?

三 实验参加者

实验参加者均为在美国学习中文的美国大学生和中国留学生,共76人。表1说明参加实验的学生的年龄和母语分布情况。

表1 参加实验者的情况

年级	人数	年龄	母语	目的语
1	24	20	英语	汉语
2	24	21	英语	汉语
3	18	23	英语	汉语
中国人	10	31	汉语	英语

四 语言材料的收集方法

学生根据所给的内容写 8 个句子。所给的内容为 8 个短语（见附录）。如：

　　十八本中文书
　　很多椅子

这样做的目的在于鼓励学生造存在句。给学生的内容以词组的形式出现，以避免学生在造句时受英语影响，直接翻译。为了控制主题在句子中的多变性与灵活性，特定的处所词"那个图书馆"成为学生所写的句子中的一个必须的成分，成为主题。此外，学生可以反复用同一句型。这样，从使用的频率中，我们可以判断出什么样的句式学生觉得最容易。总之，收集语言材料时的一个原则是使学生不受任何限制，不受母语的影响，充分给学生自由发挥的机会，希望学生造出的句子是自然的，是为了表达意思而做的。

五 实验结果

学生根据所给的短语和要求，一共写了 607 个句子。根据句型的不同，所有的句子可归纳为五类，前四种都属于存在句。实验用了 Chi 平方的数据来检验不同汉语水平的学生在运用每一类句型时，是否有根本的差别。各个年级所运用的第一类、第二类和第五类的频率没有根本的差别，而运用第三类和第四类的句型的频率有根本的差别。

　　第一类为：处所词 + 有 + 名词短语
这一句型是存在句中的一个最典型的形式，也是此实验所收集的语料中运用频率最高的,共 437 句,占总数的 72%。这一句型由主述题构成,主题为处所词位于句首。尽管这一句式合乎英语的句法,但在英语中极少用到。

(3) 那个图书馆有十八本中文书。

不同年级的学生运用此类句型的频率都很高(见表 2、3)。一年级的学生用这一句型的频率也高达 64.4%。Chi 平方表明各年级运用此句型的频率没有根本的区别。($Chi^2 = 4.679$; $df = 3$, $p \leqslant 0.05$)。由此,我们认为母语为英语的学生在习得汉语存在句时,在初级阶段,就能够直接地、较顺利地掌握存在句的基本形式。

第二类为:处所词 + 状态动词 + 着 + 名词短语
此类句型是存现句中的一个典型的形式,由主述题结构组成。处所词为主题位于句首。给学生的 8 个短语既可以用第一类句式来表示,又可用第二类句式来表示。如:

(4) a. 那个图书馆有两张中国地图。
　　　b. 那个图书馆的墙上挂着两张中国地图。

(4)a 和(4)b 在语义上是不同的。但在此实验中,语义的区别不是重要的。(4)b 句式的动词后需要动态助词"着"或"了",因此比较难掌握。而且,作为存在句,(4)a 比(4)b 简单且更常用,因此(4)a 被优先习得。第一类句型的频率为 72%,而第二类句型的频率仅为 2.6%。

第三类为:有 + 名词短语 + 处所词
这一句型是存在句的另一种形式,不如第一种句型常用,其句式也是主述题结构,动宾短语是主题,处所词为述题位于句尾。第三类句式与第一类在语言实用方面不同。

(5) 那个图书馆有三十五本中文书。

(6) 有三十五本中文书在那个图书馆。

收集语料时要求学生在每个句子中都用特定的处所词"那个图书馆",使之成为主题。在第三类句型中,主题是动宾短语,不是处所词。另外第三类句型与英语的存在句在词序上是平行的:

(7) There are thirty five Chinese books in that library. 有三十五本中文书在那个图书馆。

因此,尽管第三类句型的语法正确,但学生在造此句型时所用的技能有两种可能性:一种是受母语的影响,把母语的句式直接迁移到汉语中去;另一种是掌握了汉语主题突出的特点,直接习得了这一主述题的句型。如是前者,学生在造此句时用了直译的方法。由于汉语没有假位主语,因此,把 there 省掉后,句首就变成了一个动宾结构。如属于后者,则又是一个主题突出的特征在汉语中介语中的根据。

参加实验的不同年级的学生运用第三类句型的分布情况为一年级 9.4%,二年级 5.2%,三年级 1.4%,中国人 2.5%(见表 2、3)。随着学生汉语水平的提高,造第三类句型的频率降低。Chi 平方表明,不同水平的学生运用此句型的频率有根本的差别($Chi^2 = 9.567$, df = 3, $P \leqslant 0.05$)。这些现象表明在习得汉语存在句时,用直译的方式把母语的句式迁移到汉语中去了。

第四类为:名词短语+处所词

(8) 三本法文词典在那个图书馆。

此类句型是主谓结构,在汉语中很少用。即使用,主语也总是特定的。

汉语存在句的主语往往是特定的,或是有群体类属性的。如下句:

(9) 我的那三本法文书在图书馆。

本实验给学生的名词都不是特定的,因此不宜用此句型。中国人在此实验中运用此句型的频率为零。一年级的学生运用此类句型的频率最高,为9.4%,二年级次之,为5.2%,三年级为2.1%。Chi平方的结果表明不同汉语水平的学生运用此句型的频率有根本的差别($Chi^2 = 6.22$; df = 3; $P \leq 0.05$)。

随着汉语水平的提高,学生造第四类句型的频率降低。这个现象和第三类句型的分布情况是一致的。因此,我们的初步结论是,在学习汉语的初级阶段,学生在一定程度上受母语的影响。造第三类句子时,学生用了直译的方法。因此,所造句子的词序与英语是一致的。在造第四类句子时,学生是一般地受到母语的语言类型的影响,所造的句子有主语突出的特征。

第五类为:除了前四类句型外,学生所造的句子都归于第五类。第五类句子都不是存在句,句式有的属于主述题结构,如句(10);有的属于主谓语结构,如句(11)。

(10) 在那个图书馆,我看了十五本日文书。

(11) 那个图书馆的桌子、椅子都很新。

在这一实验中,尽管学生知道他们所造的句子之间相互没有关系,但在他们的语料中,特别是在高年级的语料中,学生仍然把句子联贯起来了。如:

(12) a. 那个图书馆有十八本中文书。

b. 那个图书馆有三十五本杂志。

c. 在那个图书馆我用三本法文杂志。

d. 那个图书馆买了两张中国地图。

在句(12)中,(12)c和(12)d都属于第五类。(12)c仍是主述题结构,(12)d则是主谓语结构。在学生所写的绝大多数的段落中,第一句和/或第二句都是典型的存在句式(如(12)a和(12)b),是主述题结构。第三句开始,结构有所变化,出现了主谓语的结构。(12)句就是一个这样的例子。这种现象是Givén(1983)提出的,为在话语或段落中存在着一个主题延续的连锁关系的理论提供了一个证据。① 在一段话语和段落中,主述题结构往往在段落的一开始或前一部分。之所以这样是与人们交际时的需要分不开的。交际一开始,最重要的是确定主题。而且,在整个交际的过程中,当主题被遗忘、误解时,会被重新提起加以确定。人们确定主题的一个方法是用主述题结构来明确主题,把主题突出的结构放在段落的一开始(如(12)a和(12)b)。主题确定后,围绕主题所传递的新信息成为交际的内容,此时的句式结构由强调主题转为述题(如(12)d)。由此可见,在一段话语或段落中,句式结构的选择常常取决于意思的表达和交际的需要,取决于这一句子在某一段落中的位置。

六 讨论

1. 主题突出的特征

此实验所收集的语言素材表明,最常用的存在句式大量地

---

① Givén, T. (1983) Topic continuity in discourse: An introduction. In. T. Givén, (ed.), *Topic Continuity in Discourse: A Quantitative Cross-language Study* (pp. 1—41). Amsterdam, The Netherlands:John Benjamins Publishing Co.

出现在汉语学习的初级阶段。由此,我们可以对本实验所提出的第一个和第二个问题下一个初步的结论:主述题结构是汉语存在句的中介语中的一个明显的特征,而且,学生在习得汉语的初级阶段,就习得了汉语中最典型的主述题结构。

Duff(1988)的实验从不同的方向研究了母语为汉语的学生习得英语的情况。[1] Duff 收集了中国初一到高三的学生用英语作文的语言素材。她的实验表明,低年级学生的英语中介语中有主题突出的特征,而随着学生英语水平的提高,他们的中介语中主题突出的特征减退,而主语突出的特征越来越明显。本实验与 Duff 的实验从相反的方向研究了类似的问题,得到了相似的结果,即主题突出的特征容易被学生所掌握。

主题突出之所以成为中介语中的一个特征,是与语言的本质和语言的实用性分不开的。语言的本质在于语言的运用。人们在交际中首先确立主题,然后围绕着主题加以叙述说明,交流意思,传递信息。因此,主述题的结构符合人们语言交际的需要,符合语言急用先学的认知特点,反映了人们交际中的基本形式。

对于初学者来说,用语言来表达意思,达到交际的目的是第一位的。儿童在习得母语的初级阶段,只能用有限的词汇和最简单的方式来表达意思。因此,在这个阶段,他们所用的词往往是新信息,是述题。[2] Gruber 在解释这一现象时指出,在习得

---

[1] Duff, P. (1988) The progression toward subject prominence in the interlanguage of Chinese middle school students. Paper presented at the Second Language Research Forum, Honolulu, Hawaii.

[2] Bates, E. (1976) *Language and Context: The Acquisition of Pragmatics*. New York, New York: Academic Press.

语言的初级阶段,幼儿首先对身边的事物建立起概念,这一概念即为主题。幼儿围绕着主题进行叙述。如在掌握了"狗"这一主题后,幼儿开始对狗加以叙述:"(狗)咬","(狗)叫"等等。

习得第二语言和外语亦如此。对于初级阶段的语言学习者来说,交际是第一位的。语言的运用成为学习语言的原则,主述题成为其基本表现方式。词序的表达以语言的实用为主。比如,Givón 在分析洋泾浜语料后,发现用传统的句法来解释洋泾浜的语言现象时,遇到了很大的困难,觉得洋泾浜杂乱而无系统。[①] 而借助语用学的方法来解释洋泾浜的语言现象时,发现洋泾浜很有规律,其规律是主题突出的特征。由此可见,主题突出的结构不但存在于第二语言的习得中,而且存在于第一语言和洋泾浜的习得中。本实验从母语为英语的学生习得汉语的角度又证实了这一论点。

此外,中介语中主题突出的特征符合认知心理学的理论原则。主题突出的语言现象反映了人们处理信息的思维过程。主题是已知信息,具有承上启下、引导新信息的作用。认知心理学家 Ausubel 指出,掌握新知识的最好方法是能把新知识与学生的现有水平及已学的知识联系起来,主题则起这种桥梁作用,可以帮助思维把新信息(述题)加以分类,储存和提取。[②]

2. 语言标记(Cross-linguistic markedness)

[①] Givón, T. (1984) Universal of discourse structure and second language acquisition. In W. Rutherford (ed.), *Language Universals and Second Language Acquisition* (pp. 109—136). Amsterdam, The Netherlands: John Benjamins Publishing Co.

[②] Ausubel. D. P. (1960) The use of advance organizers in the learning and retention of meaningful verbal marerial. *Journal of Educational Psychology*, 51, 267—272.

语言标记提供了另一个为什么在中介语的初期学生已掌握汉语存在句的原因。Hyltenstam（1987）指出，如果母语中的某一成分是有标记的，而相对的目的语中的成分是无标记的，学生的中介语中则会采用无标记的形式。① 这时，母语对中介语的影响则是很小的，即使有影响，也仅是暂时的，学生会很快摆脱母语的影响，掌握目的语中的无标记的成分。

Greenberg（1966）提出了判断语言标记性的几个标准，如使用频率高和中和作用。② 与其他语言相比，汉语的存在句属于无标记的。首先，汉语的"有"既表示存在又表示领有，两个意思综合于同一形式。而英语中的存在与领有则有两种不同的形式。Li 和 Thompson（1981）指出，"世界上大多数的语言都像汉语一样，存在与领有的表现方法是同一的"。第二，是汉语的"有"在语义上是中和的，跟英语比起来，"有"表示存在的意思与表示领有的意思相中和。基于这两个原因，我们认为学生更喜欢汉语形式单一的"有"。确实，本实验的结果说明学生在初级阶段就掌握了汉语的存在句。

因为学生母语（英语）的存在句是有标记的，而目的语（汉语）是无标记的，在这种情况下，中介语往往是无标记的，母语对目的语的迁移作用是很小的。即使有也会很快消失，这就是为什么一年级的学生的语料中有一些母语的迁移，而在二年级就

---

① Hyltenstam, K. (1987) Markedness, language universals, language typology, and second language acquisition. In C. Pfaff (ed.) *First and Second Language Acquisition Processes* (pp. 55—78). Cambridge: Newbury House Publishers.

② Greenberg, J. H. (1966) *Language Universals, with Special Reference to Feature Hierarchies*. Janua linguarum, Series Minor 59. The Hague: Mouton.

已消失了的原因。

3.母语的迁移

高年级和低年级的学生所造的第三类(主述题结构)和第四类(主谓语结构)句子的频率有根本的差别,学生随着汉语水平的提高而运用第三类和第四类结构的频率降低,尽管第三类句型为主述题结构,但当把英语的假位主语 there 省略后,第三类句式的词序就与英语存在句的词序一样了,由此,我们的初步结论是,学生在习得汉语的初级阶段,在一定的程度上受母语的影响,所造的存在句为主谓语结构(如第四类句型)。或有时在一定程度上用从母语到目的语的直译方法(如第三类句型),应该指出的是,第三类和第四类句式的运用率比第一类低得多(见表2、表3)。

表2 句型分类

年级	句型分类				
	1	2	3	4	5
1	123	6	18	28	26
2	139	0	10	11	32
3	109	6	2	3	24
中国人	66	4	2	0	8
总计	437	16	32	32	90

表3 句型分类百分比

年级	句型分类				
	1	2	3	4	5
1	64.4	3.1	9.4	9.4	13.6
2	72.4	0	5.2	5.7	16.7
3	75.7	4.2	1.4	2.1	16.7
中国人	82.5	5.0	2.5	0	10
总计	72.0	2.6	5.3	5.3	14.8

由此,我们认为,在习得汉语存在句时,所有的学生在初级阶段就优先习得了汉语中最普通的存在句式,主述题结构是汉语存在句中介语的一个普遍特征;在另一个方面,在习得汉语的初级阶段,学生有时在一定程度上受母语的影响,造出了第三和第四类句式的句子。

七 结论

本节对汉语存在句的习得情况进行了实验研究。结果表明,学生在习得汉语存在句时,基本上不受母语中主语突出的特点的影响,在初级阶段就能够比较顺利地掌握典型的汉语存在句式。因此,主题突出是汉语存在句习得中的一个重要特征。这一结果与 Sasaki(1990), Fuller 和 Gundel (1987) 的实验结果是一致的。

主题突出之所以成为中介语中的一个特征,是由人们在交际中的需要所决定的,其理论基础为认知心理学中的信息传递原则:人们在交际中先注意最紧迫的内容。交际时主题的确立是最重要的,主题确定后人们围绕主题传递信息。因此,主述题句式反映了人们交际时的心理特点与要求。

主述题的结构集中地反映了语言的有效作用。因此,在第二语言习得中被学生优先掌握。在语言实用学的框架下,主述题的结构为无标志的,所以学生在习得这一句式时,能够不受母语的影响,直接习得。本实验的结果从侧面展现了中介语的一个发展过程:由实用词序所组成的主述题结构移向由句法结构所组成的主谓语结构,语言功能的习得先于句法结构,交际功能先于语法概念的掌握。

附录:

下面是一所图书馆的情况。请你根据所给的内容快速写 8 个句子。你可以反复用同一个句型。你所写的句子相互之间是没有关系的。请你在每个句子中都用上"那个图书馆"这个词。

十八本中文书
三十五本杂志
三本法文词典
两张中国地图
十五本日文书
很多椅子
二十张大桌子
三间阅览室

第二节 语言功能类与第二语言习得[①]

有些语言学家提出,成人二语习得与儿童一语习得有本质区别。其特点之一是,尽管在二语习得中投入很多精力和时间,成人学习者很少能完全习得一门二语。二语习得完全成功极少见,甚至根本不存在。这个问题又由于怎样才算成功而变得更复杂。

过去二十年间,研究人员一直在研究二语习得者的语言能力和导致所谓二语习得普遍失败的因素。他们主要依靠生成语言学理论来探索二语习得者的大脑表征。生成语言学框架,特别是原则参数理论的采用,丰富了二语习得研究。强调参数设置使二语研究人员能够观察语言间的变化和语言迁移的作用,研究普遍

---

① 本文原标题为"第二语言习得的普遍失败应归咎于功能语类吗?",作者袁博平,原载《外语教学与研究》2003 年第 4 期。

语法(UG)的参数在二语习得中是否能被(重新)设置。

目前,二语研究中引入了一个新的语言学框架,即Chomsky提出的最简方案(Minimalist Program)。在该方案中功能语类被认为是引起语言间变化的原因,与功能语类相连的特征被认为是通过特征核查的计算来驱动句法移动,功能语类及其特征被认定是不同语法间变化(即参数变化)的根源。如Chomsky指出的,这种变化一定是语言学习者从主要的语言材料中,通过特定的词汇特征、词序或屈折形式可以探测到的。附着在功能语类上的特征,如时态、数、性和格,其值可强可弱。Chomsky采用了一种严格的词法观点,根据这种观点,词库中的动词都已具有屈折变化,各种语言句法间的表层区别能通过下面的方法进行辨别:即通过核查该语言的语法是否允许题元动词在音系式(Phonetic Form)(PF)上从基础位置上提升。Chomsky坚持认为,那些INFL是强特征(即有丰富的动词屈折)的语言在音系式上存在题元动词的提升,而那些INFL是弱特征(即有贫乏的动词屈折)的语言在音系式上不允许题元动词提升。题元动词提升的动机是核查特征。为了核查特征,有强特征的动词必须显性(即在音系式上)提升到INFL。然而,如果动词屈折变化弱,动词就隐性提升到INFL,也就是说,动词核查发生在逻辑式(Logical Form)(LF)上。动词屈折特征可以是抽象的,并不一定在语音上表现出来。

在最简方案基础上,研究人员提出了若干理论来解释二语习得者的习得失败。这些理论包括Eubank的特征无值假设(Valueless Features Hypothesis)、Beck的局部损伤假设(Local Impairment Hypothesis)和Hawkins及Hawkins & Chan

的特征失效假设(Failed Features Hypothesis)。本节评述这些假设,并利用母语是汉语的英语习得者和母语是外语的汉语习得者的实验数据来表明,功能语类不一定是二语习得失败的原因。

一 特征失效假设、局部损伤假设和特征无值假设

Hawkins(1998)以及 Hawkins & Chan(1997)提出一个被称为特征失效假设的理论来解释二语习得。① 根据这个假设,成人二语习得者所能使用的只是在一语中体现的特征。"功能语类的特征,且只有这些特征,受到关键期(the critical period)的影响"(Hawkins & Chan 1997:188)。这一假设认为那些在一语中没有体现的 UG 设定参数在二语习得中是无法起作用的。换句话说,就功能语类特征而言,二语习得者卡在他们的一语语法中,所以,他们将不能习得那些没有在一语中体现的特征。

Beck 提出了一个类似假设:局部损伤假设。② 按照最简方

---

① Hawkins, R. (1998)Explaining the difficulty of French gender attribution for speakers of English [P]. Paper presented at the 8th annual EUROSLA Conference, Paris.
Hawkins, R. & C. Chan. (1997)The partial availability of Universal Grammar in second language acquisition: the 'failed features hypothesis'[J]. *Second Language Research* 13:187—226.

② Beck, M. L. (1997)Regular verbs, past tense and frequency: Tracking down a potential source of NS/NNS competence differences [J]. *Second Language Research* 13:93—115.
Beck, M.L. (1998a)L2 acquisition and obligatory head movement: English-speaking learners of German and the local impairment hypothesis[J]. *Studies in Second Language Acquisition* 20:311—348.
Beck, M.L. (ed.)(1998b)*Morphology and its Interfaces in Second Language Knowledge* [M]. Amsterdam: John Benamins.

案,功能语类特征的强弱决定实义中心词的提升与否。她认为,如果习得者年龄已超过关键期,INFL 和 NUM 这类功能语类的特征在二语习得中就不能再正常运作,使二语习得者处于一个永久的不确定状态,不知道中心词是否应该移动。"那些要求或禁止中心词提升的词法句法特征在成熟过程中变得贫乏,而在这种局部损伤状态下产生的二语语法,当与成熟的成人母语语法相比时具有概括过度的特点,即允许任意提升。"(1998a:316)局部损伤假设只局限在功能语类的强度。也就是说,它是极其局部的。

为了解释二语习得问题,Eubank 和他的同事(Eubank 1993/1994;1994;1996;Eubank & Grace 1996;Eubank et al. 1997)提出了一个被称为特征无值假设的模型。① 根据这个模型,一语的词汇和功能词的投射都会迁移到二语习得的初始状

---

① Eubank, L. (1993/1994) On the transfer of parametric values in L2 development [J]. *Language Acquisition* 3:83—208.

Eubank, L. (1994) Optionality and the initial state in L2 development (A). In T. Hoekstra & B. Schwartz(eds.). *Language Acquisition Studies in Generative Grammar: Papers in Honour of Kenneth Wexler from the* 1991 *GLOW workshop* [C]. Amsterdam: John Benjamins.

Eubank, L. (1996) Negation in early German-English interlanguage: More valueless features in the L2 initial state [J]. *Second Language Research* 12:73—106.

Eubank, L. & S. Grace. (1996) Where's the mature language? Where's native language? [A] In A. Stringfellow, S. Cahana-Amitay, E. Hughes and A. Zukowski (eds.). *Proceedings of the 20th Annual Boston University Conference on Language Development* [C]. Somerville, MA:Cascadilla Press.

Eubank, L.,J. Bischof, A. Huffstutler, P. Leek & C. West. (1997)"Tom eats slowly cooked eggs":The thematic-verb raising in L2 knowledge [J]. *Language Acquisition* 6:171—199.

态。然而与这些功能语类相连的一语句法特征,即动词屈折的值,并不迁移。所以,在二语语法中,INFL 的特征最初既不是强也不是弱,而是处于无值状态。因为没有办法使二语语法标明屈折的强度,即:具有[强]特征还是[弱]特征,在题元动词的提升中就会出现随意现象。就是说,INFL 的无值导致题元动词在二语习得的早期阶段任意提升。在 Eubank & Grace (1996)和 Eubank et al. (1997)中,他们在两项单独实验中,分别通过记录反应时间和真值判断的方法来检查母语是汉语或广东话的英语学习者在二语习得中题元动词的提升情况。Eubank 等明确指出,习得动词屈折形态与由此而产生的句法中 Agr 的投射与特征标示存在一种因果关系。他们还指出,特征强度值的标示取决于屈折词缀的存在。换句话说,如果一个二语习得者的语言中使用了不同的动词屈折词缀,这就意味着他/她已经习得了抽象的句法特征,没有屈折词缀就证明没有相应的句法知识。Eubank 等把 70% 定为已习得 Agr 的标准,即在 10 句需要有词缀的测试句中,7 句必须有所要求的屈折词缀。在 Eubank et al. (1997)中,40 名母语是汉语或广东话的受试中,15 人达到了所定的标准(即他们被认为已经习得了主谓一致的变化),剩下的 25 人属于没有达到标准的一组(即他们被认为还没有习得主谓一致的变化)。Eubank 等发现,即使那些已经达到 70%标准的受试好像也将有动词提升的句子(如"Mary watches often TV")和没有动词提升的句子(如"Mary often watchs TV")同样对待。根据 Beck 的局部损伤假设,Eubank et al. (1997)得出结论,认为成人二语习得者的语法永远无法掌握功能语类的特征,因为这些特征在青春期后就永久地被损伤了。

二　母语为汉语的英语习得者的反面证据

与功能语类相连的特征在成人二语语法中被永久地损坏了吗？屈折词缀的存在与否是显示二语语法中功能语类特征的存在与否的可靠证据吗？我们对这两个问题的回答是"否"。

母语为汉语的英语习得者说的英语，其屈折形式与他们所接触的英语输入确实有很大距离。一个普遍现象是，中国人的英语中经常遗漏与功能语类相连的形式或仅有不完全的形式。这些遗漏的形式属于功能成分，如动词的时态和主谓一致的屈折形态，以及助动词和限定词等等。然而，在二语习得者的英语中，屈折形式的变异不是没有规律的。例如，在中国人的英语中，第三人称单数"s"通常能得到正确使用。二语习得者在这方面所犯的错误大部分是遗漏类型的错误。二语习得者不胡乱使用第三人称单数"s"，这一现象表明屈折形式与句法特征之间已初步建立了对应关系。屈折词缀的遗漏不能被看作是功能语类抽象特征不存在的证据。支持这一观点的进一步证据可以从中国人使用英语系动词中找到。观察表明，中国人很少误用系动词 am/is/are，例如，他们一般不说"He am a teacher"，"I are a teacher"或"You is a teacher"。

仅仅以二语英语的屈折变化为证据来确定二语习得中功能语类是否存在，是过于简单化了。有必要找到其他类型的证据，来表明即使在没有正确显性屈折变化的情况下，二语习得者仍可具有功能语类的知识。Lardiere填补了这方面的空白。① 她的研究基于对一个成年中国人 Patty 八年半的跟踪调查。Patty 成人后才开始学英语。从 Patty 那儿收集的语料是她在自然环境中讲的英语。她说的英语中，动词的屈折变化标志远低于文献中公认的标准。然而，数据显示，她的二语英语语法具有功能语类的正确特征。

根据最简方案，屈折短语 IP/时态短语 TP 特征具有[＋/－finite]的值，而[＋/－finite]值与赋予主语主格形式之间有一种密切的关系。这一观点认为，如果在习得者的句法中，中心词 I 或 T 存在并具有完整的特征，它将核查已经提升到核查域的主语 DP 的格，因为在英语中 T 具有强特征。如果中心词 T 的特征为[＋finite]，我们应该期望在主语上找到主格标志。由于在英语中，格只是在代词上有形态标志，代词的格标志就成为一个很好的检测手段，可以用来研究 T 是否存在和是否标有强度特征和时态特征。

Lardiere 在调查中发现，在需要使用过去时的限定性句子中，Patty 实际使用过去时形式的比率很低，在整个八年半的时间里大约占 34%。然而，在 Patty 的话语中，代词格的分布却绝对正确；主格代词总是充当限定性句子的主语，宾格代词总是用在需要宾格的地方，包括在非限定分句的主语，如不定式。这些调查结果表明，在 Patty 的英语语法中，与功能语类相连的特征并没有被损坏或失效，强度特征和时态特征得到完整的标注。

---

① Lardiere, D. (1998a) Case and tense in the 'fossilized' steady state [J]. *Second Language Research* 14: 1—26.

Lardiere, D. (1998b) Dissociating syntax from morphology in divergent L2 end-state grammar [J]. *Second Language Research* 14:359—375.

根据她的调查结果，Lardiere 坚持认为，习得屈折形态并不是投射相关功能语类的一个先决条件，而屈折形态在话语中的缺陷也不应该被认为是反映了功能语类在深层句法中对应的缺陷。屈折词缀的习得独立于句法能力的习得。即使永远掌握不了这样的词缀，成人习得者仍然能够确定与功能语类相关的特征标志。

三 汉语二语习得数据的反面证据

Lardiere 认为，抽象的功能语类句法特征与二语语法中在语音上体现的屈折词缀没有联系。二语习得者面对的是匹配（mapping）问题。因为某种原因，当二语习得者试图把适当的屈折形式与对应的句法特征匹配时，可能会出现变异和脱节现象。Lardiere 的论证意味着在习得一个像汉语这样没有屈折变化的二语时，习得者能够比较容易地习得语法的相关部分；由于汉语没有动词的屈折变化，汉语（二语）习得者将不会面对英语（二语）习得者所面对的问题。汉语的二语习得数据能够证实这一点吗？

1. 相对于题元动词及其补语的频率副词位置

袁博平（2001）报告了一项研究，调查法国人、德国人、英国人在习得汉语时题元动词的状况。[①] 在此项研究中，袁通过观察相对于主动词及其补语的频率副词位置研究了题元动词的提升。一般认为，在法语、德语、英语、汉语这四种语言中，频率副

---

① Yuan, B. (2001) The status of thematic verbs in the second language acquisition of Chinese: against inevitability of thematic-verb raising in second language acquisition [J]. *Second Language Research* 17:248—272.

词都是连接在 VP 的左侧,如(1)。

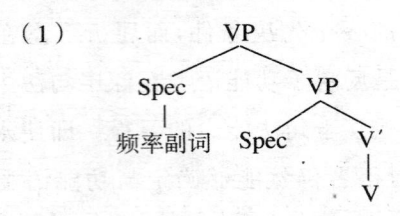

(1)
```
        VP
       /  \
     Spec  VP
      |    / \
   频率副词 Spec V'
              |
              V
```

Chomsky 认为,若 INFL 是强特征的语言,即有丰富的动词屈折变化,在音系式(PF)上题元动词需要提升,若 INFL 是弱特征的语言,即有贫乏的动词屈折变化,就禁止题元动词在音系式中提升。题元动词提升的动机是核查特征;有强特征的动词必须显性提升到 INFL 以便核查特征。然而如果 INFL 具有弱特征,动词就隐性提升到 INFL。也即特征核查发生在逻辑式(LF)上。根据这种观点,不同语言句法间的表面区别可通过检查该语言的语法是否允许题元动词的音系式提升来确定。

法语是一个有强 INFL 的语言,所以,法语中题元动词从其基础位置提升到 IP[1] 的中心词。由于副词连接在 VP 上,题元动词最后在音系式上位于副词之前,所产生的词序是 S-V-Adv-XP,如(2):

(2) Marie boit_i souvent t_i de la bière. (S-V-Adv-Obj)
    Mary drink often beer

'Mary often drinks beer.'

相比之下,英语是一个有弱 INFL 的语言,禁止题元动词提升到 INFL 的中心词。这样,题元动词必须保留在 VP 内,如(3):

(3) He often drinks beer. (S-Adv-V-Obj)

第二节 语言功能类与第二语言习得

INFL 在汉语中像在英语中一样也是弱特征,不允许在音系式中提升题元动词。因此,副词必须位于动词之前,如(4):

(4)他　　常常　喝　啤酒。(S-Adv-V-Obj)

像法语一样,德语也有丰富的动词屈折变化,所以它允许题元动词在音系式上提升。然而,在德语主句中,被提升的动词的最终着陆地不是 IP 的中心词,而是 CP^2 的中心词,这是德语与法语的主要结构区别之一。在德语主句中,CP 的 Spec 必须由主语、宾语或副词填充,并且要求限定动词从其基础位置移出,提升到 CP 的中心词处,成为主句的第二个成分,所以有动词位于 V2 的结构。在德语中,频率副词连接到 VP 上,在由此得出的德语句子中,主语位于句首,如(5),其词序是 S - V - Adv - Obj。

(5) Er trinkt$_i$ oft t$_i$ Bier. (S-V-Adv-Obj)

He drink often beer.
He often drinks beer.

我们在这里提出的问题是:(a)在二语习得者的汉语语法中,功能语类特征是像 Eubank、Hawkins 和 Beck 所说的那样无值、失效或是被永久损坏了吗?(b)如果二语习得者不存在匹配问题,他们能直接习得功能语类特征吗?如果问题(a)为真,我们会发现题元动词在二语者的汉语语法中紊乱地随意提升,或卡在一语语法中。如果问题(b)为真,我们将发现题元动词的表现是一致和有规律的,从而表明功能语类的特征有充分标志。

所有受试,包括中国人与外国人,都要求做两项任务。一是口头叙述任务,一是判断任务。在口头叙述任务中,每个受试必须根据一个中文表格提供的信息,用汉语口头叙述一些人的日常活动。要求叙述时把表格中的频率短语(如:每月三次,每个星期一次等),转换为适当的汉语频率副词(如:经常,有时,很少)。

在判断任务中,每个受试必须判断18对句子,其中6对句子的频率副词位于句中不同位置(即 * S - V - Adv - XP 对 S - Adv - V - XP)。受试必须在靠近句子的方框中打勾或画叉来标明这些句子是否正确。为了获取数据,确定题元动词提升在二语习得者的汉语中是否任意,这些受试还被告知,如果他们认为合适,可以把两句都标为正确或都标为错误。他们还可以选择"我不知道"。

结果表明,所有外国人组在口头叙述和判断这两项任务中都有类似中国人的表现。这些数据证明,在二语习得者的汉语中题元动词没有提升。受试中绝大多数使用并接受正确的词序:S - Adv - V - XP。这种情况不仅存在于母语是英语的汉语习得者中(他们的一语禁止题元动词提升),而且存在于母语是法语、德语的汉语习得者中(他们的一语不允许题元动词留在原处)。

在母语是法语者的数据中,几乎没有迹象表明,法语的词序 S - V - Adv - XP 从法语迁移到了二语汉语中。F1组(即母语是法语的汉语初学者)在判断任务中对不正确的 * S - V - Adv - XP 词序的接受率最高,但仅有7%。这种词序根本未出现在母语是法语者的口头叙述中。

像其他汉语习得者一样,母语是德语的汉语习得者欣然接受动词保留在 VP 的汉语句子。他们接受 S-Adv-V-XP 词序的比率是 95% 到 99%。在口头叙述任务中，他们也有类似表现。在 4 组母语是德语者的口头叙述中，S-Adv-V-XP 词序都不低于 94%。不正确的 S-V-Adv-XP 最高比率只有 6%，这种情况只出现在 G1 组（即母语是德语的初学者）的口头叙述任务中。

本项研究获得的结果表明，所有受试，不论母语是英语、法语还是德语，在他们的汉语语法中，都能清楚地区别正确的基本词序 S-Adv-V-XP 和不正确的词序 S-V-Adv-XP。在他们的口头叙述或判断中，没有发现任何随意的动词提升或词序误用。在二语习得者的汉语语法中，题元动词的行为是有系统性的、一贯的。这说明在受试的汉语语法中，INFL 上的特征被确定为[弱]。这与中国人的汉语语法一样，不允许题元动词在音系式上提升到 INFL。

2. 相对于题元动词及其补语的否定词位置

可以说，研究相对于题元动词的频率副词位置只是检验二语习得中题元动词提升和确定功能语类特征值的一种方法。因此还必须找到另一不同类型的证据来证实或驳斥这些结论。这方面，相对于题元动词及其补语的否定词位置可起到有用的作用，因为它能可靠地显示题元动词的提升状况和功能语类特征的设置。

笔者最近对法国人、德国人、英国人习得汉语否定词的调查就是试图回答这个问题。在法语中，否定句含有一个 NegP。否定句中的限定动词，不管是题元动词还是助动词，都要通过 Tense 和 Neg 提升到 Agr，如(6)所示：

（6）a. Jean (n')a_j pas t_j lu de livre.
　　　　　↑_____|
　　　　Jean cl has not read a book
　　　　"Jean has not read a book."

b. Jean (ne) lit_j pas t_j de livre.
　　　↑_____|
　　Jean cl read not　a book
　　Jean does not read a book.

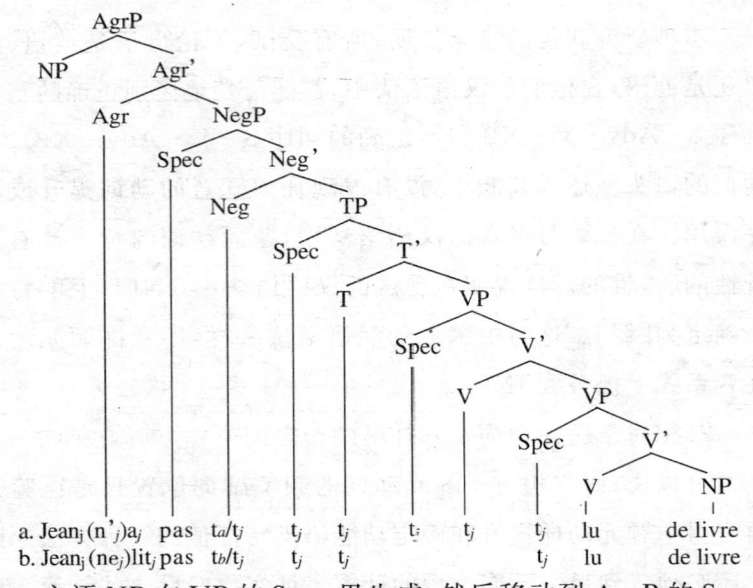

```
                    AgrP
                   /    \
                  NP    Agr'
                       /    \
                     Agr    NegP
                           /    \
                        Spec    Neg'
                                /   \
                              Neg    TP
                                    /  \
                                 Spec   T'
                                       /  \
                                      T    VP
                                          /  \
                                       Spec   V'
                                             /  \
                                            V    VP
                                                /  \
                                             Spec   V'
                                                   /  \
                                                  V    NP
                                                  |    |
                                                  lu   de livre
```

a. Jean_j(n'_j)a_j pas t_a/t_j t_j t_j t_: t_j t_j lu de livre
b. Jean_j(ne_j)lit_j pas t_b/t_j t_j t_j   t_j lu de livre

　　主语 NP 在 VP 的 Spec 里生成，然后移动到 AgrP 的 Spec，形成与 Agr 节点名词特征一致的关系。T 代表时态特征，动词在 VP 的中心词处生成。在法语中，限定动词通过 T 移动到 Agr。如(6)所示，法语的句子否定需要两个词，一个是"ne"，它在法语口语中可以省略，另一个是"pas"。由于"ne"被附着在限定动词上，并随着限定动词移动到 Agr（在法语疑问句中移动到 C），又因为"pas"不受限定动词移动的影响，"ne"被认为是一个词缀，是 Neg P 的中心词。Neg P 的 Spec 被"pas"占据。当

第二节 语言功能类与第二语言习得

限定动词提升到 Neg P 的中心词时，"ne"就附着在动词上，形成一个复合的中心词，然后进一步提升到 Agr。这种提升的结果就是限定动词位于"pas"的前面。

因为法语的屈折变化是强特征，这就要求限定动词在音系式上移出 VP，提升到 Tense 和 Neg，然后再到 Agr，以便达到核查特征的目的。其结果是法语中限定动词出现在"pas"的左边。

与法语一样，德语中的屈折变化也被认为有强特征，因此限定动词必须移出 VP。

英语和法语、德语不同，被普遍认为是一种弱屈折的语言。所以在音系式上，英语禁止题元动词从基础位置提升到 Tense 和 Agr。题元动词必须保留在 VP 内。结果，英语的词序是否定词"not"位于题元动词的前面，如(7)所示。像法语的"pas"一样，否定词 not 占据 NegP 的 Spec。NegP 的中心词可以由一个抽象的中心词[Neg]实现，如(7a)，或由一个否定词缀"-n't"实现，如(7b)。像法语的"ne"一样，抽象的中心词[Neg]和抽象的词缀"-n't"必须附着在另一个中心词上。

(7) a. John does　not read a book.

b. John doesn't read a book.

如(7)所示，英语否定句的特点是插入助动词"do"。插入的 do 对抽象的[Neg]特征和否定词缀"-n't"起着形态支持作用。[Neg]和 n't 都必须附着在另一个中心词上。因为题元动词在英语中不能提升，助动词"do"在 T 下插入后，再通过 Neg 移动到 Agr，途中带上"-n't"或抽象的[Neg]

```
                    AgrP
                   /    \
                Spec    Agr'
                       /    \
                     Agr    NegP
                           /    \
                        Spec   Neg'
                              /    \
                            Neg    TP
                                  /  \
                               Spec   T'
                                     /  \
                                    T   VP
                                       /  \
                                    Spec  V'
                                         /  \
                                        V   NP
    a. John_j  does_j   not   t_j   t_j   t_j   t_j   read   a book
    b. John_j  doesn't_j       t_j   t_j   t_j   t_j   read   a book
```

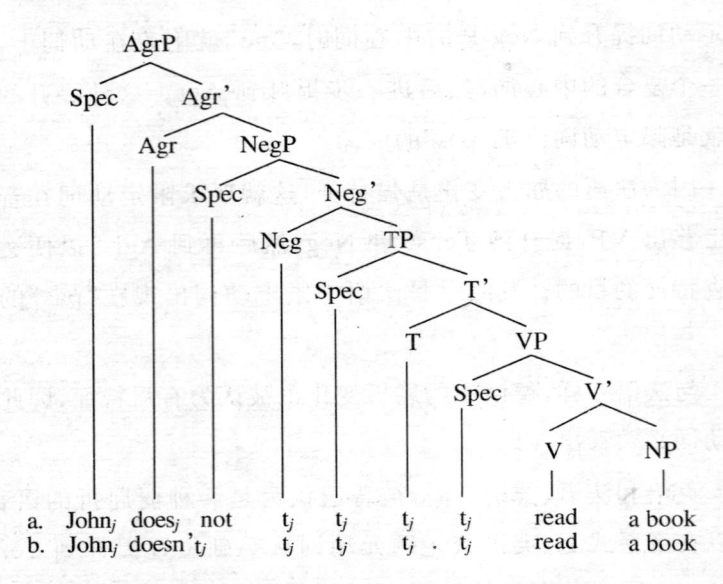

汉语的否定句主要依靠两个否定词"不"和"没(有)"。根据 Li 和 Thompson(1981),否定标志词"不"是中性否定词,"没有"否定整个事件。①

（8）a. 张三 不看 书。

b. 张三 没 看书。

在汉语否定句中,"不"和"没有"都位于动词之前。这被认为是由于汉语的 INFL 是弱特征,不允许把动词从 VP 中提出来。所以,在汉语否定句中,否定词总是位于题元动词的左侧。这一点类似于英语,但不同于法语和德语。

本研究的假设是:(a)如果在二语习得中,功能语类的特征

---

① Li, C. & Thompson, S. (1981) *Mandarin Chinese: A Functional Reference Grammar* [M]. Los Angeles CA: University of California Press.

是无值,失效或被永久地损坏,那么,在二语习得者的汉语语法中,题元动词在否定句中将会紊乱和随意提升或接受一语语法的值;(b)另一方面,如果功能语类的特征,如 TenseP 和 AgrP 的特征,在二语汉语中有充分的标志,那么,相对于主要题元动词的否定词位置将不会是紊乱和随意的,并且在二语习得者的汉语语法中,功能语类特征的值将一直会设定为弱特征。

48 个法国人,51 个德国人和 67 个英国人参加了本实验。有 10 个中国人作为控制组内的受试(即 NS 组)。所有非中国人的受试都根据他们在大学学汉语的时间分成不同的组。所有受试都完成了两项任务,一是口头叙述任务,一是判断任务。在口头叙述任务中,要求受试根据一表格中用中文提供的信息,用汉语口头叙述一些人在日常生活中不做哪些事情。

判断任务由成对的句子组成,否定词位于句中不同的位置(即 S – Neg – V – XP 对 *S – V – Neg – XP)。受试必须在靠近句子的方框中用打勾或画叉标明每个句子是否正确。为了获得二语习得者汉语中动词有可能任意提升的数据,受试被告知,如果他们认为有必要,可以把每对句子中的两个都标为正确。相反,如果他们认为两句都错,也可以把两句都标为错误。他们还可以选择"我不知道"。句(9)是判断任务中所用的一个例句。所有测试句子都用中文给出,但是所有的说明都是用每个受试的母语给出。

(9) a. 我爸爸喜欢不中国茶。　　☐
　　 b. 我爸爸不喜欢中国茶。　　☐
　　 c. I don't know.　　　　　　☐

表 1 各组在口头叙述任务中使用 Neg-V-XP 和 *V-Neg-XP 语序的总数和百分比(百分比在括号内)

组	不+V	Neg-V-XP 不是+V	没+V	*V-Neg-XP	所有事例的总数
F1	84(93%)	6(7%)	0(0%)	0(0%)	90
F2	96(100%)	0(0%)	0(0%)	0(0%)	96
F3	102(100%)	0(0%)	0(0%)	0(0%)	102
G1	78(100%)	0(0%)	0(0%)	0(0%)	78
G2	96(94%)	0(0%)	6(6%)	0(0%)	102
G3	48(100%)	0(0%)	0(0%)	0(0%)	48
G4	78(100%)	0(0%)	0(0%)	0(0%)	78
E1	138(96%)	6(4%)	0(0%)	0(0%)	144
E2	85(94%)	0(0%)	5(6%)	0(0%)	90
E3	96(100%)	0(0%)	0(0%)	0(0%)	96
E4	72(100%)	0(0%)	0(0%)	0(0%)	72
NS	60(100%)	0(0%)	0(0%)	0(0%)	60

表1给出了每组受试在口头叙述任务中说出的每种句式的总数和百分比,即 S-Neg-V-XP 和*S-V-Neg-XP 句子的总数和百分比。表2给出了每组受试在判断任务中标为正确句子的总数和百分比。如所期望的那样,中国人在口头叙述任务中说出的句子都是 S-Neg-V-XP(参见表1末)。在判断任务中,他们判断 S-Neg-V-XP 为正确的比率也是 100%(参见表2末行)。

有趣的是,在做这两项任务时,非中国人的各组与中国人组类似。这 11 个非中国人组,不论他们是法国人、德国人,还是英国人,在口头叙述任务和判断任务中,都有类似中国人的表现。

表2 各组在判断任务中把 Neg-V-XP 和 *V-Neg-XP 语序判断为正确的总数和百分比(百分比在括号内)

组	Neg-V	*V-Neg	NegV 和 *V-Neg 都接受	V-Neg 和 *V-Neg 都不接受	判断句子的总数	"I don't know"
F1	83(97%)	1(1%)	1(1%)	1(1%)	86	4
F2	91(96%)	2(2%)	0(0%)	2(2%)	95	1
F3	101(99%)	1(1%)	0(0%)	0(0%)	102	0
G1	77(99%)	0(0%)	1(1%)	0(0%)	78	0
G2	96(95%)	0(0%)	3(3%)	2(2%)	101	1
G3	47(98%)	1(2%)	0(0%)	0(0%)	48	0
G4	77(99%)	1(1%)	0(0%)	0(0%)	78	0
E1	140(97%)	2(1%)	1(0.6%)	1(0.6%)	144	0
E2	90(100%)	0(0%)	0(0%)	0(0%)	90	0
E3	95(99%)	0(0%)	1(1%)	0(0%)	96	0
E4	71(99%)	0(0%)	1(1%)	0(0%)	72	0
NS	60(100%)	0(0%)	0(0%)	0(0%)	60	0

而且具有不同汉语水平的各组的情况都如此。这些数据为我们提供了清楚的证据,证明在二语习得者的汉语中,动词并不会任意提升。在二语汉语中,题元动词都留在 VP 中,不会越过否定词提升。

四 结语

我们对相对于题元动词的频度副词位置进行了调查,并获得了二语习得者对这些汉语句子处理的数据;我们还获得了二语习得者汉语否定句的数据。这两次实验所获得的数据完全一致。这些数据充分表明,功能语类的特征,如 TenseP 和 ArgP

的特征,在二语习得者的汉语中被充分标注为弱特征。就像在中国人的汉语语法中一样,二语汉语语法禁止题元动词在音系式中提升。这说明,像 Eubank 的特征无值假设、Hawkins 的特征失效假设、Beck 的局部损伤假设等关于二语习得的假设,其可靠性值得怀疑。事实上,在成人二语习得者的汉语语法中,功能语类的特征既不是无值,也没有失效,更不是被永久损坏了。它们的特征得到了充分、正确的标注。我们不是说,在成人二语习得过程中,功能语类的习得不会出现问题。这里试图证明的是,就句法而言,功能语类不一定是成人二语习得失败的原因。

第三节 初级阶段美国学生"吗"字是非问句习得研究[①]

第二语言习得研究不仅对教学有直接的指导作用,而且有助于进一步认识人类的语言能力。其中对学习者的语言系统的描写是整个领域的基础研究。根据 Ellis(1994)这种描写性研究又可以分为偏误分析(error analysis)、发展模式研究(developmental patterns)、语言变异研究(variability in learner language)和语用研究(pragmatic aspects of learner language)四个方面。[②] 发展模式研究的目的就是发现学习者的习得顺序(or-

---

① 本文原标题为"初级阶段美国留学生"吗"字是非问的习得",作者赵果,原载《世界汉语教学》2003 年第 1 期。

② Ellis. Rod (1994) *The Study of Second Language Acquisition*, Oxford University Press(《第二语言习得研究》),上海外语教育出版社 1999 年引进版。

der)和次序(sequence)。习得顺序是指在目的语的一系列语音、语法特征中,哪些特征先习得哪些特征后习得。习得次序是指在对目的语某一特定语音或语法项目的习得过程中,学习者要经过哪些阶段才能最终正确习得这一项目。发展模式研究的方法通常有两种,一种是通过对某一个或某一群体学习者进行一段时间的跟踪(longitudinal study)来获得语料,还有一种是在同一时间通过对不同程度(高、中、低)的学习者的调查(cross-sectional study)来获得语料,本研究采用前一种方法,是在4个月时间内对15名零起点美国学生"吗"字是非问习得的追踪研究。

"吗"字是非问是现代汉语最基本的句型之一,也是学习者最早学习的句型之一。第一语言的"吗"字是非问习得研究表明,[①]汉族儿童"吗"字是非问的发展经历了低疑问句—高疑问句—无疑问句的发展阶段,"吗"所附着的结构形式经历了肯定—格式化—否定的阶段。在第二语言习得方面,施家炜(1998)在分析各国留学生22类现代汉语句式的习得顺序时,发现"否定+吗"远远落后于"肯定+吗"的习得。[②]

本研究试图回答以下问题:1)初级阶段美国留学生"吗"字是非问的习得有什么特点?2)"吗"字是非问的习得和其他是非问(正反问、"吧"字是非问)的习得有什么关系?3)美国留学生"吗"字是非问和汉族儿童"吗"字是非问的发展有什么异同?

本研究的被试是北京语言大学汉语学院一年级美国学生,

---

① 参见唐志东、李宇明《汉族儿童"吗""吧"问句的发展》,《语言研究》1989年第2期。

② 参见施家炜《外国留学生22类现代汉语句式的习得顺序研究》,《世界汉语教学》1998年第2期。

这些学生母语都是英语,来中国以前都从未接触过汉语。语料是通过定期写对话的方式获得的,即每隔3周左右,老师给学生指定一个话题,让他们围绕这个话题编一个对话并写下来,限时两小时在课堂上完成。一共写了4次,获得对话60篇,其中问句357条,"吗"字是非问138条。

一 初级阶段美国留学生"吗"字是非问习得的特点

对于语言熟巧性,有不同的标准,但是"对语言形式的直觉掌握"、"对语言形式所表达的语言、认知、情感和社会文化等方面的意义的直觉掌握"普遍被认为是最基本的标准。[①] 本节将从这两个方面对留学生"吗"字是非问的习得进行考察。

(一)初级阶段美国留学生对"吗"字是非问的形式特点的习得

从书面角度看,"吗"字是非问的形式特点可以从语序、语气词以及"吗"所附着的结构是肯定还是否定等几个方面来分析。

1. 对"吗"字是非问语序的习得

"吗"问句是在陈述句的基础上加上"吗"构成的,语序并不发生变化。这一点美国学生比较早就掌握了。例子如下(括号中 T_1 表示该句出现在第一次调查,其他依此类推):

(1)你喝茶吗?(T_1)

(2)那是你的电话吗?(T_1)

(3)你们想去图书馆吗?(T_2)

[①] Stern. H. H. (1983) *Fundamental Concepts of Language Teaching*,Oxford University Press(《语言教学的基本概念》),上海外语教育出版社1999年引进版。

(4)你吸烟吗?（T_2）

(5)晚上你们有事吗?（T_3）

(6)Frank,你有家吗?（T_3）

(7)你看,那个年轻的姑娘很漂亮,你认识她吗?（T_4）

(8)你在洗澡间吗?（T_4）

英语的一般疑问句语序发生变化,属于有标记形式;汉语的一般疑问句语序不发生变化,属于无标记形式。一般情况下,母语是有标记形式而目的语是无标记形式的语言项目就比较容易习得。美国学生对"吗"字是非问语序的掌握符合这一规律。

2.对"吗"字是非问标记词的习得

语气词"吗"是"吗"字是非问的标记,美国学生对于标记词的掌握不像对语序的掌握那么快,而是表现为一个循序渐进的过程。在四次调查中都有不用"吗",只用"?"的是非问,例子如下(有下划线的句子):

(9)A:你贵姓?

B:我叫 MiMi。

A:你是留学生?

B:是,我是留学生,我学习英语和法语。（T_1）

(10)A:帕兰卡,我问你想不想家?

B:想,我很想爸爸和妈妈。

A:不想你妹妹?

B:我没有妹妹,我很想姐姐。（T_2）

(11)A:你住哪儿?

B:我住宿舍,四层,412号。

A:你们喜欢音乐?
B、C:对,我们喜欢音乐。(T_3)

(12) A:我卧室很小,我的妈妈爸爸是大人。我的房间旁边是洗澡间。餐厅在厨房右边。
B:你有花园?
A:我有一个花园,花园在外边,在房子后边。(T_4)

这些句子不是汉语的"语调是非问",而是漏掉了"吗"的不完整的"吗"字是非问。根据刘月华(1988)对"语调是非问句"的研究,汉语的语调是非问句在意义上是依赖于上文的,或是对上文已出现过的某个内容的重复或是对语境中出现过的内容进行接引,"语调是非问句"表达怀疑、惊讶、证实、反问、打招呼等等。而这些句子都不符合这个条件,所以我们认为这些句子是漏掉了"吗"的"吗"字是非问。漏掉"吗"的主要原因是对标记词的使用还没有自动化,当句子中有新的语法、词汇项目出现时,"吗"的使用特别容易受到干扰。例(9)中的"是",(10)中出现的否定形式,(11)中的"喜欢音乐",(12)中的"有"和"花园"都是测验时的新的语法、词汇项目,在使用这些新习得的结构、词汇时,标记词"吗"就被忽略了。这种问句在4次调查中呈下降的趋势,表明留学生对语气词"吗"的掌握随着学习时间的加长而越来越自动化。详见表1。

表1 初级阶段美国留学生"吗"字是非问标记词使用频度

	第一次	第二次	第三次	第四次
"吗"字是非问总数	33	23	51	34
漏掉"吗"的问句数	7(21.2%)	3(17.3%)	7(13.7%)	3(8.8%)

3. "肯定+吗"和"否定+吗"的习得

根据"吗"所附着的结构中是否有否定形式,可以把"吗"字是非问分为"肯定+吗"和"否定+吗"。留学生对这两种句式的习得情况见表2。

表2 初级阶段美国留学生肯定和否定"吗"字是非问使用频度

	第一次	第二次	第三次	第四次
"吗"字是非问总数	33	23	51	34
肯定"吗"字是非问	33	22	51	34
否定"吗"字是非问	0	1	0	0

在所搜集到的语料中,"否定+吗"只出现了1次,我们可以推断,在我们观察的时段内,"否定+吗"还没有真正习得,也就是"肯定+吗"要远远先于"否定+吗"被习得,这和施家炜(1998)的发现是一致的。

唯一的"否定+吗"就是例(10),这个例句出现在第二次调查中,而且这个句子还是一个不完整的"吗"字是非问,这例"否定+吗"明显地出自于对课文中"不想你男朋友吗?"的模仿,这种模仿还有格式化的特点,这个句子和课文中的一样,都是"不想……(吗)?"的格式。留学生的这种模仿让我们看到了一种根据所得到的语言输入在自己的头脑中建立关于目的语的规则的努力,但是这种模仿还不太成功。一方面,形式上不够完整;另一方面,从语义上来看,这个句子也很唐突。

"否定+吗"的习得不仅有待于否定形式的充分发展,更有待于对语用规则的掌握。从否定角度提问,句子的询问域比肯定的小,要求问话人对所问对象的性质了解得更准确、更具体。① 例(10)中的问话"不想你妹妹?"就没有满足这一点,在没有确认发话人的确有妹妹时,就把这一信息作为预设来使用,结果问话并不成功。另外从否定角度提问往往具有反问的意味,反问句是通过问句的形式来传达特定的语气,这对于刚刚进入汉语交际文化的留学生来说是有很大难度的。正是由于否定问句的这些特点,在现实中否定问句的使用频率也比较低,疑问句中除询问原因外,很少有从否定的角度发问的。"否定+吗"在结构上的难度、在语用上的复杂、在现实语言中的不多见等因素导致了留学生不能在习得"肯定+吗"之后很快习得"否定+吗"。

(二)对"吗"字是非问语义功能的习得

"吗"字是非问可以表达不同程度的疑问。② 根据发问时潜知(presupposition)的程度,把"吗"字是非问分为假问句、证实问句和询问句,从疑问程度上看,假问句就是无疑问句,证实问句是低疑问句,询问句是高疑问句。高疑问句是有疑而问,目的是为了获取相关的信息。低疑问句是为了补充已知的信息,有时是为了请听话人对某一判断给予证实,或是征求意见。无疑问句是用疑问形式表达的陈述,并不需要对方回答,表示惊讶、诘难、祈使、商议等语气。

从疑问程度上看,初级阶段美国留学生对"吗"字是非问的习得表现为"高疑问句—低疑问句—无疑问句"的发展次序,高疑问句和低疑问句虽都较早出现,但高疑问句被优先发展,然后

---

① 参见石毓智《肯定和否定的对称和不对称》,北京语言文化大学出版社 2001 年版。

② 参见黄国营《"吗"的用法初探》,《语言研究》1986 年第 2 期。

第三节 初级阶段美国学生"吗"字是非问句习得研究

低疑问句获得发展,最后无疑问句也出现了。(见表3)

表3 初级阶段美国留学生"吗"字是非问疑问程度使用频度

	第一次	第二次	第三次	第四次
"吗"字是非问总数	33	23	51	34
高疑问句	24(72.7%)	17(73.9%)	35(68.6%)	18(52.9%)
低疑问句	9(27.3%)	6(26.1%)	16(31.4%)	14(41.1%)
无疑问句	0	0	0	2(0.06%)

再看下面的句子:

(13)你有弟弟吗?(T_1)

(14)你们想去图书馆吗?(T_2)

(15)星期五,你去参加舞会吗?(T_3)

(16)晚上你们有空儿吗?(T_4)

(17)这是英语书吗?(T_1)

(18)你学习汉语吗?(T_2)

(19)你的这件衬衫是新的吗?(T_3)

(20)你的生日是今天吗?(T_4)

(21)我们去工厂,好吗?(T_4)

(22)A:这是我爱人的车,他是大夫。

B:<u>你有爱人吗</u>?这是不好。(T_4)

(23)A:你好吗?×××

B:啊,你好,×××,我不好。

A:<u>你不好吗</u>?为什么?(T_4)

例(1)、(3)—(7)、(11)、(13)—(16)都是高疑问句,这些句

子多是有关听话人的个人情况和意愿,在问话时发话人对这些并不清楚。

例(2)、(8)—(10)、(12)、(17)—(21)是低疑问句。(2)、(8)、(9)、(10)、(12)、(17)、(18)、(19)都伴随明确的情景,比如(2)的情景是这样,A 去 B 的房间,A 问 B 房间里的电话是不是 B 的,其实 A 已经根据常识进行了判断,这么问只是确认一下。(20)也是一种确认。(21)是一种比较特殊的低疑问句,是表达自己的意愿,并要求对方表态。(10)是"否定+吗",这类句子不可能是高疑问句,因为用否定形式来提问本身已表明对问题有较大把握。(22)和(23)是无疑问句。(22)是 B 对 A 已经结婚表示吃惊和不满,这个问题不需要回答,所以 B 说完以后,又补充道:"这是不好。"(23)是两人寒暄时,B 告诉 A"我不好",A 用"你不好吗?"表示吃惊,这个问题也不需要回答,所以 A 说完后,立刻又追问:"为什么?"无疑问句在第四次调查中才出现,而且数量也比较少,表达的语义内容也比较单一,以惊讶为主,还没有获得充分发展。在第四次调查结束时,留学生高、低、无三种程度的"吗"字是非问都出现了,这表明留学生对"吗"字是非问的语义功能已基本习得。

二 "吗"字是非问和正反问、"吧"字是非问习得的关系

"吗"字是非问和"吧"字是非问、正反问句同属是非问,这三种问句在习得中既协同发展,又有竞争有分工。

(一)正反问和"吧"字是非问的习得

美国留学生的正反问句从第二次开始出现,有"有没有+宾语"、"V 不 V+宾语"两种格式,到了第三次,附加问形式即"小

句,V 不 V"也出现了。如:

(24)你有没有姐姐?(T_2)
(25)你认识不认识她?(T_2)
(26)晚上我去吃中国饭,你去不去?(T_3)
(27)今天我是非常好看,对不对?(T_4)

正反问句也可以分为高疑问句、低疑问句、无疑问句。若反复形式是谓语、状语,得到正反两面回答的概率是一样的,一般是高疑问句;若反复形式是附加成分,一般疑问程度较低或接近没有。(24)、(25)发话人对回答没有任何预设,是高疑问句,(26)是正反问的附加问形式,发话人对正面的回答有较高的预设,是低疑问句。(27)也是附加正反问,发话人只是想从听话人那里获得共识,并不是有疑而问,而是以疑传信,以疑问的形式表达肯定的内容,是无疑问句。

"吧"字是非问则不能是高疑问句。"吧"字是非问直到第四次才出现,只有 1 例,是低疑问句:

(28)(电话铃响,A 接电话,电话的那端是 B)
　　A:喂?
　　B:啊,你好,这是帕兰卡吧?
　　A:我是帕兰卡。(T_4)

(二)"吗"字是非问和正反问句、"吧"字是非问的协同发展

留学生对目的语的习得是一个系统的发展过程。和"吗"字是非问同属是非问的正反问在习得上表现出和"吗"字是非问相同的次序,即"高疑问句—低疑问句—无疑问句"的习得次序。(见表 4)

表 4　初级阶段美国留学生正反问疑问程度使用频度

	第一次	第二次	第三次	第四次
正反问总数	0	16	8	5
高疑问句	0	16(100%)	4(50%)	2(40%)
低疑问句	0	0	4(50%)	2(40%)
无疑问句	0	0	0	1(20%)

正反问比"吗"字是非问出现得晚，正反问句刚出现时都是高疑问句，紧接着低疑问句开始出现，然后无疑问句也开始出现。"吗"问句和正反问句的习得次序抑制了"吧"问句的出现，"吧"字是非问不能有高疑问句，因此在前三次都没有出现，而是当低疑问句获得发展、无疑问句开始出现时才开始出现。可见，"高疑问句—低疑问句—无疑问句"是是非问习得的共同次序。

"高疑问句—低疑问句—无疑问句"的发展次序是认知、语用因素的综合结果。留学生都是成人，认知能力都达到了较高的水平，而且他们都是离开自己熟悉的环境，到比较陌生的新环境中学习。这就导致了他们有能力也有需要优先发展高疑问句，利用高疑问句来获得大量信息，随着学习时间的增加，他们对环境也越来越熟悉，这时高疑问句必然减少，而用来征求意见的低疑问句获得发展。无疑问句的语用条件最为复杂，表达的语气非常丰富，常常要通过语境和字面意义进行推理来获得，不仅需要语言知识，还要对民族文化心理有一定的了解，无疑是最难掌握的，也就被留学生最后习得。

(三)"吗"字是非问和正反问、"吧"字是非问的竞争与分工

"吗"字是非问和正反问句都是是非问、功能上有很多可以

互相替代的地方,这就导致了这两种问句在习得时的互相竞争。"吗"字是非问基本上是这一阶段最主要的疑问形式,四次的使用频度分别是 33、23、51、34,占各次问句总数的 42.8%、31.5%、38.3%、45.9%。其中第二次所占比例最低,这就是正反问竞争的结果。正反问句在第二次调查时是第一次出现,而且大量涌现,出现 16 例,占第二次问句总数的 21.9%。可是在随后的两次调查中"吗"字是非问又重新占了上风。

竞争的结果是导致分工出现。根据表 3,我们看到"吗"字是非问内部从疑问程度上来说,低疑问句虽然呈上升趋势,但是从整体上来看,"吗"字是非问中的高疑问句的比例一直高于低疑问句和无疑问句的比例,也就是说大部分"吗"字是非问是高疑问句,"吗"字是非问的主要功能是表达较高程度的疑问。根据表 4,我们看到正反问句开始出现时都是高疑问句,可是低疑问句却发展迅速,第三次时低疑问句和高疑问句持平,第四次时高疑问句少于低疑问句和无疑问句之和,也就是说大部分的正反问句不是高疑问句。"吧"字是非问一出现就是低疑问句。

这样就出现了"吗"字是非问以高疑问句为主、正反问句以非高疑问句为主、"吧"字是非问以低疑问句为主的格局。这种分工也正符合现代汉语疑问系统的分工。虽然除一些特定的格式之外,大部分问句格式都可以表达高、低、无这三种程度的疑问,但是从整体上看,各个问句格式的疑问程度是不同的:"吗"字是非问>正反问>"吧"字是非问。[①] 可见美国留学生在这一

[①] 参见邵敬敏《现代汉语疑问句研究》,华东师范大学出版社 1996 年版。

阶段就基本形成了是非问分工的格局。

三 初级阶段美国留学生和汉族儿童对"吗"字是非问习得的比较

第一语言习得和第二语言习得既有共性又有差异,这二者的对比可以深化我们对语言习得的认识。根据唐志东、李宇明(1989)对汉族儿童"吗"问句发展的研究和本文的研究,我们发现两者表现出以下共性:(1)从"吗"所附着的结构来看,"肯定+吗"都先于"否定+吗"习得;(2)在三种程度的句子中,无疑问句出现最晚。"否定+吗"和无疑问句是问句系统中比较复杂的部分。从否定角度提问,需要对事件有更全面的掌握,不容易把握。无疑问句是疑问句中语用含义最丰富的一类。这种句子不是传"疑",而且以"疑"为手段来表达惊讶、不满、责怪等含义,其难度要高于低疑问句和高疑问句。

另一方面看,美国留学生优先发展高疑问句,而汉族儿童优先发展低疑问句,这是因为留学生和儿童的认知水平以及所处的交际环境是不同的。儿童在2岁左右开始出现"吗"字是非问。这一时期儿童的主要交际对象是父母。交际地位是不平等的,儿童的很多问题是要求父母证实一些事情,允诺一些行为,这种交际地位的差别,决定了儿童优先发展低疑问句,尔后随着年龄的增长,认知水平的提高,对外界兴趣的增加,高疑问句开始增加。而美国留学生则是到一个陌生的地方来学习,一切都是新鲜的,同学之间也并不熟悉,所以开始阶段就要用大量的高疑问句等获取信息,而随着学习时间的增加,同学之间越来越熟悉,用来证实某一判断或征求意见的低疑问句随之增加。

四　小结

　　本项研究通过对 15 名美国留学生在 4 个月内做的 4 次调查，研究初级阶段美国留学生在"吗"字是非问习得中表现出来的特点，发现他们对该问句的语序特点很早就已经习得，对语气词"吗"的习得则表现为一个循序渐进的过程，"肯定＋吗"远远先于"否定＋吗"习得。在对"吗"字是非问语义特点的习得上则表现出"高疑问句—低疑问句—无疑问句"的次序，美国学生优先发展高疑问句，而汉族儿童优先发展低疑问句。

　　通过和正反问、"吧"字是非问习得的比较，发现"高疑问句—低疑问句—无疑问句"是美国留学生习得是非问句的普遍顺序，而且对"吗"字是非问、正反问、"吧"字是非问的分工在这一阶段也基本习得。

　　通过和第一语言习得的比较，发现由于语言系统本身难易度的影响，留学生和汉族儿童对"否定＋吗"和无疑问句的习得都晚于其他项目的习得，由于认知水平和习得环境的影响，美国学生优先发展高疑问句，而汉族儿童优先发展低疑问句。

　　我们是以诱导的书面语为材料，仅反映了美国留学生"吗"字是非问习得的一个方面，因此，在得出结论和应用上都应保持慎重的态度。我们希望起到抛砖引玉的作用，期待有更多的研究加入进来。

第四节 汉语"把"字句习得研究[①]

"把"字句是现代汉语中广泛使用的一种句式,也是汉语语法学家讨论最多的题目之一。以往的"把"字句研究以描述为主。"把"字句有两个基本的特征:把字后面的名词必须有指或特指(specific),有定、已知,或见于上文,或可以意会;述语中的动词有处置义,即,动词对某宾语施加影响,使其产生某种结果。动词不能以光杆形式出现,一定要加有其他成分,如体标记"了",结果/趋向/动量补语,动词重叠或介词短语。"把"字句的动词部分一直是学者们讨论的焦点。崔希亮(1995)分析了《红楼梦》和《男人的一半是女人》中的"把"字句的结构类型,统计出,86%的"把名词—VP"结构中的VP是述补结构。[②] 语义上,薛凤生(1987)认为"把"字句中的VP必须是说明由于某一行动而造成"把"字后面名词的某一状态。[③] 金立鑫(1997)把语义细分成三类:结果类(把脸冻得通红),情态类(请你把地扫扫),动量类(把这些过程又演了一遍)。[④] 张旺熹(2001)通过语料统计分析提出,典型的"把"字句凸现物体在外力作用下发生空间位移的过程。[⑤]

---

① 本文原标题为"汉语作为第二语言的'把'字句习得研究",作者黄月圆、杨素英,原载《世界汉语教学》2004年第1期。
② 参见崔希亮《"把"字句的若干句法语义问题》,《世界汉语教学》1995年第3期。
③ 参见薛凤生《试论"把"字句的语义特征》,《语言教学与研究》1987年第1期。
④ 参见金立鑫《"把"字句的句法、语义、语境特征》,《中国语文》1997年第6期。
⑤ 参见张旺熹《"把"字句的位移图式》,《语言教学与研究》2001年第3期。

近年来,学者们对"把"字句的研究更深入了一步,他们试用情状类型来概括以上所说的"把"字句动词的种种特点。杨素英指出"把"字句(包括"被"字句)的关键是要满足[+ Telic 终结点],[+ Perfective 完成]。① Sun(1995)用高及物性来涵盖"把"字句的动词有限性(temporal boundedness)和"把"字后面名词客体完全受影响性(complete affactedness)的关系,这两种特性都是高及物性的特征。② Liu(1997)采用了 Dowty(1991)提出的同词素性(homomorphism),把"把"字句动词的有限性(boundedness)和名词有指性(specificity)联系起来。③ Dowty把终结性/有限性述语的论元看作一个新语义角色,叫做增量角色(incremental theme),此角色表达论元和事件体貌之间的一种互相依赖关系。④ 这种互相依赖关系是一种结构保留功能。这些新的讨论虽然看起来采用了不同的理论,其实是一致地描述语言中的一种共性:情状类型的有终结性/有限性区分于无终结性/无限性,以及动词的有终结性/有限性与其客体名词有指性有紧密的相互关系。虽然"把"字句是汉语的特殊句式,但是"把"字句正是这种互赖关系的体现,把汉语的特有"把"字句式与语言中的一条共性结合起来,不仅对我们理解"把"字句的复

---

① 参见杨素英《从情状类型来看"把"字句(上、下)》,《汉语学习》1998 年第 2、3 期。

② Sun, Chaofen. (1995) Transitivity, the *ba* Construction and its history. *Journal of Chinese Linguisitcs* 23. 1, 159—195.

③ Liu, Feng-His (1997) An aspectual analysis of *ba*. *Journal of East Asian Linguistics* 6. 1, 51—99.

④ Dowty, David (1991) Thematic proto-roles and argument selection. *Language* 67, 547—619.

杂特性有帮助,更能帮助我们深入地了解"把"字句习得的特性。

"把"字句是汉语作为第二语言教学中的一个重点,也是教学的难点。姜德梧(1999)分析了外国人在汉语水平考试(HSK基础)中回答"把"字句试题的情况,学生在"把"字句测试中的通过率只有50%。① 有关"把"字句习得的研究并不多,以往的研究以描述学生的偏误"把"字句为主。主要研究有李大忠的"把"字句偏误分析和靳洪刚的从语言分类规律来分析说英语的人习得"把"字句的情况。我们认为,"把"字句的习得研究还应该从语言的普遍原则和"把"字句的内在特性着手。我们这项研究从情状类型来调查学汉语的母语为英语的外国留学生的"把"字句习得,看看留学生是如何理解"把"字句的动词终结性的。我们做了三项"把"字句专题测试——造句、改句、判断句子。我们把不同的情状类型均匀地分布在测试题中。我们的测试既调查情状类型对"把"字句习得的影响,又调查不同句式影响"把"字句习得的情况,还进一步察看不同的测试任务是如何影响学生的测试结果的。

一 情状类型和汉语"把"字句

情状类型与动词特性有关。动词可以根据动态/无动态(±动力),瞬时/持续(±时限),有结果/无结果(±终结)等特征分为以下四类:

(1)四类动词

---

① 参见姜德梧《从 HSK(基础)测试的数据统计看"把"字句的教学》,《汉语学习》1999 年第 5 期。

○状态动词[－动力,－时限,－终结],例:爱,有,住,享受
○动作动词[＋动力,－时限,－终结],例:叫,跑,玩,学习
○结果指向动词分两类:
　创造类结果指向动词[＋动力,－时限,＞终结],例:造房子,画画
　消耗类结果指向动词[＋动力,＋时限,＞终结],例:喝,拆
　(这两类动词区别在于,消耗类动词有瞬时性,比创造类更容易导向结果)
○含结果实现动词[＋动力,＋时限,＋终结],例:赢,打死

这四类动词又可以根据有无结果这一标准分成两组[①]:状态动词和活动动词为非终结性情状动词,不表明结果;结果指向动词和含结果实现动词为终结性情状动词,表明结果。另外,结果指向动词的消耗类比创造类更容易导向结果。

单独动词特性我们称为动词情状,动词特性与句子中其他成分(宾语、补语等)相互作用产生的特性我们称为句子情状。句子情状的概念很重要,如单独的状态动词和活动动词是非终结性动词(例2),但是在句子中,由于有宾语或补语等其他成分的影响,句子情状可能呈终结性(例3)。

　　(2)李四恨张三。　　　　　(状态动词,非终结性)
　　(3)李四恨死了张三。　　　　(终结性)

现在我们来看情状类型在"把"字句中的重要性。"把"字句表现某物、某人、某事经历一个完整的变化过程,或者有终结的事件。杨素英认为"把"字句的关键是要满足[＋Telic 终结性]和[＋Perfective 完成]两点。结果实现动词和消耗类结果指向

---

① 这 4 类动词还可以根据有无动力的标准分成两组:状态动词和事件动词。动作动词、结果指向动词和含结果实现动词都是事件动词。

动词直接表明结果或强烈地导向结果,满足[＋Telic 终结性],所以,这两类动词加上完成体标记"了"就可以采用"把"字结构(例见 4—5)。例(4a、5a)句中的动词含有终结点和瞬时性,但是句子缺少完成(completion),没有满足[＋Perfective 完成],不符合语法。例(4b、5b)不同,完成体标记"了"给(b)句加上了终止(termination)的意义,因为结果实现动词和结果指向动词具有瞬时性,加上"了"后,句子有完成意义,所以(b)句合法。

(4) a. *李四把张三杀。　　　(结果实现动词)
　　b. 李四把张三杀了。

(5) a. *他把水喝。　　　（消耗类结果指向动词)
　　b. 他把水喝了。

但是其他类型的动词情况不同。状态动词和动作动词无终结性,非瞬时性,必须用其他的定界成分("得"字结构,结果词素等)来获得终结性和完成意义,才能进入"把"字结构(例见 6—8)。创造类结果指向动词非瞬时性,如(8a)句中的"造"即使加了"了",也只能含有终止(termination)的意义,不能保证完成(completion)的意义,所以不能满足[＋Perfective],因而不合法。(b)句中的"造好"可以看作成是结果动词,既有终结点,又有瞬时性,加上"了"后,句子有完成意义,所以(b)句合法。

(6) a. *李四把张三恨了。　　(状态动词)
　　b. 李四把张三恨得要死。

(7) a. *他把球拍了。　　　（动作动词)
　　b. 他把球拍了一下。

(8) a. *他们把房子造了。　(创造类结果指向动作动词)

b. 他们把房子造好了。

杨素英总结出以下四类常用来封闭事件、加上终结点、导致结果的定界成分（delimiting elements）：

(9) 四类定界成分
　　○得字结构：他把腿跑得生疼
　　○动结复合词的结果词素：老王把他恨透了
　　○四种名词：部分名词 partitive NP：把橘子剥了皮
　　　　　　　　限量名词 quantified NP：把他踢了两脚
　　　　　　　　结果名词 resultant NP：把木板搭了一间狗屋
　　　　　　　　目标名词 goal NP：把书给了李四
　　○方位短语：把字写在黑板上／把黑板写满字

我们认为用情状类型理论来讨论"把"字句概括性强。情状类型不仅概括了"把"字句的特性，也概括了"被"字句和完成体标记"了"的特性。而且，情状类型理论可以帮助我们更深一步解释语言习得中情状优先的普遍现象。研究语言习得的学者们发现，在语言的时体习得过程中，无论是第一语言还是第二语言的习得者都倾向于先给终结性动词加注完成体的标记，而在非完成体的习得中，习得者则倾向于给非终结性动词加注标记。学者们把这一普遍倾向归纳成"情状假设"（Aspect Hypothesis）。

二　我们的研究和结果

我们近年来系统地做了一系列的汉语作为第二语言的习得

研究。为了有一个客观全面的分析,我们既研究习得者书面表达的自然语料(作文),还进行系列的专题测试。本节报告我们系列研究的一小部分,主要讨论"把"字句专题测试的结果。1999年12月,我们对14名在北京语言大学、中国人民大学、北京大学、北京师范大学学习汉语、母语为英语的留学生做了一次"把"字句测试练习。受试者均为二年级或三年级的学生,他们具有中等汉语水平。我们的"把"字句测试有三部分:正误判断、句型变换、造句。这三部分测试在形式和要求方面很不相同,造句部分给予受试者很大的自由度,我们仅提供一个动词和一个名词(如,看书),受试者可以用"把"字句自由造句。句型变换部分有一定的自由度,受试者首先需要判断测试句能否转换成"把"字句,然后对能够转换的测试句进行变换,变换"把"字句时,受试者允许增减或改变一些词语使句子通顺自然。判断正误部分比较直截了当,受试者只需要在认为符合语法的句子前面打勾就可以了。这三部分测试可以帮助我们较全面地了解习得者掌握"把"字句的程度。我们在设计时,把不同的情状类型较均匀地分布在各部分的测试中。下面我们依次讨论三个测试的设计及其测试的结果。

1. 判断测试及其结果

正误判断这项测试共25句,13句正确句,12句错误句,测试卷上正确句子和错误句子以及不同情状类型的句子被随意打乱,避免给受试者造成导向。判断测试的例句如下:

(10)判断测试中的错误句
　　〇状态动词句,例:布朗把丁云喜欢了。
　　〇动作动词句,例:布朗把门敲了。

○创造类的结果指向动词句,例:他们把房子盖了。

(11) 判断测试中的正确句

○动作动词+定界成分句,例:王红把报纸看了一遍。

○创造类的结果指向动词+定界成分句,例:古波把信写得很长。

○消耗类结果指向动词句,例:小波把书撕了。

○结果实现动词句,例:丁云把门打开了。

表1是判断测试的结果(见表1)。表1中的1、2、3类情状类型动词因为不能满足"把"字句的[+Telic 终结性]和[+Perfective 完成]的要求(如,*布朗把丁云喜欢了),所以这些句子不合语法,不应该接受。4—7类情状类型的"把"字句为合语法的句子,是可接受的句子。25句测试判断句中,12句合语法的句子和13句不合语法的句子在数量上分布均匀。但是,学生除了对第1类的状态动词,80%不接受外,对其他的6类,都倾向接受,70%至77%的不合语法的第2、3类句子被受试者接受为合法句(个别学生对个别句子没有做回答,数量很少,这里忽略不计),所以,判断这两类句子的正确率只有27%和21%。可以看出,受试者做正误判断题时,有泛化倾向,强烈倾向接受"把"字句,不该接受的也接受。但是,这项测试的结果同时清楚地显示,受试者明显地把状态动词与事件动词区别开来(我们在第二节提到的四类动词,若以状态/非状态性来划分,除了状态动词,其他三类均是非状态动词,为事件动词),他们普遍不接受状态动词的"把"字句,判断状态动词"把"字句的正确率高达80%。

表 1　判断测试的结果

类别	情状类型	正确率	错误率	未回答
1	状态动词	80%	20%	0
2	创造类的结果指向动词	27%	71%	2%
3	动作动词	21%	77%	2%
4	动作动词＋定界成分	76%	21%	3%
5	结果实现动词	73%	24%	3%
6	消耗类结果指向动词句	71%	25%	4%
7	创造类的结果指向动词＋定界成分	70%	26%	4%

2. 句型变换测试及其结果

我们的句型变换测试部分包含7种句式，其中3种句式不能转换成"把"字句，4种可以转换。每一种句式有4个测试句，共28个句子。这类测试的难度较大，不仅牵涉到不同的情状类型，还涉及到一些特别的句式，如，进行时句，兼语句，动量宾语句等。例句如下：

(12) 三种不能转换成"把"字句的句式

○状态动词句：小明喜欢小波。

○动作动词＋进行时：王林在敲门。

○创造类的结果指向动词句：王林写了一封很长的信。

(13) 四种可以转换成"把"字句的句式

○结果实现动词句：小明打碎了那只杯子。

○动作动词＋定界成分(动量词)：小兰敲了两下门。

○动作动词＋定界成分(兼语句)：老师叫小亮去

拿报纸了。

○动作动词＋定界成分（方位短语）：老师贴了一张纸条在门上。

句型变换测试的结果见下页表2。表2中1至3类的句式一般不能转换成"把"字句，因为这些句子不具有终结性和完成性，所以，不转换就正确了，未改率等于正确率。测试结果显示，受试者对69%的1和2类的句式没有进行转换，并清楚标明这些句子不能转换。可以看出，大部分受试者明显意识到状态动词和"动作动词＋进行时"与"把"字句的不兼容性。但是，受试者对第3类的创造类结果指向动词的反应有所不同，48%的第3类句式没有转换，但是，52%被错误地转换成"把"字句（如，*王林把一封很长的信写了／*阿Q把一个又大又圆的圆圈画了），错误集中在一半受试者身上，说明有一半的受试者意识到创造类结果指向动词与"把"字句的不兼容性，然而，另一半的受试者还没有意识到这里的不兼容性。

表2 句型变换测试的结果

类别	情状类型	正确率	错误率	未改率
1	状态动词	69%	31%	69%
2	动作动词＋进行时	69%	31%	69%
3	创造类结果指向动词	48%	52%	48%
4	结果实现动词	77%	9%	14%
5	动作动词＋定界成分（动量词）	50%	11%	39%
6	动作动词＋定界成分（兼语句）	34%	39%	27%
7	动作动词＋定界成分（方位/趋向短语）	34%	55%	11%

4—7 类句式可以变换成"把"字句。除了第 4 类结果实现动词的"把"字句转换的正确率高达 77% 外,受试者转换其他三类句式(5—7 类)的正确率很低,仅达 50% 和 34%。这三类句式比其他句式复杂,第 5 类句式不仅有一个宾语,还有一个动量宾语,第 6 类句式是兼语句,含有两个动词,两个宾语,第 7 类句式有一个宾语,还有一个方位短语。把这三类句式转换成"把"字句有一定的难度,不能简单地把原句的宾语提前,整个句子需要进行一定的调整。受试者的错误包括转换不成功和未转换,未转换的第 5 类句子高达 39%,未转换的第 6 类句子有 27%。原因可能是,第 5 和 6 类句式含有两个宾语,部分受试者对提前哪一个宾语到动词前面不能肯定,因而没有转换。相比之下,未转换的第 7 类句子较低,只有 11%。第 7 类句子只有一个宾语,对受试者来说,要提前的宾语明确,所以转换率高,但是,转换第 7 类句子的错误率很高,高达 55%。

受试者在转换这三类句式时所犯的错误一样。所有转换第 5 类句型的错误都是把句中的"动量词—宾语"作为一个整体宾语移到动词前面,如,把"小兰敲了两下门"改成"小兰把两下门敲了",而没有意识到动量词"两下",不是宾语"门"的修饰语,不能与宾语一起移到动词前面。所有转换第 6 类句型(名词 1—动词 1—名词 2—动词 2—名词 3)的错误都是把句中的第三个名词"把"字化,如原句"老师叫小亮去拿报纸了"改成了"老师叫小亮把报纸去拿了"。而此句式正确的转换应该是把第二个名词"把"字化,"老师把小亮叫去拿报纸了"。在这一兼语句中,名词 2 既是动词 1 的宾语,又兼作动词 2 的主语,看来受试者意识到名词 2 兼有主宾语的功能,可能认为主语与"把"字句有不兼容性，所以排除了用"把"字提前名词2的可能。而第6类句型中的名词3只有宾语的功能，所以，他们自然地把这个宾语提前到"把"字前面。这些都反映出留学生可能把"把"字句简单地理解成宾语提前的句式。所有转换第7类句型的错误都是原封不动地把宾语移到动词前面，如把"老师贴了一张纸条在门上"改成"老师把一张纸条贴了在门上"，而没有意识到，体标记"了"不能放在动词和方位/趋向词之间，需要移到方位/趋向词后面。明显看出，受试者还没有掌握这几类较复杂句式的"把"字结构。以下是句型变换测试中出现的部分错误例句。

(14)* 小红把两遍课文读了。

* 老师派古波把花去送给小兰。

* 丁兰叫大宝把汽水去买。

* 小明叫布朗把球去打了。

* 古波把一个杯子放了在桌子上。

* 小光把一块石头扔了到水池里。

* 丁兰把一只箱子放了在行李架上。

3. 造句测试及其结果

造句测试部分考察受试者对4组动词的造句情况，每组3例，共12个造句。4组动词是：动作动词（如：看书、拍球），结果指向动词(1)（包括2个创造类结果指向动词，如：做棉袄和1个消耗类结果指向动词，如：吃苹果），结果指向动词(2)（指需要有方位短语等作定界成分的动词，如：放行李），结果实现动词（如：打破杯子）。表3是造句测试的结果。

表3 造句测试的结果

类别	情状类型	正确率	错误率	未造句率
1	动作动词	36%	60%	4%
2	结果指向动词(1) ○创造类结果指向 ○消耗类结果指向	39% 64%	61% 36%	0 0
3	结果指向动词(2)	83%	12%	5%
4	结果实现动词	86%	12%	2%

结果显示,受试者用动作动词和创造类结果指向动词造句的错误率最高,分别达60%和61%。这两类动词不能直接进入"把"字结构,必须加有其他的定界成分来获得终结性和完成意义,才能造成"把"字句。受试者的造句错误并不是完全因为无定界成分造成。平均来说,受试者在造句中,60%的动作动词和创造类结果指向动词都带有引导终结性的定界成分,如,动量短语"两次",结果补语"完"等。不仅如此,73%的造句都加上了完成体标记"了"。可以看出,受试者在自由度较大的造句测试中显示出他们意识到"把"字句对终结性和完成性的要求,但是,他们错用定界成分很多,错误高达60%,例见(15)。这些错误反映受试者对汉语的动量补语、结果补语、可能补语等定界成分还没有掌握好,在动词与定界成分的搭配方面错误严重。

(15) *他把那本书看了两次。

*他把这个歌听到了。

*他把歌听了一次。

*你把这首歌听得懂吗?

＊我把那个球拍好了。

　　＊我把篮球拍得很快。

　　＊他把棉袄做完了。

　　＊她把棉袄做得很好。

造句结果同时显示，受试者用结果实现动词的"把"字句造句正确率最高，达86％。他们对需要用方位短语作定界成分的结果指向动词也掌握得较好，造句正确率达83％，例见(16)。

　　(16)我把这个行李放在房间里。

　　　　得让他把他的行李放在这儿。

三　讨论

1.语言习得中的普遍倾向

从我们的测试来看，中等程度的学习汉语的留学生对"把"字句有一定的认识，尤其是对"把"字句的终结性和完成性的关键语义有明显的意识。这种意识从两个方面反映出来：1)他们在判断和句型转换两项测试中非常清楚地把无终结性的状态动词从"把"字结构中排除出去；2)造句中，他们对缺乏终结性和完成性的动作动词，多数都会主动、自然地添加表达结果或变化后的状态的定界成分以及体标记"了"来补充终结性和完成意义(虽然他们有时错用定界成分)。这种对"把"字句终结性和完成性的强烈意识与受试者的母语没有关系，因为他们的母语(英语)根本没有类似"把"字句的结构。这种意识有可能与课堂学习有关。对外汉语教科书和教师通常都是用传统的处置说来解释"把"字句中动词对其宾语施加影响,使其产生某种结果,或处于某种状况的处置意义。这些解释有可能使学生对"把"字句的结果性产生一些概念。但是,从目前的课堂教学情况来看,这种影响不是很大。首先,如李大忠(1996)指出的,现代汉语语法研究在"把"字句问题上还没有为对外汉语教学提供足够的、现成的成果。到目前为止,汉语语法书还没有能够非常系统、清晰地概括"把"字句的语法、语用规律,还没有从情状类型来系统归纳"把"字句语义。李大忠提到,外国学生总是希望教师明确告诉他们什么情况下要用"把"字句,什么情况下不能用,可是,教师恰恰就是很难明确回答这两个问题。第二,外国留学生对"处置"概念难以理解。"处置"是一个非常抽象概括、不能明确定义的词。不仅外国人不易理解,一般说汉语的人也难以明白其意。那么,学习汉语的留学生对"把"字句终结性和完成性的明显意识来自何处呢?

我们认为,这种意识来自语言习得的一种普遍规律。受试者对"把"字句中终结性的直观意识与语言习得中的"情状假设"普遍倾向一致。"情状假设"的习得普遍倾向是指第一和第二语言习得者在习得时态和体态的过程中有一个普遍的规律。研究者们发现,习得者对完成体的使用最初只限用于终结性情状(结果动词和结果指向动词),然后才扩展到非终结性情状(状态动词和动作动词);他们对非完成体的掌握顺序恰恰相反,最初只限用于非终结性情状,然后才扩展到终结性情状。学者们把这一规律归结于人脑的先天能力,认为状态与动态以及瞬时与持续等语义区别是先天存在于人脑中的。到目前为止,"情状假设"规律被普遍认为是时体习得的特点,很少有研究提及"情状假设"规律与其他语法范畴习得的关系。

我们认为"情状假设"规律中习得者反映出的对终结性和非终结性的自然辨别不仅仅是时体习得的特点,既然习得者有区分终结性和非终结性的本能,这种普遍倾向在其他语法范畴习得的过程中也会反映出来。"把"字句和时体虽然属于不同的语法范畴,但是汉语的"把"字结构本身在语义上就受情状类型的限制,必须满足终结性的语义要求。"把"字句的这种特性与语言习得中的区分终结性和非终结性的普遍倾向一致,那么,汉语学习者在"把"字句习得过程中呈现出区分终结性和非终结性的普遍倾向是非常自然的表现。

我们在文章开头提到,学者们已经发现语言中动词的有限性(即终结性)和有限动词后面的名词客体的完全受影响性是互相依赖的关系,提出汉语"把"字句的述语结果性与"把"字后面名词的有指性是这种互相依赖关系的体现。在我们自由度较高的造句测试中,受试者所造的"把"字句中,"把"字后面名词没有一例是无定名词(无定名词除了在一定的语境中可能是有指,一般说来是无指的),很多受试者在造句时直接加上有指成分,虽然,有的造句有错误,但是,错误不在"把"字后面的名词方面。如,例(17)是个不甚合法的句子,缺少了完成体标记"了",但是"把"后的名词客体"我的衣服"有指。这很有趣,似乎学生本能地意识到"把"后名词的有指性,这样看来,又是一例学生对普遍现象的有规律的反映。

(17)*太阳把我的衣服晒干。

2.泛化现象

中等程度的、英语为母语的留学生在"把"字句测试中有泛化倾向,泛化程度与测试类型有关。他们在正误判断测试中,倾向接受创造类结果指向动词和动作动词构成的错误"把"字句,错误率高达77%。在句型转换测试中,也反映出泛化倾向,但是,错误率远低于判断测试。状态动词句和动作动词的进行句不能转换成"把"字句,坚持转换的受试者是少数,错误率为31%。创造类结果指向动词句也不能转换成"把"字句,测试中,此类句式的转换错误率达52%。这些现象反映出中等程度的汉语留学生判断"把"字句正误的能力较弱,判断时他们很可能把"把"字句看成是简单的宾语提前的"主—宾—动词"结构。

这种把"把"字句简单看成"主—宾—动词"结构的问题在句型转换测试中很明显。我们设计句型转换题时,其中两种句式中的宾语选用了不定名词短语(例见 18),来测试受试者对"把"后名词有指性的掌握。除了一人外,所有的受试者都原封不动地把原句中的不定名词短语移到"把"字后面。但是,在自由度较高的造句测试中,则没有学生采用不定名词作"把"字的宾语。这说明学生在不同的测试任务中有不同的反应。所以当我们测试学生对某一语法现象掌握的程度时,要多从几个角度来分析。另一方面,中等程度的学生已经意识到"把"字句对"把"后有指名词的要求,所以在自由度较高的测试中,他们会下意识地在"把"字句中用有指名词。但是,由于学生的汉语程度不高,这种下意识还是较薄弱,尤其在强制性的语法测试中,这种下意识还不具有强有力的主导力量,所以在改句测试中,学生还是机械地把原句中的不定名词短语移入"把"字后面。这种机械的改句还反映在"了"的使用位置上。接近50%的错误是把原句中的"了"原封不动地放在动词后面,例见(18):

(18) 小光扔了一块石头到水池里。→ * 小光把一块石头扔了到水池里。

老师贴了一张纸条在门上。→ * 老师把一张纸条贴了在门上。

靳洪刚(1993)认为习得者把"把"字句看成一个简单的"主—宾—动词"句式是"把"字句习得过程中的第一个阶段,在这个阶段,习得者把一些英语的语法概念带到汉语中来了。从我们的测试中留学生泛用"把"字句的情况来看,他们一方面可能受英语语法的影响,另一方面受测试形式的影响,更重要的一方面,可能是"把"字句本身的复杂性和我们教学中对"把"字句解释的模糊性逼迫学生把"把"字句简单化。学生把复杂的"把"字句简单化并不是把"把"字句与"主—宾—动词"句式完全等同起来。熊文新(1996)分析了留学生作文中"把"字句的用法,发现学生在作文中对"把"字句采用的是"回避"策略。[①] 英语学生对"把"字句的回避率最高,他们没有把握时不用"把"字句,该用时也不用。回避和泛用是语言习得中一对相反的学习策略和手段,但是,它们并不矛盾,它们从两个方面反映出"把"字句习得的困难和复杂性,以及学生对"把"字句的困惑。正是因为学生对"把"字句还没有理解和掌握,他

---

① 参见熊文新《留学生"把"字结构的表现分析》,《世界汉语教学》1996年第1期。

们在自由选择度大的作文中能避免使用就避免使用,甚至该用"把"字句时也不用。但是在自由选择度小的改句和判断句子测试中,他们面对"把"字句,必须作出决策,无法回避,同样是因为他们对"把"字句还没有理解和掌握,他们就可能采用简单的"主—宾—动词"的概念来套用"把"字句,不该用时也用上了"把"字句。

四 结论

"把"字句的习得是一个复杂的过程。虽然,"把"字句是汉语特有的句式,但是,英语学生在习得过程中,对"把"字句的终结性和完成性的关键语义有明显的意识,这种意识与语言习得中的"情状假设"普遍倾向一致。这一发现对我们的对外汉语教学有一定的启示。我们在"把"字句教学时,要围绕终结性和完成性,多设计一些显著性的"把"字句,如,在初级阶段,多用结果实现动词的"把"字句,因为学生对终结性和完成性的语义有本能的倾向性认识,我们的教材和课堂教学在这方面再给他们加强感性认识,他们会容易理解"把"字句的语义和句式方面的特殊性。针对学生对创造类结果指向动词和动作动词构成"把"字句的限制有较大的困惑,我们的教学需要逐渐增加这两类动词与带有终结和完成补足语构成的"把"字句,来帮助学生把"把"字句区别于简单的"主—宾—动词"句式。

第五节 韩国学生汉语句式习得个案研究[①]

一 研究范围

国外习得研究主要有两种方法:横向研究与纵向研究,前者指在一个或若干时点上截取横断面式的规模研究,常通过实验方法进行;后者指对个别或若干个被试进行长时间的跟踪研究,其结论一般认为是比较有说服力的。由于这种研究耗时耗力,在国内外的可见资料中数量有限。本研究将使用对一位韩国留学生的个案跟踪语料,考察以下两方面的问题:(1)韩国留学生汉语句式平均句长的发展;(2)韩国留学生汉语句式习得的阶段性特征与发展趋势。我们希望藉此能深入探讨第二语言学习者的习得过程与规律,为教学提供依据,同时通过实证性研究,寻求科学可靠的衡量语言习得或语言发展程度的量化指标。研究中选取施家炜的22类现代汉语单句句式作为研究范围:[②]

肯定句系统	疑问句系统
GI1"是"字句:T1. S + 是 + N(词组)	GI7 反问句:T13. S + 不是 + V + O + 吗?
T2. ……的 + 是 + N/ V/ 小句	T14. 难道 + S + V + O + 吗?
	GI8 是非问句:T15. S + P + (O) + 吗?

---

① 本文原标题为"韩国学生汉语句式习得的个案研究",作者施家炜,原载《世界汉语教学》2002年第4期。

② 参见施家炜《外国留学生22类现代汉语句式的习得顺序研究》,《世界汉语教学》1998年第4期。

GI2"有"字句:T3.S+有+N(词组)
　　　　　T4.方位词组+V+有+N(词组)
GI3"是……的"句:T5.S+是+时处词+V(O)+的
　　　　　T6.S+是+Adj(词组)+的
GI4"把"字句:T7.S+把+O+V+RC
　　　　　T8.S+把+O_1+V(在/到/给)+O_2
GI5"被"字句:T9.S+被/叫/让/给+O+V+RC
　　　　　T10.S+被/给+V+RC
GI6 比较句:T11.A 比 B+Adj(+DC)
　　　　　T12.A 不如 B+Adj

T16.S+P+O+吧?
GI9 特指问句:T17.……什么/多(少)/怎么(样)……?
T18.为什么/谁/哪儿……呢?
GI10 选择问句:T19.S+是/V+N(词组)+还是+N(词组)?
T20.S+(是)+V(词组)+还是+V(词组)?
GI11 正反问句:T21.S+Adj 不 Adj/V 不 V(O)?
T22.S+是不是+V+O+呢?

二　研究对象及语料收集方法

我们于1996年5月24日至1997年1月4日,对一位韩国留学生(男,以下称J)进行了为期半年多的跟踪调查,J的汉语水平从介于B、C级之间提高到D级,这次跟踪调查在时间跨度上和学习者第二语言水平的发展跨度上应该说都是比较大的。

我们的个案研究采取了跟踪录音和日记法两种语料收集方法,共计5 050句相关语料。录音语料共计815分钟,平均每次58.21分钟,语料采集的时间平均相隔14.23天,这种"切片技术"是为了拉大时间跨度,以便更清晰地观察J第二语言发展的轨迹和趋势。转写录音语料约10万字,相关语料3 267句。日记法由调查者每隔一两天随机地对 J 的自然语言作出记录，以日记形式保存下来，共收集相关语料 1783 句，跟踪录音与日记法相互补充，可以保证语料的数量及研究价值。

为便于归纳分析，我们将日记法所得语料按跟踪录音的日期分为 14 个阶段，将跟踪录音与日记法所得的相关语料（5050 句）作为个案研究的总样本，依 14 个日记记录阶段分为相应的 14 个阶段 P1—P14（P 即 Period）。各句式的出现频次、正确使用频次和正确使用频率请见附录表 1。

三 韩国留学生汉语句式平均句长的发展研究

1. 平均句长的界定

心理语言学界常将平均句长与句法结构的发展作为考察语言学习者语言发展的重要指标。平均句长（The Mean Length of Utterance，简称 MLU）是指语言学习者自发的言语样本中每个句子所包含的有意义单位的数目的均值，其中有意义单位一般是指词或语素，印欧系语言由于有丰富的形态变化，因此常将形态语素也作为一个意义单位统计在内，如 boys 的意义单位是 boy 和 s。美国心理语言学家 D. McCarthy 指出，MLU 是最为"可靠的、容易测定的、客观的、定量的并容易理解的测量语言成熟程度的尺度"。[①] 因此，我们在这里将重点考察 J 在汉语作为第二语言的习得过程中，其 MLU 的发展变化，计算时将采用以汉字（音节）为意义单位和以词为意义单位两种方法。

---

① 参见 Carroll, J. B.《儿童语言的发展》，曾越麟译，《语言学动态》1979 年第 4 期。

2. 国内外有关 MLU 发展的研究简述

国内外关于 MLU 发展的研究基本上集中于儿童的母语习得。美国心理语言学家 Davis 和 McCarthy 于 20 世纪 30 年代就曾开展这方面的研究，50 年代，Templin 进行了类似研究，他考察了 3—8 岁的儿童在与成人相处的特定语境中的 50 个句子，计算出各年龄段儿童的 MLU 分别为：3 岁 4.1，4 岁 5.4，5 岁 5.7，6 岁 6.6，7 岁 7.3，8 岁 7.6。该研究结果与早期研究相比，儿童的 MLU 有显著增长。Brown(1973)跟踪调查了三名儿童，发现 Eve 在仅 28 个月时就已达到或超过了 Adam 44 个月和 Sarah 50 个月的 MLU，可见不同儿童的母语发展存有差异性，但研究显示这种差异性可能更多地表现在发展速度上。

国内 MLU 的研究分为以字或以词为意义单位两种。吴天敏、许政援(1979)以字数(音节数)为意义单位考察了 1.5—3 岁儿童的 MLU，彭祖智等 1984 年用相似方法分析了 3.5—6 岁儿童的 MLU。① 他们的研究均表明，两岁前儿童的句长主要为 5 个字以下，没出现 16 个字以上的句子；两岁后句长以 6—10 个字为主，同时出现 16 个字以上的长句。MLU 随年龄的增加而增长。以词为意义单位计算 MLU 相比之下更为科学，因为汉语中并非每一个汉字(音节)都有意义。幼儿口头言语研究协作组(1981)的研究表明儿童的 MLU 随年龄而增加：2 岁 2.91，2.5 岁 3.76，3 岁 4.61，3.5 岁 5.22，4 岁 5.77，5 岁 7.87，6 岁

---

① 参见吴天敏、许政援《初生到三岁儿童言语发展记录的初步分析》，《心理学报》1979 年第 3 期。

8.39,4岁时已经出现11个词以上的句子。① 对学龄前儿童而言,3个词以下或16个词以上的句子都很少出现。其他如史惠中、朱曼殊等人的研究也得到了相似的结果。

3. 对个案跟踪对象MLU发展的研究

我们以字(音节)和词为意义单位分别计算了J在14个跟踪阶段中正确句式和全部句式的MLU,各阶段全部句式的MLU=该阶段出现的句子中包含的词(或字)数的总和除以该阶段出现的句子总数,但计算时,无意义的重复不作为有意义单位予以累计。正确句式的MLU计算方法同理,具体数据请见附录表2。

国内外母语习得的MLU发展研究表明,MLU随着年龄而增长,那么在第二语言习得中情形又会如何呢?我们的预期假设是第二语言学习者的MLU随着其学习时间而增加,为此进行了跟踪(学习)阶段与MLU之间、以字或词为意义单位计算出的MLU之间、正确句式与全部句式的MLU之间的相关分析,统计结果表明P均为.000,统计对象间均存在极其显著的相关,由此得出推论:(1)第二语言学习者的MLU与其学习时间的长短存在极其显著的正相关,MLU随学习时间的增长而增加;(2)用不同的单位计算出的MLU之间存有极其显著的相关,说明汉语中以字或词为意义单位计算MLU之间存有一定的对应关系,尽管以字为意义单位得出的MLU在绝对值上大于以词为单位的计算结果。这可能与汉语中以单音节语素为基

---

① 参见幼儿口头言语研究协作组《幼儿口头言语发展的调查研究》,《心理科学通讯》1981年第5期。

本意义单位,而多数语素又同时可以成词有关,汉语中无意义的汉字很少,因而造成的统计误差也相应地较小;(3)各跟踪阶段正确句式与全部句式的 MLU 之间也有极其显著的相关,表明学习者在第二语言习得过程中的语言输出是稳定的、成系统的,而非杂乱无章的。由图1可更为直观地看出以上的发展趋势和特点。

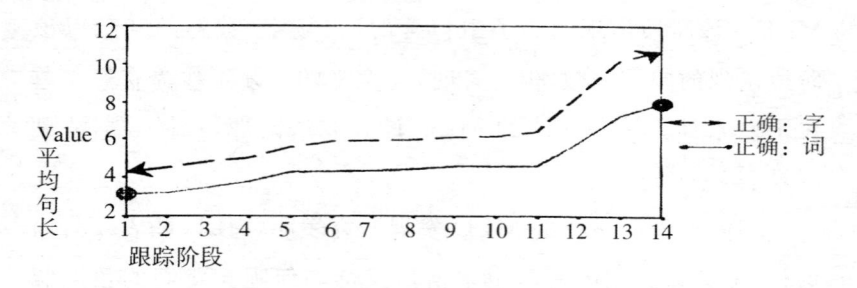

图1　14个跟踪阶段的平均句长变化示意图

(注:正确:字——以字为意义单位计算的正确句式的 MLU;正确:词——以词为意义单位计算的正确句式的 MLU。)

在将我们的研究结果与国内儿童母语习得的研究作对比时,我们发现了一个有趣的现象:第二语言学习者的 MLU 发展速度明显比母语习得者迅速,在我们的跟踪期内(7个半月),J的 MLU(以词为意义单位)由3.48(大致相当于2—2.5岁的儿童的 MLU)极为迅速地发展到7.98(大致相当于5—7岁儿童的 MLU),而儿童要越过同样的跨度,却需要2.5—5年。这体现出母语习得与第二语言习得的差异,儿童语言的发展是与其认知水平的发展相伴随的,其速度相对缓慢;成人在习得第二语言时,其认知水平已经发展完善,需要的是语言能力的提高。在本研究中,J 的 MLU 一开始就是三四个词,尽管也有一字或一词的句子,但在 P1 就出现了 14 个字和 11 个词的句子,P2 已经说出了含 25 个字和 18 个词的长句子,这在儿童最早期的语言发展中是不会出现的。当然也不排除 J 在跟踪前期出现过一两个词的 MLU 阶段的可能性,但我们认为这个阶段应该是极其短暂的,会很快地过渡到两三个词。由上图可见 J 的 MLU 发展历程是分阶段的,P1—P4 增长较快,P4—P6 出现了一个小高峰,其后直到 P12 是稳中有升,发展速度较缓,而 P12 之后又出现了第二次增长高峰,且速度极为迅速。我们由图中所反映出的规律推断:P1 之前(即考察前期)应该是一个由低谷迅速升起之后平缓发展的曲线,这与我们刚才对 J 的 MLU 发展的分析是一致的。

将 MLU 作为测定第二语言学习者语言发展程度的一个可操作性重要指标,是我们这次研究的一次探索性尝试。第二语言学习者语言发展的早期会习得很多格式化的句式(这一点在下面还将会提到),因此,仅只 MLU 一项指标是不能十分准确地反映第二语言的成熟度的。同时我们也注意到句长与句法结构的复杂度并不一定成正比,我们似乎难以下结论说生成句长长的句子要比生成句法结构复杂的句子更难。同时,对语素、词乃至句子等语言单位的界定与切分也会出现因人而异的现象。因此我们对学习者语言发展轨迹的考察还应当结合句法结构的复杂性的变化。

四 韩国留学生汉语句式习得的阶段性特征与发展趋势

1. 习得阶段的划分指标

我们在考察个案研究语料所反映出的阶段性特征时,选择平均停顿次数作为习得阶段的操作性划分指标,是因为停顿是第二语言学习者的语言输出有别于母语者的明显表象之一,又较易操作。将停顿界定为第二语言学习者的语言输出中明显比母语者长许多的语音间隔,或导致语法或语义偏误的语音间隔。以此统计出各阶段的平均停顿次数(每句停顿次数的均值),并绘制了图2:

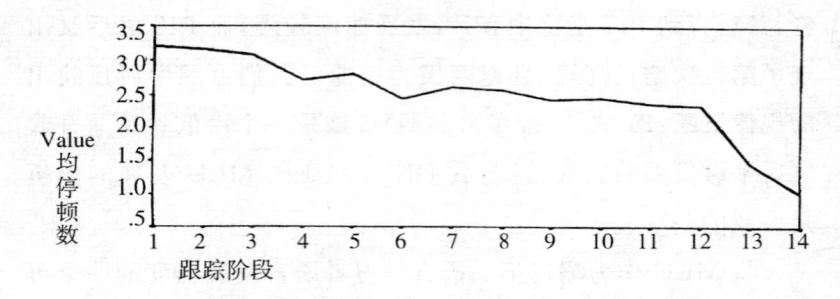

图2 14个跟踪阶段的平均停顿次数变化示意图

我们根据平均停顿次数将个案跟踪期划分为三个阶段：P1—P2、P4—P12、P12—P14,由上图明显可见,这三个习得阶段中平均停顿次数依次递减。依据平均停顿次数所划分的三个阶段与前一节根据平均句长划分的阶段大致吻合。这也从侧面证明了平均停顿次数这一标准的可靠性。以下将对这三个习得阶段分别进行考察。

2. 三个习得阶段的阶段性特征

习得阶段一

(1) 停顿与重复、语音延长现象：该阶段明显地有很多句中停顿,甚至词间停顿,平均停顿次数多在三次左右,与此同时还伴随多次重复、语音延长等现象,我们称之为认知性延长,反映

出学习者语言上的不熟练,在说话时伴随明显的思考、比较过程,有时是有意识地重复、练习,以熟悉语言。如:

上星期,上个星期,上星期六,我跟……嗯,我的朋友,一起去,嗯,去游览长城,慕、慕……

呃——看、呃——看长城比——听长城更好。

呃——入场票很便宜很很便便宜。

(2)多种表达方式的累加:在一个句子中,为表达同一意义而一次用多种表达方式,如"呵——很好,非常好"。或近义词同时出现,如"嗯,中国食堂,中国餐厅?"说明这一阶段还未完全习得某些词汇的语义与用法,对自己的语言输出缺乏自信。

(3)自我监控与自我纠正现象(self-monitor, or self-error-correcting):这一阶段有明显的自我监控与自我纠正的痕迹,如"有两两种买票,啊,两种票。""有一个老师一位老师问我,你听得懂?"

(4)交际策略的运用:学习者最初在遇到语言问题时,常运用一些交际策略。如:

回避策略

J:啊,服务员对我们对我们这样,这是菜谱,呵——我我说呵——,服务员立立,立,站,站起来。

笔者:站起来?什么意思呢?她让你站起来吗?

J:嗯嗯。(摇头)

笔者:是什么?

J:嗯——没关系。(实际想表达"服务员在我身边站着")

迂回/替代策略

我们三个人汉语水平呵很很低,呵我们都——真糟糕!(想表达"不知道该怎么拒绝")所以很贵。

(5)句式的格式化倾向:"……,可以吗?"有格式化倾向,经常使用,如"走下,走下,可以吗?""地下,可以吗?"

(6)教学痕迹:这一阶段有明显的受教学影响的痕迹,如"有来自世界各国的人。(笔者:很好,你是不是才学的?)哈哈"。

(7)尚未习得汉语的回指方法,不会省略主语,如"呵——慕田峪长城在北京的北边儿,慕田峪长城,嗯坐汽车不太远,比这儿,慕田峪长城坐汽车要一个半小时"。

(8)句式的特点:这时已可说出较成熟和复杂的 T1 和 T3 句,如"十三个陵中,最大的陵是定陵"。"最好的方法是呵平时嗯聊聊天的时候,如果我说呵说的错了,马上你呃——嗯纠正,改正,改正,对我最好,这样。""神道左右边,有很多的动物石像。"而且多是正确的句子,当 J 关注的焦点明显在于交际时(这时的话语兴奋而连贯)或句长较长时,容易出现偏误。在这一阶段,虽然 T15 出现的频次远远超过 T1,但我们认为:(1)T15 易于 T1 的说法在逻辑上不合理,我们无法想象学习者还不会说"你是学生"就已经会说"你是学生吗?";(2)虽然 T15 的出现频次很高,但从 MLU 来看,T1 和 T3 远远大于 T15;(3)T15 在 J 的第二语言系统中出现频率最高,运用最广,其主要原因并非它在认知难度上小于其他句式,而更可能是因为是非问句最能满足外国留学生最初的交际需要,是他们获取新信息的重要手段。因此我们推断 T1 应早于 T15 习得,比后者更容易。

习得阶段二

(1)停顿与重复、语音延长现象:该阶段的停顿、重复及语音延长现象明显减少,平均停顿次数多在 2 次左右,似乎发生了某种突变,连贯性也因此好了许多。同时出现了一些诸如"这个、那么、啊、呃、呵"之类的"口头禅",以延续语气或争取思考时间。

(2)模仿现象:我们发现 J 经常性地模仿调查者的话,这反映出 J 的模仿学习意识,有时似乎是下意识的,有时又明显是有意识的,如"嗯嗯不明白,内容跟中—介—语有什么关系呢?"还有的属于交际式模仿。如"她是谁呀?(笔者:我姐姐的男朋友的弟弟的女朋友。)你姐姐的男朋友的弟弟的女朋友。哈哈,弟弟的女朋友?"

(3)句式的格式化倾向:这一阶段出现了大量有格式化倾向的句式,我们对此进行了初步分类:A.求知性的:如"……,可以吗?","……怎么说(呢)?","这是什么?","……是什么(意思)?","这是什么意思?";B.交际性的:如"……,知道吗?","为什么(……)?","你听得懂吗?","意思懂/明白了吗?";C.衔接性的:如"那么……","……,是这样(的)"。我们看到从习得阶段一的单一句式格式化发展到了习得阶段二的多元句式格式化,从而大大丰富了学习者的第二语言输出。

(4)提问时多关注内容、意义,如"……,怎么说(呢)?/是什么?/意思一样吗?/意思明白了吗?/意思是什么?"而少关注形式、语法结构,如"被死了?被打?"同时询问方式也趋于多样化。

(5)仍未习得汉语句子的连贯方法,有时用"还有"来连接两个不需连词的分句,如"很多,大概100多,很多。这个都是新建筑的,很长,还有很漂亮"。

(6)仍有自我监控与自我纠正现象,如"这个是商业或是或者啊还是这个艺术?不能区别啊"。

(7)句式的特点:该阶段的疑问句式有了很大发展,从以前较为单一的 T15 发展到现在的各种句式表疑问,表达方式多样化了。在本阶段的后期,T16 开始增多,如"比较忙吧?""今年比去年多得多吧?"体现出 J 因语言能力的提高而自信度增加。句式的整体正确率似乎颇高,但仔细观察就会发现,正确率高低的分布是有差异的,有些句式的正确率很高,如 T1、T3、T13、T15、T17、T19、T22,但有些则很低,如 T2、T4、T5、T8、T9、T10、T11、T20。

习得阶段三

(1)已可以连贯地成段表达,且偏误、停顿、间断性的思考也很少,平均停顿次数多在一次左右,如:

"为了巩固和平,我们提一个提了一个方案,我们叫四者会谈。四者会谈的对象是韩国和北朝鲜和中国和美国,四个对象,这个讨论固定朝鲜半岛的和平的方案,方案,美国、韩国赞成,中国也中国也这个赞成,北朝鲜还没有回答。"

"现在银行方面的竞竞争最这个激烈,因为这个金融方面这个他们不生产什么产品啊,他们只有生产服务。除了生产服务以外呢,什么都不生产啊,所以服务是最重要的产品啊。现在韩国也是这样。我以前这个已经告诉过你,这个进银行去以后,过了 10 分,还处理我的我的事的话,他们赔偿 10 块,这个不是钱的问题,这个意思是这个起码 10 分钟以内处理你的事。"

(2)询问次数大大减少,询问方式更趋于多样。

(3)疑问句式进一步变化,正反疑问句开始增多,且有格式化倾向,如"……,是不是/对不对?"

3.韩国留学生汉语句式习得的发展趋势

根据以上对三个阶段的阶段性特征的考察,我们进一步归结出以下发展趋势：

(1) 停顿与伴随性重复、语音延长(认知性延长)等现象逐渐趋于减少，平均停顿次数从三次左右发展到一次左右，因而语言连贯性、熟练性逐步增强，到习得阶段三，J 已可以连贯地成段表达，且偏误、停顿、间断性思考也很少。

(2) 句式的格式化倾向较为明显，由早期的单一句式格式化发展到后期的多元句式格式化，分别满足第二语言学习者求知性的、交际性的和衔接性的表达要求，从而大大丰富了学习者的第二语言输出。

(3) 自我监控与自我纠正现象贯穿始终，表明学习者对自己的语言输出是有监控意识的。经常性的有意识模仿也反映出这种监控意识的存在。

(4) 学习者遇到语言困难时常采用交际策略，常用的有回避策略和迂回/替代策略。

(5) 初中级学习者的语言输出中，经常性的询问是一个突出表象，且提问时多关注内容、意义，而少关注形式与语法结构，在跟踪语料中可以看出，随着学习者语言能力的提高，其询问方式日趋多样化、询问次数却不断减少的趋势。

(6) 汉语句子的连贯方式是学习者的一个难点，在我们的跟踪后期情况不容乐观。

(7) 疑问句式有一个发展变化的过程，从最初较为单一的 T15 发展到灵活地以各种句式表疑问，表达方式上多样化，在跟踪后期，T16(是非问[2])和正反疑问句开始增多。

(8) 从无标记到有标记形式的习得历程：我们注意到 J 从 P1 已会用疑问语调表示疑问，也就是使用"S + P + (O)?"形式，在结构上是陈述句形式,只在句末添加疑问语调,而无疑问语气词"吗",且这种结构在 J 的跟踪语料中一出现就基本都是正确的。如"很多学生都是这样?"我们认为这是由于以疑问语调表疑问是多种语言的共性,汉、英、韩语等都有这种是非疑问形式,语言共通的形式被认为是无标记的(unmarkedness),有标记(markedness)反映了语言的特性。在习得过程中,一般总是先习得那些共通的、普遍的形式,即无标记形式,因其在结构和认知上相对简单,更常用,更兼有语言的普遍特点;特殊的、有标记形式一般认为在习得难度上大于无标记形式,稍后习得,因其相对复杂,使用频度较低,表现出语言特性。我们以 T15 为例,将无疑问语气词"吗"的形式视为无标记形式,有疑问语气词"吗"的则视为有标记形式,分析了学习者的习得演变过程,如图 3 所示:

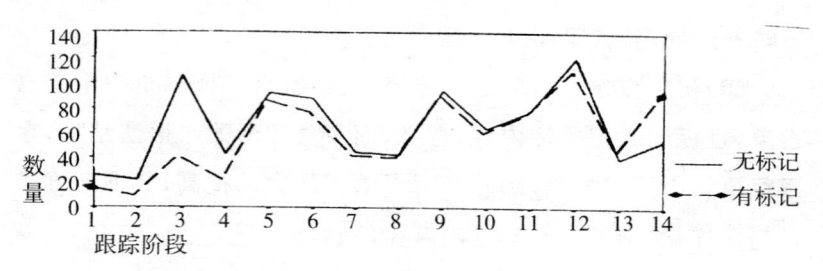

图 3 T15 在 14 个跟踪阶段上有无标记形式的对比分析图

P1 至 P4,J 使用 T15 无标记形式的数量远远大于有标记形式;自 P4 起至 P12,只用疑问语调表是非问的无标记形式明显比前期减少,能用疑问语气词的是非问一般都用了,而不像前期该用时不用,在数量上,有标记与无标记形式基本持平;P12 以后,T15 有标记形式逐渐在数量上占了上风,到了最后,几乎已是无标记形式的两倍,这时,仅用疑问语调的是非问句限于不确定时询问对否,或因没听清而重复对方的话,要求对方确认,有/无标记的形式显然已经在任务上有了分工。由此我们可清晰地看到留学生先习得人类语言普遍的、共通的无标记形式,然后习得共性弱的有标记形式,并逐渐由前者向后者过渡、分化的发展过程。

五 结语

本研究运用韩国留学生个案跟踪语料,研究其汉语句式平均句长的发展,着重探讨了其汉语句式习得的阶段性特征与发展趋势。这种对第二语言学习者的习得过程与规律的探索应作为课堂教学和教材编写的一个重要理论依据。同时,我们通过实证性研究,寻求到两种较易操作、也较为科学客观的衡量语言习得或语言发展程度的量化指标——平均句长(MLU)和平均停顿次数,这在第二语言习得研究中是一种新的探索。

当然,本研究只是针对一个韩国留学生的个案研究,还需要观察更多的学习个体,将横向规模与纵向个案研究结合起来,使结论更具有普遍意义。

附录

表 1 个案研究 22 类现代汉语句式在 14 个阶段上的正确使用频次表

TYPE	P1	P2	P3	P4	P5	P6	P7	P8	P9	P10	P11	P12	P13	P14	Correct	Appear	Fre
T1	15	8	14	26	55	21	53	40	94	65	135	196	59	149	930	967	96.17
T2	0	0	0	0	0	0	0	0	1	1	4	1	4	11	17	64.71	
T3	18	20	23	46	51	33	49	26	111	57	112	163	61	149	919	956	96.13

续表

T4	0	0	0	0	0	0	0	0	0	0	0	0	0	0	0	0	
T5	0	0	0	0	0	0	0	0	1	2	4	1	1	2	11	19	57.89
T6	0	0	4	2	13	1	1	1	14	3	17	8	9	26	99	121	81.82
T7	0	0	0	0	0	0	1	0	6	0	0	0	0	3	10	20	50.00
T8	0	0	0	0	1	0	0	3	0	3	1	1	2	11	20	55.00	
T9	0	0	0	0	0	0	0	1	1	0	2	0	3	7	11	63.64	
T10	0	0	0	0	4	1	0	0	0	0	6	0	1	12	26	46.15	
T11	1	2	0	0	0	0	4	1	10	2	9	12	2	12	55	67	82.09
T12	0	0	0	2	0	0	0	0	0	3	1	0	1	7	8	87.50	
T13	0	0	0	1	0	0	0	1	0	0	0	3	0	4	9	9	100.00
T14	0	0	0	0	0	0	0	0	0	0	1	0	0	1	2	50.00	
T15	42	42	146	76	117	120	76	80	183	113	152	230	84	233	1694	1713	98.89
T16	0	0	1	2	3	15	10	10	14	6	7	20	9	45	142	145	97.93
T17	8	7	19	18	23	25	16	11	62	29	76	92	51	136	573	589	97.28
T18	3	0	10	10	8	25	8	12	17	10	18	37	22	46	226	247	91.50
T19	0	0	1	0	0	0	0	4	0	1	0	2	0	8	8	100.00	
T20	0	0	0	0	0	0	0	0	2	1	0	0	3	4	75.00		
T21	1	0	4	2	4	1	5	2	5	1	13	12	12	13	75	80	93.75
T22	0	0	0	0	0	0	0	1	0	4	4	4	8	21	21	100.00	
Total	88	79	222	183	280	243	223	184	526	290	557	794	318	837	4824	5050	95.52

表2 各阶段平均句长一览表

跟踪阶段	正确句式 MLU(字)	正确句式 MLU(词)	全部句式 MLU(字)	全部句式 MLU(词)
1	4.27	3.16	4.73	3.48
2	4.49	3.21	4.99	3.59
3	4.81	3.49	5.24	3.85
4	5.00	3.78	5.28	3.98
5	5.55	4.25	5.67	4.35
6	5.83	4.28	6.18	4.50
7	5.89	4.33	6.19	4.53

续表

8	5.92	4.41	6.19	4.62
9	6.08	4.56	6.20	4.65
10	6.14	4.57	6.39	4.67
11	6.38	4.59	6.56	4.70
12	8.36	5.82	8.53	6.04
13	10.18	7.25	10.22	7.29
14	10.73	7.93	10.86	7.98

第六节 外国学生汉语体标记"了""着""过"习得研究[①]

体(aspect)范畴在一般的语言中都是重要的语法范畴。习得一种语言,自然也要习得这种语言体范畴的表达形式。汉语表示体范畴的形式标记,典型的就是"了""着""过"。"了"表示完成体,"着"表示持续体,"过"表示经历体。

对汉语体标记的习得研究,近些年部分学者做了一些工作。孙德坤(1993)用个案追踪的方式采集语料,通过对两名英语国家学生的调查,得出了富有启发性的认识,如习得者个性差异对"了"习得的影响。[②] 尽管此项研究样本偏少,但毕竟是开创性的。赵立江(1997)在孙德坤的基础上,对"了"的习

[①] 本文原标题为"外国学生汉语体标记'了''着''过'习得情况的考察",作者孙德金,原载《第六届国际汉语教学讨论会论文选》,北京大学出版社2000年版。

[②] 参见孙德坤《外国学生现代汉语"了 le"的习得过程初步分析》,《语言教学与研究》1993年第2期。

得过程进行了进一步的研究,方法上有所不同,但结论差别不大。① Wen Xiaohong(1997)首次把"了""着""过"放在一起进行研究。② Wen 对 19 个在美国学习汉语的学生分两个层次组,进行了三种测试:面试交谈,看图交谈,看图写话,然后对所得语料进行分析。该研究发现,完成体的"了"先于句末助词"了"掌握,完成体"了"和经历体"过"先于持续体"着"掌握。杨素英、黄月圆、孙德金(1999)通过对中介语(interlanguage)语料的断面研究,发现三个体标记的习得情况和 Wen Xiaohong 的结论有别:"着"和"过"尽管在初学阶段难于掌握,但随着学时等级的提高,这两个体标记逐渐被掌握,而"了"虽然初学阶段错误率并不高,但并不能随着学时等级的提高而降低错误率,这表明体标记"了"后掌握。③ 此外还得出了体标记习得的新的认识:情状体(situation aspect)与汉语体标记的习得有很大的相关性。文章重点分析了句子情状类型同体标记习得的关系,指出"句子情状类型影响体标记'了'和'着'的习得,'过'不受句子情状类型影响"。

应该说,汉语体标记的习得过程研究目前还很不充分。一方面,个案追踪式的研究样本偏少,难以反映体标记习得过程的全貌;另一方面,断面的研究还比较粗疏,应作更细的探究。本

---

① 参见赵立江《留学生"了"的习得过程考察与分析》,《语言教学与研究》1997年第 2 期。

② Wen Xiaohong (1997) Acquisition of Chinese aspect: an analysis of the interlanguage of learners of Chinese as a foreign language. *Review of Applied Linguistics*.

③ 参见杨素英、黄月圆、孙德金《汉语作为第二语言的体标记习得》,*Journal of the Chinese Language Teachers Association*, Vol. 34:1,31—54。

节试图在已有的研究成果的基础上,通过对语料的断面分析,重点从动词本身及句法结构的角度描画出三个体标记习得的大致情况,并对相关因素作出必要的解释。

一 语料及方法

1.语料

本节语料来源于《汉语中介语语料库系统》(北京语言文化大学研制)。该语料库收集了不同程度的外国学生所写的不同形式的书面文字,每篇平均 500 字以上,基本为自然语料。我们从 100 多万字的语料库中由计算机自动将母语背景为英语、包含"了、着、过"的句子提取出来,再人工将不表示体范畴的含词形"了、着、过"的句子删除。语料带有两个属性,一是学时等级,每学期为一个学时等级,共分 8 个学时等级;二是语篇序号,不同学生语篇号必不相同,同一学生不同的作文语篇号也不相同。这两个属性对于研究习得过程的问题十分重要。表一是语料的详细数据。

从表中可见,1 级和 8 级的语料偏少。尤其是 8 级的语料太少,难于使数据具有统计意义,因此本文的统计和分析基本以 1—7 级的语料为准。

还要说明的是,由于语料来源广泛,语料的类型呈多样性。有的是复述故事,有的是介绍参观活动,等等。为了使分析建立在可靠的语料基础上,我们对语料进行了仔细的甄别和筛选工作,把真实度差的语料剔除掉。如下面的用例:

(1)因着游人数目日益增多,该处的长城经过多次的翻新及修葺。(语篇 5215)

(2)峰峦山势迥然不同,山的色泽虽不尽相同,却又和谐地互相衬托着。(同上)

(3)金山岭长城另一教我心醉的地方,是它纵有修补之处以方便游览,却仍保留着不少本来的面目。(同上)

这三个用例出自同一语篇,从用词(如"修葺"一词)、语体等方面显示出的特征判断,不太可能是处于第 5 个学时等级的学生可以写出的。凡是这类用例一律排除。表1中的数字为有效用例的数字。

表 1

	一级		二级		三级		四级		五级		六级		七级		八级		总计	
	篇	句	篇	句	篇	句	篇	句	篇	句	篇	句	篇	句	篇	句	篇	句
了	11	37	43	152	37	130	29	145	30	111	7	44	4	10	1	8	158	579
	篇	句	篇	句	篇	句	篇	句	篇	句	篇	句	篇	句	篇	句	篇	句
着	3	5	22	59	17	32	16	35	21	53	4	9	1	2	0	0	81	199
	篇	句	篇	句	篇	句	篇	句	篇	句	篇	句	篇	句	篇	句	篇	句
过	0	0	13	20	8	9	10	19	9	11	4	5	2	3	0	0	47	74

2.方法

本节主要采用定性和定量结合的方法。首先根据对语料的初步观察,得到两个基本的假设:1.体标记的习得与动词的情状类型有密切关系;2.句法结构类型影响体标记的习得。然后从多角度对语料进行分析,再归纳、统计、解释,对假设进行证明。

第六节 外国学生汉语体标记"了""着""过"习得研究

关于假设 1 杨素英等(1999)根据 Dowty(1979)等的观点把情状体分为"动词情状"和"句子情状":单独动词特性称为动词情状,动词特性与句子中其他成分相互作用产生的特性称为句子情状。[①] 动词情状分为四类:A 状态动词:如:爱、有、住;B 活动动词:如:交、跑、玩;C 终结动词:如:写、造;D 强调结果动词:如:赢、看见。又可以根据有无结果把前两类归为非终结性情状动词,把后两类归为终结性情状动词。该文重点考察了句子情状对体标记习得的影响,而对动词情状对体标记习得影响的考察不够。我们初步认为,动词本身的语义特性与体范畴的表达形式之间具有的相关性影响体标记的习得。对汉语来说,体范畴的表达不一定完全靠"了"等体标记,还可以靠副词等语法手段,但"了"等体标记毕竟在体范畴的表达中起着重要的作用。学生在习得汉语的过程中,在动词本身的语义特性与体范畴的表达形式之间建立某种联系,这在理论上是完全有可能的。此外,我们在对语料的初步观察中发现,动词的语义特性和体标记的习得有某种相关性,但这种感觉需要证明。

关于假设 2 句法结构类型包括各类句式(如存现句)和短语组合形式(如:V+数量+O)。体标记的习得一定是伴随着各种句法结构的习得过程而进行的,不可能是孤立的。而句法结构类型与体标记之间也应该具有某种选择性。比如,存现句中的一种形式是:处所+V+着+人/物。另如,汉语表达动作行为的伴随状态所用形式为:V_1+着+V_2。要习得这些用法的

[①] Dowty, David (1979) *Word Meaning and Montague Grammar*. Dordrecht: Reidel.

"着",同时必须习得这种句式。初步观察发现,某些句法结构类型影响体标记的习得。这同样需要证明。

在对语料的考察中,一件颇费斟酌的工作是正误判断,而这一点直接影响我们对习得情况的正确认识。我们采用的标准是:只要体标记的使用符合所在语境的时体要求及结构要求,即视为正确,由其他原因造成的错误不考虑。例如:

(4)最后地我作了我的作业和写完了我的日记。 (语篇3150:2级)

(5)他递了过一个月饼来说:…… (语篇2497:2级)

例(4)中"最后地"和"和"用得都不对,但从时体要求和结构两方面看,两处的"了"都用对了。而例(5)的"了"不符合结构的要求,因此判为错误。

二 结果与分析

1.动词与体标记的习得

如前所述,动词的语义特性同体范畴的表达形式之间具有选择关系。比如持续体的标记之一"下去"就不能与瞬间动词(如"死")同现。根本的决定因素显然是语义。而学生在学习汉语体标记时自然要接触"完成""持续""经历"等语法意义的表述,这不可能不影响学生对目的语时体意义的认知。而对于学生是否存在将这种意义和动词的语义特性建立联系这一心理机制则需要证明。

(1)动词与"了"的习得

在全部579条有效用例中,与"了"共现的动词(含个别形容

第六节 外国学生汉语体标记"了""着""过"习得研究

词)共有 212 个。其中分布在三个以上学时等级的有 28 个,这些词的分布级数和使用频率具体见表 2。这些词我们称为高分布率词。从这些高分布率的动词的语义特性应该能够在一定程度上反映出学生习得"了"的过程中的心理机制。

表 2

词语	级数	词次	词语	级数	词次
到	7	20	给	4	5
过	7	16	交	4	4
去	6	14	参观	3	12
说	6	7	写	3	11
有	6	6	走	3	8
发现	5	18	下	3	4
买	5	16	用	3	3
看	5	16	老	3	3
吃	5	9	失去	3	3
住	5	6	介绍	3	3
忘	4	14	学习	3	3
学	4	10	决定	3	3
来	4	7	毕业	3	3
坐	4	5	发生	3	3

此表列出的只是词形,部分词有几个义项,如"过""走"等。在分析动词情状这个因素时只能根据具体义项,而不能只看词形。如高频率、高分布率的"到"在与"了"同现的用法中均为"到达"这一有终结性的意义,"前往"义未见有和"了"同现的。

从表中可以看出,学生在习得"了"的过程中,对动词有一个基本的选择倾向:首先是基本都选择了行为动词,只有一个形容词(或称性质动词)"老"。这对语法教学有启示意义,学生在使用体标记时对动词有所选择,关系动词("是""属于"等)一般不被选择(语料中 212 个动词中未出现这种类型的),因此教学中就没有必要强调关系动词等后面不能加"了、着、过";其次是在上文说的动词情状类型中,终结性情状动词占多数。共有 17 个,占总数的 60%:

到 过 去 买 发现 忘 来 给 交
写 走 下 参观 失去 决定 毕业 发生

为了更细致地描述习得情况,从而确定动词情状与"了"习得的关系,我们又利用语篇号和学时等级这两个语料属性,对这些高分布率词进行了考察。下面是考察结果(数字表示词次):

1. 到:词义——到达(某地或某时)。如(均出自语料):到了以后/到了北京/到了十八岁/到了期末

    分布及正误——[正]1级:3|2级:4|3级:6|4级:3|5级:12

2. 发现:分布及正误——[正]3级:2|4级:3|5级:2

    [误]2级:3|3级:4|4级:3|5级:1

3. 过:词义——从一个时间到另一个时间。如:过了一会儿/过了几天/过了两个星期/过了十分钟

    分布及正误——[正]1级:1|2级:8|3级:4|4级:4|5级:2

    [误]4级:1

4. 买:分布及正误——[正]1级:2|2级:7|3级:4|4级:1|5级:13

5. 看:分布及正误——[正]2级:3|4级:2|5级:1

    [误]2级:1|3级:1|5级:1

6.去:分布及正误——[正]1级:1|2级:4|3级:4|4级:3|5级:2

[误]3级:1

7.忘:分布及正误——[正]2级:7|3级:1

[误]1级:1|3级:1|5级:1

8.走:词义——①离开。如:该走了/走了以后

②行走。如:走了一段路

分布及正误——[正]3级:1|5级:2|6级:2

[误]6级:1

限于篇幅,这里仅列出8个高分布率词的情况,但对我们的分析基本够用了。分析中我们发现,下面的倾向比较明显:

第一,学生在习得体标记"了"时,倾向于先把有终结意义的动词与"了"共用。上面列出的"到""过""走"有明显的表现。三个词都有其他的意义,但学生只把有终结意义的用法与"了"联系起来,这反映了学习者的一种心理倾向。此外,三个词中"到"的分布率和频率尽管很高,但没有一例是非终结义用法;"过"和"走"各有一例非终结义用法,但都错了:

(6)我刚来的时候,我不知道怎么能在北京过了六个月。 (语篇579;4级)

(7)我走了一段路的时候听见后面有人在喊。 (语篇5408;6级)

这两个用例的错误是由带"了"动词短语所处结构(能+动词短语/……的时候)的制约造成的,因为单独的"过了六个月""走了一段路"没有错。不管是由什么因素造成的错误,这两

个非终结义动词到了第四级和第六级才与"了"共用,并使用错误,这很能说明问题。另外,"看"是非终结性动词,9个词次错了3个,并且分布在3个学时等级中,这表明,非终结性动词与"了"共用,掌握的难度大。根据以上分析,我们可以得到一个认识:在"了"的习得过程中,学生在各类动词中先选择终结义动词与"了"共用;在多义动词中,优先选择终结义项与"了"共用。

第二,学生受上述心理机制的制约,加上母语的影响,对于汉语中有规则控制的部分终结义动词掌握困难。典型的有"发现""忘",还有未列出的"决定"。这些词均有终结义,但使用是有条件的,即,当不带宾语或带名词宾语时可以用"了",如"我发现了/我发现了一个问题",当带上动词宾语或小句宾语时不能用"了"。由于学生对这样的规则不熟悉,因此错误率很高(见上面的数字)。这实际是一种规则泛化的结果。考察中发现,这类错误比较顽固,"发现""忘"在第五级各有1例错句,"决定"的正误比是1:6,其中第三级和第四级的错误有3例,占1/2。

第三,部分高分布率的非终结义动词在与"了"共用中正确率很高,如"住",使用7次,只有1次错误。这与动词本身的语义特性关系不大,主要受句法结构因素影响。这一点杨素英等(1999)曾谈及。本节下面将讨论。

(2)动词与"着"的习得　在全部199条有效用例中,与"着"共现的动词(含形容词)共有96个。其中分布在两个学时等级以上的有20个。(见表3)

表3

词语	级数	词次	词语	级数	词次
坐	5	18	笑	3	3
带	5	6	忙	3	3
拿	4	10	背(bēi)	3	3
躺	4	8	跟	2	6
写	4	5	微笑	2	6
挂	4	4	站	2	4
看	3	16	低	2	4
放	3	7	等	2	3
抱	3	6	贴	2	2
围	3	5	含	2	2

从这20个高分布率词可以很明显地看出：20个词中没有一个结果义或终结义动词，所用动词基本都是具有静态意义的动词。其中一部分兼有动态意义，如"写""拿""挂""贴"等，但在用例中都是静态用法。例如：

(8)信里写着很多事情。 （语篇2427；2级）

(9)一个左右分钟以后，我的朋友拿着行李跳下楼来。（语篇2428；2级）

(10)在墙上挂着一张照片。 （语篇3171；2级）

(11)墙上贴着一张中国地图。 （语篇2432；2级）

这说明学生在习得持续体标记"着"的过程中，自然地将"持续"这一时体意义同动词特性联系起来，这种心理机制无疑是存在的。

考察中我们还发现，个别学生存在着把体标记与前面动词看作一个固定形式的现象。语篇号为3151的4个用例就是典型：

(12)我们每一个人睡着八个小时左右。

(13) 我们的身体需要睡着。

(14) 如果我们不够睡着,我们累极了,做工作做得不好,也很容易生病。

(15) 但是如果这个学生不睡着也不吃饭,他的身体越来越弱。

显然,学生并没有把这里的"着"当作一个单独的体标记来使用,而是把"睡着"等同于"睡觉"来使用。这也应看作一种泛化现象。孙德坤(1993)讨论"了"的习得时曾提到这种现象。

(3) 动词与"过"的习得　全部有效用例为 74 条,与"过"共现的动词有 29 个。其中分布学时等级数在两级以上的有 5 个。(见表 4)

由于高分布词数较少,不具有统计意义,很难据此下明确的结论。但就是在这仅有的 5 个高分布词中竟然出现了"经历"这个动词,这在一定程度上反映了学生在习得经历体"过"时的心理倾向。

表 4

词语	级数	词次
去	5	13
看	5	19
住	2	2
经历	2	2
上学	2	2

(4) 小结　根据以上对三个体标记习得过程中与动词间关系的详细考察,我们可以认为,外国学生在习得体标记的过程中存在着将时体意义同动词的语义特性自然联系起来的心理机

制,这一点在"着"的习得中表现最明显,其次是"了"的习得。"过"的习得也有一定的表现。

关于动词情状同时体标记习得的联系,根据杨素英等(1999),Bardovi-Harlig 和 Reynolds(1995)曾经对成人习得英语过去式的情况作过调查,结论是过去式习得分三个阶段:第一阶段,学生只对终结动词和强调结果动词加上过去时兼完成体的后缀-ed;第二阶段,开始对状态动词加-ed;第三阶段,开始对活动动词加-ed。[①] 本文对英语国家学生习得汉语体标记的研究表明,这个规律大致也存在于对汉语的习得上。这一点极具启发意义,无论是母语习得还是外语习得,也无论是英语作为外语习得还是汉语作为外语习得,一种具有普遍语法意义的心理机制看来是存在的。

2. 句法结构与体标记的习得

前文我们谈到,体标记总是在一定的句法结构中使用的,因此,考察句法结构因素对体标记习得的影响,对于更好地认识体标记的习得规律无疑有重要意义。

三个体标记所表达的语法意义不同,在句法结构方面表现出的特点自然也不相同,需要分别考察,同时也需要注意他们之间的联系,比如存在句结构"处所+V+人/物"中,V 后可以用"着",也可以用"了"。

(1)句法结构与"了"的习得 前文提到,部分非终结义动词在与"了"共用时正确率很高,与句法结构关系密切。这只是由

[①] Bardovi-Harlig, K. & D. W. Reynolds (1995) The role of lexical aspect in the acquisition of tense and aspect. *TESOL* Quarterly 29.

部分动词反映出的特点。在更大的范围内,句法结构对"了"的习得究竟具有怎样的影响,这需要具体考察。我们把现代汉语中体标记"了"常出现的句法结构概括为以下 7 种。

A　V+O(处所/非处所)
B　V+数量+(O)
C　V+时段/时点+(O)
D　V_1+O+V_2+
E　(一)+V_1+就+V_2
F　V+(O)+时间助词("以后"等)
G　有+O+V

需要说明的是,体标记"了"可以出现的句法结构绝不仅限于这几种,我们确定这 7 种结构主要是根据语法教学中常与"了"相关的结构形式,以及实际语料中的情况。比如双宾语结构、动词重叠结构也是常和"了"相关的结构,因为语料中只出现几例,没有统计意义,因此没有纳入考察范围。另外,之所以把 F 类列入考察类型,主要基于如下考虑,时间助词一般标明了说话人叙述事件的时间背景,与时体表达关系密切。

对语料中出现的带"了"的上述结构,分别进行了标注。然后根据学时等级属性及使用的正误情况进行统计分析。表 5 是统计结果。

表 5

结构类型	一级		二级		三级		四级		五级		六级		七级		正误比率	
	正	误	正	误	正	误	正	误	正	误	正	误	正	误	正	误
A	5	1	24	3	28	1	17	2	24	2	6	0	0	0	92%	8%

第六节 外国学生汉语体标记"了""着""过"习得研究

续表

	正	误	正	误	正	误	正	误	正	误	正	误	正	误	正	误
B	2	1	23	4	10	1	19	1	13	0	12	0	4	0	92%	8%
C	5	0	11	0	14	1	9	0	5	1	3	0	2	0	96%	4%
D	0	1	4	4	2	1	1	2	2	0	0	0	0	0	53%	47%
E	2	0	0	0	0	0	0	1	0	5	0	0	0	0	25%	75%
F	3	0	7	3	6	2	5	3	14	1	4	2	0	0	78%	22%
G	0	0	0	0	0	1	0	2	0	5	0	2	0	0	100%	0%

由表中数据可以发现，A、B、C三种结构正确率非常高。B、C两种结构有此表现并不奇怪，因为带有数量、时量、频度等成分的动词短语都带有终结意义，无论动词本身有无终结点，这种结构具有的语义特性正好和"了"的语法意义相一致。但A类结构有这样高的正确率出乎意料，因为在教学中老师常要强调，动词带上光杆宾语，中间一般不能有"了"，比如不能说"看了书"。但在学生语料中存在着大量的这类结构的用例，并且正确率这么高。其中的道理何在？分析发现，V的特性和O的类型对能否加"了"有重要影响。正确用例一般都至少具备下列条件之一：(1)动词具有终结义，(2)宾语为处所宾语。试举数例：

(16)上星期六我跟我的同学们一起去了香山。（语篇1130；1级）

(17)他很年轻的时候他得了癌症他失去了一条腿。（语篇1604；1级）

(18)因为我有一个研究生院接受了我。 (语篇3150;2级)

(19)十一半钟左右我们到了广州。 (语篇3153;2级)

G类的表现也很特殊。一般把"有"看作状态动词,和"允许"等词同类,与"了"组合的可能性小。然而在语料中不仅使用频率高于某些非状态动词,而且分布率也很高(见表2),由上表可见使用正确率达100%。这是一个很有意思的现象,启发我们重新认识汉语动词"有"的特性。

概括上面的分析,7类句法结构的特性与"了"的习得之间确实存在着明显的相关性,有难易之别,习得先后之分。A、B、C三类容易,D、E两类偏难,F类居中;G类习得发生明显晚于其他类,但不难习得。D、E的习得难度表现与汉语中这两类结构的复杂度是相关的。F类的情况表明,由于"以后"等时间助词提供的是事件的已然状态的背景,其与"了"的完结义相协调,因此总的看正确率较高,但错误率也达22%,这说明当中还有复杂的情形。

(2)句法结构与"着"的习得 在现代汉语时体系统中,"着"是持续体的主要表达形式。① 具体又可以分成动作的持续和状态的持续两种类型。为使分析更方便,结合句法结构形式,我们对语料按照以下三个类型进行考察:

A 伴随状态:V_1+着+(O)+V_2 例如:躺着休息/拿着行李跳下楼来

---

① 参见戴耀晶《现代汉语时体系统》,浙江教育出版社1997年版。

第六节 外国学生汉语体标记"了""着""过"习得研究

B 动作持续：V+着+（O）　例如：看护着这个花园/一直跟着我们

C 存在状态：处所+V+着+人/物　例如：牌子上写着什么/她穿着红衣服

这三个类型基本可以把语料中使用"着"的句子涵盖进去。要说明的是，"门开着"一类状态持续的用例很少：

(20) 走的时他车的收音机开着，可是有两个电台一起开。（语篇2505；2级）

(21) 台球室好像关门，只有他们俩的灯开着。（语篇307；3级）

尽管两个用例都对了，但由于用例太少，且动词均为"开"，不能据此得出这类结构中的"着"先掌握或后掌握的结论。

我们对每条有效用例从两方面进行了穷尽分析，一是类型确定，看属于A、B、C那种类型；二是判断正误，无论是语法意义的还是结构的都要明确。表6是具体结果：

表6

类型	一级		二级		三级		四级		五级		六级		七级		正误比率	
	正	误	正	误	正	误	正	误	正	误	正	误	正	误	正	误
A	1	0	13	6	6	0	4	0	13	0	3	0	0	0	87%	13%
B	2	1	7	15	11	1	16	0	22	0	1	0	0	0	78%	22%
C	1	0	11	3	5	0	9	1	11	0	4	0	1	0	91%	9%

从表中可以看出很明显的倾向，C类结构（存在句）错误率最低，46个用例中，只是在二级和四级中出现4个错句；A类结

构(伴随状态)的错误率也较低,且错误只发生在第二级中,有 6 个错句;B 类结构(动作持续)错误率最高,且一、二、三级中都有错句分布,二级中错句高达 15 例。这种情况表明学生在习得这三种带"着"的句法结构形式时存在着难易顺序,依次为:B 难于 A 难于 C。但总体上看,"着"的习得难度要小于"了",因为从表中可见,到第四个学时等级,"着"的习得过程基本已经完成,而到了第五个等级则完全掌握了。"了"的掌握则要困难得多。这说明,规则化程度越高,习得越容易。

一个很有意思的情况是,汉语语法学家对于"着""了"在存在句结构"处所+V+人/物"(如"墙上挂了一幅画/墙上挂着一幅画")中的使用条件讨论很多,但在语料中未发现一例将"了"用于存在句的用例。是学生采取了回避的学习策略,还是教科书及课堂教学没有或缺少这一教学内容使然?目前我们还无法确认,估计后一个因素可能性更大,因为语料的采集对象基本都是在中国的学校教育环境中的外国学生,其学习过程无法不受教科书的影响。

(3)句法结构与"过"的习得 由于带有经历体标记"过"的经历句只是强调过去有过某种经历,无论是动作行为还是性质状态,只要具有曾经存在的可能性,都可以用"过"来强调曾经存在的经历。因此动词(甚至形容词)的情状类型对"过"的使用没有什么影响。极端的例子是状态动词"姓"也可以加"过",如"他以前姓过张,后来改姓李了"。那么在习得"过"的过程中,句法结构因素是否产生影响呢?我们采用和考察"着""了"时同样的方法对语料做了细致考察。根据语料的实际表现和汉语中与"过"的使用关系密切的结构形式,我们重点考察了以下 3 种结

第六节 外国学生汉语体标记"了""着""过"习得研究

构：

A 时间词语 + V + ……

B V_1 + (O) + V_2

C V + 的 + 中心语

A类结构中的"时间词语"是指在句子中动词前出现的标明事件时间的各类词或短语。甚至下面例子中的"第二次世界大战"也算：

(22) 因为第二次世界大战在欧洲的犹太人也经历过这样的屠杀，所以我们都重视纪念这样的事情。（语篇3273;5级）

因为它提供了时间背景，尽管它不是严格意义的时间词语。B类主要看"过"的使用位置，C类看学生对带"过"动词短语作定语的习得情况，因为一般认为这种结构不易掌握。表7是具体结果。

表7

结构类型	一级		二级		三级		四级		五级		正误比率	
	正	误	正	误	正	误	正	误	正	误	正	误
A	0	0	4	3	2	2	6	3	7	0	70%	30%
B	0	0	2	2	0	0	0	1	0	1	33%	67%
C	0	0	0	0	0	0	3	2	2	0	71%	29%

表中显示，总体上看，"过"的习得开始较晚，从二级开始。并且开始阶段错误率较高。三种结构的习得情况也不一样，C类结构开始很晚，第四级才开始，且有泛化现象。下面具体分析

一下四级中的两个错例和所在语篇的其他用例(语篇 3419；4级)：

(23)我已经来过大陆好几回了,而且从去年二月到现在住过这儿一年半多了。

(24)在食堂,汽车站,火车站,电影院,医院没看过排队。

(25)我学过的中国。我想过的中国不一样。

(26)我的意思不是批评中国和中国人,而是很想碰到以前想过的中国和中国人。

从这个语篇可以看出,该学生对"过"的习得正处于一种高峰期,因而很不稳定,有用得很好的("来过大陆好几回了"),也有过度泛化的("住过""学过""想过")。这是一种典型的正常习得现象,习得过程中自然要经历这一不稳定的阶段。就语料总体反映的情况来说,"过"的习得开始晚,错误率高,但进入五级后错误很少,说明"过"的习得过程基本完成,这与"了"的情况不同。句法结构对"过"的习得有一定影响,A 类结构在用"过"的用例中占很大比例,这说明学生习得"过"的过程中很注重时间背景。B 类结构错误率很高,主要问题是学生基本上都把"过"放在 V1 后面,说明还没有掌握汉语连动(兼语)结构带体标记的规则。

(4)小结　概括上面的描述和分析,在体标记的习得过程中,句法结构是一个重要的影响因素。体标记不是一下子在各种结构中同时习得,而是有一个先后顺序,某些恰好和体标记意义相一致的结构先习得,其他的后习得。这一点在"着"的习得上表现最明显,其次是"了"的习得,最后是"过"的习得。

三 余论

语言习得是一个十分复杂的过程,涉及的因素很多。从学习者角度看有学习策略、母语迁移、学习态度等多种因素;从教学者角度看有教材、教学方法、教学环境等因素。因此习得研究必须从多角度、多侧面进行。汉语时体习得的研究虽然有了一些基础,但一些重要的方面还缺少研究。本节即是基于上述认识试图在与时体表达密切相关的动词情状和句法结构两个方面进行初步的探讨。

从对中介语语料的穷尽分析中我们发现,动词本身的特性,以及句法结构的类型对三个体标记的习得都有重要的影响,具体结论见上文,在此不再赘述。这里要特别强调的是,其他诸如母语迁移等因素在语料中也有反映,为集中讨论,因此较少涉及其他因素。还需要说明的是,由于提取语料方法的局限性,我们不可能把那些该用体标记而未用的用例找出加以分析,因此本研究只能说在一个侧面描写了体标记的习得情况,其他诸因素的考察恐怕需要其他手段的运用,本节无力做到。

第七节　汉语"不"和"没"的习得过程研究[①]

国外第二语言习得领域关于否定结构习得过程的研究成果

---

① 本文原标题为"'不'和'没'否定结构的习得过程",作者王建勤,原载《世界汉语教学》1997年第3期。

相当丰厚。Klima 和 Bellugi(1966)首次提出了英语儿童习得母语否定系统所经历的三个阶段及习得顺序后,引发了第二语言习得领域一系列相关的研究。① 这些研究证明,第二语言学习者与英语儿童习得母语否定系统的阶段和习得顺序基本相同。② 有的学者(Felix,1980)甚至认为这是一种普遍规律。③ 但国内还未见到相关的汉语研究报告。

本节试图从正反两方面对汉语学习者对"不"和"没"否定结构习得的全过程进行多侧面的描述,以期发现"不"和"没"否定结构习得的一些规律性现象,并尽可能地作出客观的解释。

一 数据的来源、分类与描写方法

本节的数据来源于北京语言学院《汉语中介语语料库系统》,我们从 104 万字的书面语语料中抽取了母语背景为英语,含否定副词"不"和"没"的例句 1 032 条。经过整理,留下 914 条作为研究的样本,并参照《汉语中介语语料库系统》的八级标准,将学习者按学期划分,每学期为一级。从零起点到四年级共

---

① Klima & Bellugi (1966) Syntactic regularities in the speech of children. In Lyons, J., and R. Wales (eds), Psycholinguistic Papers. Edinburgh: University of Edinburgh Press.

② Ravem, R. (1970) The development of whquestions in first and second language learners. University of Essex Language Centre, Occasional Papers 8.

Milon, J. (1974) The development of negation in English by a second language learner. TESOL Quarterly 8.

Gillis & weber (1976) The emergence of sentence modalities in the English of Japanese-speaking children. *Language Learning* 26.

Wode (1980) *Learning a second language*. Tubingen. Germany.

③ Felix (1980) The effect of formal instruction on second language acquisition. *Language Learning* Vol. 31.

八个阶段,作为我们考察习得过程的时间线索。在考察中发现,从六级以后,学习者基本掌握了"不"和"没"及其相关否定结构的用法,可供分析的语料较少。因此,我们只选取一级到六级的语料作为研究的范围。

为了对"不"和"没"否定结构的习得过程进行多侧面的描写,我们主要考察三种情况:一是由"不"和"没"构成的否定结构的分布情况;二是"不"和"没"否定谓词和助动词的情况;三是某些特定规则的习得情况。首先,我们从学习者的语言表达材料中概括出了十类与"不"相关的否定结构,用 B 表示。其中 B1、B2 类又各分两个小类。与"没"相关的否定结构概括为四类,用 M 表示。带"不"的否定结构:

B1a 不(太) + V
　　　不吃饭;不太喜欢
B1b 不(难;好) + V
　　　不难决定;不好说
B2a 不(太;很) + Adj
　　　不漂亮;不太好
B2b 不(比;跟)N + Adj
　　　不比我大;不跟他住
B3   V 不(完;了)
　　　吃不完
B4   V 得不 + Adj
　　　擦得不干净
B5   不(要;想;会)V/Adj
　　　不会说;不能太高

B6 不(要;让)N+V

　　不让他来

B7 不是+N/V

　　不是日本人;不是用机器

B8 不 X 不+V/Adj

　　不能不走;不得不去

B9 "不"单说

　　不!

B10 (跟,和)……不一样

　　跟他不一样;

带"没"的否定结构:

M1 没+V

　　没来;没看见

M2 没 N/Adv+Adj

　　没你高;没那么高

M3 没 N 不+V/Adj

　　没人不喜欢;没什么不好

M4 没(被,把)+V

　　没把它吃了;没被吃了

关于上述分类在此需要作如下几点说明:(1)上述分类并非汉语否定结构的系统分类,而是学习者实际语言表达的概括分类和描写。按照传统语法分类,有些语言现象应归为一类,但从语言习得的角度来看,将这些语言现象分别进行统计才不至于忽略一些重要的差别。比如,按传统的语法分类,B1a 类和 B1b 类,B2a 类和 B2b 类可分别归为 B1 类和 B2 类,即动词否定和形容词否定。但在语料分析当中我们发现,学习者在习得"不太喜欢"和"不难决定""不好说"这两类否定结构时表现出很大的差别。统计数字也表明二者的习得存在着差异。因此,我们将其分作两类。如果合为一类,这种习得上的差异就会被掩盖。另外,传统的语言教学认为,"被"字句和"把"字句是两个非常重要的教学难点。但是从我们统计的情况看,这两种否定结构出现的频率相当低,在统计学上没有意义。如果把这两类结构看作"没+介词结构+动词"这样一种结构,把"没"否定"把"字句和"被"字句合为一类也未尝不可。(2)我们的目的是要考察学习者实际学会了哪些规则以及这些规则的客观分布,因而,没有按照传统的语法框架罗列所有的分类。比如,在分析带"不"的否定结构语料中并未出现"把"字句和"被"字句的否定结构。分类、统计自然不包括这两类否定结构。因为我们无法从量的方面对未出现的否定结构进行分析和评价。此外上述分类当中不包括病例中出现的否定结构。统计时自然也不包括。因为病例中的问题相当复杂,难于按现有的语法框架分类。(3)有的结构表面上看起来属于传统语法的某一类,实际上却是一种中介现象,则单分一类。比如,"和……不一样"是学习者使用频率较高的一个否定结构,似乎可分为形容词否定类。但是,分析表明,学习者用这种否定结构所表达的否定功能往往超过结构本身的特定功能。也就是说,这是学习者特有的中介否定结构。所以,有必要单分一类。我们从词汇层面对"不"和"没"否定谓词和助动词进行了分类和描写。

首先,我们根据王还先生(1995)的分类过程,将助动词分为五类:即表可能的(助1);表能力和技能的(助2);表情理上需要的(助3);表必要的(助4);表主观愿望的(助5)。① 关于动词、形容词的分类,各家分类有粗有细,标准不一,我们只能根据实际情况进行粗略的分类。形容词分为表形状的(形1);表性质的(形2);表状态的(形3)三种类型。动词则分为,表动作(动1);表行为(动2);表心理(动3);表状态、发展(动4);表判断、领有、存现(动5);表趋向(动6);表遭受(动7);其他(动8)八种类型。按照这种分类,我们对914个例句中出现的动词、形容词和助动词逐一进行标注,然后分阶段(1到6级)进行重合排序,概括出动词241个,形容词94个,助动词43个,共378个。在此基础上,将一到六级各级出现的这三类词重新排序,挑选出了在六级当中出现过三次以上的动词、形容词和助动词共44个。我们称其为"共核词"。所谓"共核词"是指那些在六级当中有三级至少出现过一次以上的谓词和助动词。这些共核词是连续出现词次较高的基本词汇,因而具有一定的稳定性。从"不"和"没"与这些共核词进行组合的类型和范围的发展变化中,可以清楚地看到这一习得过程的动态发展。现将这44个与"不"和"没"同现的共核词排列如下:

动词29个:

  动1 看;说;动;找

  动2 同意;让;管;需要;信;上课;要;结婚;允许;见面;带

  动3 知道;喜欢;怕;认识;明白;想;了解;爱

  动4 (未出现)

---

① 参见王还《对外汉语教学语法大纲》,北京语言学院出版社1995年版。

动5   是；像；算

动6   去

动7   受

动8   够

形容词8个：

形1   大；小

形2   好（吃，看）；远；容易；一样

形3   高兴；舒服

助动词7个：

助1   能；会

助2   会

助3   应该

助4   （未出现）

助5   原意；要；想

关于某些特定规则的习得过程，这里也需要作一些说明。所谓"特定规则"是指那些学习者最容易发生混淆，学起来比较难的否定结构。由于我们面对的是学习者处于过渡状态的中介语系统，按照传统的语法框架进行分类和描写必然会有削足适履之嫌。因此，我们将采取简单的分类方法，通过文字表述来描写这一过程。

二 过程分析

1. "不""没"否定结构习得的消长过程

这一节我们要通过对各类否定结构习得过程的对比来发现学习者群体习得否定结构全过程的本质特征。按照第一章的分类标准，我们对各类否定结构的分布情况进行了统计。为使原始数据具有可比性，我们分别计算出了分类否定结构在每个学习阶段使用的相对频率，并通过图表显示连续出现的七类否定结构的频率曲线。见图1。

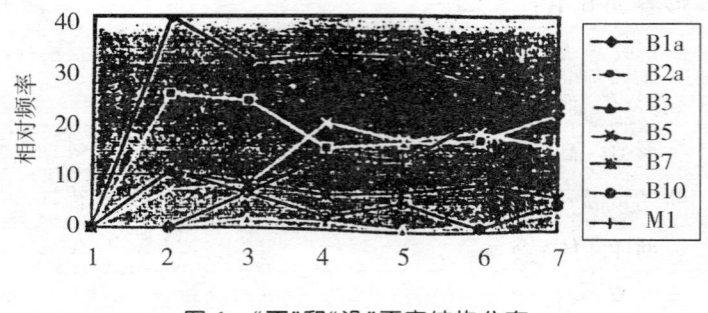

图1 "不"和"没"否定结构分布

从纵向对比中可以看到，"不"和"没"否定结构的习得过程处于不同的发展水平上。为了便于分析，我们把对应于Y轴上20这条水平线以上的区域暂且称作一级习得水平；介于10与20之间的区域称作二级习得水平；10以下的区域称作三级习得水平。处于一级习得水平区域的否定结构包括B1a类和B2a类，即谓语动词和形容词的否定结构。但B2a类从第二阶段开始降到二级习得水平的区域。处于二级习得水平区域的否定结构大都是从第三阶段开始从三级习得水平区域升上来的。包括B5类和M1类，即助动词否定和"没"对动词的否定。有三条曲线位于三级习得水平区域（实际上还包括未在图像中显示出来的其他类型的结构）。这三种类型的否定结构包括系动词否定（B7），可能补语否定（B3）和"跟……不一样"这种固定格式（B10）。从上述否定结构在三个习得水平区域的分布中，我们是否能发现某些规律性特征呢？我们按照图一中的次序将这些否定结构做一个排序：

一级习得水平	1. B1a 不（太）+ V	不吃饭；不太喜欢
	2. B2a 不（太）+ Adj	不漂亮；不太好
二级习得水平	3. B5 不（会,能）+ V/Adj	不会说；不能太好
	4. M1 没 + V	没有来；没看见
三级习得水平	5. B7 不是 + N/V	不是我；不是用机器
	6. B10 跟……不一样	跟他不一样
	7. B3 V 不（完,了）	吃不完

从这些否定结构的排序中，我们发现，这些分布在不同习得水平区域中的否定结构隐含着某种顺序。随着习得水平区域的降低，否定结构也由简单到复杂。换句话说，习得水平的区域越低，否定结构也就越复杂。习得水平的区域越高，否定结构也趋于简单。从结构上看，"不"直接否定动词和形容词，并不涉及其它成分和结构时，学习者操作似乎并不困难。"不"对助动词的否定却不一样，由于英语助动词系统与汉语助动词系统不是一一对应，因而用"不"对助动词进行否定时，助动词的选择便成了难题。从我们搜集到的病句来看，助动词用法的错误几乎贯穿一到六级的全过程。"没"作为一个新导入的否定副词，常常使学习者与"不"相混淆，其难度是不言而喻的。系动词的否定，凭直觉来看，似乎在结构上并不复杂。但问题出在汉英系动词的用法大不相同。在我们搜集的语料中，学习者出现的问题并不占少数，这也出乎我们的预料。"跟……不一样"作为一个固定结构，本身并不复杂。但它之所以处于较低的习得水平，也许是汉英对应结构的语序不同造成的。B3 类，即可能补语的否定，

一向被认为是教学中的难点,看来不无道理。因为汉英在表可能的表达方式上的差别是显而易见的。

在上述分析中,我们可以看出,"不""没"否定结构的习得是按照某种顺序进行的。也就是说,否定结构的习得是有序的。这种有序性在某种程度上与否定结构的复杂程度有关。另一方面,两种语言中相对应的否定结构的差异也是导致习得过程居前或滞后的一个重要原因。

在纵向分析中,我们已经看到,否定结构习得发展的水平不是一成不变的,相反,这种发展水平有消有长。那么,对这种发展变化作何解释呢?我们试图在否定结构的横向对比中找到答案。

从图一各类否定结构习得曲线的横向发展趋势,我们发现,尽管各类否定结构的习得曲线在不同阶段升降幅度大不相同,但在异中有同。那就是,无论曲线如何变化,大都呈现出三个不同的发展时期,即习得过程的发生期、高涨期和稳定期。所谓发生期是指习得过程的开始阶段,或者说习得过程被激活。这就是说,新规则的导入并不意味着习得过程的开始,关键在于这一过程是否被激活。因而,习得过程被激活得早,这一过程的发生期就早。反之亦然。所谓高涨期,是指习得过程最活跃的阶段。我们知道,学习者一旦学得一种规则,在一特定时期表现出一种基本"性向"(disposition),即大量的使用刚刚学得的规则。目的语规则的泛化就是这种性向的极端表现。因此,我们在图一中可以看到大多数否定结构习得曲线在高涨期急剧上升的情况。稳定期,也可以称作习得过程的成熟期。高涨期过后紧接着便是稳定期。标志着习得过程告一段落。稳定期出现得越

早,习得过程就越短;出现得越晚,习得过程就越长。为使图一中各否定结构习得阶段的分布更为直观,特列表如下:

表 1

	1	2	3	4	5	6
B1a	发生	高涨	稳定	——	——	——
B2a	发生	高涨	稳定	——	——	——
B5	发生	——	高涨	稳定	——	——
M1	发生	——	——	——	高涨	——
B7	发生	——	——	——	——	——
B10		发生	——	——	——	——
B3		发生	——	——	——	——

从上表可以看到,有五类否定结构习得过程发生在第一阶段(B1a,B2a,B5,M1 和 B7)。有两类发生在第二阶段(B10 和 B3 类),比前五种结构滞后一个阶段。另外,B1a 和 B2a 类在第二个阶段就进入了高涨期,紧接着便是稳定期。这说明,B1a 和 B2a 类否定结构的习得过程比较短。B5 类和 M1 类则分别在第三、第五阶段才进入高涨期。表明这两种否定结构的习得过程比较长。B7 类,B10 类和 B3 类呈现一种有始无终的状态。也就是说,在我们考察的时段内,高涨期和稳定期均未出现。这意味着,这三类结构的习得过程更长。一般说来,习得过程越长,否定结构的习得难度也就越大;习得过程越短,否定结构的习得相对容易一些。这就是说,习得过程的长短在某种程度上反映了否定结构习得的难易程度。而这种难易程度实际上隐含着这些否定结构的习得顺序。上表的阶段分布情况恰好反映了这一对应关系。此外,我们还惊喜地发现,与习得过程相对应的

这七类否定结构的习得顺序和我们在纵向分析中所证明的难易顺序完全相同。这种吻合绝非偶然。它真实地反映了否定结构习得顺序的客观性。

在上述分析中我们还看到,否定结构习得过程的发展是不平衡的。这种不平衡不仅表现在习得过程各阶段发展的居前与滞后上,同时也表现在各阶段习得的速率上。如在发生期 B1a 和 B2a 类几乎是直线上升。而 B5、B1 和 M1 类否定结构则发展缓慢。由于这种差异,使得否定结构习得过程在有序发展中呈现出不断消长的动态变化特征。

2. 谓词否定与助动词否定习得的爆发过程

这一节我们从词汇层面来考察与"不"和"没"同现的谓词与助动词的习得情况。考察范围是在六级当中出现过三次以上的动词、形容词和助动词,即所谓"共核词",共 44 个。在此,我们是从"不"和"没"与这些共核词的组合关系角度来谈习得过程的,不是单纯考察动词、形容词和助动词的习得过程。按照前面的分类,我们将筛选出的 44 个共核词在各阶段的分布情况作了一个统计,并通过图表显示出来。(见表 2)

表 2

	V	A	AU	V核	%	%	A核	%	%	AU核	%
22	13	6	3	7	53.85	46.2	2	33.3	66.7	2	66.7
55	24	25	6	10	41.67	56.3	2	8	92	0	0
90	61	18	11	10	16.39	83.6	3	16.7	83.34		36.4
95	67	20	8	2	2.98	97	1	5	95	1	12.5
78	53	16	9	0	0	100	0	0	100	0	0
38	23	9	0	0	0	100	0	0	100		

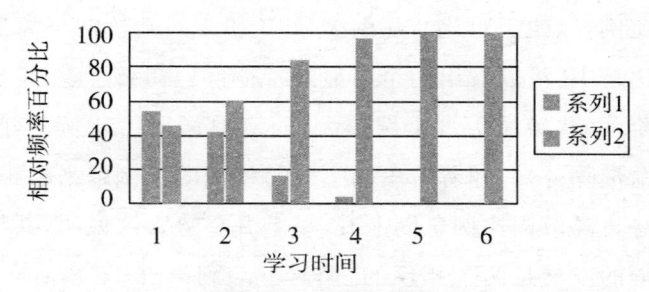

图 2 动词共核词与离散词分布比较

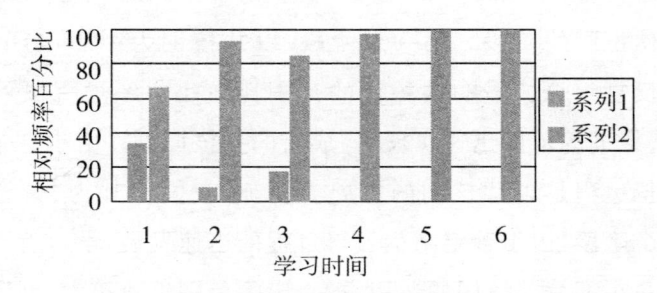

图 3 形容词共核词与离散词分布对比

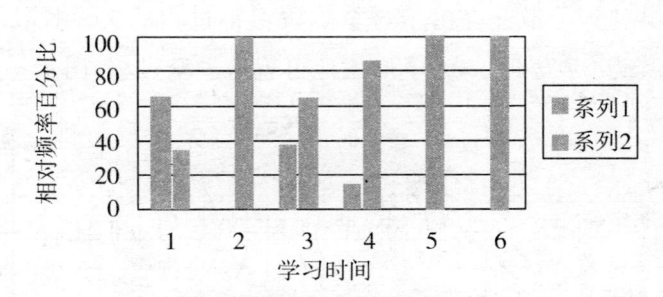

图 4 助动词共核词与离散词分布比较

在表 2 中,我们分别列出了各级中共核动词(V 核)、共核形容词(A 核)和共核助动词(AU 核)与其相对应的其他动词,或曰离散词(在意义上和共核词相对)的比例。同时也列出了离散词的比例，以便于对比。从图2、图3和4四共核词与离散词的分布比较中，可以看出两个明显的特征：(1)初级阶段，特别是第一个阶段，共核词所占比例较大，而离散词所占比例较小（图3中的情形除外）。随着阶段的上升共核词的比例越来越小，呈下降趋势。离散词比例急剧上升，呈上升趋势。这说明，共核词和离散词的发展是两个相反的过程。(2)到第五、第六阶段，共核词完全消失，成为一种散发状态。这两个明显的特征告诉我们，学习者习得"不"和"没"否定的动词，形容词和助动词，经历了两个截然不同的阶段。第一个阶段，以共核词为中心，与"不"和"没"反复组合。最初共核词的范围比较小。经过一段习得过程，共核词的范围迅速扩展，构成新的共核词群。由于这个阶段的习得过程是以共核词的扩展为特征，我们称其为"聚合期"。第二个阶段，由于否定结构习得过程的迅速发展，学习者不再局限于一小部分共核词的运用，把否定的范围迅速扩大，到了一定阶段完全失去原有的共核词。或者说，大量的所谓离散词将原有的共核词分散开。由于这个阶段习得过程的突发性特点，我们称其为"爆发期"。为了形象地再现这一全过程，图示如下：

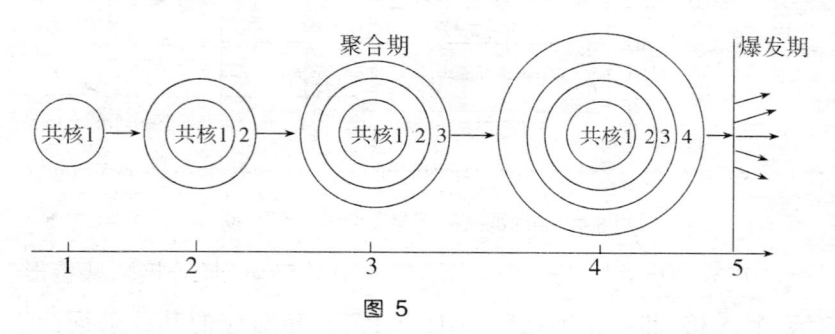

图 5

图五描述了共核词习得过程的聚合期发展和爆发期的剧烈

变化。在第一阶段,共核词的范围比较小。但与离散词相比,所占比例却比较高。如共核动词占 53%;助动词的共核词占66%。到了第二阶段,虽然共核词的总体比例呈下降趋势,但共核词本身在原有共核词的基础上逐渐增长。以动词的共核词为例,第二阶段比第一阶段增长 1.4 倍;第三阶段比第二阶段增长 1 倍;第四阶段比第三阶段增长 0.2 倍。尽管在聚合期,共核词一直保持增长趋势,但其增长率却呈递减趋势。这预示着爆发期的来临。聚合期共核词习得是以滚雪球的方式进行的。反映了学习者稳步发展的心态和策略。在爆发期,共核词的消失意味着学习者的习得水平有了一个质的飞跃。量的积累最终导致质的变化,反映了学习者开放性习得策略。爆发期的出现表明习得过程接近成熟期。谓词否定和助动词否定习得从聚合期到爆发期的过程,实际上反映了学习者的习得策略由封闭到开放的变化过程。这对我们揭示学习者第二语言习得的心理过程具有重要意义。

3. "不"和"没"的扩散过程

由于"不"和"没"的习得过程处于一种过渡状态,我们将借鉴 Gatbonton(1978)的"扩散模式"(diffusion model)来捕捉这一动态过程。

为了比较清楚地描述"不"和"没"的扩散过程,我们把所搜集整理的病句按学习的各个阶段进行分类。由于没有现成的分类标准,初次分类只分为两种类型:一是"不"代替"没"类;二是"没"代替"不"类。由于学习者在习得过程中把"不"和"没"看作两个可替换的自由变体,因而这种分类比较符合实际。在初步分类的基础上,考察"不"和"没"的扩散过程,我们发现,这一过程呈现出四个过渡时期。即,单一否定期;"不""没"混合期;以"没"泛化为主的偏执期;"不""没"分化、整合期。

与单一否定期相对应的是学习的第一阶段。这一阶段由于"没"作为刚刚导入的新规则,大多数学习者还不会使用。用"没"否定仅出现4例。所以,"不"的否定占主导地位。但是,这种单一否定局面很快就被新规则的导入所打破。

到了第二个阶段,"没"的大量使用,导致混合期的出现。也就是说"不"代替"没"和"没"代替"不"的情况同时出现。如:

(1)* 因为我把自行车骑快极了,不晚了。

不晚了——没有晚

(2)* 加拿大的饭比中国的不好吃。

比中国的不好吃——没有中国的好吃

(3)* 美国人没喜欢这样情况。

没喜欢——不喜欢

(4)* 可是他常常没记住自己的东西。

没记住——记不住

例(1)(2)用"不"代替"没";例(3)(4)用"没"代替"不"。从这种"不"和"没"的混合中,我们发现有两种潜在的倾向。一是"不"的否定规则向"没"的否定规则"渗透"(Anjemin 语,1967);二是"没"的否定规则向"不"的否定规则的"渗透"。然而,这两种渗透过程大不相同。"不"向"没"的渗透以迁移为特征。在学习者未掌握"没"的否定规则之前,这种倾向极为明显。换句话说,在未学会"没"的否定规则之前,学习者唯一可采取的策略只能是用"不"来否定一切。可是,当学习者试图用"没"来实现否定功能时,由于没有完全掌握其使用规则而走向极端,导致"没"否定规则的泛化。这样便出现了"没"向"不"的渗透。作为学习者,他们意识不到这两个过程,在他们看来,"不"和"没"不过是两个差不多的自由变量而已。

与第三个阶段相对应的是以"没"泛化为主的偏执期。在这个时期,"不"的迁移相对减少,"没"的泛化相对增多。我们之所以称这个阶段为"偏执期",是因为这个阶段"没"泛化的原因不仅仅是由于对"没"的用法和使用范围不了解,而且是由于学习者一旦学得"没"的否定规则后,在可用"没"也可用"不"的情况下更倾向于用"没"。例如:

(5)* 现在他身体恢复了,但是没有继续工作。

　　没有继续工作——不再继续工作

(6)* 自己做的房子又没做得很坚固。

　　没做得很坚固——做得不很坚固

例(5)中"没有继续工作"和"不再继续工作"似乎都可以。当然,后者更准确一些。在这种情况下,学习者选择了前者。例(6)也是如此。

到第四阶段,即"不"和"没"分化、整合期,"不"和"没"的用法错误大大下降(仅出现两例)。这意味着"不"和"没"混合的情况已经分化。换言之,"不"和"没"开始各司其职。这说明学习者逐渐习得了"不"和"没"的否定规则。二者的分化,是学习者在习得过程中对否定规则不断整合的结果。到第五个阶段,"不"和"没"混合的情况不再出现,习得过程已经达到成熟期。

从以上四个时期的描述中可以看出,"不"和"没"的否定规则的习得过程是一个缓慢的扩散过程。实际上,任何规则的学习都要经历类似的扩散过程,只不过过程的长短和难易不同而已。此外,从这一扩散过程,我们还可以看到,"不"和"没"的否定规则,在习得的各阶段呈现一种连续的变化状态。如果对这种动态过程缺少全面的考察,只能窥一斑而难见全豹。

三 结论及其对教学的意义

从上述分析中,我们至少可以得出以下几项初步结论:

1. "不"和"没"否定结构的习得过程是有序的。也就是说,学习者在习得否定结构的过程中是按照一定的习得顺序进行的。否定结构的难易顺序蕴含着习得顺序。当然,否定结构本身的复杂程度并不等于习得过程的难易度。换句话说,否定结构的习得顺序并不完全是由其结构本身的复杂程度来决定的。学习者的语言和文化背景与目的语及其文化的差异,学习者的心理过程及习得策略,在某种程度上也制约着习得顺序。

2. 被否定谓词与助动词的习得过程分析,揭示了谓词与助动词习得的阶段性特征。这种阶段性特征表明了学习者在不同的习得过程及阶段所采取的习得策略是不同的。这种阶段性特征还揭示了习得过程各阶段的本质差别。阶段性特征是否定结构习得动态变化的典型特征。

3. "不"和"没"否定规则习得的扩散过程揭示了学习者学习新规则所经历的内在过程。这些过程常常是隐蔽的,鲜为人知的。扩散过程形象地概括了否定规则习得的过渡性特征及规则缓慢渗透的特征。

4. 上述结论对汉语否定结构的教学对策的制定是具有启发意义的。

(1) 否定结构教学应考虑学习者内在的习得顺序。我们的教学过程如果能够顺应这种顺序，否定结构的教学势必是事半而功倍。

(2) 否定结构习得过程的阶段性特征还为各阶段教学内容及方法的选择和确定提供参考。学习者在各阶段习得过程中采取的策略大不相同。要针对习得过程的阶段性特点制定不同的教学对策，则会使教学更有针对性。

(3) "不"和"没"否定结构习得的扩散过程揭示了学习者学习新规则的认知特点。它提示我们，语法规则的学习只能顺其自然，错误的出现是习得过程的必然阶段，我们在教学中只能促使这种过渡与渗透过程尽量缩短，以使学习者尽快到达学习的终点。

第八节　汉语"再""又"习得研究[①]

副词"再"和"又"在汉语里使用频率很高，而外国学生使用时却常常出错。本节对以英语为母语者习得"再"、"又"的情况

---

① 本文原标题为"母语为英语者习得'再'、'又'的考察"，作者李晓琪，原载《世界汉语教学》2002年第2期。

进行了调查,在数据统计的基础上归纳、总结出以英语为母语者学习"再"和"又"的习得顺序,以期对母语为英语者习得"再"、"又"的情况有较为清楚的了解,并指出如何获得中介语研究语料值得研究者充分地注意。

(1)调查对象

本节调查对象有三部分人:一是1998年和1999年暑期斯坦福班学生,他们是中级汉语水平,共17人次。二是北京大学汉语中心1998年秋至2000年秋高级班学生,共25人次;三是1998年春至2000年秋北京大学文科各系本科生和进修生,共18人次。即本次调查对象的汉语水平分别为中级、高级和入系生三个层次。

(2)语料类型

调查的语料有以下两个类型:第一类,以句子为单位的填空。收集这类语料的目的是考察学习者在单句中使用"再"、"又"的情况。第二类,语篇完型填空。设计有一定情节、中等语言难度、包含200个左右汉字的语篇若干,让学生填空,其中既包括"再"、"又"的内容,也有其他相关虚词填空。收集这类语料的目的是考察学习者在语篇中使用"再"、"又"的情况。

(3)分析统计原则

根据不同的研究目的可以对同一语料进行不同的统计和分类,并在对数据进行科学分析的基础上,得出相关研究结论。从这个意义上说,确定研究目的是对语料进行统计和分类的前提。对英语为母语者学习"再"、"又"情况的调查资料,为我们提供了适合多种研究目的的数据。例如,进行"再"、"又"习得顺序和习得过程研究;进行"再"、"又"习得过程对比研究;进行不同语境中"再"、"又"使用情况研究;进行自发性使用和强制性使用差异研究等。本节的目的是要对母语为英语者习得"再"、"又"顺序有较为清楚的了解,找到他们学习的难点所在,以便更有效地进行教学。为此,我们采取的是静态、共时的研究方法,本节确定对上述调查语料中所出现的"再"、"又"偏误用例采取平面统计分类的原则。

一 "再"、"又"义项分析

1. "再"的义项及用法

"再"的义项较多,每一个义项中,"再"又有不同用法,我们的调查问卷是根据下面归纳的"再"而设计的。

(一) 表示重复。多用于未实现的或经常性的动作、状态。基本格式有以下5个:

A. 再+动词(+动量词+宾语)

(1) 今天太晚了,明天再去吧。

(2) 请你再讲一遍,我没听清楚。

B. 再+动词重叠

(3) 咱们再试试,也许这次能成功。

C. 助动词+再+动词短语(VP)

(4) 我想再参观一次那个地方。

D. 一+V+再+V(V为相同动词)

(5) 这件事你是一拖再拖,到现在也没解决。

E. 再+(也)"不/别/没"+动词短语,或者"不/别/没"+再

+动词短语

  (6) 以后我再也不跟他开玩笑了。(以后我不再跟他开玩笑了。)

  (7) 你可再别提这件事了。(你可别再提这件事了。)

  (8) 自从离开家乡后,我再没回去过。(自从离开家乡后,我没再回去过。)

"不"、"别"用于未然,"没"用于已然。

(二)表示持续。常用于假设句或带有时量词语的句中。基本格式有两个:

F. 再+不+动词短语(表示如果继续下去就会怎么样。后面常有"就"、"可"等词配合使用)

  (9) 大雨要是再不停,飞机就不能按时起飞了。

  (10) 咱们再不走的话,可要晚了。

G. 再+动词+时量词/趋向补语(动词多为非动作动词)

  (11) 再等一会儿吧,他可能快回来了。

  (12) 要是再在这儿住下去的话,我真的要发疯了。

**(三)表示一个动作将要在某种情况、条件下发生,"再"要用在后一小句。基本格式是:

H. ……,……再……

  (13) 他现在肯定不在家,你晚上再打电话给他吧。(动作要在某一时间发生)

  (14) 等他来了之后,咱们再商量。(动作将在另一动作之后发生)

I. 先……,再……

(15) 你先去,我等一会儿再去。(表示两件事一先一后发生)

(四) 表示程度加强。

J. 再+形容词+一点儿/一些(有"更"的意思)

(16) 字写得再大一点儿吧,我看不清楚。

(17) 还有再便宜一些的房子吗?

K. 不+助动词+再+形容词

(18) 明天必须去报名,不能再晚了。

L. 没有比 X 再+形容词+的(……)+了

(19) 没有比这儿再美的地方了!

M. 再……也……(固定格式,表示无论怎样都……)

(20) 困难再大我们也能克服。

(五) 表示追加和补充。有"另外、又"的意思。基本格式有:

N. 再+动词(V)+名量词

(21) 今天的饺子真好吃,我再吃几个。

O. 再+动词(V)+动量词

(22) 我再一次告诉你,他是不会同意你的意见的。

P. 助动词+再+动词短语

(23) 他的酒量很大,看样子能再喝上几杯。

Q. ……,再+加上/就是

(24) 我本来就没打算去,再加上今天身体也不大舒服,所以就不去了。

(25) 我们班有三个人喜欢爬山,小王、小李,再就是我了。

2."又"的义项及用法

"又"的义项也较多,每一个义项中,也有不同的用法,我们的调查问卷是根据下面的归纳而设计的。

(一) 表示重复,同一动作重复发生,或同一状态再次出现。多用于已经实现的动作、状态。基本格式有以下五个:

A. 又+动词/形容词

(26) 他昨天来了,今天又来了。(动词)

(27) 秋天到了,树叶又要落了。(助动词)

(28) 经过治疗。她的身体又好起来了。(形容词)

B. V+了+又+V(V为相同动词)

(29) 衣服上的这个黑点,我洗了又洗,也没洗掉。

C. 一+量词+又+一+量词(量词相同)

(30) 他这几天一趟又一趟地来找你,一定有什么事。

D. 又+数量词

(31) 他又一次获得了这项比赛的冠军。

E. 又+不/没

(32) 你又不按时吃药,病怎么能好?

(33) 他去年没考上大学,今年又没考上。

(二) 表示并列,几种情况或动作同时存在或反复出现。

F. 又 + X + 又 + Y(X、Y 为形容词)

(34) 弟弟长得又高又壮。

G. 又 + X + 又 + Y(X、Y 为动词)

(35) 我又想见到他,又怕见到他。

H. 既……又……

(36) 这儿的环境既安静又优美。

I. X 又 Y,Y 又 X(X、Y 为动词性成分)

(37) 这几件衣服,她穿了又脱,脱了又穿,试个没完没了。

(三) 表示转折。常和"可是、但是、却"等配合使用。

J. (38) 他心里不同意,可嘴里又不说。

(四) 表示语气。

K. 用在否定句中

(39) 你身体又不好,别跟他们一起去旅行了。

L. 用在反问句中

(40) 你这样下去,又有谁能帮你呢?

(五) 表示添加。

M. ……,又…… "又"用在最后一项

(41) 星期天我洗了衣服,又收拾了房间。

N. 表示整数之后再加零数

(42) 三又二分之一

二　以英语为母语者习得"再"的考察

1. 单句填空结果分析

我们根据"再"的不同义项及不同用法设计了 30 个句子,连续调查了两个学期,共 88 人次完成了此项调查,分别为中级 34 人,高级 31 人,入系 23 人。因为考察方式是单句填空,为了避免由于调查问卷的局限而影响到结论的准确性,我们把考察"又"的单句(25 个),以及迷惑性句子(应该用"还"、"也"或可以有两个答案的 10 个句子)放在一起考察。因此,此项调查共计有 65 个句子,见附录一。我们把三个不同水平的被试完成这 65 个句子的情况归纳为表 1。(见下页表 1)

表 1 显示:(一)单句填空结果差距很大,最好的正确率是 100%,最差的才 30.6%。排在前三位的分别是 I(先……再……)、H(……,……再……)、K(不+助动词+再……),排在后三位的分别是 Q(再+就是/加上)、L(没有比 X 再……)、M(再……也……)。(二)I、H 类的特点是语义单纯(表示动作先后),句型简单,排在前面比较正常。K 类为什么排在较前面?是否反映出规律性?还值得进一步考察。(三)Q 类使用频率很低,一般的汉语课本中都不出现,留学生几乎没有机会接触,排在后面很正常。L 和 M 类都表示程度,且有固定表达格式,但是被试的错误率却很高,调查问卷显示,被试多数把这两类句式中的"再"填成了"还"。

表 1

考察范围		句型	正确率			平均正确率	排序
义项			中级	高级	人系		
1	表示重复	A	90.4	94.3	91.2	91.9	6
		B	85.3	86.7	94.8	88.9	9
		C	82.8	81.4	88.2	84.1	11
		D	62.7	57.8	77.3	65.9	14
		E	90.4	94.3	94.8	93.1	5
2	表示持续	F	72.5	81.4	91.2	81.7	12
		G	88.3	81.4	83.6	84.4	10
3	表示先后	H	96.5	100.0	100.0	98.8	2
		I	100.0	100.0	100.0	100.0	1
4	表示程度加深	J	82.8	90.4	100.0	91.0	7
		K	93.6	90.4	100.0	94.6	3
		L	45.6	65.4	64.2	58.4	16
		M	28.6	27.5	35.7	30.6	17
5	表示追加和补充	N	96.5	94.3	91.2	94.0	4
		O	90.4	86.7	94.8	90.6	8
		P	72.5	65.4	83.6	73.8	13
		Q	56.5	61.5	67.5	61.8	15

2. 语篇完型填空结果分析

设计语篇完型填空要受到语境的制约,在有限的几个语篇中不可能包含"再"的全部用法,特别是使用频率较低的那些义项,所以,此项调查有一定的局限。不过,我们设计此项调查的初衷是考察被试在语篇中自由使用"再"、"又"的情况,并与单句填空结果进行比较,因此,不一定那么完备。我们共设计语篇三个,要求被试在能填"再"、"又"的地方填"再"、"又",不能填"再"、"又"的地方填其他合适的副词,见附录二。三个语篇涉及到"再"的 8 个常用格式,表 2 是被试完成的情况。

表 2

考察范围		正确率			平均	排序
义项	句型	中级	高级	入系	正确率	
1 表示重复	A	92.5	95.6	97.5	95.2	2
	B	75.6	86.4	85.6	82.5	4
	E	72.5	75.6	73.8	73.9	7
2 表示持续	F	68.6	75.6	77.2	73.7	8
3 表示条件	I	100.0	100.0	100.0	100.0	1
4 表示程度加深	J	73.2	75.6	86.5	78.4	6
	L	68.6	85.4	85.8	79.9	5
5 表示追加和补充	N	92.5	91.9	94.1	92.8	3

表 2 显示：（一）这 8 个常用格式语篇填空结果差距比较大，最好的正确率是 100%（I 类，先……再……），最差的正确率是 73.8%（E 类，再＋不/别/没……）。（二）虽然考察对象分为三个层次，但是三个层次的差别并不明显，特别是高级和入系两级，差别更小，说明三个层次的被试对于"再"的常用格式的掌握程度与汉语水平的提高不是同步的，习得有共同点。

3. 语篇填空与单句填空之对比

本节的目的是讨论"再"习得顺序，在讨论之前，有必要对 2.1 和 2.2 节的结果进行比较。我们提取 2.1 中相关部分（8项）与 2.2 考察结果列成下表。为便于对比，在单句填空部分列有两个排序，"原序"是这 8 项在 2.1 中（17 项）所处位置，新序是这 8 项自身排序，并且列有语篇填空与单句填空之综合一项，见表 3。

表 3

考察范围 \ 语料类型			语篇填空		单句填空			语篇填空与单句填空之综合	
义项		句型	平均正确率	排序	平均正确率	原序	新序	平均正确率	排序
1	表示重复	A	95.2	2	91.9	6	4	93.3	3
		B	82.5	4	88.9	9	6	85.7	4
		E	73.9	7	93.1	5	3	83.5	6
2	表示持续	F	73.7	8	81.7	11	7	77.7	7
3	表示条件	I	100.0	1	100.0	1	1	100.0	1
4	表示程度加深	J	78.4	6	91.0	7	5	84.7	5
		L	79.9	5	58.4	16	8	69.1	8
5	表示追加和补充	N	92.8	3	94.0	4	2	93.4	2

表3显示：(一) I 类用法(先……再……)在语篇填空和单句填空的结果完全一致，都排第一，正确率都是100%。(二) A 类(再+动词……)和 L 类(没有比 X+再+形容词……)，语篇填空结果要比单句填空结果好，特别是后者，前者正确率要比后者高20%以上。(三)其余5类，语篇填空结果都比单句填空的结果差，特别是 E 类(再+不/别/没……)，前者正确率比后者要低近20%。(四)语篇填空结果排序与单句填空结果排序，除 I 类外，其他各类都不一致，呈交错状。(五)语篇填空与单句填空之综合排序和单句填空排序有5项重合，和语篇填空排序只有两项重合。(六)三种排序都重合的只有一项，即 I 类，排序都是第一。

4. 关于"再"的习得顺序

按照一般做法,综合以上两种语料调查结果,我们可以得出以英语为母语者"再"的习得顺序。但是上节的分析告诉我们,不同语料对"再"习得顺序的排序是很不一致的,只取平均数未必是好办法。另外,调查问卷设计得是否科学、全面(例如,语篇调查就只涉及到"再"的 8 个用法),也会在一定程度上影响考察的结论。因此,我们不打算对"再"习得顺序做精确排序,而是综合以上两种语料的调查结果,归纳出前、较前、中、较后、后五级顺序,以期对教学有所启发,具体如下:

(一)前:H、I 类;

(二)较前:A、K、N、O 类;

(三)中:B、C、E、G 类;

(四)较后:F、J 类;

(五)后:D、L、M、P、Q 类。

一级是被试掌握得最好的,五级是最差的,四、五两级是习得者难点所在,也是教学的重点所在。

三 以英语为母语者习得"又"的考察

1. 单句填空结果分析

前面已经说明,我们根据"再"的不同义项及不同用法设计了 30 个句子,根据"又"的不同义项及不同用法设计了 25 个句子,以及迷惑性句子 10 个。同 2.1 节一样,本节对"又"单句填空结果所进行的分析也是建立在这 65 个句子基础之上的。结果见下页表 4。

表 4

考察范围		正确率			平均	排序
义项	句型	中级	高级	人系	正确率	
1 表示重复	A	88.5	83.4	91.3	87.7	7
	B	71.4	87.6	91.3	83.4	10
	C	92.5	100.0	95.5	96.0	4
	D	81.5	87.6	87.4	85.5	9
	E	88.5	93.2	87.4	89.7	6
2 表示并列	F	100.0	100.0	100.0	100.0	1
	G	71.4	77.3	75.4	74.7	11
	H	96.0	93.2	100.0	96.4	3
	I	96.0	100.0	95.5	97.1	2
3 表示转折	J	56.8	64.8	75.4	65.6	13
4 表示语气	K	67.8	68.2	56.3	64.1	14
	L	78.5	87.6	95.5	87.2	8
5 表示添加	M	88.5	91.5	91.3	90.4	5
	N	56.8	77.3	75.4	69.8	12

表 4 显示：（一）"又"单句填空结果差距也比较大，最好的正确率也是 100%，最差的是 64.1%。排在前三位的分别是 F（又 X 又 Y）、I（X 又 Y，Y 又 X）、H（既……又……），排在后三位的分别是 K（否定句中表示语气）、J（表示转折）、N（整数之后再加零数）。（二）F、I、H 类的特点是语义单纯，并且都有明显的形式标志，我们认为这是它们排在前面的主要原因。（三）排在后三位的三类，N 类特点是使用频率很低，一般的汉语课本中都不出现，留学生几乎没有机会接触。K 类和 J 类虽然口语里常用，但难度较大，调查问卷显示，被试多数把这两类句式中的"又"填成了"也"。

2. 语篇完型填空结果分析

本节结论来源于对"又"进行的语篇考察,所用语料及方法与2.2"再"相同,三篇语料涉及到"又"的六个常用格式,表5是被试完成的情况。

表5

考察范围		句型	正确率			平均正确率	排序
	义项		中级	高级	入系		
1	表示重复	A	91.6	88.3	96.5	92.1	2
		C	88.5	94.5	93.2	92.0	3
		E	81.4	88.3	90.1	86.6	4
2	表示并列	F	100.0	94.5	100.0	98.1	1
3	表示转折	I	79.4	85.8	93.2	86.1	5
5	表示添加	M	76.5	71.4	87.3	78.4	6

表5显示:(一)这6个常用格式语篇填空结果差距不太大,最好的正确率是98.1%(F类),最差的正确率是78.4%(M类)。(二)虽然考察对象分为三个层次,但是三个层次的差别并不明显因汉语水平高低而变化,特别是高级,考察的6类中有3类结果都低于中级(A、F、M类)。说明三个层次的被试对于"又"的常用格式的掌握程度与汉语水平的提高不是同步的。

3. 语篇填空与单句填空之对比

同"再"一样,在讨论"又"习得顺序之前,我们也把3.1和3.2的结果进行对比,得到下页表6。

表 6

考察范围	语料类型		语篇填空		单句填空			语篇填空与单句填空之综合	
	义项	句型	平均正确率	排序	平均正确率	原序	新序	平均正确率	排序
1	表示重复	A	92.1	2	87.7	7	6	89.9	4
		C	92.0	3	96.0	4	3	94.0	2
		E	86.6	4	89.7	6	5	88.1	5
2	表示并列	F	98.1	1	100.0	1	1	99.0	1
3	表示转折	I	86.1	5	97.1	2	2	91.6	3
5	表示添加	M	78.4	6	90.4	5	4	84.4	6

表 6 显示:(一)F类用法(又 X 又 Y),语篇填空和单句填空结果比较接近,排序都是第一,正确率都很高,前者是98.1%,后者是 100%。(二)A 类(又+动词……),语篇填空结果要比单句填空结果好,前者正确率比后者高 4.4%。(三)其余 4 类,语篇填空结果都比单句填空结果差,最大差距,前者比后者正确率低近 12%(M 类,表示添加)。(四)语篇填空结果排序与单句填空结果排序,有两项重合(C 类和 F 类),其他各类都不一致。(五)语篇填空与单句填空之综合排序和单句填空排序有 2 项重合(排序 1 和 5),和语篇填空排序也有 2 项重合(排序 1 和 6)。(六)三种排序都重合的只有一项,即 F 类,排序都是第一。

4. 关于"又"的习得顺序

按照前、较前、中、较后、后五级顺序,对"又"的习得顺序作如下排序:

(一)前:C、F、H 类;

(二)较前:A、E、I、L 类;

(三)中:B、D、M 类;

(四)较后:G 类;

(五)后:J、K、N 类。

同"再"一样,一级是被试掌握最好的,五级最差,四、五两级是习得者难点所在,也应该是教学的重点。

四 余论

1. 以上分析表明,以英语为母语者在运用"再"、"又"表达意义时,在不同语境(单句、语篇)中所表现出来的言语特征会随具体语境特征的变化而发生不同变化,这种变化直接影响到他们言语表达的准确性。

2. 不少研究中介语的学者指出,对第二语言在不同语境中所使用的研究表明,初学第二语言的人在语境中所使用的语言在语法的准确性和流畅性方面根据不同的语境会发生显著的和系统的变化,这种变化称作中介语变体。

3. 影响中介语变体的语境参数到底有哪些?这是一个十分值得深入研究的课题。已有的研究成果多是有关口头表达方面的:"语言准确性的改变可能由如下几种语境因素引起:对话者的身份、地位、语言学习者与其是何种关系、他们所谈论的话题、语言学习者被要求达到什么程度的准确率以及交流过程中的心理压力等等"。① 本节的研究重点不在于此,不对此问题进行详细讨论,但有一倾向是值得注意的,即单句填空给予学习者

---

① Tarone,EL.(1998) *Research on interlanguage variation:Implications for language Testing*.Cambridge University Press.

的语言参数较多,做这类问卷时,被试者精力集中在语法规则上,特别是成对单句填空,刺激学生不自觉地进行对比,因此,准确程度也较高。语篇填空,由于兴奋点增多,语境变换快,相对某一个虚词来说,语境参数不那么直接、集中和明显,准确程度也相应降低。

4. 如果认定以上分析都是符合中介语研究的基本理论的话,那么我们就应该采取更谨慎的态度来进行中介语研究和看待第二语言学习研究的各项成果,因为现有的研究几乎没有严格控制我们所讨论的中介语变体,也没有能够在下结论时恰当地考虑到这些变体的影响。据我们看到的资料,研究中介语习得顺序和习得过程的文献,收集语料的方法多数是通过研究者根据不同的研究目的来设计调查问卷而获得,或是通过学生的习作,只有少数是通过被调查者的谈话录音而获得真实情景的交际性语料。设计的调查问卷涉及题型、语境参数、语言的自然程度等多方面因素,这些都直接影响到问卷的准确率,以至影响到研究结论。如何获得中介语研究语料值得研究者充分的注意。

附录一:单句填空

1. 请你( )讲一遍,我没听清楚。(再)2. 他说错了( )说了一遍。(又)3. 我( )检查一下行李,看看有没有什么东西忘了带了。(再)4. 他昨天来了,今天( )来了。(又)5. 秋天到了,树叶( )要落了。(又)6. 咱们( )试试,也许这次能成功。(再)7. 我想( )参观一次那个地方。(再)8. 我( )想参观一次那个地方。(还/也)9. 这件事你是一拖( )拖,到现在也没解决。(再)10.他这几天一趟( )一趟地来找你,一定有什么事。(又)11.以后我( )也不跟他开玩笑了。(再)12.你可( )别提这件事了。(再)13.自从离开家乡后,我( )也没回去过。(再)14.自从离开家乡后,我( )没有回去过。(还)15.( )等一会儿吧,他可能快回来了。(再)16.要是( )在这儿住下去的话,我真的要发疯了。(再)17.他现在肯定不在家,你晚上( )打电话给他吧。(再)18.字写得( )大一点儿吧,我看不清楚。(再)19.还有( )便宜一些的房子吗?(再)20.明天必须去报名,不能( )晚了。(再)21.没有比这儿( )美的地方了!(再)22.今天的饺子真好吃,我( )吃几个。(再)23.他的酒量很大,看样子能( )喝上几杯。(再)24.他的酒量很大,看样子( )能喝上几杯。(还)25.我本来就没打算去,( )加上今天身体也不大舒服,所以就不去了。(再)26.我们班有三个人喜欢爬山,小王、小李,( )就是我了。(再)27.经过治疗,她的身体( )好起来了。(又)28.衣服上的这个黑点,我洗了( )洗,也没洗掉。(又)29.他( )一次获得了这项比赛的冠军。(又)30.他( )次获得了这项比赛的冠军。(再)31.我( )一次告诉你,他是不会同意你的意见的。(再)32.大雨要是( )不停,飞机就不能按时起飞了。(再)33.咱们( )不走的话,可要晚了。(再)34.你( )不按时吃药,病怎么能好?(又)35.他去年就没考上大学,今年( )没考上。(又)36.弟弟长得( )高( )壮。(又)37.等他来了之后,咱们( )商量。(再)38.你先去,我等一会儿( )去。(再)39.我想见到他,( )怕见到他。(又)40.这儿的环境既安静( )优美。(又)41.这几件衣服,她穿了( )脱,脱了( )穿,试个没完没了。(又)42.他心里不同意,可嘴里( )不说。(又)43.小王喜欢打网球,小李( )喜欢。(也)44.你身体( )不好,别跟他们一起去旅行了。(又)45.你这样下去,( )有谁能帮你呢?(又)46.星期天我洗了衣服,( )收拾了房间。(又/还)47.为什么你( )没走?( )在这里?(还)48.你怎么( )来了?(又/也)49.哥哥会英语、法语,( )会西班牙语。(还/也)50.哥哥( )会英语( )会法语。(又)51.一( )二分之一加一( )二分之一等于三。(又)52.你怎么( )生我的气了?(又)53.你怎么( )生我的气呀?(还)54.你要是( )生我的气,我也不理你了。(再)55.这里太美了,明年夏天我( )来。(还)56.今天我有事,得先走了,下次有机会( )来。(再)57.你怎么( )糊涂了,他的话怎么能相信呢?(又)58.你怎么连这么简单的道理( )不明白!(也)59.这( )不明白!他是在故意骗你!(还)60.今天( )下雨了,( )不能出去玩了。(又)61.今天( )下雨,就( )不能出去玩了。(再、又)62.大家都不想听她唱了,可是她( )唱。(还)63.既然大家一再要求,我就( )唱一个。(再)64.这部小说很好,我打算( )看一遍。(再)65.这部小说很好,我最近( )看了一遍。(又)

附录二:语篇填空

1.李白是一千多年前中国有名的大诗人,他小时候常常贪玩不去读书。一天早上,他(又 E)没去上学,(又 A)跑到河边玩去了,他玩得(非常)高兴。突然,他看见一位老奶奶在石头上磨一根铁棒,磨了一遍(又 C)一遍,他就走过去问:"老奶奶,你在做什么?"老奶奶说:"做一根针"。"做针?这么粗的铁棒(也)能磨成针吗?"

老奶奶回答:"能,能,(一定)能,今天磨(不)成,明天(再 A)磨,明天磨(不)成,后天(再 A)磨,天天坚持这样磨,(再 M)粗的铁棒(也)能磨成针。李白听了老奶奶的话,(非常)惭愧,心想,我要是(再 F)继续玩,(再 F)不去上学的话,就(太)不像话了。于是,他不(再 E)玩了,回到学校上课,从那以后,他(再 E)(也)(不)逃学了,后来,成为一名大诗人。

2. 星期天我去参观美术馆了,在那儿遇见了小王,他(也)去美术馆了。参观以后,我提议一起吃午饭,小王说,时间(还)早,(再 A)玩一会儿(再 A)去吃饭,于是我们(又 A)一起去了隆福大厦。隆福大厦的东西真多,小王想买一顶帽子,她挑选了好几顶,戴上(又 I)摘下,摘下(又 I)戴上,试了半天才买。然后她(又 M)买了一双旅游鞋。我(也)买了一双旅游鞋,我(还)想(再 N)买一件衬衣,因为我看到的那件衬衣(又 F)新颖(又 F)大方,很适合我,可是我带的钱不够了,我问售货员小姐能不能(再 J)便宜一点儿,小姐告诉我,不能(再 J)便宜了,因为在北京市也买不到比这个价钱(再 J)便宜的衬衫了,(还)说,这次不买(也)没关系,下次(再 A)来,下次也许还会有新货。

3. A:小王,咱们走吧,别等他了。

B:(再 B)等等,可能快来了。

A:(还)等啊,咱们(再 F)不走,电影就要开始了。

B:你看,他来了。

A:小李,你怎么回事啊,(又 A)迟到了。

C:哎呀,对不起,我都出门了,忘了带眼镜,(又 A)回去取,就晚了。

B:你啊,真是个马大哈,我记得上次去看电影,你(也)是忘了带眼镜。

A:(再 A)检查一下,你的票是不是带了。

C:哎呀,(还)真的忘带了。

B:你是一次(又 C)一次地忘东西,我看没有比你(再 L)糊涂的人了。

C:真对不起,你们先走吧,我取了票(再 I)去。

第九节 表差异比较的否定结构的习得过程研究[①]

一 问题的提出

在教学中,我们经常遇到这样一种情况,即学习者在语言习得的某一个时期大量地使用某一结构,并将这种结构所表达的交际功能细化。笔者曾将这一现象概括为"以泛化为主的偏执期"。在分析学习者习得汉语否定结构的语料时,这种现象再次得到印证。[②] 我们发现,无论是母语为英语的学习者还是母语为日语的学习者在习得汉语表示事物之间差异的否定结构时,大量使用"和/跟……不一样"这种结构。表1是母语使用者与第二语言学习者使用相同结构的相对频率比较。

---

① 本文作者王建勤,原载《世界汉语教学》1999 年第 4 期。
② 参见王建勤《汉语"不"和"没"否定结构的习得过程》,《汉语作为第二语言的习得研究》,北京语言文化大学出版社 1997 年版。

表1 母语使用者与第二语言学习者使用相同结构的相对频率比较

类别 例词	母语使用者			第二语言学习者		
	样本总量	词次	频率	样本总量	词次	频率
不一样	160万	23例	0.14	104万	188例	1.8
不同	160万	245例	1.53	41万	70例	1.6
差异	160万	21例	0.13	41万	3例	0.07
差别	160万	22例	0.13	41万	16例	0.4

* 此表母语使用者语料来自《汉语新闻语料库》,第二语言学习者语料来自《汉语中介语语料库》。表中的相对频率为便于认读,均为万分位。

表1列出了"不一样"、"不同"及其相关的表差异的词语。其中"差异"和"差别"在两种语料中出现的频率都很低,而表差异的否定结构"不同"和"不一样"出现的频率相对高一些。另外,从原始数据来看,母语使用者和第二语言学习者使用"不同"的相对频率似乎差别不大,而"不一样"的使用频率相差却很大。为了检验我们这种直觉经验的可靠性,在此我们仅对"不一样"和"不同"的使用比率进行差异显著性检验。需说明的是,我们从《汉语中介语语料库》104万字的样本总量中抽出的188个含"不一样"的例句仅包括母语背景为英语、日语和法语的学习者,而并非全部。

表2 "不一样"二独立样本比率差异显著性检验(Z检验)

假设 $H_0: P_1 = P_2$		$n_1 = 160$万	$n_2 = 104$万
样本1比率 $P_1 = 0.14$	$q_1 = 0.86$	$\sigma p_1 - p_2 = 0.051$	$Z > Z_{.01}(2.33)$
样本2比率 $P_2 = 1.8$	$q_2 = -0.8$	$Z = -32.54$	$P < 0.01$ *

表3　"不同"二独立样本比率差异显著性检验(Z检验)

假设 $H_0:P_1=P_2$	$n_1=160$ 万		$n_2=41$ 万
样本1比率 $P_1=1.53$	$q_1=-0.53$	$\sigma p_1-p_2=0.16$	$Z<Z_{.05}(1.96)$
样本2比率 $P_2=1.6$	$q_2=-0.6$	$Z=-0.4375$	$P>0.05$

表2和表3的差异显著性检验表明,母语使用者和第二语言学习者使用表差异的否定结构"不一样"的比率差异显著($P<0.01$)。其临界比率($Z=32.54$)远大于0.01概率层面的临界值($Z_{.01}=2.33$)。"不同"的使用比率差异在0.05的α层面上仍然不显著($P>0.05$)。这一结论使我们产生一个疑问,究竟是什么原因使得第二语言学习者在表达差异比较时对含"和/跟……不一样"这种否定结构情有独钟?我们似乎可以提出以下两个假设:

(1)学习者在特定时期大量使用"和/跟……不一样"这种结构很可能是由目的语规则的泛化造成的。我们这种假设基于这样一种观点,规则泛化实际上是一种"简化策略"(simplification strategy)。学习者在初级阶段,试图通过控制关于目的语假设的范围来减轻学习负担(参见 Ellis 1985. p.171)。① 但是数据分析表明,这种泛化倾向在句法层面上并不明显。

(2)这种现象并非学习者运用简化策略的结果,而是由于交际的需要产生分化的结果。显然,仅依据表面现象来推测是不足为凭的。

若对这两种假设进行证实或证伪,必须深入考察学习者的

---

① Ellis, R. (1985) *Understanding Second Language Acquisition*. Oxford University Press.

习得过程,才能发现其个中原因。本节拟从学习者运用"和/跟……不一样"这种结构及其表达的功能入手,分析二者的变异过程,以获得更为切合实际的答案。

二 研究方法

数据来源。本节用于分析的数据来源于《汉语中介语语料库》。我们从104万字的书面语料中抽取了母语背景为英语的学习者生成的含有"(和/跟)……不一样"结构的有效例句54条;日语背景的学习者生成这一结构的有效例句121条,作为对比分析的参考。英语背景学习者语料收集的跨度从一年级到三年级,共分六个阶段,即每学期为一个阶段。限于篇幅本节仅讨论英语背景学习者使用这一结构的情况。日语背景学习者使用这一结构的情况及学习策略对比将另文讨论。

描写方法。学习者的中介语系统从本质上讲是一个动态的、不断变化的系统。那么,捕捉这种动态的、系统变化的特征,因袭传统的语言学分类的方法是无济于事的。本节语料的分类与描写,主要依据我们要考察的表差异的否定结构"(和/跟)……不一样"出现的语境。根据这一描写原则,我们按照学习者使用这种结构的语境进行概括和分类。出乎我们预料的是,这种结构出现的语境竟有8种之多。现开列如下:

1. A 和/跟 B 不一样

    美国和中国不一样。

2. A 不(是)跟 B 一样

    因为许多的词古代用法不是跟现代的一样的。

3. V+A 跟 B 不一样

我觉得在那学习的结果跟语言学院的结果一定不一样。

4. A{集合} + 不一样

语言,生活方式,人的关系,食物都完全不一样。

5. A 不会 + 跟 B 一样 + adj.

跟父母吵架的时候不会跟美国年轻人一样厉害。

6. A(跟/和)B 不一样的 + N(包括:有不一样的 + N)

中国有许多跟我国家的习惯很不一样的习惯。

7. A 不像 B 一样 + adj.

鸟不像人一样挤,大部分有自由飞在天上周围。

8. 把 A(V)跟 B 不一样(V)

开始把她看得跟别的孩子不一样。

按照上述分类,我们将英语背景的学习者使用"和/跟……不一样"否定结构出现的频率进行统计,以便考察这一结构在不同语境分布的情况。然后我们将从两个方向对数据的分布进行分析:纵向分析,我们将考察学习者在不同阶段使用否定结构类型的隐现情况;横向分析,我们将对不同否定结构类型的分布情况进行比较。纵向分析可以看到各类结构的演变过程以及占主导地位的结构类型;横向比较可以发现这种结构在同一阶段分化的过程与类型。从而成为观察分析学习者在各阶段的习得过程与学习策略的线索。

三 习得过程分析

为了便于习得过程的描述与分析,我们首先根据上述分类对数据的分布进行简单的描述并作为过程分析的基础。从中发现学习者习得过程所呈现的特点。

1. 数据分析

表 4　英语背景学习者使用"和/跟……不一样"语境类型分布（相对频率）

	类型 1	类型 2	类型 3	类型 4	类型 5	类型 6	类型 7	类型 8
Term 1	* * * *	* * * *	* * * *	* * * *	* * * *	* * * *	* * * *	* * * *
Term 2	13.7	* * * *	4.5	2.3	* * * *	* * * *	* * * *	* * * *
Term 3	6.9	2.3	* * * *	2.3	2.3	* * * *	4.6	* * * *
Term 4	16.2	2.3	9.3	4.6	* * * *	4.6	* * * *	4.6
Term 5	* * * *	* * * *	* * * *	4.6	* * * *	* * * *	* * * *	* * * *
Term 6	4.6	* * * *	2.3	* * * *	* * * *	6.9	* * * *	* * * *
Total	41.4	4.6	16.1	13.8	2.3	11.5	4.6	4.6

星号（* * * *）表示缺省数据。

我们看到，由于数据类型的缺省，数据类型的分布呈现不均衡状态。特别是第一阶段未出现任何类型的表差异的否定结构。这部分缺省数据可能有两种情况：一是我们所使用的中介语语料库语料收集不均衡，未能覆盖英语背景学习者初期习得这种结构的情况；二是由于汉语和英语语序上的差异，而使学习者在习得的第一阶段未能掌握这种表差异的基本结构。原因是日语背景的学习者在习得这种结构时并未出现这种不均衡的情况。

从纵向数据的分布情况看，似乎难以发现可以遵循的规律。但是有一点似乎是可以明确的，即从数据的连续性来看，表一中有三类数据可以为我们提供分析的线索。类型 1 第一和第五阶段数据缺省，但累积频率（41.4%）最高。类型 3 与类型 4 数据也有数据缺省的情况，累积频率依次为 16.1% 和 13.8%。这三类结构的累积频率也可以看出数据类型的横向分布。换句话说,从数据的横向比较来看,这三种类型的结构是学习者在整个习得过程中使用频率比较高的表差异的否定结构。具体地说,"A 跟 B 不一样","V+A 跟 B 不一样"和"A{集合}不一样"这三类结构是学习者所使用的最多的也是最基本的表达差异比较的否定结构。其中"A 跟 B 不一样"是使用频率最高的结构。从第二阶段数据分布的情况看,类型 1 的使用频率为 13.7%,相当于类型 3 的 3 倍,相当于类型 4 的 6 倍。这说明,这个阶段使用的结构类型主要是类型 1。其他几个阶段。类型 1 与其他几个类型相比仍然占主导地位。累积频率位居第二的类型 3 在日语背景的学习者所使用的结构类型数据中根本没有出现。这种情况提示我们观察来自学习者母语系统的影响。从表层结构看,类型 3 与英语背景学习者的母语结构相似(I think/believe that + clause)。虽然两种语言系统的表层结构相似,但是我们还不能由此而断定类型 3 是否为母语迁移的结果。不过有一点可以认定,即类型 3 出现的累积频率比较高与母语迁移过程不能说没有关系。类型 4 这种结构无论在英语背景学习者还是日语背景学习者的统计数据中都是一种使用频率比较高的结构。即使对于汉语为母语的使用者来说,类型 4 与类型 1 都是表达差异比较的基本否定结构。与类型 1 不同的是,类型 4 不是采取两两相对的方式,而是以集合概念进行表述的方式,如有限集合中元素的枚举,"语言,生活方式,人的关系,食物都完全不一样。"或是用表集合概念的词语来概括。所以,我们用"A{集合}+不一样"的表达式来表述类型 4 这种结构。

从数据的横向比较情况看,第三阶段和第四阶段是学习者习得过程中最活跃的阶段。第三阶段出现的结构类型在第二阶段的3种类型的基础上新增加3种类型,即类型2"A 不(是)跟 B 一样",类型5"A 不会+跟 B 一样+adj.",类型7"A 不像 B 一样+adj."。第四阶段在第三阶段的基础上又增加2种新的结构,即类型6"A(跟/和)B 不一样的+N(包括:有不一样的+N)"和类型8"把 A(V 跟)B 不一样(V)"。这些新增加的结构类型表明,学习者在第三和第四阶段使用表差异的否定结构类型在形式上出现了分化的现象。这些新分化出来的结构类型有两个明显的特点:(1)在第三阶段分化出来的结构类型中,有两种结构类型(类型2与类型5)的否定副词"不"与"一样"分离并外移;(2)在第四阶段分化出来的否定结构中,否定副词"不"与"一样"并未分离,仍然作为一个整体。但是这个整体作为一个句子成分的语法功能发生了变化。如类型6中,"A 跟 B 不一样"作为一个句子成分修饰名词;类型8中,"A 跟 B 不一样"被用在"把"字句中作状语,如"把你跟他不一样看待"。这个阶段的学习者已经试图驾驭更为复杂的句子结构。从这些新出现的否定结构所处的语境来看,这些结构的交际功能出现了细化的现象。

从表4中第五和第六阶段数据的分布看,这种否定结构的分化过程不再继续。一方面,前两个阶段新出现的结构不再出现,另一方面,延续下来的基本上是原有的基本结构。这种有消有长的现象似乎表明,学习者习得表差异比较否定结构的过程进入整合期。

2. 过程分析

上述数据的观察与描述为我们分析学习者习得汉语表差异否定结构的实际过程提供了可靠依据。从总体数据的描述来看,英语背景学习者习得过程表现为一些彼此不同的阶段。其中最为引人注目的是表差异否定结构的分化过程。为了追溯这一过程的发端和终结过程,我们以分化过程为中心,分三阶段进行讨论,即表差异否定结构及其功能的简单表述阶段、结构与功能的分化阶段、结构与功能的整合阶段。我们认为,这种划分基本反映了分化过程的客观情况。Ellis 在分析学习者中介语发展的基本规律时指出,中介语的发展包括三个共生阶段:一是新规则的获得阶段;二是规则的细化阶段;三是整合阶段。① 根据我们的观察,分化过程的阶段性与 Ellis 的阶段划分基本吻合。

(一)表差异否定结构及其功能的简单表述阶段的习得过程分析。从数据的横向比较中,我们看到,学习者在习得过程的第一个阶段(即 term 2)主要集中在三种类型的表差异否定结构的使用上,即类型 1:A 和/跟 B 不一样;类型 3:V+A 跟 B 不一样;类型 4:A{集合}+不一样。如果我们暂时不考虑"和/跟……不一样"出现的语境的话,类型 3 与类型 1 的结构是一样的。那么,我们可以说,学习者第一个阶段所使用的结构主要有两种,即类型 1 与类型 4。数据分析也表明,这两种类型是最基本的表达差异比较的结构类型。从交际功能来看,这两种结构类型的基本功能是表差异比较。根据这一特点,我们认为,学习者在习得过程的第一个阶段基本上处于表差异否定结构及其功能的简单表述时期。具体表现在以下几个方面:(1)这一阶段,学习者所使用的表差异否定结构仅限于类型 1 这种结构。类型 4 仅

---

① Ellis, R. (1985) Sources of variability in interlanguage. In *Applied Linguistics* 6; p.31.
Ellis, R. (1989) *Classroom Learning Styles and Their Effect on Second Language Acquisition: A Study of Two Learners*. In System 17; p.62.

出现一例。也就是说,学习者所使用的结构主要是表两种事物差异的比较。(2)从语法结构上看,第一阶段出现的例句无一例外地都是作句子的谓语成分。这说明,在这种结构及其功能的简单表述期,学习者还不可能灵活地运用这种否定结构。我们还可以进一步推测,这个阶段学习者还处于这种结构的模仿阶段。(3)由此我们还可以看到,这个阶段的学习者在模仿"和/跟……不一样"这种结构的时候,把"不一样"这个短语是作为一个不可分的、但是可以自由运用的成分来习得的。早在六七十年代,许多学者(Lyons,1968;Krashen & Scarcella,1978;Huang & Hatch,1978)已经论述过这种现象,并把这种不可分的但可自由运用的言语结构称作"formulaic speech",所谓"公式化言语"。① Ellis(1985)指出,公式化言语在第二语言习得过程中,特别是习得过程的初期是非常普遍的现象。Krashen 与 Scarcella(1978)将这种公式化语言分为两类:日常用语中的公式化言语与部分不可分且可填加其他成分的结构,如 Can I have ____?等结构。我们所讨论的"和/跟……不一样"属于后一种类型。我们之所以称这种结构是不可分的并非结构本身不可分,而是表明在初级阶段,这种结构在学习者的心理词典中是作为完整的结构(unanalysable chunk)来记忆的。正是这个原因使它可以作为一个句子成分自由运用。如类型 3 中"A 跟 B

---

① Lyons(1968)*Introduction to Theoretical Linguistics*. Cambridge University Press.

Krashen & Scarcella(1978)On routines and patterns in language acquisition and performance. In *Language Learning* 28.

Huang & Hatch,(1978)A Chinese child's acquisition of English. In Hatch(1978)*Second Language Acquisition*. Rowley,Mass.:Newbury House.

不一样"就是作为一个句子成分作动词的宾语的。在类型4中，我们也可以看到这种现象。类型4实际上是类型1中省去比较对象B的省略式，构成了一个开放式的句法槽：[X]不一样。其中"不一样"也是作为一个整体来运用的。学习者这种学习策略为以后习得过程中表差异否定结构的分化奠定了基础。Lily Wong Fillmore(1979)在分析这种学习策略时指出，公式化言语的习得是学习者语言学习的第一步，并为进一步的语言结构的分析奠定了基础。① 一旦学习者熟悉了这些公式化言语便会与其他言语结构进行比较，进而了解语言的结构。

由于学习者在习得过程的初期阶段掌握的表差异的否定结构是有限的，因此，有限的结构自然表达的交际功能也是有限的。但是，由于学习者是把"和/跟……不一样"这种结构作为一个不可分的但可以自由运用的整体来学习的，并尝试将这种整体结构运用到其他语境，使得后期习得过程中出现结构分化的过程成为可能。

（二）表差异否定结构"和/跟……不一样"的分化过程分析。 到了学习者习得过程的第二个阶段（即 term3，term 4），习得过程初期那种表差异比较否定结构及其功能的简单表述的情况发生了变化。我们看到，由于学习者将"和/跟……不一样"这种结构作为一个不可分但可以自由运用的整体，他们试图将这个自由成分用在其他语境，从而导致了类型1"A跟B不一样"这种

---

① Fillmore, L. W. (1979) Individual differences in second language acquisition. In Fillmore, D. Kempler and W. S. Y. Wang (eds.) (1979) *Individual Differences in Language Ability and Language Behavior*. New York: Academic Press.

结构出现了分化现象。Ellis（1985）对这种分化过程做过十分精辟的论述。他指出："无论在第一语言习得还是在第二语言习得过程中,人们发现,公式化言语构成了'再生性言语'（creative speech）的基础。也就是说,学习者开始认识到,最初作为整体理解和运用的话语是由离散的成分构成的。这些成分可以和其他成分以各种受规则约束的方式结合在一起。"学习者这一大发现,使得他们在习得过程中表现出了令人惊叹的创造力。下面我们将要分析的表差异比较的否定结构的分化过程充分证明了学习者这种非凡的创造力。这种分化过程具体表现在两个方面：

表现之一,否定副词"不"的"外化"。我们首先看一组例句,以便我们对所谓"外化"过程有一个直观的印象。

类型 2　A 不(是)跟 B[　]一样（term 3）

因为许多的词古代用法不是跟现代的一样的。

类型 5　A 不会 + 跟 B[　]一样 + adj（term 3）

跟父母吵架的时候不会跟美国年轻人一样厉害。

类型 7　A 不像 B 一样 + adj（term 3）

鸟不像人一样挤,大部分有自由飞在天上周围。

从上面三种类型的表达式与例句中,我们看到,前两种类型的表差异比较的否定结构中有一个共同的特点,即否定副词"不"与"一样"分离并外移。我们把这种分离与外移的过程称作"外化"。我们所说的这种"外化"是指导致学习者习得行为改变的心理过程而言的。而学习者所学的目的语结构本身并不存在这种外化过程。因为"A 跟 B 不一样"和"A 不跟 B 一样"两种结构在汉语中都存在。我们之所以将这种现象称作"外化",是因为学习者显然是在"A 跟 B 不一样"(term 2)的基础上习得"A 不跟 B 一样"(term 3)这种结构的。因此,"A 不跟 B 一样"的获得隐含着"不"与"一样"分离并外移这两个心理操作过程。也就是说,新的否定结构的获得是建立在"不"与"一样"的心理切分与位移的基础之上的。因此,类型 2 与类型 5 是学习者这种外化心理过程在言语行为中的直接表现。当然,并不是所有的结构都可以实现这种外化过程。如类型 7 本身并不具备外化的条件。因为"A 不像 B 一样"并不是"A 像 B 不一样"这种结构外化的结果。但是类型 7 在某种程度上可以引发学习者外化的心理过程。这种类型的结构至少可以给学习者这样一种暗示,或者说,从"A 不像 B 一样"这种结构中可以领悟到副词"不"是可以与"一样"分离的,而且"不"可以前移,对所附着的结构进行否定。当他们接触到"A 不跟 B 一样"这种结构时,这种假设便得到证实。这一过程表明,学习者通过某些信息的暗示来建立关于目的语新规则的假设。换句话说,外化心理过程的实现是建立在这种假设的基础之上的。如果这种假设通过检验是正确的,学习者这种外化的心理过程便得到认定。新规则的获得正是通过这种外化过程得以实现的。这里特别值得注意的是,类型 2 这种结构反映了学习者试图发现新规则的尝试,生动地刻画了"不"外化的动态过程。"A 不(是)跟 B 一样"这种经过学习者外化的结构实际上是 Corder (1967) 所说的那种 target-like 结构。[①] 因为母语使用者只有在表示对比的情况下

[①] Corder, P. (1967) The significance of learner's errors. IRAL XV: 1—20.

才使用这种结构。学习者在此的用意显然不是用于对比,而是尝试新规则。如果这种尝试是基于目的语规则的假设,应该说这是学习者将"不"外化的一次大胆的尝试。采取的策略是规则泛化。也许人们会认为这种结构是 A is not the same as B 的翻版。也就是说,"是"是从英语中移植过来的。根据我们的观察,如果类型 2 这种结构是母语负迁移的结果,它至少在第二个阶段就应该出现,或者说,学习者首先应该学会的是"A 不跟 B 一样"而不是"A 跟 B 不一样",但我们的观察与这种推论相反。这也是"外化"过程立论的依据。

另外,我们在数据分析中还看到,外化过程并非一步到位,实际上这是一个逐渐变化的过程。在习得过程的第三个阶段(term 3)副词"不"的外化基本上是附着在系动词或能愿动词之前;到了第四阶段(term 4)副词"不"进一步外化。如出现了"不要 + V + A 像/和 B 一样","不是所有 A 跟 B 一样"这种否定全句的外化现象。如果按照母语负迁移的观点,这种现象是无法解释的。这只能证明,学习者已经将最初作为整体来理解和运用的表差异比较的否定结构彻底分化。

表现之二,交际功能和语法功能的细化。表差异比较的否定结构的分化必然导致这种结构的交际功能与语法功能的细化。反过来说,随着学习者交际需要的增加,学习者一方面通过语境的变化来实现交际功能的细化;另一方面,通过改变信息结构来实现语法功能细化,从而满足交际的需要。这是学习者在习得过程的特定时期大量使用"和/跟……不一样"这种结构的直接原因。

初级阶段"和/跟……不一样"的交际功能仅限于客观事物

之间的差异比较的简单表述。在习得过程的第二阶段,学习者将这种结构用于不同的语境当中,从而使这种表述事物之间差异比较的功能发生了变化。因此可以说,"和/跟……不一样"的交际功能随着语境的变化而变化。请看下面的例句。

(1) 对事物间差异比较的结果作出判断

　　当然在中国不是所有的农村和密云县是一样的。

(2) 对所比较的事物之间的差异进行推测

　　跟父母吵架的时候不会跟美国年轻人一样厉害。

(3) 对事物间的差异予以认定

　　可是在压力方面不像瑞士(队)有名的队一样。

(4) 对事物间的差异予以告诫

　　应该注意美国的风俗跟中国的不一样。

(5) 对事物间的差异予以强调

　　今年可不是一样。

上面所列的功能显然不可能是全部。但是仍然可以看出,这些交际功能的实现完全依赖于这种表差异比较的结构出现的语境。这种现象似乎没有什么特别之处。如果我们的分析到此为止,我们将会与那些揭示习得过程的重要事实失之交臂。当我们从学习者的认知策略的角度来观察,我们就会发现,这种通过语境变化实现交际功能的言语行为实际上反映了学习者语境认知的习得过程。在习得过程的初级阶段,语言的认知基本上是形音义的认知。到了中高级阶段,语境的认知便成为学习者所面临的一个主要问题。在数据分析过程中我们发现,语境认知是交际功能细化的前提。离开语境的认知,交际功能是无法实现的。另外,我们还发现,学习者在语境认知的基础上主要通过两种方式来实现交际功能的细化：一是表达特定交际功能的框架的选择与提取；二是改变信息结构。

当学习者把表差异比较的否定结构作为一个不可分的整体来运用的时候，他们发现，这种结构在不同的语境当中表达的交际功能不一样。如果选定一个交际功能的框架，然后将表差异比较的否定结构填充到所选择的框架中去就可以完成特定的交际目的。如，表告诫功能的框架：应该注意{A跟B不一样}；表推测：{A}不会{跟B一样}；表认定：{A}不像{B一样}。显然，这些交际功能都是通过这些框架原有的功能来体现的。学习者在语境认知的过程中首先要选择合适的框架。选择过程是建立在框架本身的交际功能认知的基础上的。以例(1)中"当然在中国不是所有的农村和密云县是一样的"为例。当学习者意欲表达对事物之间差异比较结果进行判断这一功能时，首先要选择一个表判断这种功能的框架：不是所有{A}都是{跟B一样}。这个框架的提取或选择显然不是一种即时的言语行为，而是在学习者所接触的语言材料中通过比较概括出来的。这种比较、概括、选择和提取的过程实际上是一种模式化过程。作为模式化过程的结果，这种框架便具有"预制模型"(prefabricated patterns)的特征，即模型的再生性以及交际便利等。在较为复杂的交际环境中，学习者只需将交际的内容填充到预制模型中便可以应付由于目的语知识缺乏而无法应付的交际情境，以缓解交际压力。从交际策略的角度来看，这一过程可以称作模板制作过程。模板制作有赖于语境的认知。模板的不断增加使得表差异否定结构原有的交际功能不断细化。

学习者利用表差异否定结构实现不同的交际功能的另一种

第九节　表差异比较的否定结构的习得过程研究

方式是改变信息结构。学习者在语境认知的过程中发现,信息结构的改变也可以实现不同的交际功能,以达到不同的交际目的。下面一组例句可以看出学习者在这方面进行尝试所作出的努力：

(1)今年不一样。
(2)可今年不一样。
(3)*今年可不(是)一样。

例句(1)的话语焦点可以根据语境的不同而不同。例句(2)和例句(3)却别无选择。因为副词"可"作为一个焦点结构(focus device)已经确定了后两个例句的焦点。例(2)强调的是"今年"的情况与往年不同；例(3)强调的是与往年比较的差别。虽然是一字之差,表达的功能却不一样。焦点结构的运用表明学习者将其作为实现交际目的的一种手段。改变信息结构的另一种情况是利用特殊句式来凸显焦点结构,传达新信息。请看例句：

(4a)所以葬身时没把她跟一般的孩子一样放在一个陶罐里埋。
(4b)所以/葬身时/她没跟一般的孩子一样/放在一个陶罐里/埋。
(5a)开始把她看待得跟别的孩子不一样。
(5b)开始/不/看待/她/跟别的孩子一样。

我们暂且抛开这些句子是否合语法的问题。从这些不太合语法的句子当中,我们依然可以清楚地看到学习者遵循"言有所为"的明确动机。"把"字结构将差异比较的对象提到动词的前面而使比较的对象成为已知信息,从而凸显要传达的新信息。如果不用"把"字结构,采用(4b)和(5b)那种信息编排方式,就难以凸显为实现特定交际目的而传达的新信息。信息结构的改变使得表差异比较否定结构在不同的语境中的交际功能更加丰富。

此外,我们从这一结构在语法功能上的改变也可以看到交际功能的变化。在初级阶段"和/跟……不一样"仅仅作谓语成分,在结构分化过程中,学习者发现这一结构作为一个整体运用起来非常灵活。它可以在句子结构中充当许多语法成分。

类型3　V＋A 跟 B 不一样

　　我觉得在那学习的结果跟语言学院的结果一定不一样。

类型4　A 不会＋跟 B 一样＋adj

　　跟父母吵架的时候不会跟美国年轻人一样厉害。

类型6　A(跟/和)B 不一样的＋N(包括:有不一样的＋N)

　　中国有许多跟我国家的习惯很不一样的习惯。

类型8　把 A(V)跟 B 不一样(V)

　　开始把她看得跟别的孩子不一样。

类型3"A 跟 B 不一样"作动词宾语,与说话者对事物差异比较的主观评价相关;类型4"A 不会跟 B 一样"作状语修饰形容词,往往与对差异程度的推测有关;类型6"A 跟 B 不一样"作定语修饰名词,一般与对所比较事物的差异进行区分有关;类型8"跟……不一样"作动词的补语,表示对比较的事物作不同的处置。这些例子说明,表差异比较的否定结构的语法功能的变化使得这一结构的交际功能也相应地发生变化。

从上述过程分析可见,英语背景学习者是最活跃最富有创造力的学习群体。表差异否定结构的分化过程生动地体现了学习者在语言习得方面的智慧和能力。

(三)表差异否定结构及其功能的整合阶段的特点分析。表差异否定结构的分化过程是学习者整个习得过程最活跃的阶段。学习者在这个阶段的表现为我们提供了丰富的观察材料。但是,就分化过程本身而言,这是一种不均衡的发展过程,是对目的语规则系统的一种偏离。这种发展最终要向目的语系统回归,也就是说,这种剧烈的不均衡发展最终要通过一个整合阶段达到一种均衡发展。基于这种假设,我们对表差异比较否定结构习得的整合阶段的特点作一简要分析。

在表四中我们看到,学习者经历的最后一个阶段(term 5, term 6),表差异比较的否定结构类型的隐现情况变化较大。Term 5 仅出现类型 4 一种结构,其他类型全部消失。从现有的数据,我们还无法对这种现象作出合理的解释。Term 6 出现了或者说有三种类型的结构延续下来,即类型 1,类型 4 和类型 6。根据观察,我们对这些结构的隐现原因所能提供的解释主要有以下几点:(1)有的类型的消失是分化过程不均衡发展的必然结果。表差异否定结构的分化使相应的交际功能细化。这些交际功能的指向也都是明确的。但是有些功能的表达结构却往往是不合目的语规则的。随着学习者目的语知识水平的提高,这些 target-like 结构逐渐与目的语规则一致。因此,这些表达特定交际功能的 target-like 结构的消失是学习者中介语结构与功能系统整合的结果。如类型 2"A 不(是)跟 B 一样"将整合为"A 不跟 B 一样"或"A 跟 B 不一样"。母语使用者只有在表示对比的情况下才使用"A 不是跟 B 一样"这种结构。如,"我的衣服不是跟你的一样,而是跟她的一样。"或采用类型1"A 跟 B 不一样"的结构。由此推论,类型7和类型8的消失都是由于这些偏离目的语规则的结构向目的语系统回归的原因所致。(2)有些类型的消失与表达相同功能的不同表达方式的获得有关。如"和……不同","和……有差别"等相同的结构。在我们统计的数据中,"不同"作定语修饰名词的数量较多。这种用法的增加就会减少类似结构使用,或者不增不减,处于平衡状态。(3)类型1与类型4是汉语中表差异否定结构最基本的两种用法,所以这种否定结构延续下来是理所当然的。

由于在整合阶段出现的数据有限,我们所作的假设和推论也不可能超出现有数据的范围之外。关于这一过程的描写和分析还有待于更大规模的语料库提供更大的样本作为观察和分析的依据。表差异比较的否定结构的分化过程为我们提供了学习者习得这种结构的动态过程。作为这一过程的终结——整合过程的分析依然可以为我们提供具有研究价值的依据。

四 结论

表差异比较的否定结构的分化过程是学习者在整个习得过程中表现最为精彩的阶段。它不仅为现有的习得理论的解释提供了客观依据,同时对这一过程的分析为我们提出新的理论假设提供了有力的论据。分化过程的分析涉及到许多理论问题,其中最有普遍意义的是(1)学习者的学习策略问题;(2)外化过程的心理机制;(3)语境认知与模板制作机制及策略取向。有关这些问题的讨论将作为本文论及的分化过程分析的结论。

(一)关于学习者在分化过程中的学习策略问题。国外许多学者认为,简化策略是学习者习得过程初级阶段最基本的策略。Richards(1974)认为,学习者运用这一策略的目的是减轻学习负担。① Widdowson(1975)甚至将母语迁移与目的语规则泛化这两种不同的心理过程都归结为基于简化策略的相同过程。② Ellis(1985)也持类似的观点。唯有Coder(1981)持反对意见。他认为,学习者不可能简化他未习得的目的语规则。第二语言习得应该看作为一个"繁化过程"(a process of complexification)。我们的数据分析和过程分析的结论与Coder的观点一致。表差异比较的否定结构的分化过程表明,学习者不是被动地接受目的语规则,而是积极地尝试以建立自己的规则。由此我们可以得出第一个结论:英语背景的学习者所经历的这种分化过程实际上是一种繁化过程。这一过程产生的直接原因是公式化结构的再生性。从认知的角度看,学习者在分化过程中运用的是一种"模式分析策略"(strategy of pattern analysis)。基于这种策略,学习者逐渐认识到公式化结构在不同语境的变化以及认识到语境模式的多产性。这种策略成为表差异否定结构分化的心理基础。

(二)外化过程的心理机制。表差异比较的否定结构"A跟B不一样"与"A不跟B一样"之间唯一的差别是副词"不"向前

---

① Richards, J.(1974) *Error Analysis*. London: Longman.
② Widdowson, H. (1975) The significance of simplification. *Studies in Second Language Acquisition* 1/1.

位移。位移的距离不过两字之隔。但是,学习者要实现这短短的距离的跨越却要经历相当长的心理过程。按照 Carton(1971)的观点,学习者建立假设的推理线索有三种类型:一是"语内线索"(intralingual cues),即来自目的语词法和句法规则的线索;二是"语际线索"(interlingual cues),即来自两种语言中被看作相似结构的线索;三是"语境线索"(contextual cues)。① 我们所说的外化过程,主要与来自语内的推理线索有关。语内线索是构成学习者外化假设的主要依据。由此我们得出第二条结论:外化过程实际上是基于目的语规则假设的泛化过程。这表明,学习者不仅建立正确的假设,同时也建立一些过渡性假设。这些过渡性假设通过假设检验不断地进行系统的整合,最终建立正确的假设。

(三)语境认知与模板制作机制及策略取向。从表差异否定结构的交际功能细化过程的分析来看,语境的认知主要涉及的是语境特征的分析过程。当学习者发现,表差异否定结构的交际功能随着语境的变化而变化,便建立了表差异否定结构与其出现的语境的依存关系。语境认知为模板制作提供了基础。因此,语境认知在策略取向上属于学习者的学习策略。语境的认知最终会导致模板制作的过程,即模式化过程。这个过程主要包括模式或框架功能的特征分析、概括及分离与提取。提取的原则是,所要提出的框架必须具有相对固定的功能;这种框架必须具有多产性。换句话说,具备这两个条件才能形成便于交际

---

① Carton A. (1971) *Inferencing: a Process in Using and Learning Language*. In Pimsleur And Quinn (eds.) 1971.

和运用的模板。因此,模板制作的策略取向是语言交际。由此我们可以得出第三个结论:语境认知是以语境特征的分析与概括为特征的。其策略取向为学习策略;模板制作是以功能框架的分离与提取为特征的模式化过程。其策略取向应属于交际策略。语境认知与交际功能框架的模式化过程充分体现了学习者主观能动性与非凡的创造力。

综上所述,英语背景学习者习得表差异比较否定结构的分化过程,为我们观察和分析学习者的习得过程和学习策略提供了丰富的第一手资料。我们的结论还有待进一步的实验研究来验证。

第十节 日本留学生汉语趋向补语习得研究[①]

日语母语学习者习得趋向补语的情况已有人做了一些初步的探索。钱旭菁(1997)通过统计日本留学生作文中初、中、高3个阶段趋向补语的错误以及问卷调查和翻译的准确率,构拟出了日本留学生趋向补语的习得顺序。[②] 钱文的习得顺序很细,但是否准确还有待于实践的检验。可以肯定的是,钱文的探索是很有意义的,至少让我们看到趋向补语在难度上并不是处于

[①] 本文原标题为"日语母语学习者趋向补语习得情况分析——基于汉语中介语语料库的研究",作者杨德峰,原载《暨南大学华文学院学报》2004年第3期。

[②] 参见钱旭菁《日本留学生汉语趋向补语的习得顺序》,《世界汉语教学》1997年第1期。

同一个层面上,不同的用法,不同的意义其习得顺序存在着差别。不过,也应该看到,由于语料规模不够大,所观察到的现象有些不够全面。

吴丽君等(2002)对日本学生习得趋向补语的偏误进行了分析,她们指出,趋向补语的偏误比较琐碎,但主要偏误集中在简单趋向补语和复合趋向补语的混用、趋向补语和结果补语混用、趋向动词选择错误、趋向补语的缺失和赘余、宾语的位置错误等几个方面。[①] 吴文的分析毫无疑问非常详细,也比较周全,但是这种分析是一种静态的,没有从动态的角度,即发展的角度来考察这些错误在不同的学习阶段表现出来的特点,此其一。其二,由于语料的局限性,有些问题也没有发掘出来。其三,吴文因为没有对语料进行分级,因此以上错误到底是哪个阶段出现的,也不甚清楚。其四,文中列举的错误类型虽然很中肯,但缺乏统计数据的支持,因此这些错误是普遍性的还是偶发性的也就不得而知。

以上情况说明,尽管目前对日语母语学习者习得趋向补语的情况有所研究,但还很不够。本节将在现有研究的基础上,利用汉语中介语语料库中的语料,对日语母语学习者习得趋向补语的情况做一个详细的统计分析和比较。

一 语料及考察项目

我们使用的语料仍来自于北京语言大学的中介语语料库,

---

① 参见吴丽君等《日本学生汉语习得偏误研究》,中国社会科学出版社2002年版。

笔者把以日语为母语的一年级、二年级、三年级及四年级，即初级、中级和高级的日本学生使用的带趋向补语的句子进行了穷尽性的提取，最后得到 978 个用例。为了便于对这些用例进行分析，我们仍以笔者（2003）《英语母语学习者趋向补语的习得顺序》（为行文方便，以下简称《顺序》）一文中按照结构上的特点以及趋向补语的意义等把带趋向补语的句子简化以后得到的 10 个考察项目为基础，[①]这 10 个项目是：

A. 动词＋简单趋向补语（本义）

B. 动词＋简单趋向补语（引申义）

C. "动词＋简单趋向补语（本义）"带宾语的

D. "动词＋简单趋向补语（引申义）"带宾语的

E. 动词＋复合趋向补语（本义）

F. 动词＋复合趋向补语（引申义）

G. 动词＋趋$_1$＋宾语＋趋$_2$（本义）

H. 动词＋趋$_1$＋宾语＋趋$_2$（引申义）

I. 动词＋复合趋向补语（本义）＋宾语

J. 动词＋复合趋向补语（引申义）＋宾语

考察项目确定以后，分别统计出初级、中级和高级 3 个阶段各项目的用例，然后对这些用例进行分析和推测。

二 初级、中级和高级阶段的习得情况

1. 初级阶段各项目习得情况

---

① 参见杨德峰《英语母语学习者趋向补语的习得顺序》，《世界汉语教学》2003 年第 2 期。

语料中"动词＋简单趋向补语(本义)"初级阶段一共出现了39例,其中36例是正确的,正确率约为92.3%,也就是说只有7.7%的错误率。例如:

(1)她朝那个冷冰冰的点滴瓶儿看去。

(2)这个情况被做了一个成语,是"从清水寺舞台跳下"。

(3)女孩把漂亮的衣服送给他们飞去了。

例(1)的"去"是正确的,但例(2)的"下"、例(3)的"去"都是错误的——第(2)句问题比较多,似应改为:成语"从清水寺舞台跳下去"就是出自这个故事;第(3)句应改为:女孩把漂亮的衣服送给他们以后就飞走了。

该项目习得时的主要问题有两个:一是该用复合趋向补语的却用了简单趋向补语。杨德峰(1988)曾指出,汉语单音节趋向补语一般多带宾语,没有宾语,由它们组成的结构常常不能单独成句。[①] 例(3)的"跳下"后面没有宾语,整个句子就有些站不住,"下"应改为"跳下去"或"跳下来"。二是该用结果补语的却用了趋向补语,例(4)的趋向补语"去"显然应该为结果补语"走"。

"动词＋简单趋向补语(引申义)"语料中初级阶段一共出现了18例,都是正确的。例如:

(4)还有车和车迎头撞上了。

---

① 参见杨德峰《趋向补语短语的自由和黏着问题》,《语文研究》1988年第4期。

(5)练习严厉得中途搁下了的人接二连三地发生。

以上 2 例的"上"、"下"用的都是引申义,而且都是正确的。——第(4)句应改为:还有两辆车迎头撞上了;第(5)句应改为:练习非常严格,中途不断有人退出。

"动词+简单趋向补语(本义)"带宾语的初级阶段习得得不太好,语料中该项目一共出现了 36 例,其中 15 例是错误的,错误率约为 41.7%。例如:

(6)可是我三脚插进接线板里才发现了这是本来制错了。
(7)因为过冬天的时候人们不愿意出外头去。
(8)我进去故宫。

例(6)的"进"用的是本义,宾语的位置是正确的;例(7)、(8)中的"去"用的也是本义,但是宾语的位置都是错误的——第(6)句应改为:可是我把三相插头插进接线板里以后才发现这做错了;第(7)句应改为:因为冬天的时候人们不愿意到外头去。

"动词+简单趋向补语(本义)"带宾语的,习得时的主要问题是宾语类推泛化,而这种类推泛化是语内负迁移引起的。众所周知,"动词+来/去"带宾语,宾语一般有两个位置:一个是当宾语为地点名词或结构时,应该放在"来"、"去"的前面,动词的后面;另一个是当宾语为非地点名词或结构时,应放在"来"、"去"的后面。留学生常常忽视这一点,有时把前一种规则加以类推泛化,即把所有的宾语都放在"来"、"去"的前面,像例(7)的"出外头去"中的宾语"外头"虽然是地点宾语,但是"出"的宾语只能是起点或路径,不能是终点,而"外头"只能是终点,这显然是前一种规则类推泛化的结果。有时候则相反,留学生把后一个规则加以类推泛化,即把所有的宾语都放在"来"、"去"的后边,像例(8)的"进去故宫"中的宾语"故宫"是地点宾语,应该放在"去"的前面,但却放在了"去"的后面,这显然是后一种规则类推泛化的结果。以上两种错误,以后一种居多。

"动词+简单趋向补语(引申义)"带宾语的,语料中出现的用例很少,只有5例,其中有2例是错误的,错误率为40%。例如:

(9) 做出自己应有的贡献。
(10) 灵隐寺的老和尚请他为灵隐寺用毛笔写下匾。

例(9)的"出"用的是引申义,是正确的,例(10)的"下"用的也是引申义,但却是错误的,因为"写下"只能带结果宾语,不能带地点宾语。学生习得时出现这样的问题,也是宾语类推泛化的结果,即把"写下"所带宾语的类型由结果宾语扩大到其他宾语,这种类推泛化也是语内负迁移引起的。

"动词+复合趋向补语(本义)"的习得情况非常好,初级阶段语料中该项目一共出现了15例,全部是正确的。例如:

(11) 然后才走进来了。
(12) 就会被赶出去。

以上两例的"进来"、"出去"用的都是本义,也都是正确的——第(11)句中的"了"应删去。

"动词+复合趋向补语(引申义)"习得时有一些问题,该项目初级阶段语料中一共出现了27例,但有4例是错误的,错误率约为14.8%。例如:

(13) 就我的心里高兴起来。

(14) 我越想他越喜欢过来了他。

例(13)的"起来"用的是引申义,也是正确的;例(14)的"过来"用的也是引申义,但是错误的——第(13)句的"就"应放在"高兴"的前面;第(14)句的"了"应删去。

该项习得得不太好,主要问题是不该用复合趋向补语时却用了,例(14)的"喜欢"后面的"过来"都应该删去。

"动词+趋$_1$+宾语+趋$_2$(本义)"初级阶段语料中出现的用例非常少,只有5例,其中3例是错误的,错误率为60%。例如:

(15) 她什么也没有带回家来。

(16) 走过前门站去。

例(15)的宾语"家"的位置是正确的,但例(16)的宾语"前门"的位置是错误的。

该项习得时的主要问题也是宾语类推泛化,即学生错把某种宾语放在了不该出现的位置上。像例(16)的宾语"前门站"表示方向或终点,杨德峰(2003)发现,当趋向补语为"过来""过去"时,"动词+趋$_1$+宾语+趋$_2$(本义)"中的宾语虽然可以是地点宾语,但只能是路径宾语,不能是方向或终点宾语。[①] 试比较:

(17) 跳过河来→从河上跳过来

(18) 向教室飞过来→*飞过教室来

---

① 参见杨德峰《朝鲜语母语学习者趋向补语习得情况分析》,《暨南大学华文学院学报》2003年第4期。

例(17)的宾语"河"表示路径,例(18)的宾语"教室"表示动作的方向或终点,尽管也是地点名词,但不能放在复合趋向补语之间。学生习得时常常忽视了这种条件,而错把方向或终点宾语也放在了"过来""过去"的中间,因此出现类推泛化的错误。这种错误的出现有学生的问题,也有教材的问题,但主要问题在教材。就我们目力所及,还没有发现一本教材明确指出"动词+趋$_1$+宾语+趋$_2$(本义)"中的宾语为地点宾语时有条件的限制,正因为如此,学生使用时出现错误也就不难理解了。

"动词+趋$_1$+宾语+趋$_2$(引申义)"初级阶段语料中出现的用例也很少,只有4例,全部是正确的,错误率为0。例如:

(19)我可能都想起北京的春天来吧。

其中"起来"用的是引申义,是正确的。"吧"应删去。

"动词+复合趋向补语(本义)+宾语"初级阶段语料中该项目只出现了4例,但有2例是错误的,错误率为50%。例如:

(20)所以他从书架上拿下来另一本值得一看中文书叫《铁流》。

例(20)的宾语"另一本值得一看中文书"的位置是错误的——该句应改为:所以他从书架上把另一本值得一看的中文书《铁流》拿下来。

该项目习得时的主要问题也是宾语类推泛化,这种类推泛化既有语内负迁移的影响,也有语际负迁移的影响。众所周知,"动词+复合趋向补语(本义)+宾语"中的宾语有很大的限制,一般为数量(名)结构,但日语母语学习者常常忽视了这一点,而把非数量(名)结构也放在了补语的后面,结果出现了类推泛化的错误。另外,汉语中的"动词+复合趋向补语(本义)+宾语"中的宾语虽然不能是非数量名结构,但是日语中却可以出现非数量名宾语。例如:

(21)その人を追い出す(把那个人赶出去)
　　那个人 赶 出去
(22)その本を渡してくれ(把那本书递过来)
　　那本书 递 过来

例(21)、(22)的宾语"那个人"和"那本书"都是体词性成分,它们都能做"动词+复合趋向补语"的宾语。由于受到母语这种负迁移的影响,所以学生常常把非数量名宾语放在了复合趋向补语的后面。

"动词+复合趋向补语(引申义)+宾语"初级阶段的语料中只出现了1例,但却是错误的,错误率为100%。例如:

(23)找起来自己的对象。

宾语"自己的对象"位置放错了,应该放在"来"的前面。从这一例来看,该项目习得时的问题与"动词+复合趋向补语(本义)+宾语"相同,也是宾语类推泛化。

2. 中级阶段各项目习得情况

中级阶段语料中"动词+简单趋向补语(本义)"一共出现了59例,其中3例是错误的,错误率约为5.1%。例如:

(24)她偷偷地回去。
(25)然后等车走过、自己穿过马路。

例(24)的"去"是正确的,而例(25)"走过"中的"过"却是错误的——该句应改为:等车开过去以后,自己再穿过马路。

该项目习得时的主要问题是该用复合趋向补语时却用了简单趋向补语,像例(25),动词"走"后应该用复合趋向补语"过去",但学生却用了简单趋向补语"过"。

"动词+简单趋向补语(引申义)"中级阶段语料中一共出现了22例,其中3例是错误的,错误率约为13.6%。例如:

(26)连一个不赶上的也没有。
(27)进学荼大学的时候,我对画儿的兴趣再燃起了。

例(26)中的"上"用的是引申义,是正确的;例(27)的"起"也用引申义,却不正确。该项目习得中出现的问题也是该用复合趋向补语时用了简单趋向补语,像例(27),动词"燃"的后面应该出现"起来",但学生用了"起"——例(26)中的"不"应改为"没";例(27)中"再"应改为"又"。

"动词+简单趋向补语(本义)"带宾语的习得不太好,中级阶段语料中该项目一共出现了45例,但有10例是错误的,错误率约为22.2%。例如:

(28)我很担心地走进了剧场。
(29)不能进去大学。

例(28)的"进"用的是本义,宾语的位置也是正确的;例(29)中的"去"用的也是本义,但宾语的位置却是错误的。

"动词+简单趋向补语(本义)"带宾语的,习得时的主要问题也是宾语类推泛化。这种情形与初级阶段完全一样。例(29)的宾语"大学"是地点宾语,应该放在"去"的前面,但由于受到非地点宾语位置的影响而放在了"去"的后面。

与"动词+简单趋向补语(本义)"带宾语的类似,"动词+简单趋向补语(引申义)"带宾语的中级阶段的习得情况也不太好,语料中该项目一共出现了 50 例,但有 7 例是错误的,错误率约为 13.5%。例如:

(30)他爱上秦楠。

(31)我想起好办法。

例(30)的"上"用的是引申义,也是正确的;例(31)的"起"用的也是引申义,却不正确——该句之"好办法"前面应加上"一个"。

该阶段"动词+简单趋向补语(引申义)"带宾语习得中的主要问题是搭配错误,像例(31)"想起"中的"想"和"起"就搭配不当,"起"应改为"出"。

"动词+复合趋向补语(本义)"中级阶段的习得情况比较好,语料中该项目一共出现了 41 例,只有 2 例是错误的,错误率约为 4.9%。例如:

(32)二虎把菜刀和一杆秤拿起来说。

(33)明天太阳落下来、月亮升起来以后,从月亮接我。

例(32)的"起来"用的是本义,是正确的;例(33)的"下来"用的也是本义,却不正确,原因是立足点有问题,因为太阳落下去的地方与说话人不在同一个地方——第(33)句的"从月亮接我"应改为"把我从月亮上接走"。

与"动词+复合趋向补语(本义)"相反,"动词+复合趋向补语(引申义)"习得时问题比较多。该项目中级阶段语料中一共出现了 52 例,有 8 例是错误的,错误率约为 15.4%。例如:

(34)这样描写下来的话,他好象是个没有通融余地的人。

(35)可是他睡觉以后差点儿醒起来的时候,常常说一句话。

例(34)的"下来"用的是引申义,是正确的;例(35)的"起来"用的也是引申义,却是错误的——例(34)句的"象"应为"像"。

该项目习得得不太好,主要是搭配错误。例(35)的"醒"和"起来"搭配得不合适,"起来"应改为"过来"或"来"。

"动词+趋$_1$+宾语+趋$_2$(本义)"中级阶段语料中出现的用例很少,只有7例,都是正确的,错误率为0。例如:

(36)奋勇爬过墙来。

"动词+趋$_1$+宾语+趋$_2$(引申义)"中级阶段语料中出现的不多,一共9例,但也全部是正确的,错误率为0。例如:

(37)比起西餐来,这种吃法别有一番风味。

宾语"西餐"的位置是正确的。

"动词+复合趋向补语(本义)+宾语"语料中该项目只出现了3例,全部是错误的,错误率为100%。例如:

(38)你甜的桃子的话飘过来我旁边儿。

宾语的位置不正确——该句应改为:你那甜蜜的话语飘到我的耳边。

该项目习得中的主要问题也是类推泛化,这种情况与初级阶段完全一样,兹不再述。

"动词+复合趋向补语(引申义)+宾语"中级阶段的语料中

只有4例,也都是错误的,错误率也是100%。例如:

(39)剥皮老爷高兴地马上雇下来二虎还定了一个条件。

(40)我认为历史养出来哲学。

以上2例的宾语"二虎"、"哲学"位置都是错误的——第(39)句应改为:剥皮老爷高兴地把二虎雇了下来,还定了一个条件;第(40)句应改为:我认为历史创造哲学。

该项目习得中的主要问题与"动词+复合趋向补语(本义)+宾语"类似,也是宾语类推泛化。

3.高级阶段各项目习得情况

高级阶段语料中"动词+简单趋向补语(本义)"一共出现了146例,只有3例是错误的,错误率约为2%。例如:

(41)那家的儿子女儿们下班回来了。

(42)我们爬上长城一步一步慢慢爬上了。

例(41)的"来"是正确的,但例(42)中的"上"用得却不正确,应改为"上去"——第(41)例"们"应删去;第(42)例应改为:我们从长城脚下一步一步慢慢爬上去。

该项目习得时的主要问题与初级、中级阶段类似,也是该用复合趋向补语时却用了单音节趋向补语。

"动词+简单趋向补语(引申义)"高级阶段语料中一共出现了26例,其中2例是错误的,错误率约为7.7%。例如:

(43)我把汽车停下的时候,发现从前边跳过来的黑色的东西。

(44)想来,这就是我父亲的"爱情表现"。

例(43)的"下"用的是引申义,是正确的——这句应改为:他把汽车停下以后,才看见从前面跳过来的黑色东西;例(44)的"来"用的也是引申义,却不正确。该项目习得时的主要问题也是搭配错误,像例(44),动词"想"和"来"就搭配不当,"想"应改为"看"。

"动词+简单趋向补语(本义)"带宾语的习得不太好,高级阶段语料中该项目一共出现了79例,但有28例是错误的,错误率约为35.4%。例如:

(45)反而平和带来幸福。

(46)能进去校内。

例(45)的"来"用的是本义,宾语的位置是正确的;例(46)的"去"用的也是本义,但是宾语的位置却是错误的——第(45)句"反而"应放在"平和"的后面;"平和"应为"和平"。

"动词+简单趋向补语(本义)"带宾语的,习得时的主要问题也是宾语类推泛化。这种情形与中级阶段完全一样。像例(46)中"进去校内"的宾语"校内"是地点宾语,应该放在"去"的前面,但由于受到非地点宾语的影响而放在了"去"的后面。

与"动词+简单趋向补语(本义)"相反,"动词+简单趋向补语(引申义)"带宾语的高级阶段的习得情况较好,语料中该项目一共出现了59例,有4例是错误的,错误率约为6.8%。例如:

(47)来到东京考上剧团研究生。

(48) 碰上有一个先生。

(49) 如果你看上起一个日本青年人的时候,早一点给我谈一谈。

例(47)的"上"用的是引申义,是正确的;例(48)、(49)的"上"和"起"用的也是引申义,却不正确。该项目习得时出现的主要错误是宾语类推泛化和两个补语同时使用,像例(48)的"有一个先生"就不能作"碰上"的宾语,例(49)的补语"上"后不能再出现补语"起"——第(47)例"来到东京"后面应有逗号;第(49)例的"给"应为"跟"。

"动词+复合趋向补语(本义)"高级阶段的习得情况比较好,语料中该项目一共出现了62例,只有1例是错误的,错误率约为1.6%。例如:

(50) 一个人走过去混入人里。

(51) 也安安稳稳坐在树下喝酒、被飞出去了。

以上2例的"过去"、"出去"用的都是本义,都是正确的——第(50)例"人"后应加上"群";第(51)例逗号应为顿号,"飞"前应加上"炸得"等词语。

与"动词+复合趋向补语(本义)"相反,"动词+复合趋向补语(引申义)"习得时问题比较多。该项目高级阶段语料中一共出现了112例,但有14例是错误的,错误率为12.5%。例如:

(52) 一直等到禾苗长大起来。

(53) 船停下去,就就从刻记号的地方钻到水里找一找。

例(52)的"起来"、例(53)的"下去"用的都是引申义,但都是错误的——例(53)的"就"应删去一个,"钻到"似应改为"跳进"。

该项目习得得不太好,错误类型有两个:一是搭配错误。像例(52)的"长大起来"的"长大"与"起来"搭配不当,因为汉语的"动词+结果补语"后面不能再带趋向补语。二是立足点错误,例(53)的"停下去"中的"下去"应改为"下来",因为说话人的立足点在船停的地方。

"动词+趋$_1$+宾语+趋$_2$(本义)"高级阶段语料中出现的用例很少,只有 14 例,其中 2 例是错误的,错误率约为 14.3%。例如:

(54)便走上前去问老婆婆。
(55)走上楼梯去,对面就是我的房间。

例(54)的宾语"前"位置是正确的,但例(55)的宾语"楼梯"位置却是错误的,这种错误也是宾语类推泛化的结果。据我们考察,地点宾语只有表示终点的才能出现在"动词+上+宾语+来/去(本义)"中,表示路径的不能出现在"动词+上+宾语+来/去(本义)"中,学生习得时常常忽视了这一条件,错把表示路径的也放在了"动词+上+宾语+来/去(本义)"中。例(55)的错误就属于这种情况。

该项目习得时出现宾语类推泛化主要原因不在学生,而在教材。我们翻阅了一些目前使用的具有一定影响的教材,发现它们都没有具体谈到"动词+上+宾语+来/去(本义)"中宾语的类型,而只是泛泛地说其中的宾语为地点宾语,这显然是一种误导,学生习得时出现宾语类推泛化错误自然就不可避免。

"动词+趋$_1$+宾语+趋$_2$（引申义）"高级阶段语料中出现的不多，一共17例，全部是正确的，错误率为0。例如：

(56) 我想起他的话来。

"动词+复合趋向补语（本义）+宾语"语料中该项目只出现了5例，全部是错误的，错误率为100%。例如：

(57) 通过中大正门我走进去中大里面。

该例宾语的位置不正确。

该项目习得时的主要问题与初级、中级阶段类似，也是宾语类推泛化，出现错误的原因也与初级、中级阶段相同，恕不再述。

"动词+复合趋向补语（引申义）+宾语"高级阶段语料中只有12例，其中10例是错误的，错误率为75%。例如：

(58) 我的脑海里画起来往昔的情景想象不到。

(59) 以后我写下来我们过的5天之有意思的旅游情况吧。

以上2例的宾语"往昔的情景"、"我们过的5天之有意思的旅游情况"位置都是错误的。该项目习得中的主要问题与"动词+复合趋向补语（本义）+宾语"类似，也是宾语类推泛化——第(58)句应改为：我脑海里勾画起过去想象不到的情景来；第(59)句应改为：以后我把那五天有意思的旅游生活写出来。

三 初级、中级、高级阶段习得情况比较及分析

上文10个项目初级、中级、高级3个阶段的习得情况大致如下表：

表 1

趋向补语类型	错误					
	初级		中级		高级	
	错误率	错误类型	错误率	错误类型	错误率	错误类型
动词＋简单趋向补语(本义)	7.7%	1.该用复合的却用了简单的 2.该用结果补语却用了趋向补语	5.1%	该用复合的却用了简单的	2%	该用复合的却用了简单的
动词＋简单趋向补语(引申义)	0		13.6%	该用复合的却用了简单的	7.7%	搭配错误
"动词＋简单趋向补语(本义)"＋宾语	41.7%	宾语类推泛化	22.2%	宾语类推泛化	35.4%	宾语类推泛化
"动词＋简单趋向补语(引申义)"＋宾语	40%	宾语类推泛化	13.5%	搭配错误	6.8%	1.宾语类推泛化 2.两个补语同时使用
动词＋复合趋向补语(本义)	0		4.9%	立足点错误	1.6%	
动词＋复合趋向补语(引申义)	14.8%	不该用复合趋向补语时却用了	15.4%	搭配错误	12.5%	1.搭配错误 2.立足点错误
动词＋趋$_1$＋宾语＋趋$_2$(本义)	60%	宾语类推泛化	0	14.3%		宾语类推泛化
动词＋趋$_1$＋宾语＋趋$_2$(引申义)	0		0		0	
动词＋复合趋向补语(本义)＋宾语	50%	宾语类推泛化	100%	宾语类推泛化	100%	宾语类推泛化
动词＋复合趋向补语(引申义)＋宾语	100%	宾语类推泛化	100%	宾语类推泛化	75%	宾语类推泛化

从表中可以看出，10个被考察的项目中初级阶段的只有不到1/3掌握了，中、高级阶段仍有1/3左右的项目没有完全掌握。

"动词＋简单趋向补语（本义）"初级阶段的习得错误率约为7.7％，中级阶段错误率约为5.1％，错误率都稍高；高级阶段错误率为2％，错误率很低。这些情况说明该项目初级、中级阶段习得时还有一些问题，到了高级阶段才基本掌握。

"动词＋简单趋向补语（引申义）"初级阶段的习得错误率是0，中级阶段该项目的习得错误率约为13.6％，高级阶段的习得错误率约为7.7％。这说明该项目中、高级阶段仍存在一些问题。

"动词＋简单趋向补语（本义）"带宾语的，初级阶段习得错误率约为41.7％，比例很高；中级阶段习得错误率约为22.2％，高级阶段仍高达35.4％，中、高级阶段该项目的习得错误率虽然有所下降，但是下降幅度十分有限。这表明，该项目中、高级阶段习得情况仍没有多大进展，也说明该项目属于比较难习得的项目。从错误类型来看，初级、中级和高级3个阶段都是宾语类推泛化，说明该项目习得时容易出现"化石化"现象。

"动词＋简单趋向补语（引申义）"带宾语的，初级阶段的习得错误率为40％，错误率极高；中级阶段习得错误率约为13.5％，高级阶段错误率约为6.8％，中、高级阶段习得错误率较初级阶段下降了很多，说明随着学生汉语水平的提高，该项目使用错误率有所下降。尽管如此，仍能看出，中、高级阶段该项目还没有被完全掌握。这说明该项目习得时也有一定的难度。

"动词+复合趋向动词（本义）"初级阶段的习得错误率是0,中级阶段错误率约为4.9%,高级阶段错误率约为1.6%,从3个阶段来看,该项目习得时的错误率都很低,说明该项目初级阶段已经基本上掌握了,也说明该项目很容易习得。

"动词+复合趋向动词（引申义）"初级阶段的习得错误率约为14.8%,错误率较高;中级阶段该项目的错误率仍高达15.4%,高级阶段还高达12.5%。这些情况表明,该项目初级阶段没有被掌握,中、高级阶段仍没有多大进展。

"动词+趋$_1$+宾语+趋$_2$（本义）"初级阶段的习得错误率高达60%,这说明初级阶段该项目习得时有很大的困难。中级阶段该项目的习得错误率是0,高级阶段错误率约为14.3%,表面上看中级阶段该项目似乎已经完全习得了,但从高级阶段的错误率来看,该项目中、高级阶段习得时仍有一些问题。

"动词+趋$_1$+宾语+趋$_2$（引申义）"初级阶段的习得错误率是0,中、高级阶段的习得错误率也是0,说明初级阶段该项目已经被完全掌握,也说明该项目很容易习得。

"动词+复合趋向补语（本义）+宾语"初级阶段的习得错误率为50%,错误率极高;中、高级阶段习得错误率高达100%。这种情况的出现固然与中、高级阶段该项目出现的例句较少有关,但仍说明该项目中、高级阶段习得情况没有什么进展,也说明该项目是一个十分难习得的项目。无论初级阶段,还是中、高级阶段该项目习得时的主要问题都是宾语类推泛化,可见该项目的习得也存在"化石化"现象。

"动词+复合趋向补语（引申义）+宾语"初级阶段的习

错误率是100%,即全部是错误的;中级阶段该项目的习得错误率仍为100%,高级阶段错误率还高达75%,说明该项目到了高级阶段仍没有被掌握,也说明该项目十分难习得。从错误类型来看,初级、中级和高级三个阶段该项目习得时的主要问题也都是宾语类推泛化,可见该项目习得时也容易出现"化石化"问题。

四 结语

综观上文可以看出,10个被考察的项目中初、中、高3个阶段习得时出现的错误各有特点。初级阶段习得时的主要问题是宾语类推泛化、该用复合趋向补语却用了简单趋向补语、该用结果补语却用了趋向补语、不该用复合趋向补语却用了等;中级阶段习得时的主要问题是宾语类推泛化、该用复合趋向补语却用了简单趋向补语、搭配错误、立足点错误等;高级阶段习得时的主要问题是宾语类推泛化、该用复合趋向补语却用了简单趋向补语、搭配错误、立足点错误和两个补语同时使用等。不管是初级阶段,还是中级和高级阶段,宾语类推泛化都是习得时的主要问题。初级阶段7个习得出现错误的项目,有5个是宾语类推泛化引起的;中级阶段8个习得出现错误的项目,有3个也是宾语类推泛化引起的;高级阶段9个习得有问题的项目中有5个是或主要是宾语类推泛化引起的。日语母语学习者习得趋向补语出现宾语类推泛化的原因有两个:一是语内负迁移,一是语际负迁移,但主要是语内负迁移。与英语母语学习者和朝鲜语母语学习者类似,日语母语学习者习得趋向补语时也存在一定程度的"化石化"现象。

我们在有关文章中指出,"动词+复合趋向补语(引申义)"和"动词+复合趋向补语+宾语"是朝鲜语母语学习者和英语母语学习者习得的难点,通过考察我们发现,以上项目也是日语母语学习者习得的难点。同样,英语母语学习者和朝鲜语母语学习者习得时容易的地方,像"动词+简单趋向补语"和"动词+趋$_1$+宾语+趋$_2$(引申义)",日语母语学习者也同样比较容易习得。以上情况说明不同母语的学习者在习得趋向补语时存在着一些共性,但是这不意味着不同母语的学习者在习得趋向补语时存在的问题相同,更不意味着不同母语的学习者习得趋向补语的顺序是相同的,因为从我们的考察来看,不同母语的学习者在习得趋向补语时也有其特异之处,像"动词+复合趋向补语",对朝鲜语母语学习者来说比较难习得;而对日语母语学习者和英语母语学习者来说就不是那么难;同样,对英语母语学习者来说,"动词+复合趋向补语(引申义)+宾语"不太难,但对日语母语学习者和朝鲜语母语学习者来说却很难。

我们考察时沿用了笔者在《顺序》中的做法,即区分了"动词+趋$_1$+宾语+趋$_2$"和"动词+复合趋向补语+宾语",通过考察我们发现,日语母语学习者习得这两个项目时也是有差别的,后者的习得错误率极高,其难度要超过前者,说明我们区分这两个项目的做法是正确的。与"动词+复合趋向补语+宾语"相比,"动词+趋$_1$+宾语+趋$_2$"比较容易习得,笔者在相关文章中认为是认知上的原因,"因为标记理论认为,无标记项一般先习得,也比较容易习得;而有标记项则相反。从标记理论来看,'动词+复合趋向补语+宾语'是一种有标记形式,而'动词+趋$_1$+宾语+趋$_2$'是一种无标记形式,因为前者的宾语有很大的限制,而后者的宾语则没有什么限制。"日语母语学习者习得趋向补语的情况也进一步证实了这一推论。

从钱文的习得顺序来看,表示本义的趋向补语的习得顺序基本上都在表示引申意义的趋向补语的前面,但我们的考察结果显示,某些表示本义的趋向补语在有些项目中却比表示引申意义的难习得。表示引申意义的"动词+趋$_1$+宾语+趋$_2$(引申义)"无论初级阶段、中级阶段还是高级阶段,错误率都是 0;而"动词+趋$_1$+宾语+趋$_2$(本义)"的习得错误率初级阶段很高,高级阶段仍高达 14.3%。单从错误率上来看,前一个项目显然比后一个容易习得。无独有偶,"动词+简单趋向补语(本义)"带宾语的中、高级阶段的习得错误率也比"动词+简单趋向补语(引申义)"带宾语的高很多,也说明前者比后者难习得。虽然不能只根据错误率就做出某些表示本义的趋向补语比表示引申意义的习得顺序要靠后的结论,但错误率反映出习得顺序上存在一些差别,这是不容置疑的。

对日语母语学习者习得以上 10 个项目的情况进行考察和分析,不仅能够找出这些习得者习得趋向补语时出现的错误类型以及难点,而且能够了解他们习得这些项目时出现错误的原因。更重要的是,可以了解这些学生不同阶段习得趋向补语时出现的问题的特点,从而使我们在对日语母语学习者进行教学时更具有针对性,减少盲目性,提高教学效率和教学效果。不仅如此,这方面的研究同样对对外汉语教学语法大纲、教学大纲的制定以及教材的编写等也有一定的参考价值。

第十一节 以朝鲜语为母语的学生趋向补语习得顺序研究[①]

趋向补语是语法学界关注的热点之一,这方面的研究文章不仅数量多,而且有一定的广度和深度,但是趋向补语的习得顺序研究以及趋向补语跟其他语言中类似的表达方式的对比研究还很薄弱。到目前为止,我们只把趋向补语跟英语和日语中的表达方式作了一些初步的对比,趋向补语习得顺序研究则只有钱旭菁的《日本留学生汉语趋向补语的习得顺序》一篇。正因为我们对不同语言中与汉语的趋向补语类似的表达方式研究得不够,所以,教学中有时就很难找到学生出现错误的真正原因,教师在纠错时只能是头痛医头,脚痛医脚。趋向补语习得顺序缺乏研究,最直接的后果至少有两个:一是教材中由趋向补语构成的句式的编排顺序存在很大的盲目性,二是教学中各句式的教学顺序也存在着随意性,这些都必然加大趋向补语习得的难度,给趋向补语的习得增添一些人为的障碍。因此,要解决趋向补语习得难的问题,不仅要加强对比研究,同时也要加强趋向补语习得顺序研究,尽量找出不同母语的学生习得趋向补语的大致顺序,并把这种顺序体现在教材编写和课堂教学中(当然,也要进一步加强汉语趋向补语自身的研究),只有如此,才能提高教

[①] 本文原标题为"以朝鲜语为母语的学生趋向补语的习得顺序——基于中介语语料库的研究",作者杨德峰,原载《第七届国际汉语教学讨论会论文选》,北京大学出版社 2004 年版。

学效果,也才能化难为易。鉴于此,我们将以北京语言大学的中介语语料库中以朝鲜语为母语的留学生使用的带趋向补语的句子为样本,对他们习得趋向补语的顺序作一些初步的探讨。

一 语料及考查项目

我们使用的语料来自于北京语言大学的中介语语料库,该语料库共收中介语语料四百多万字,笔者把以朝鲜语为母语的一年级和二年级,即初级和中级的韩国学生和朝鲜学生使用的带趋向补语的句子进行了穷尽性的提取,最后得到 432 个用例。① 为便于对这些用例进行分析,我们在笔者的《以英语为母语的学生趋向补语习得顺序初探》(以下简称《初探》)一文中按照结构上的特点以及趋向补语的意义等把带趋向补语的句子简化以后得到的 10 个考查项目的基础上,增加 2 个考查项目,一共得到 12 个考查项目:

1. 到……来/去(本义)②
2. 动词 + 到……来/去(本义)
3. 动词 + 简单趋向补语(本义)
4. 动词 + 简单趋向补语(引申义)
5. "动词 + 简单趋向补语(本义)"带宾语的
6. "动词 + 简单趋向补语(引申义)"带宾语的
7. 动词 + 复合趋向补语(本义)
8. 动词 + 复合趋向补语(引申义)

---

① 语料库中三、四年级,即高级阶段的语料极少,故不在考查之列。
② 本文把"到……来/去"看做复合趋向补语采纳的是刘月华的看法。参见《实用现代汉语语法》第 345 页。

9. 动词+趋₁+宾语+趋₂(本义)
10. 动词+趋₁+宾语+趋₂(引申义)
11. 动词+复合趋向补语(本义)+宾语
12. 动词+复合趋向补语(引申义)+宾语

考查项目确定以后,分别统计出语料库中初级和中级两个阶段各项目的用例,然后做出分析和推测,在此基础上再构拟出以朝鲜语为母语的留学生习得趋向补语的大致顺序。

二 初级和中级阶段的习得情况

1. 通过统计我们发现,初级阶段语料库中以上12个项目都出现了,但各项目的使用频率以及错误率却有很大的差别。

(1)"到……来/去(本义)"初级阶段语料中一共出现了6例,但全部是正确的,①错误率为0,例如:

(1)以前我学过汉语很早以前就想到中国来。②
(2)我常常跟他一起开车从统一街到光复去。

例(1)、(2)的"到中国来"和"到光复去"显然都是正确的。

(2)语料中"动词+到……来/去(本义)"初级阶段出现的不多,只有6例,但其中有2例是错误的,错误率约为33.3%,例如:

(3)只好让出租汽车运到宿舍来了。
(4)在该地过了两年半以后,到韩国回去。

---

① 本文所说的使用"正确"是指趋向补语使用正确,如果句子中有其他的语法问题,但趋向补语使用是正确的,我们仍把它归入到"正确"之列。
② 该句"汉语"的后面应有一个逗号。

(5)他到外边走了去。①

例(3)的"运到宿舍来"是正确的,但例(4)、(5)的"到韩国回去"、"到外边走了去"却是错误的。

该项目习得时的主要问题是学生喜欢把介词结构"到……"提到主要谓语动词的前面,像例(4)"到韩国"应该放在"回"的后面,但却提到了主要谓语动词"回"的前面。例(5)情况类似。以朝鲜语为母语的学生之所以出现这种错误,显然是受到了语际负迁移的影响,因为"动词+到……来/去"朝鲜语的语序是"到……动词+来/去"。

(3)语料中"动词+简单趋向补语(本义)"初级阶段一共出现了42例,其中41例是正确的,正确率约为97.6%,也就是说只有2.4%的错误率,如果排除偶发性的错误,可以说该项目差不多完全掌握了。例如:

(6)他一边看后边,一边拼命地跑来。

(7)请您等一会儿,我马上就回来。

(8)我进去躲躲吧。

(9)刚才向那边逃去。

以上四例的"跑来"、"回来"、"进去"、"逃去"中的趋向补语"来"、"去"都是正确的。

(4)"动词+简单趋向补语(引申义)"语料中初级阶段一共出现了15例,其中5例是错误的,错误率约为33.3%。例如:

---

① 该句应改为"他走到外边去了"。

(10) 还收找回的钱的时候,我再一遍惊慌。①

(11) 对已经过去的事情一边假设别的选择一边后悔。②

(12) 这是我国古时候传来的一个民间故事。

(13) 他回来的时候,不知不觉地忘了写下的条子。

例(10)、(11)中的趋向补语"回"、"去"用的都是引申义,但都是正确的;但是例(12)、(13)的"来"、"下"用的也都是引申义,但却都不正确。

"动词+简单趋向补语(引申义)"使用中错误比较多,但其错误类型不外乎两个。一是搭配错误,像例(12)的"传来"中的"来"就用错了,应改为"下来"。二是不该使用时却使用了,像例(13)的"写下"中的"下"就不应该用,应该删去。

不管是搭配错误,还是不该使用却使用了,都是类推泛化的结果。这种类推泛化主要是语内负迁移引起的,像例(12),显然是把双音节的"下来"和单音节的"下"弄混了。

(5) "动词+简单趋向补语(本义)"带宾语的初级阶段习得得比较好,语料中该项目一共出现了41例,只有7例是错误的,错误率约为16.7%,例如:

(14) 东郭先生前面跳出了一只狼。

(15) 这么着赶快把它装进口袋里。

---

① 该句中的"还"似应删去,"再"应改为"又","一遍"应改为"一次",而且要放在"惊慌"的后面。另外"惊慌"后面还应该加上"了"。

② 该句似应改为:"我对已经过去的事情感到很后悔,但心里仍在琢磨着当时应该怎么选择才是对的。"

(16) 有几天进城去了解北京的情况。

(17) 你可以随时进来我们的房间。

(18) 从前边过三轮车来。①

例(14)、(15)、(16)的趋向补语"出"、"进"、"去"用的都是本义,而且都是正确的。但例(17)、(18)中的"来"用的也是本义,但是却都是错误的。

"动词+简单趋向补语(本义)"带宾语的,习得时的主要问题也是类推泛化。众所周知,"动词+来/去"带宾语,宾语一般有两种位置,一种是当宾语为地点名词或结构时,应该放在"来""去"的前面,动词的后面;另一种是当宾语为非地点名词或结构时,应放在"来""去"的后面。留学生常常忽视这一点,有时把前一种规则加以类推或泛化,即把所有的宾语都放在"来""去"的前面,像例(18)的"过三轮车来"中的宾语"三轮车"不是地点宾语,应该放在"来"的后面,但却放在了"来"的前面,这显然是前一种规则类推、泛化的结果。有时候则相反,留学生把后一个规则加以类推或泛化,即把所有的宾语都放在"来""去"的后边,像例(17)的"进来我们的房间"中的宾语"我们的房间"是地点宾语,应该放在"来"的前面,但却放在了"来"的后面,这显然是后一种规则类推、泛化的结果。以上两种错误,以后一种居多,再如:

(19) 他们觉得满意的时候,就进去新娘家。

例(19)的宾语"新娘家"是地点宾语,也应该放在"去"的前面。

---

① 该句应改为"从前面过来一辆三轮车"。

(6)"动词+简单趋向补语(引申义)"带宾语的初级阶段习得情况非常好,语料中该项目一共出现了13例,但全部是正确的,错误率为0,例如:

(20)父母先得从自己开始做出好榜样。

(21)我常常想起我的母亲。

以上二例中的趋向补语"出"、"起",用的都是引申义,而且都是正确的。

(7)"动词+复合趋向补语(本义)"的习得情况比较好,初级阶段语料中该项目一共出现了36例,只有1例是错误的,错误率约为3%,例如:

(22)一家人就跑过来搂在一起。

(23)这时候她顶着的桶摔掉了,所以牛奶洒出来了。①

(24)从白头山流下来的鸭绿江和豆满江,还有经过平壤中心的大同江。

(25)东郭先生从口袋里把书拿下来,把狼放在口袋里。

以上四例,前三例的复合趋向补语"过来"、"出来"、"下来"都是正确的,但后一例的趋向补语"下来"是错误的。

(8)与"动词+复合趋向补语(本义)"相反,(引申义)习得时问题比较多。该项目初级阶段语料中一共出现了38例,但有17例是错误的,错误率约为45%。例如:

(26)用绑子把口袋捆起来。②

---

① 该句的"掉"似应改为"下来",或"摔掉"改为"掉下来"。
② "绑子"应为"绳子"等。

第十一节 以朝鲜语为母语的学生趋向补语习得顺序研究

(27)人们都惊讶地喊起来。

(28)打猎的人相信他的话,所以顺着那条路追下去。

(29)我的朋友把自行车转起来左边的时候,跟一位追着他的中国人冲突下来。

(30)我们上的电梯向下起来。

例(26)、(27)的"起来"、例(28)的"下去"用的都是引申义,而且都是正确的,但例(29)的"下来"、例(30)"起来"用的也都是引申义,但都是错误的。

主要表现在两个方面:一是搭配错误,即不知道表示引申意义的复合趋向补语应该与哪些动词或形容词搭配,常常出现搭配不当的问题。像例(29)的"冲突下来","冲突"和"下来"搭配就不合适,"冲突"应改为"撞","下来"应改为"上"。二是把表示引申意义的趋向动词当作动词来使用。众所周知,表示引申意义的趋向动词都是黏着的,即只能放在动词后面作补语,不能单独作谓语,但是留学生往往忽视了这一点,常常把表示引申意义的趋向动词当作动词来使用,像例(30)的"起来",显然是当做动词使用了,应在"起来"的前面加上"运动"等动词。

(9)"动词+趋$_1$+宾语+趋$_2$(本义)"初级阶段语料中出现的用例非常少,只有3例,但都是正确的,错误率为0,例如:

(31)不过,因为他没有时间,只好拿出白色的封套来。

(32)忽然从路旁边跳出一只狼来。

前句的"拿出白色的封套来"、后句的"跳出一只狼来",宾语的位置都是正确的。

(10)"动词+趋$_1$+宾语+趋$_2$(引申义)"初级阶段语料中出

现的用例极少,一共才 2 例,但全部是正确的,错误率为 0,例如:

(33)我现在还想起那时的情景来啊!①

(11)"动词+复合趋向补语(本义)+宾语"初级阶段语料中该项目一共出现了 4 例,但有 1 例是错误的,错误率为 25%,例如:

(34)还有的时候他们拿出来一张纸。

(35)出发以前,我拿出来词典,写着说明。

"拿出来一张纸"的宾语位置是正确的,"拿出来词典"宾语的位置却是错误的。

(12)跟"动词+复合趋向补语(本义)+宾语"相比,"动词+复合趋向补语(引申义)+宾语"的习得情况则有过之而无不及。该项目初级阶段的语料中一共出现了 6 例,但全部是错误的,错误率为 100%。例如:

(36)快把口袋里的书全部拿出来,捆起来狼的腿把它装进口袋。

(37)好人才能认识出来好人。

(38)果然东郭先生听出来从他这儿附近的地方起来的声音。②

(39)然后至少三百五十个小鸡孵出来。

---

① 该句"想"的前面应该加上"能","啊"似应删去。
② 该句的"这儿"应删去,"起来的声音"中的"起来"应改为"发出"。

以上4例中的宾语"狼的腿"、"好人"、"从他这儿附近的地方起来的声音"、"三百五十个小鸡"位置都是错误的,前一例的宾语"狼的腿"应该用"把"字提前,后三例的宾语都应该放在"来"的前面。

该项目习得时出现的错误也同样是类推泛化引起的,但细分起来,又可分两种情况:一是当宾语为数量或数量名结构时,应该放在复合趋向补语的后面,由于受到这一条规则的影响,学生就类推出所有的宾语都可以放在复合趋向补语的后面,因而才出现了例(36)、(37)、(38)这样的错误。二是汉语的"宾语"有时候可以提前,例如:

(40)拿出书来——书拿出来

(41)抬起头来——头抬起来

但是"宾语"提前有着严格的限制,首先宾语必须是有定的,从结构上来看,不能是数量名结构;其次必须是受事宾语,不能是地点宾语等。但留学生常常忽视了前一个条件,而把数量名宾语也提到了前面,因而才出现了例(39)这样的错误。

2.中级阶段语料中以上12个项目只出现了11个,这些项目的使用频率及错误率也存在一些差异。

(1)"到……来/去(本义)"中级阶段语料中一共出现了4例,全部正确,例如:

(42)我很害怕买东西到商店去。①

(43)所以家里人让我看家,都到机场去接阿姨。

---

① 该句中的"买东西"应该放在"到商店去"的后面。

例(42)、(43)的"到商店去"和"到机场去"显然都是正确的。

(2)语料中"动词+到……来/去(本义)"出现的不多,只有3例,但其中有2例是错误的,错误率约为66.7%,例如:

(44)以前大同江把城市的热量运到西海去了。
(45)有一位神仙从天上到广州地方下来了。

例(44)的"运到西海去"是正确的,但例(45)"到广州地方下来"却是错误的。

该项目中级阶段习得时的主要问题也是把介词结构"到……"提到主要谓语动词的前面,像例(45)的"到广州地方下来"中的介词结构"到广州地方"应该放在"下"的后面,但却提到了主要谓语动词"下"的前面。这种情况说明中级阶段的学生仍没有摆脱语际负迁移的影响,因为"动词+到……来/去"朝鲜语的语序是"到……动词+来/去"。

(3)中级阶段语料中"动词+简单趋向补语(本义)"一共出现了38例,其中3例是错误的,错误率约为7.9%,例如:

(46)它一边看后边,一边拼命地跑来。
(47)请您等一会儿,我马上就回来。
(48)我进去躲躲吧。
(49)刚才向那边逃去。

以上4例的"跑来"、"回来"、"进去"、"逃去"的趋向补语"来"、"去"都是正确的。

(4)"动词+简单趋向补语(引申义)"中级阶段语料中一共出现了18例,其中1例是错误的,错误率约为5.6%。例如:

(50) 我真的期待留下的人也同意我的意见。

(51) 被地主霸占去做了姨太太。

(52) 这是我国古时候传来的一个民间故事。

例(50)、(51)中的趋向补语"下"、"去"用的都是引申义,而且都是正确的;但例(52)的"来"用的也是引申义,但却不正确。

(5)"动词+简单趋向补语(本义)"带宾语的习得情况不太好,中级阶段语料中该项目一共出现了34例,但有10例是错误的,错误率约为29.4%,例如:

(53) 生下她刚一年,就被赶出家门。

(54) 宝宝突然闯进新房,把一只猫扔到君君面前。

(55) 所以进去家里的时候脱鞋。

(56) 所以从大陆上吹冷风来,从太平洋吹暖风来。

例(53)、(54)的趋向补语"出"、"进"用的都是本义,而且都是正确的。但例(55)、(56)中的"去"和"来"用的也是本义,但是却都是错误的。

"动词+简单趋向补语(本义)"带宾语的,习得时的主要问题也是类推泛化。这种情形与初级阶段完全一样。像例(55)的"进去家里"的宾语"家里"是地点宾语,应该放在"去"的前面,但由于受到非地点宾语位置的影响而放在了"去"的后面;例(56)的"吹冷风来""吹暖风来"的宾语"冷风""暖风"是非地点宾语,应该放在"来"的后面,但却受到地点宾语位置的影响,而放在了"来"的前面。

(6)与"动词+简单趋向补语(本义)"带宾语的类似,"动词+简单趋向补语(引申义)"带宾语的中级阶段的习得情况也不

太好,语料中该项目一共出现了 37 例,但有 6 例是错误的,错误率约为 16.2%,例如:

(57) 晚上,突然刮起了大风。
(58) 我可以看出北大学生很用功。
(59) 我想来课本里的雪梅是真正有勇气的女子。
(60) 我站在青冢前边,合上眼睛。

以上 4 例,例(57)、(58)的趋向补语"起"、"出"用的都是引申义,而且都是正确的;但例(59)、(60)的趋向补语"来"、"上"用的也是引申义,但却不正确。

该阶段"动词+简单趋向补语(引申义)"带宾语的习得中的主要问题与初级阶段一样,即搭配不当和不该使用的时候却使用了,像例(60)中的"合上",显然"合"和"上"搭配不当,"合"应该改为"闭";例(59)的"来"显然是多余的,应该删去。

(7)"动词+复合趋向补语(本义)"中级阶段的习得情况很好,语料中该项目一共出现了 14 例,全部是正确的,错误率为 0,例如:

(61) 因为你不是真的孩子的爸爸,滚出去。①
(62) 这枚羽子竟然真的飞过去了。②

以上 2 例的复合趋向补语"出去"、"过去"用的都是本义,也都是正确的。

(8) 与"动词+复合趋向补语(本义)"相反,"动词+复合趋

---

① 该句的"真的"似应放在"爸爸"的前面,"的"也应该删去。
② 该句中的"枚"应改为"根","羽子"应改为"羽毛"。

向补语(引申义)"习得时问题比较多。该项目中级阶段语料中一共出现了44例,有21例是错误的,错误率约为47.7%。例如:

(63)到春天天气就暖和起来。①

(64)要把宝宝关起来。

(65)我希望在新的一年中我们之间的关系将继续下去。

(66)这一年我也才醒过来了。②

(67)可是春天起来起暖,冬天起来起冷。③

例(63)、(64)的"起来"、例(65)的"下去"用的都是引申义,而且都是正确的;但例(66)的"过来"、例(67)的"起来"用的也都是引申义,但都是错误的。

该项目习得情况不太好,错误类型与初级阶段完全一样,仍是搭配错误和把表示引申意义的趋向动词当做动词来使用,像例(66)的"醒过来","醒"和"过来"搭配得就不合适,"醒"应改为"醒悟";例(67)的"起来"显然是当做动词"开始"使用了。

(9)"动词+趋$_1$+宾语+趋$_2$(本义)"中级阶段语料中出现的用例很少,只有8例,但都是正确的,错误率为0,例如:

(68)宝宝含着泪水,准备在大雨中跑回家去。

(69)主人总是走出包外去将右手放于胸前。

---

① 该句应改成"春天到了,天气开始暖和起来"。
② 该句的"了"应该删去。
③ 该句应改成:"春天来了,天气就暖和起来;冬天来了,天气就冷起来。"

例(68)的"跑回家去"、例(69)的"走出包外去"都是正确的。

(10)"动词+趋$_1$+宾语+趋$_2$(引申义)"中级阶段语料中出现的不多,一共12例,但全部是正确的,错误率为0,例如:

(70)我们一起吃了饭后一起喝起酒来!①

(71)比起别的地方来说,它有独特的魅力。②

(11)"动词+复合趋向补语(本义)+宾语"语料中该项目一共出现了8例,但有7例是错误的,错误率高达87.5%,例如:

(72)跑过来一只狼。

(73)从北边吹过来大陆性气候,从东边吹过来海洋性气候。

(74)神仙从五只羊嘴里拿下来稻穗。

(75)出发以前,我拿出来词典,写着说明。

以上4例,前一例的"跑过来一只狼"的宾语的位置是正确的,但后3例的"吹过来大陆性气候""吹过来海洋性气候""拿下来稻穗""拿出来词典"宾语的位置都是错误的。

该项目习得中的主要问题也是类推泛化,不过既有语内的类推泛化,也有语际间的类推泛化。众所周知,"动词+复合趋向补语(本义)+宾语"中的宾语有很大的限制,必须是数量(名)结构,但以朝鲜语为母语的学生常常忽视了这一点,而把非数量(名)结构也放在了补语的后面,结果出现了类推泛化的错误。另外,汉语"动词+复合趋向补语(本义)+宾语"中的宾语虽然

---

① "一起喝起酒来"前面应该加上"又"。
② 该句的"说"应该删去。

不能是非数量名,但是朝鲜语却可以出现非数量名宾语,例如:

(76) 꺼내와 사전(을)(拿出来词典)

例(76)的宾语"사전"(词典)显然在"꺼내와"(拿出来)的后面,由于受到母语这种负迁移的影响,所以常常把非数量名宾语放在了复合趋向补语的后面。

(12)"动词+复合趋向补语(引申义)+宾语"中级阶段的语料中没有用例,因此习得情况无从知晓。

三 初级、中级阶段习得情况比较及习得顺序构拟

1. 上文12个项目初级、中级两个阶段的习得情况大致如表1。

表1

趋向补语类型	错误			
	初级		中级	
	错误率	错误类型	错误率	错误类型
到……来/去(本义)	0		0	
动词+到……来/去(本义)	33.3%	"到……"提前	66.7%	"到……"提前
动词+简单趋向补语(本义)	2.4%		7.9%	
动词+简单趋向补语(引申义)	33.3%	1.搭配错误 2.不该用却用了	5.6%	
"动词+简单趋向补语(本义)"带宾语的	16.7%	类推泛化	29.4%	类推泛化
"动词+简单趋向补语(引申义)"带宾语的	0		16.2%	搭配错误
动词+复合趋向补语(本义)	3%		0	

续表

动词+复合趋向补语(引申义)	45%	1.搭配错误 2.当动词使用	47.7%	1.搭配错误 2.当动词使用
动词+趋$_1$+宾语+趋$_2$(本义)	0		0	
动词+趋$_1$+宾语+趋$_2$(引申义)	0		0	
动词+复合趋向补语(本义)+宾语	25%		87.5%	类推泛化
动词+复合趋向补语(引申义)+宾语	100%	类推泛化	—	—

2. 从表中可以看出,12个被考查的项目只有1/3初级阶段就完全掌握了,个别项目到了中级阶段才基本掌握,有些项目初级阶段没有掌握,到了中级阶段仍没有掌握,还有些项目,初级阶段习得情况比较好,但到了中级阶段却出现了退步的现象。以上项目习得中最主要的问题是类推泛化和搭配错误,不管是类推泛化还是搭配错误,主要是语内负迁移引起的,也有一些是语际负迁移引起的。

(1)"到……来/去(本义)"初级阶段的习得错误率为0,中级阶段错误率也是0,这说明初级阶段,至少中级阶段该项目就已经完全掌握了,也说明该项目很容易习得。

(2)"动词+到……来/去(本义)"的习得错误率很高,初级阶段为33.3%,中级阶段高达66.7%,习得错误率有了成倍的增加。出现这种情况,虽然与中级阶段该项目出现的用例比较少有很大的关系,但是也说明该项目对以朝鲜语为母语的留学生来说,是一个很难习得的项目,他们在习得的时候,很容易出现"化石化"现象。

(3)"动词+简单趋向补语(本义)"初级阶段的习得错误率是2.4%,错误率很低;到了中级阶段,该项目的习得错误率仍很低,只有7.9%,这说明该项目初级阶段已经基本上习得了,也说明该项目属于很容易习得的项目。

(4)"动词+简单趋向补语(引申义)"初级阶段的习得错误率是33.3%,错误率很高;到了中级阶段,该项目的习得错误率有了大幅度的降低,只有5.6%。这说明该项目初级阶段还没有完全掌握,到了中级阶段才基本上掌握了。

(5)"动词+简单趋向补语(本义)"带宾语的,初级阶段习得错误率是16.7%;到了中级阶段,习得错误率为29.4%,错误率上升了许多。以上这种情况说明,该项目到了中级阶段,习得情况仍没有什么进展,也说明该项目属于比较难习得的项目。

(6)"动词+简单趋向补语(引申义)"带宾语的,初级阶段的习得错误率为0;但到了中级阶段,习得错误率却为16.2%,错误率有了很大的上升。这说明该项目习得情况并不稳定,也说明初级阶段的习得错误率并没有完全反映出学生习得的真实情况,这大概与初级阶段该项目出现的用例比较少(只有13例)有很大的关系。

(7)"动词+复合趋向动词(本义)"初级阶段的习得错误率是3%,错误率很低;到了中级阶段,错误率降为0,说明该项目初级阶段学生已经基本上掌握了,中级阶段已经完全掌握了,也说明该项目很容易习得。

(8)"动词+复合趋向动词(引申义)"初级阶段的习得错误率是45%,错误率很高;到了中级阶段,该项目的错误率仍高达47.7%。这些情况说明,该项目初级阶段很难习得,中级阶段仍无进展。从错误类型来看,初级阶段和中级阶段都是搭配错误和当做动词使用。这些情况说明该项目习得时很容易出现"化石化"现象,也说明该项目很难习得。

(9)"动词＋趋$_1$＋宾语＋趋$_2$(本义)"初级阶段的习得错误率为0,中级阶段的习得错误率也是0,说明初级阶段已经完全掌握,也说明该项目很容易习得。

(10)"动词＋趋$_1$＋宾语＋趋$_2$(引申义)"初级阶段的习得错误率是0,中级阶段的习得错误率也是0,说明初级阶段该项目已经完全掌握,也说明该项目很容易习得。

(11)"动词＋复合趋向补语(本义)＋宾语"初级阶段的习得错误率为25%,错误率比较高;到了中级阶段,习得错误率更高达87.5%,错误率有了大幅度上升。出现这种情况,似乎不合情理,其实并非如此。初级阶段的习得错误率之所以不太高,是因为用例太少(只有5例),也就是说,该错误率并没有反映出学生习得的真实水平。以上情况说明到了中级阶段,该项目仍很难掌握,也说明该项目很难习得。

(12)"动词＋复合趋向补语(引申义)＋宾语"初级阶段的习得错误率是100%,即全部是错误的;到了中级阶段,该项目却没有出现用例。从初级阶段的习得情况来看,可以说明该项目也是以朝鲜语为母语的学生习得时很困难的项目。

3.一般来说,某一项目的习得错误率一般是与该项目的难度成正比的,也就是说某一语言项目越难,学生习得时错误率就会越高;反之,错误率就会越低。基于这种认识,并结合以上分析,我们可以大致构拟出以朝鲜语为母语的学生习得趋向补语的顺序,这种顺序大致如下:

1.到……来/去(本义)

2.动词＋简单趋向补语(本义)

3. 动词+趋₁+宾语+趋₂(本义)

4. 动词+趋₁+宾语+趋₂(引申义)

5. 动词+复合趋向补语(本义)

6. 动词+简单趋向补语(引申义)

7. "动词+简单趋向补语(引申义)"带宾语的

8. "动词+简单趋向补语(本义)"带宾语的

9. 动词+复合趋向补语(引申义)

10. 动词+到……来/去(本义)

11. 动词+复合趋向补语(本义)+宾语

12. 动词+复合趋向补语(引申义)+宾语

四 结语

1. 上文对12个项目进行排序时没有把表示本义的趋向补语和表示引申意义的趋向补语单独进行排列,其实要对它们进行排序也很容易,因为它们的习得顺序还是很明显的,表示本义的趋向补语和表示引申意义的趋向补语的习得顺序分别大致如下:

表示本义的趋向补语 7 个项目的习得顺序	表示引申义的趋向补语 5 个项目的习得顺序
1. 到……来/去	1. 动词+趋₁+宾语+趋₂
2. 动词+简单趋向补语	2. 动词+简单趋向补语
3. 动词+趋₁+宾语+趋₂	3. "动词+简单趋向补语"带宾语的
4. 动词+复合趋向补语	4. 动词+复合趋向补语
5. "动词+简单趋向补语"带宾语的	5. 动词+复合趋向补语+宾语

6. 动词＋到……来/去
7. 动词＋复合趋向补语＋宾语

从上面的习得顺序可以看出，趋向补语是本义还是引申义，对它们构成的句式的习得顺序有一些影响。"动词＋趋$_1$＋宾语＋趋$_2$（本义）"的习得顺序在"动词＋简单趋向补语（本义）"之后，而"动词＋趋$_1$＋宾语＋趋$_2$（引申义）"的习得顺序却在"动词＋简单趋向补语（引申义）"之前；"动词＋复合趋向补语（本义）"的习得顺序在"动词＋简单趋向补语（本义）"带宾语的之前，而"动词＋复合趋向补语（引申义）"的习得顺序却在"动词＋简单趋向补语（引申义）"带宾语的之后。

2. 本节考查时沿用了笔者在《初探》中的做法，即区分了"动词＋趋$_1$＋宾语＋趋$_2$"和"动词＋复合趋向补语＋宾语"，通过考查我们发现，以朝鲜语为母语的学生习得这两个项目的顺序是有差别的，后者的习得错误率极高，难度要超过前者，说明它们的习得顺序也不在同一个层次。也说明我们区分这两个项目的做法是正确的。与"动词＋复合趋向补语＋宾语"相比，"动词＋趋$_1$＋宾语＋趋$_2$"比较容易习得，笔者在《初探》中认为是认知上的原因，"因为标记理论认为，无标记项一般先习得，也比较容易习得；而有标记项则相反。从标记理论来看，'动词＋复合趋向补语＋宾语'是一种有标记形式，而'动词＋趋$_1$＋宾语＋趋$_2$'是一种无标记形式，因为前者的宾语有很大的限制，后者的宾语则没有什么限制"。以朝鲜语为母语的学生习得趋向补语的情况进一步证实了我们的这一推论。

3. 不过，我们也应该看到，以朝鲜语为母语的学生习得趋向补语时存在一些"反常"现象。

(1)"动词+趋$_1$+宾语+趋$_2$(本义)"是"动词+复合趋向动词(本义)"的扩展形式,理论上说,前者的难度应该超过后者,但从初级和中级两个阶段的习得情况来看,前者的习得情况要比后者好。无独有偶,"动词+趋$_1$+宾语+趋$_2$(引申义)"也是"动词+复合趋向补语(引申义)"的扩展形式,前者的难度也应该超过后者,但前者的习得情况比后者要好得多。也就是说,对以朝鲜语为母语的学生来说,人们一般认为的难点并不是难点。出现这种"反常"情况并不奇怪,是语际正迁移以及语际负迁移影响的结果。"动词+趋$_1$+宾语+趋$_2$"之所以比较容易习得,是因为朝鲜语的动词带宾语时语序是"名词(+数词)+动词",即宾语在前,动词在后。从形式上看,汉语的"动词+趋$_1$+宾语+趋$_2$"中的"宾语+趋$_2$"与朝鲜语的语序是一致的,因此习得起来自然就比较容易。"动词+复合趋向补语"之所以比较难习得,是因为汉语的"动词+复合趋向补语"有的对应于朝鲜语的"动词+复合趋向补语",有的对应的则是一个动词,例如:

(77) 搬下去——들어 내려라

(78) 坐下去——앉으라

例(77)的"들어내려라"中的"들어"是"搬","내려라"是"下去";而例(78)"앉으라"只是一个动词,不能分析为"动词+下去"。正因为汉语的"动词+复合趋向补语"与朝鲜语的既有相同之处,又有不同之处,因此以朝鲜语为母语的学生习得时就比较困难。

(2)"动词+简单趋向补语(本义)"带宾语的是"动词+简单趋向补语(本义)"的扩展形式,理论上说前者的难度也要超过后者,应该比后者难习得,事实也正是如此,前者的习得错误率比较高(16.7%,29.4%),后者的习得错误率很低(2.4%,7.9%),前者的习得顺序在后者的后面。然而"动词+简单趋向补语(引申义)"带宾语的虽然也是"动词+简单趋向补语(引申义)"的扩展形式,可是前者的习得错误率初级阶段为0,中级阶段为16.2%;后者初级阶段的错误率为33.3%,中级阶段的错误率为5.6%。从初级阶段的习得错误率来看,好像前者比较容易习得,后者较难习得,即"难"的容易习得,而"容易"的却难习得;但从中级阶段的错误率来看,好像后者容易习得,而前者较难习得,即"难"的比较难习得,"容易"的比较容易习得。为什么会得出这种相反的结论呢?这大概是语料太少所致,考虑到这种情况,我们认为应该根据中级阶段的习得情况以及结构的复杂性来决定二者的习得顺序,因此本文把"动词+简单趋向补语(引申义)"的习得顺序放在"动词+简单趋向补语(引申义)"带宾语的前面。

4. 我们在《初探》中探讨了以英语为母语的学生习得趋向补语的大致顺序,通过比较我们发现,以英语为母语的学生和以朝鲜语为母语的学生习得趋向补语的顺序虽然有某些共同之处,但也存在着明显的不同,以这两种语言为母语的学生习得10个项目的大致顺序对照如表2。①

---

① 《以英语为母语的学生趋向补语习得顺序初探》一文只考查了10个项目,没有考查"到……来/去"和"动词+到……来/去"这两个项目。10个项目习得顺序大致是:1.动词+简单趋向补语(本义),2.动词+简单趋向补语(引申义),3.动词+复合趋向补语(本义),4."动词+简单趋向补语(引申义)"带宾语的,5.动词+趋$_1$+宾语+趋$_2$(本义),6.动词+趋$_1$+宾语+趋$_2$(引申义),7.动词+复合趋向补语(引申义),8.动词+复合趋向补语(引申义)+宾语,9."动词+简单趋向补语(本义)"带宾语的,10.动词+复合趋向补语(本义)+宾语。

第十一节 以朝鲜语为母语的学生趋向补语习得顺序研究

表2

习得项目	不同母语的学生的习得顺序	
	英　语	朝鲜语
1. 动词＋简单趋向补语（本义）	1	1
2. 动词＋简单趋向补语（引申义）	2	5
3. "动词＋简单趋向补语（本义）"带宾语的	9	7
4. "动词＋简单趋向补语（引申义）"带宾语的	4	6
5. 动词＋复合趋向补语（本义）	3	4
6. 动词＋复合趋向补语（引申义）	7	8
7. 动词＋趋$_1$＋宾语＋趋$_2$（本义）	5	2
8. 动词＋趋$_1$＋宾语＋趋$_2$（引申义）	6	3
9. 动词＋复合趋向补语（本义）＋宾语	10	9
10. 动词＋复合趋向补语（引申义）＋宾语	8	10

从表中可以看出，除了1、5、6、9四个项目的习得顺序基本相同以外，其他项目的习得顺序则有较大的不同，这说明不同母语对趋向补语的习得顺序有着一定的影响。

5. 本节通过对语料库中的语料进行分析，构拟出了以朝鲜语为母语的学生习得趋向补语的大致顺序，这种顺序虽然只是一种倾向，但对安排由趋向补语构成的不同句式的教学顺序以及对对外汉语教学教材的编写、语法大纲的制定等都有一定的参考价值。

后　　记

"商务馆对外汉语教学专题研究书系"中,汉语作为第二语言的习得与认知研究系列共选编了三本,《汉语作为第二语言的学习者习得过程研究》是其中的一本。我们之所以将"汉语习得过程研究"单独成册,是因为近些年来,汉语习得研究已经由注重学习者语言"习得结果"为导向的研究向注重学习者"习得过程"的研究转变。因此,我们希望这本文集能够客观地反映和展现汉语习得研究导向的转变和发展脉络。

本书的选篇原则是,一方面尽可能照顾到汉语习得过程研究涉及的各个方面,另一方面尽可能选择这个领域比较有代表性的研究。

本书选篇的另一个原则是,整篇收选,对选文原则上不做大的改动。但为了保持全书体例的统一,文章的题目根据需要作了适当的调整和改动。文中不统一的术语也作了适当的调整。另外,由于本书所选文章是整篇收录,个别文章难免存在一些不足和瑕疵,本着文责自负的原则,编者未作改动。

在编选文章的体例上,本书根据书系的统一要求作了适当的调整,如:将附录和参考文献一律改为脚注,文中原标题的题号也根据全书体例统一著录。个别原文没有小标题的,编者根据章节内容加了小标题,使文章的眉目更加清楚。

作为编者,我们希望选篇尽可能客观、适当,但限于编者的水平,如有取舍不当之处,敬请读者指正。

编者

2006 年 1 月 27 日